我国资源富集区矿业权重置的风险传导与规制优化

王 忠 著

中国财经出版传媒集团
经济科学出版社
Economic Science Press

图书在版编目（CIP）数据

我国资源富集区矿业权重置的风险传导与规制优化／王忠著．—北京：经济科学出版社，2019.4
ISBN 978－7－5218－0234－4

Ⅰ.①我…　Ⅱ.①王…　Ⅲ.①矿产权－研究－中国
Ⅳ.①D922.624

中国版本图书馆CIP数据核字（2019）第022384号

责任编辑：白留杰　刘殿和
责任校对：曹育伟
责任印制：李　鹏

我国资源富集区矿业权重置的风险传导与规制优化
王　忠　著
经济科学出版社出版、发行　新华书店经销
社址：北京市海淀区阜成路甲28号　邮编：100142
总编部电话：010－88191217　发行部电话：010－88191522
网址：www.esp.com.cn
电子邮件：esp@esp.com.cn
天猫网店：经济科学出版社旗舰店
网址：http://jjkxcbs.tmall.com
北京密兴印刷有限公司印装
710×1000　16开　21.5印张　370000字
2019年3月第1版　2019年3月第1次印刷
ISBN 978－7－5218－0234－4　定价：65.00元
（图书出现印装问题，本社负责调换。电话：010－88191510）

前言

《我国资源富集区矿业权重置的风险传导与规制优化》是笔者承担的2013年国家社会科学基金青年项目的最终成果。

该项目于2013年立项后，项目负责人在对我国资源富集区矿业权重置及其风险管理的文献整理、传导机理、政策法律、地区实践等分析的基础上，提炼了三个与其相关联的问题，即“矿业权重置对资源利用效率损失的影响”“矿业权重置引致的环境效应与分配效应”与“矿业权重置风险的规制应对”问题，这三个问题是建构矿业权重置风险传导机理及其规制优化的核心，也是我国资源富集区自然资源管理与经济社会可持续发展遇到的突出问题。

“传导机理”与“规制应对”是本书需要解决的关键问题。本书从地质矿床学、经济学、管理学、法学等多种角度，全面系统地剖析了矿业权重置风险的成因、表现形式、传导机理、实证检验及其规制应对等问题，具有开拓意义，丰富了矿业权管理和自然资源可持续利用的理论研究成果，对于解析矿业权重置风险的消解及规制应对，提供了理论支撑。同时，还采用面板线性回归模型、面板非线性回归模型和空间面板回归模型等模型，实证检验了矿业权重置的空间收敛性、矿业权重叠风险传导的影响过程及其发展趋势，在方法上具有一定的创新性。

本书遵循以马克思主义政治经济理论、管理理论、法学理论、资源经济理论以及产权理论等理论为指导，以《中华人民共和国矿产资源法》《物权法》《矿产资源开采登记管理办法》《矿产资源勘查区块登记管理办法》等为依据，试图在已有马克思主义产权理论、资源最佳耗竭理论和环境与自然资源经济理论的框架之下，以现有制度、法规为基础，做“增量改革”，以为我国资源富集区矿业权重置风险的消解、可持续发展及其规制应对提出一些政策建议。本成果体系结构完整，深入浅出，通俗易懂，融理论性、管理性与实践性于一体，对于主管部门和矿业权规制部门的政策创新具有一定的参考意义和借鉴意义。

全书共7章内容。主要结论有：（1）资源富集区矿业权重置问题的出现，是“根源于阶段性的生产力发展水平”的，是由经济社会的特定发展方式所决定的；（2）矿业权重置风险，是由于矿业权设置出现的产权边界交叉、重叠，从而引致矿产资源综合利用效率损失、经济损失、财产损失或生态环境等福利损失的可能性；（3）矿业权重置的出现，加剧了资源富集区资源开发利用的社会矛盾，使资源采掘竞争偏离竞争规律、价值规律、供求规律所追求的目标均衡点，造成对生产力的破坏；（4）当发生矿业权重置现象时，应综合考虑发生交叉或重叠的不同矿业权客体的稀缺性、战略性和边际收益性等因素，来确定“矿种排他”和“范围排他”的优先顺序；（5）矿业权重叠风险的演化与传导主要受到市场环境不确定性因素的影响，这种不确定性主要表现为以下四个方面：一是市场的扰动，二是竞争的差异，三是技术创新或新技术扩散所带来的外溢效应，四是不同产权人行为决策所带来的不确性；（6）在资源利用前阶段，矿业权规制应重点关注如何分配和利用资源的问题，可以选择的工具包括许可证的准入、技术壁垒、排他性要件、产权结构或产权集中度调节等。在资源利用中阶段，规制应重点关注如何消除不完备市场给矿业权人所带来的不确定性，可运用的政策工具包括价格修正（征税方案）、效率监管、自我协议、环境规制、信息披露等。在资源利用后阶段，规制工具应着重于加强对既定风险的补救、补偿等，以减少相关权益人所受到的损失，相应的工具包括环境恢复治理、损害补偿、资源性收益分配的调节等。

本书由王忠拟订写作提纲并完成撰写、统稿工作，揭俐、田家华、李世祥、曾伟、周昱岑负责资料收集、数据处理、审稿校对等工作，最后由项目负责人统稿、定稿。特别需要指出的是，在项目研究、项目结题、成果出版等过程中，得到了自然资源部和中国地质大学（武汉）等单位领导的大力支持。在本书即将出版之际，谨向各位领导表示衷心的感谢。同时，感谢经济科学出版社以及责任编辑白留杰女士为本书付梓所付出的辛劳。

王　忠

2019年1月11日于武汉南望山

目　录

第1章 导 论

矿业权重置，是对资源富集区矿业权产权配置中所出现的重叠、交叉现象的一种反映。矿业权重置的产生、发展及演化，受到历史原因、自然原因及政策原因等诸多方面因素的影响，同时也是特定生产力条件下资源采掘利用方式与管理方式共同作用下的结果。矿业权重置，一方面引致资源富集区矿业权市场的产权冲突，加剧具有共生性、伴生性等特性的地下矿藏资源开采利用的效率损失和环境退化；另一方面又会通过影响不同矿业权人的生产决策、要素错配而影响资源开发利用的福利分配，引致产出效应、收入效应、分配效应的失衡，进而对资源富集区经济社会的可持续发展形成阻碍作用。矿业权重置的出现及其规制应对，反映了特定生产力阶段国家针对自然资源管理而建构的制度安排、生产协作、政策协同等生产关系所作出的调整与优化，是我国自然资源管理体制改革与创新中重要组成部分。党的十八大报告指出，要建立资源利用收益共享机制，将资源消耗、环境损害、生态效益纳入经济社会发展的评价体系，推动资源利用方式的根本转变。所以，选择从矿业权重置的角度来确定我国资源富集区资源利用的产权重置风险、效率损失及其福利分配效应，对于促进我国自然资源管理的政策创新无疑具有十分重要的理论意义和现实意义。

党的十九大报告提出，要加强对生态文明建设的总体设计和组织领导，设立国有自然资源资产管理和自然生态监管机构，完善生态环境管理制度，统一行使全民所有自然资源资产所有者职责，统一行使所有国土空间用途管制和生态保护修复的职责。目前，国家针对自然管理的体制改革已经取得了一些显著的成效，一些体制改革和政策创新还在探索之中，建立统一规范的规制制度，加强对自然资源利用风险的消解，促进不可再生资源的集约节约利用，促进代际公平与正义，解决新时代人民日益增长的美好生活需要同不平衡不充分的发展之间的矛盾，已成为新时代我国自然资源管理体制改革与创新的重点和难点。因此，着重于从法学、管理学、经济学以及资源环境科学等角度进行研究，对矿业权重置的风险及其规制安排进行探讨，不仅有利于我国生态文明建设和自然资源资产管理体制改革与创新的整体推进，促进经济社会的绿色可持续发展；同时也有利于我国资源富集区矿业权重置风险的消解，促进资源富集区资源开发利用与经济社会的协同发展，为解决我国区域发展不平衡、资源产业效率损失和矿业规制政策的优化等，提出一些可供借鉴的思路和建议。因此，这一章将着重阐述矿业权重置问题的由来、研究意义、研究思路、研究方法、基本框架以及研究的创新与不足之处，以为后续的研究提出一个基本的思路和框架。

1.1 问题的提出及研究意义

矿业权重叠，是一种发生在资源富集区不同权属矿业权发生平面交叉或不同种属矿业权发生立体投影重叠的矿业权配置现象，常表现为“矿中矿”（如煤中气）“矿下矿”（如上煤下油）“矿挨矿”（如小矿挨大矿）等交叉重叠现象。如果这种交叉重叠现象在一定时间、空间范围内影响到了矿产资源的合理有序利用，则矿业权重叠对资源利用效率的风险逐渐向生产要素配置扭曲、竞争失衡、生态环境破坏等方面传导。据国土资源部全国矿业权实地核查数据，2008～2013年，全国矿业权交叉重叠总数约为11000个，其中，中部地区重叠比例约占56%，西部占35%，东部最少，约占9%。山西、内蒙古、安徽、河南、云南、贵州等地矿业权重叠问题较为突出。从矿种来看，有能源矿产与非能源矿产的重叠，如煤矿与金属矿、沙石黏土矿等的重叠；有不同能源矿产之间的重叠，如煤与煤层气、石油、天然气、页岩气、砂岩铀等矿产之间的重叠。从类型来看，有多种矿体间的多边重叠、多层重叠、伴生重叠等。矿业权重叠不仅扰乱了正常的资源开采时序和规模，同时也使特定权属的矿业权人只关心相应矿产资源的开采利用，不利于其他类矿产资源的集约节约利用。因此，我们需要思考矿业权重叠对资源富集区的矿产资源开发利用和经济社会可持续发展带来了何种影响及其应对之策。围绕矿业权重叠的风险及其传导，本书试图回答三个问题：一是矿业权重叠与资源利用效率是何种关系，矿业权重叠通过怎样的内生性机制和外生性机制影响资源利用效率的提升？二是实证层面，矿业权重叠问题对我国资源富集区的可持续发展产生了怎样的影响，矿业权重叠引致的技术效应、环境效应和分配效应如何？三是什么对策能有效应对矿业权重叠风险的传导，实现经济社会的可持续发展。

1.1.1 问题的提出

矿业权重叠，是我国矿产资源管理实践中遇到的一个现实问题。矿业权重叠的形成既有管理上的原因，也有自然方面的原因，尤其是当不同种属矿产资源相互伴生存在，或因矿脉自然延伸而与其他储层矿产资源呈多边、多层交错存在时，难以清晰分割矿业权的权利边界时，矿业权重叠问题便由此产生。为消解矿业权重叠对资源利用生产秩序和生产效率产生的负面影响，2011 年，国土资源部发布《关于进一步完善采矿权登记管理有关问题的通知》，指出“除同属一个矿业权人的情形外，矿业权在垂直投影范围内原则上不得重叠。涉及和石油、天然气等特定矿种的矿业权重叠的，应当签署互不影响、确保安全生产的协议”。为解决煤炭与煤层气矿业权重叠的问题，国土资源部于 2007 年发布《关于加强煤炭和煤层气资源综合勘查开采管理的通知》，要求煤和煤层气矿业权重叠区按照采气采煤相互兼顾的原则，统筹安排煤炭与煤层气开采的布局和时序。从这些规定来看，我国矿产资源管理实践中，对同一矿区不同种属矿业权的设置，是允许存在上下立体投影重叠的，但对于因地下矿藏相互伴生或矿体自然延伸等原因造成的矿业权重叠，管理部门则主要采取以协议、裁决等方式来探索矿业权重叠的应对方案。

党的十八大报告提出，要着力推进绿色发展、循环发展、低碳发展，加强矿产资源勘查、保护和合理开发，推动资源利用方式根本转变，形成节约资源和保护环境的空间格局、产业结构和生产方式，提高资源利用的效率和效益。在新的历史时期，促进资源利用方式转变，节约集约利用资源，是建设生态文明和推动经济社会绿色可持续发展的重要举措。为消解矿业权重叠对矿产资源产业生产秩序和生产效率产生的负面影响，2016 年 4 月，《国土资源“十三五”规划纲要》提出，要合理安排油气、煤炭、煤层气等资源开发的空间、时序，促进多矿种资源的综合开采和有序利用，这反映了党和国家对资源利用和矿产业可持续发展的高度重视。矿业权重叠的问题再一次引起全社会对于资源综合利用和可持续发展的普遍关注。因此，在此背景下，加强对矿业权重叠问题的研究，解析矿业权重叠对资源利用效率的风险传导，对于促进我国资源富集区矿产资源利用的效率和矿产业可持续发展，无疑具有十分重要的理论意义和现实意义。

从现行法律法规来看，我国《矿产资源法》第3条规定："国家保障矿产资源的合理开发利用，勘查、开采矿产资源，必须依法分别申请、经批准取得探矿权、采矿权，并办理登记；国家保护探矿权和采矿权不受侵犯，保障矿区和勘查作业区的生产秩序、工作秩序不受影响和破坏。"但对于现实中许多地区存在的矿业权重叠问题，现行的《矿产资源法》和相关法律并没有相应的界定。这种立法局面不利于我国矿产资源产业的有序发展，尤其是严重影响到一些资源富集区能源矿产的开发和利用，进而影响到国家能源战略的有序推进，如煤与煤层气、煤与页岩气等资源。除此以外，《中华人民共和国民法通则》第81条规定"国家保护合法的采矿权，允许全民所有制单位和集体所有制单位依法开采国家所有的矿藏"。由此可知，矿业权是一种与财产权有关的民事权利，它调整矿业权人之间的民事行为关系，受民商法关系调节，并应当遵循双方共同契约的"意思自治"。对于矿业权重叠区出现的权利冲突、相邻关系冲突等，其争议的实质是"一物二主"，其主要应由民事领域的法律法规调整。按我国《民法通则》第83条规定：不动产的相邻各方，应按有利于生产、方便生活、团结互助、公平合理的精神，正确处理通行、排水、通风、采光等相邻关系。同时，我国《物权法》也全面列举了相邻关系的几种类型，对于司法实践中的"矿业权重叠"问题，其完全满足相邻关系的法律特征，可以被视作相邻关系而适用《物权法》和《民法通则》的相关条款。

从管理实践来看，我国矿业权重叠的管理大致经历了两个阶段：在第一阶段，关注的焦点大多集中在减少矿业权重叠对正常生产秩序的破坏，保障矿产品供给，强调安全生产和提升采掘业的核心竞争力，以及最小化资源利用的社会性风险；在第二阶段，其注意力从原来的保障矿产品供给、生产安全转向了对资源利用效率与福利改进的考察，强调经济效率、社会效率以及可持续发展等多目标之间的均衡。长期以来，由于受到"矿业权重叠"问题的困扰，我国煤炭产业合理的采掘规模和开采时序受到影响，生产效率增长缓慢，进而阻碍了资源采掘市场竞争性均衡的实现。另外，由于过去我国对矿产资源的粗放利用，矿产业集中度水平偏低、矿业权市场多、小、散、重的格局造成了严重的负面影响，如产能不足、要素配置扭曲、非合作竞争、资源浪费严重等。为应对矿业权重叠对能源矿产利用产生的影响，2007年4

月，国土资源部发布《关于加强煤炭和煤层气资源综合勘查开采管理的通知》，规定在煤层气富集地区，划定并公告特定的煤层气勘查、开采区域，煤层气勘查、开采结束前，不设置煤炭矿业权。对于存在煤炭矿业权与煤层气矿业权重叠的地区，将煤层气和煤炭矿业权合二为一，由煤层气开采企业和煤炭开采企业组建联合公司，走合作开发的路子。

但是，制约矿业权重叠区资源利用和矿产业发展的因素还有很多，除政策响应和立法修改亟待加强外，矿业权重叠对资源富集区经济社会发展、产业结构、生态文明建设等方面可能存在影响，其中一些影响是否存在交互效应、空间效应或阈值效应？则需要做进一步的探讨，以检视中国现行矿业政策、能源政策、税收政策、环境政策等政策的效果，为后续中国矿业管理可持续发展和绿色中国建设提供一些参考借鉴。实践中，由于距离1996年颁布的《矿产资源法》（1996）已过去20余年，我国市场经济体制建设和矿产资源产业发展的格局已发生深刻变化，资源产业中遇到的矿业权重叠、资源浪费、环境污染等问题，其对资源和环境的作用方式和影响程度也出现了很多变化，尤其是2007年10月1日正式颁布实施的《物权法》明确将矿业权规定为“用益物权”，认定矿业权是具有财产权性质的私权，这为我们解决矿业权重叠问题提供了新的制度环境。随着我国经济社会的快速发展，以往以资源高强度耗竭为代价的发展模式，日益受到环境污染严重、生态系统退化、资源约束趋紧的严峻形势，解决资源短缺、资源优化利用等问题，必须以绿色发展、和谐发展和可持续发展为前提。这就对政府主管部门在资源利用中的政策响应、政府规制提出了更高的要求，它也迫使我们需要继续加强对矿业权重叠及其资源利用风险问题的研究，以回应全社会对资源和可持续发展问题的普遍关注。

在此背景下，本书试图将微观层面的矿业权重叠问题与宏观层面的资源富集区可持续发展问题相结合，来解析矿业权重叠的形成机理、外部性、风险与冲突，以及对资源利用效率的影响等，以期围绕矿业权重叠的产权冲突及相应的外部性问题、效率提升途径等展开讨论。主要关注矿业权重叠对我国资源富集区经济社会发展的影响问题，为了研究的方便，着重探讨矿业权重叠的外部性的表现形式、动态演化及其影响程度。产权问题是自然资源管理和自然生态监管的核心所在，2017年10月召开的中国共产党第十九次全国代表大会明确提出，要加强对生态文明建设的总体设计和组织领导，完善自然资源资产管理制度，坚决制止和惩处破坏生态环境的行为。在此基础上，将把矿业权重叠引起的产权纠纷、资源利用效率损失、政策评价等作为重要的组成部分，结合《物权法》对矿业权私权性质的立法解释，来探讨矿业权重叠风险的消解，这对于从实践层面和政策响应层面解决矿业权重叠问题、推动矿产资源综合利用和矿产资源产业的可持续发展可提供一些参考借鉴。

1.1.2 研究意义

本书的主题是：基于矿业权重叠的形成、分布特征及其对资源利用效率损失的影响，探讨矿业权规制如何调整才有利于矿业权重叠风险的消解，进而促进资源富集区经济社会的可持续发展这一问题。资源富集区的资源利用效率与矿业权规制政策和资源采掘企业的技术水平、要素配置等密切相关，区域产业集聚水平和产业竞争力的提升与矿业权重叠风险的传导之间也存在着密切的联系。采掘企业竞争力的进一步提高，需要矿业权规制机构通过产业政策、技术政策、矿业权政策、税收政策以及环境政策等，来推动采掘企业进行创新要素的集聚，进而改变矿业权重叠区不同采掘人之间的不合作竞争或不完全竞争引致的市场效率损失。产业集聚和税收政策的调整，是通过资源富集区矿业权市场外生性环境的改变，来达到促进矿业权市场不同矿业权人之间生产低效、非合作博弈等行为改变的目的。本书将紧密围绕“矿业权重叠风险的传导及其规制”这个中心议题展开，通过法学、管理学、经济学等层面的分析，来探讨“矿业权重叠风险消解及其规制”的路径选择，并针对性地提出解决思路和相关政策建议。矿业权重叠，是经济社会发展中遇到的现实问题，其风险的消解在技术上是可行的，这就需要从矿业权的立法属性、产权冲突、风险演化、效率评价等方面展开研究。对于研究意义，我们期望能在以下几个方面有所帮助：

一是有利于从法学层面剖析矿业权重叠的内涵与外延。实质意义上的矿业权重叠风险，是指两个或两个以上的矿业权在同一矿区范围内通过产权冲突所可能表现出来的经济风险、社会风险、管理风险以及环境风险等。事实上，中国矿业管理已经在宏观战略层面提出要根据经济社会发展需要，适时调整矿业权制度安排，创新矿业权市场经济调节机制，更多引入市场机制和市场化手段，提高资源配置效率和效益，着力解决市场体系不完善和运行不畅等问题，以维护矿产资源国家权益和矿业权人合法权益，建立符合市场经济要求和矿业规律的矿业权管理制度，促进矿业绿色、健康和可持续发展。党的十九大报告提出“要坚持全面依法治国”的战略要求，面对新时代和新要求，对矿业权市场的管理也需要通过“依法治矿”来促进矿业权管理的健康可持续发展。因此，从法学层面深入剖析矿业权重叠的内涵与外延，深化对矿业权重叠风险的理解，有利于加深对矿业权物权属性和民事法律关系的理解，这对于创新矿业权规制的法律政策环境，构建符合新时代中国特色社会主义矿业权规制的制度安排，无疑具有十分重要的理论意义和现实意义。

二是可以从管理学、资源与环境管理层面推演矿业权重叠的冲突及风险演化。在实践层面中，矿业权重叠区产权冲突的表现形式及资源利用方式对风险演化的作用机理受到多种因素的影响。矿业权重叠的根源在于资源配置不合理所造成的产权冲突，而资源产权配置的基础在于政府资源管理权力的运用。在过去，我国矿产资源法对矿业权的排他性没有作出明确规定，只在对探矿权和采矿权的审核发证中，坚持范围排他和矿种排他相结合的一般原则，不允许对金属矿产、非金属矿产等同类矿产内部以及油气、煤、铀等相同矿种内部在同一范围内的重复发证。但是，在实际管理中，对于金属矿产、非金属矿产等非同类矿产，或油气、煤、铀等非同种矿产之间不影响他人探矿权、采矿权行使的情况下，在已设立探矿权、采矿权的范围内是允许设立不损害原采矿人或原探矿权人权益的矿业权的。但是地下资源的采掘利用，由于储层分布、矿体结构、致密性、渗透性等因素的影响，非同类矿业权在立体投影上的重叠，也可能因矿井设计、巷道布局等对其他类矿产资源的开采利用产生影响，而衍生出越界、储层破坏、生态恶化等问题，并形成矿业权重叠的风险传导。因此，从管理学、资源与环境保护等层面研究矿业权重叠风险的作用机理，对于从技术层面调整矿业权重叠区协议开采、纠纷仲裁和风险消解的政策响应提供更广阔的思维空间。

三是将选择从经济学层面评价矿业权重叠对典型矿产资源利用效率的影响。长期以来，我国矿产资源开发过程中存在着采富弃贫、采主弃副、资源回采率和综合利用率水平较低，不仅浪费了宝贵的资源，造成资源储量的快速消耗，也带来了严重的环境污染问题。我国作为一个人口众多、人均资源相对缺乏的发展中国家，资源利用低效与生态文明建设的矛盾还较为突出。同时，还存在三个突出性的问题：一是小矿床多，大型、特大型矿床少，支柱性矿产贫矿和难选矿多，富矿少，开采利用难度较大；二是资源分布与生产力布局不匹配，部分地区资源的耗竭强度大，资源承载力有限，而资源浪费、偷采、漏采、越界开采等现象还时有发生；三是矿业权人生产能力差异性显著，部分采掘企业的技术驱动投入不足，生产率水平增长缓慢。虽然，自 20 世纪 80 年代以来，我国矿产资源开发管理中便已形成了“三率”考核的管理体系，但在相当长时间里，“三率”考核并未被列入矿业权人和矿山企业的主要考核指标之中。依据《矿产资源法》第 29 条和《矿产资源监督管理暂行办法》第 23 条的规定，开采矿产资源必须采取合理的开采顺序、开采方法和选矿工艺，矿山企业的开采回采率、采矿贫化率和选矿回收率应达到设计的要求。但在实践中，由于一些地方出于对资源性收益的考虑，常常弱化了对矿山企业“三率”指标的考核，再加上一些采掘企业采选技术进步缓慢，致使我国矿产资源的整体利用率水平较低。因此，结合矿业权有形市场的管理设计，从经济层面对矿业权重叠对资源利用效率的影响展开实证研究，以检视相关政策与矿业权重叠风险的交互影响，无疑能为资源利用效率的提升提供一些帮助。

四是在借鉴已有研究成果的基础上，结合美丽中国建设和习近平新时代中国特色社会主义思想，通过对矿业权重叠、风险传导及其规制理论的探讨，围绕我国矿业权管理的现实环境及其政策安排，提出一些启示借鉴。西方成熟的市场经济国家大多具备较为清晰完整的矿业权产权结构、权利层次及规制模式，这是它们在长期的矿产资源开发利用中不断探索出来的，其总体特征无一不是强调公权与私权的共同运用。这些国家对矿业利用的全过程控制包括资源税率结构优化、外部性控制、进入壁垒消除、集约式的技术研发及政策保障等。目前，学术界对矿业权的立法属性、矿业权规制管理等问题的研究较多，而鲜见对矿业权重叠问题的研究成果。本书的许多内容也得益于对相关研究成果的借鉴和中外矿业权管理制度的比较研究，如对学术界对矿业权立法及其规制的不同学术观点进行比较，将有助于我们全面把握矿业权重叠的本质内涵，通过比较国外矿业权重叠的应对之策，能为我们解决矿业权重叠的风险与冲突提供有益的借鉴。因此，这里便需要对中外矿业权规制理论与实践进行比较研究，对矿业权重叠及资源产权制度的创新等问题作进一步的探讨，为《矿产资源法》的修订与《物权法》的有效实施，矿业权规制政策的调整，走“节约型”“循环型”“可持续型”的发展道路，提供一些思路和借鉴。

1.2 研究思路、方法和基本架构

1.2.1 研究思路

本书研究目的是在借鉴国内外相关研究成果的基础上，从经济学、管理学、法学、地质矿床学等理论视角，采用定性分析与定量分析、质性分析与逻辑演绎相结合的分析方法，来系统解析我国资源富集区矿业权重叠的形成机理、风险类型，测度其风险程度，并提出相应的治理对策和建议。尽管学术界鲜见对矿业权重叠风险及其风险评价的相关成果，使本书可以直接借鉴的相关研究基础显得薄弱，但结合产权理论、环境与自然经济学理论、公共管理理论、法学理论等角度，采用定性与定量相结合的分析方法，使得对该问题的研究具有了现实可能性。本课题研究以揭示矿业权重叠的基本规律、分布特征及其风险传导机理、传导效应与矿业权规制应对为目标，研究着力探讨：我国资源富集区矿业权重叠的形成源于自然因素、管理因素以及技术因素等因素的影响，矿业权重叠的分布具有空间关联性，以及矿业权重叠风险的传导受到了产业集聚、资源税征收水平、产业结构以及资源依赖等方面因素的影响。在研究过程中注重理论推导与实证分析相结合、理论建模与可视化图谱相结合、政策研究与政策效应评价等相结合的研究方法。因此，确定的技术路线如图1-1所示。

本书要讨论的重点是“矿业权重叠”及“矿业权重叠风险的传导与规制”，这是自然资源管理中普遍存在的一个现实问题。矿产资源管理实践中的矿业权重叠，描述的是这样一种产权状态：在同一矿区，因不同矿体发生伴生与共生关系而导致的矿业权范围出现“立体投影重叠”或“平面交叉重叠”的现象。这样一种产权状态所引起的产权残缺或产权失灵，进一步将风险传导至资源利用低效、租值耗散、社会福利损失等方面，使得矿产资源开发利用偏离了帕累托效率最优的竞争性均衡状态，即在矿产资源开发利用过程中，资源分配带来了一部分人的福利改进，但同时却又减少了其他人的部分福利，使得市场处于一种非竞争性均衡状态。所以，从图1-1所设计的技术路线来看，首先应对矿业权重叠及资源最佳利用的相关文献进行梳理，对矿业权重叠的形成原因、过程及其风险类型、风险传导机理进行解析；然后

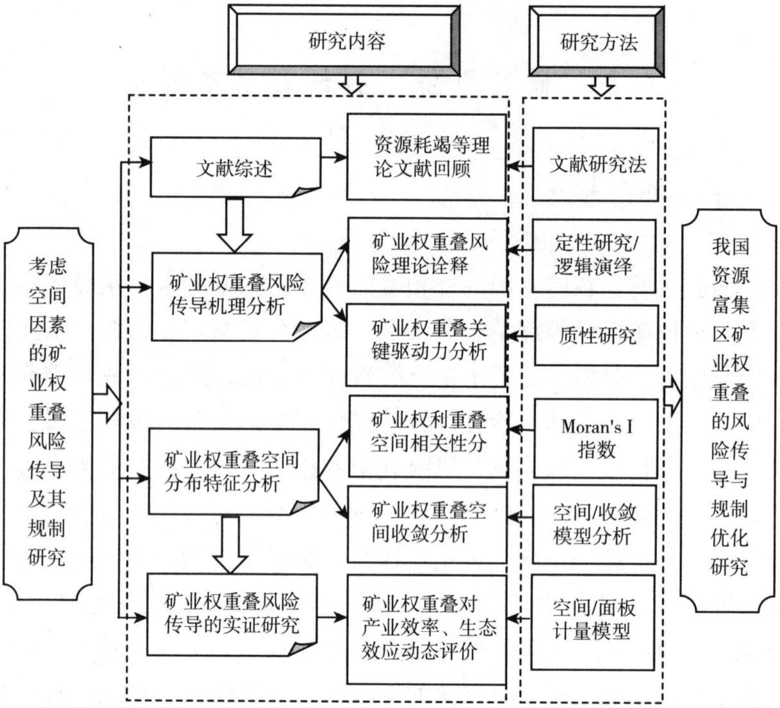

图 1－1　技术路线

以此为基础，对我国资源富集区矿业权重叠的现状、空间分布特征、关键驱动因素、重叠发生率的空间收敛性特征，以及矿业权重叠对资源利用效率、环境效率以及社会经济福利水平影响的实证研究；最后则以这些实证研究为基础，针对影响矿业权重叠风险传导的外生性因素和内生性因素，分别提出相应的对策建议，以为矿业权主管部门的规制创新提供一些思路和借鉴。当然，在矿业权规制应对方面，通过技术驱动、税收调节、环境规制、产业政策调整等，可以一定程度上改变矿业权重叠对资源利用效率以及经济社会可持续发展的影响，也可能实现帕累托效率的改进，但这需要对各类工具选择与效率改进之间的相互关系进行实证检验。

在研究范式上，我们既注重对经典的马克思主义政治经济理论的运用，也注重对制度经济学、福利经济学、产业经济学等相关理论成果的借鉴，以丰富我们对矿业权重叠问题研究的视野。我们假定矿业权市场是一个非充分竞争的市场，在这一市场中，不同矿业权人的资本实力、技术水平和管理能力等均差异显著，同时，不同矿业权所指向的矿产资源的矿体品位、矿藏丰度、埋深深度、可开性程度等也表现出较大不同，进而使得不同矿业权人对矿产资源进行有效开发利用的能力水平差异明显。矿业权重叠意味着矿业权市场处于这样一种经济状态，即产权重叠增加了矿业权市场的非竞争性，它为矿业权人的权利行使增加了生产成本和权利行使难度，在这种情况下，需要一个特殊的公共机构来规范不同产权人之间的行为竞争，并提供相应的公共服务（如采掘信息共享、环境保护）。由于矿业权人的目标都是使其从矿产资源中获得的收益最大化，而矿业权人之外的其他利益主体的目标在于不能因矿业权人的资源开发利用行为而减少合理的福利改进。这些福利改进包括劳动就业、生产安全、资源保护、成本优化、收益分配以及美好环境等方面所带来的福利增长。如果这些福利是在充分竞争的矿业权市场中由其他利益主体出让给矿业权人的话，那么这些福利的价值就是能用市场机制进行测度和交换的。然而，这只是一种理想的市场竞争状态，现实世界中普遍存在着非充分竞争的市场。矿业权市场由于地下矿藏分布特征复杂、矿床战略价值差异、矿业权人竞争力差异等原因，使得市场实现竞争性均衡的难度增大。若有可能，我们则可以基于对产权市场竞争性均衡条件的推导，结合直接观测到的经济效率、分配效率及环境效率的结果，通过构造线性或非线性计量模型，来提出相应的应对之策。

应当说，这是从制度经济学和福利经济学的层面对矿业权市场效率的解析，是对19世纪以来新古典经济学派对稀缺资源分配效率理论的一种继承。这种分析范式是当前主流经济学研究领域中最为常见的，以强调稀缺资源配置效率的优化为目标。然而，在矿业权重叠问题的探讨中，矿业权人占有、使用矿产资源，并从矿产资源中获得收益的价值与矿业权重叠区权利行使的时空顺序和行为约束有关。在这种情形中关键点在于何种矿业权在什么时机行使其权利、行使多少，以及行使时应注意遵循什么样的行为准则。在市场经济条件下，矿业权产权机制决定了人们行使权力的方式、维度和权力保障的模式选择。一般而言，当矿业权重叠区一种地下矿藏的开采引起了另一种地下矿藏的产状、地质分布特征发生改变后，其他矿业权人对该矿藏开发利用的时机、方案、工艺、成本投入等也随之发生变动，在面对需求变动、价格波动、政策变动时，其外生性的影响因素通过对资源开发利用过程的影响，改变了不完全竞争市场的均衡条件。在某些情况下，单纯追求资源利用效率目标的实现，可能引起资本系统、产业系统、经济系统和社会系统的失衡，使得矿业权重叠风险逐渐向外扩散。所以，在应对矿业权重叠问题时，管理的重点在于决定矿业权产权的结构、边界和行动准则，而不仅仅是矿业权产权的财产权形式和产权规模、数量。因此，从社会经济系统的整体观来看，矿业权重叠风险的消解从生产力层面逐渐外化到生产关系层面。

基于马克思主义的制度分析方法，矿业权重叠问题实质上是对生产力与生产关系矛盾的一种反映。矿业权产权制度是配置生产资料的一种方式，它通过市场机制调节矿产资源品在社会各群体间的分配，并与产业结构、经济增长、收益分配紧密联系在一起。在矿业权重叠的地区，产权失灵往往带来产权垄断、外部性损害、寻租与竞争不充分等问题，市场竞争环境的破坏最终扰乱了矿产资源的合理有序利用，引起生产力与生产关系的背离。矿业权产权制度是对经济社会生产力发展的一种反映，其法权关系直接影响到矿产资源权益人之间的权益实现。出于产权安排的原因，过去20多年来，我国矿产资源的利用出现过波动性，其效率水平与政策供给之间也表现出了非对称性特征，这与我国对矿业权管理实行市场化改革有关。对于矿产资源产权而言，在产权约束不力和多方博弈的复杂情况下，矿业权人和矿业权规制主体的逐利行为都会引发诸多的逆向选择。矿业权规制的政策基础在于解决矿业权市场及资源产权缺陷所引致的市场失灵现象，从而利用政府之手在市场机制不能有效运作的时候能起到良好调节作用，以促进公共利益的最优化。所以，在研究过程中，应从特定国家或地区生产力发展的过程来把握矿业权重叠的本质，以及由该问题而衍生出的各类生产关系，并从社会整体的层面提出促进生产力发展和和谐社会生产关系构建的制度安排。在分析范式上，要注重运用马克思主义产权理论、所有制理论、政治经济理论和马克思历史唯物主义理论，把矿业权重叠引起的各种利益冲突、风险演化、租值耗散等纳入生产过程和利益分配的分析范式之中。关于中国资源富集区矿业权重叠的风险问题，要根植于中国生产力发展的具体情境，认识到制度变革的经济社会基础，注重“生产关系与生产力的适应”，在研究方法上把社会整体利益与个体利益、制度的宏观效应和微观效应结合起来，以提出在中国特定生产力阶段实现制度均衡、福利改进的路径和策略。

矿业权产权规制的改革是解决矿业权重叠问题的关键。中国矿业权重叠及其风险传导的问题，是矿业权市场建立和发展过程中，由于市场不完善、矿业权制度安排不力，造成的矿业权市场和矿业权规制的真空地带，进而产生了诸多效率风险和社会效益的损失。本书研究的出发点是，矿业权市场的产权安排是约束和规范矿业权重叠区权利人行为的基本制度安排。不同的产权规制安排制约着不同矿业权人对重叠区块矿藏开发利用的行为方式和效率准则，是国家对矿业权市场建设和矿产资源相关权益人合法权益保护的一种综合体现。矿业权制度建立的过程，是国家、市场和社会博弈的过程，从根本上决定和影响着我国矿产资源综合有效利用和经济社会的可持续发展。所以，在研究过程中，一方面将试图从理论上构建一套规范的分析范式，结合政治经济学、制度经济学和福利经济学、法学以及管理学等分析框架，来解析矿业权重叠及其风险传导的内在机理、表现形式和风险类别；另一方面将尝试采用一定的方式来测度矿业权重叠地区资源利用低效、租耗耗散、环境退化及社会福利损失的风险程度，并从实证的角度检验矿业权重叠与其风险程度之间的内在关系。本书研究的路径是基于具有利益关系的矿业权重叠区的矿业权人、矿业权规制机构、矿区群众及国家等群体，在规范矿业权市场发展中的行动逻辑而展开的。在讨论矿业权重叠风险的形成时，不仅要考虑矿业权人之间的行为博弈、冲突表现，同时也要考虑矿业权规制机构代表国家对矿业权产权制度的调适，以及国家对矿业权产权制度的法定安排，同时还要考虑矿业权重叠风险由矿业权人之间的冲突，演化到矿区群体冲突、国家权益冲突等方面的影响。在实际研究过程中，既要注重对文献资料的收集、整理，剖析矿业权重叠风险的生成与演化，又要对相关资源富集地区的经济社会生态进行实证考查，以检验两者间共生发展的内在规律。

1.2.2 研究方法

本书的研究方法可以概括为：

（1）理论分析与实证分析相结合。理论分析是本书剖析矿业权重叠形成及风险传导机理的重要部分。通过文献梳理，在借鉴前人研究成果的基础上，综合运用政治经济学、资源环境经济学、产业经济学、制度经济学、福利经济学，以及矿业权规制理论、自然资源经济与环境管理理论、矿产资源法理论等多种学科的理论，来探讨矿业权重叠所引致产权残缺、租值耗散、效率损失等风险传导问题。通过理论分析，我们可以对研究的方向和重点进行把握，在实证部分找到真正需要去作验证的关键问题。然而，理论分析毕竟只是综合运作多种学科知识的一种理论推导，没有实践的检验不可能得出令人信服的结论。因此，在理论分析的基础上，还需要着重对矿业权重叠的空间分布特征、影响因素、传导过程、收敛特征等进行实证分析，以对理论分析作进一步的补充。这两种研究方法的结合，可以确保本书的结论建立在科学的基础之上，以为矿业权主管部门的规制政策应对提供科学的政策建议。

（2）定性分析与定量分析相结合。本书研究的重点，在于解析矿业权重叠的关键影响因素及其风险传导机理，并对我国资源富集区矿业权重叠风险的表现形式、演变规律及其效率损失等进行深入分析，以有针对性地提出相应的对策建议。因此，在研究过程中，定性分析具有十分重要的意义，它有助于对影响矿业权重叠形成及其风险传导的各类因素进行区分，以找出影响资源富集区矿业权重叠及其风险传导的关键因素。明确了关键的影响因素后，才可能进行下一步的现状分析和实证研究。在定性研究中，主要是运用相关理论对矿业权重叠及风险传导的机理进行推理和解释。定量分析正是在前述定性分析的基础上，运用所采集的数据，对定性分析的结果作进一步的实证检验。在定量研究中，需要对所获得的数据，建立科学有效的数学模型，对资源富集区矿业权重叠及矿业权重叠风险传导的效应进行评价，并对关键影响因素与矿业权重叠发生率的收敛性、矿业权重叠风险的动态性等之间的关系进行估计，以得出较为稳健的模型结果。

（3）辩证分析法。辩证分析法，是运用马克思辩证唯物主义的方法，来揭示客观事物的内在联系和自身运动规律的方法。运用辩证分析法，可以有助于对矿业权重叠发生的基本规律、传导机理、风险消解等问题的剖析。在研究过程中，十分注重对辩证分析法的运用，着重从矿业权重叠的角度来研究资源富集区可持续发展的问题，前者是对矿业权市场的一个微观层面问题的反映，而后者则是对一个经济社会发展与矿业权市场有序发展的宏观层面问题的反映。因此，本书试图将微观层面的矿业权重叠问题与宏观层面的经济社会可持续发展问题结合起来，并统一到一个内生性与外生性相结合的分析框架之中，来解析矿业权重叠、风险传导等的内在机理，并在此基础上，进一步探讨针对资源富集区矿业权重叠问题的规制创新问题。

1.2.3 基本架构

本书遵循从理论到实践、从一般到特殊的研究思路，着眼于中国资源富集区矿业权重叠的风险传导及其优化问题，对矿业权重叠引致的 X 效率进行深入分析，并提出相应的解决对策和建议。首先，提出矿业权重叠的问题，结合产权理论、经济理论和 X 效率理论，分析了矿业权重叠的成因及其 X 低效率问题；其次，着重从矿业权重叠对矿业权租值耗散、环境影响及生产效率损失等角度，结合中国资源富集区矿业权市场、矿产资源产业及区域经济社会发展的实际运行数据，进行了实证分析；最后，着重从产权制度、价格机制、环境规制及资源产业治理四个方面提出了解决矿业权重叠及其风险传导的思路和对策，为中国资源富集区矿业权重叠问题的解决、资源可持续利用和社会福利改进提出了较为完整的制度方案和政策建议。全文共分7章，主要内容如下：

第1章导论。通过介绍矿业权重叠问题的发展现状、社会影响及改革需求，揭示当前中国矿产资源开发利用中存在的产权和效率风险的问题，确定矿业权重叠及其风险传导研究的重点和视角，并阐述本书研究的意义、研究思路、基本架构和创新与不足。

第2章研究基础与文献综述。通过对资源富集区矿产资源成矿理论、资源最佳开采理论、矿业权产权制度理论及资源利用风险控制理论等理论的探讨，揭示矿业权重叠形成的原因、特性、分布特征及其所产生的风险类型。矿业权重叠是矿业权产权制度的一种配置状态，其成因既有自然因素方面的原因，也有管理安排方面的原因。矿业权重叠本质上是一种产权权利出现边界交叉重叠的现象，对矿业权人权利行使的边界、范围、程度均形成不同程度的影响，并通过内生机制和外生机制，将矿业权重叠引起的风险向外扩散，如，矿业权租值耗散、规制寻租、资源利用低效、储层破坏、环境退化等。因此，在研究中应注重马克思主义政治经济理论、制度经济学理论、福利经济学理论及资源与环境管理理论等理论的综合运用，以提高本书的科学性和指导性，为有效解决矿业权重叠问题提出规范的改革之策。

第3章矿业权重叠风险传导及其规制的理论诠释。通过经济学视角、管理学视角和法学视角的理论诠释，来解析矿业权重叠风险的表现形式及其风险传导机理问题。研究矿业权重叠风险的形式及其传导机理，有助于为我国资源富集区资源最优化利用和社会福利改进提供可供借鉴的思路和建议。我国资源富集区矿业权重叠风险的演化，是在产权残缺、次优决策、委托代理以及不完全竞争等因素的影响下发生动态变化的，并伴随一些市场条件的改变，而衍生出一些新的经济社会事件，如，高强度耗竭、资源浪费、重叠与不合作竞争等现象。矿业权重叠的规制，是被当作一种制度安排来进行研究的，而资源利用效率和资源富集区可持续发展的促进则须基于不同生产力阶段，资源富集区矿业权规制的经济规律、社会规律、政策规律等来分析。矿业权产权制度和矿业权重叠的规制创新是解决矿业权重叠风险及其传导的关键。规制创新的形成应是对特定生产力阶段与之相适应的生产关系的反映，以体现中国矿业权市场改革的价值取向。因此，在研究中需要注重从不同学科理论的角度来对矿业权重叠风险的传导及规制问题进行质性研究。

第4章资源富集区矿业权重叠风险传导的影响因素分析。矿业权重叠风险是在资源富集区经济社会发展过程中，伴随资源品开采、供给的过程而产生的，是对特定生产力条件下社会生产关系的一种反映。矿业权重叠风险可能表现在两个方面：一是矿业权重叠引致的外部性、产权冲突、生产低效和生产要素配置扭曲的过程风险；二是规制机构对矿业权重叠风险消解的规制安排，出现的政策失灵或工具低效的结果风险。矿业权重叠风险的传导主要受到生产过程和规制过程的影响，而在矿业权重叠风险的发展演变过程中，其风险类型和风险强度，则受到多种因素的影响。其中，影响矿业权重叠风险类型与风险强度的关键因素，是技术水平、创新能力、产业集聚与税赋环境，其中技术水平、创新能力是最主要的内在性因素，而产业集聚与税赋环境则构成了影响其风险强度的外在性关键因素。因此，这就需要我们在研究中，加强对不同影响因素和不同初始条件的研究，以了解影响资源富集区矿业权重叠风险生成、演化变动的关键影响因素。

第5章我国资源富集区矿业权重叠的空间分布及其演变。由于自然资源的开发利用受到了来自制度因素、经济因素、市场因素以及资源产权等因素的影响，因而在不同国家、不同制度环境以及不同经济社会环境下，表现出诸多不同类型的效率风险。因此，探讨在特定生产力阶段，资源富集区矿业权重叠的发生率变动、空间效应及其演变规律，有助于从现状上掌握资源富集区矿业权重叠的基本分布规律。因此，本章将通过对矿业权重叠程度的测量、分布特征、关键驱动因素及其空间关联效应的研究，对我国资源富集区矿业权重叠的空间分布、空间关联及其影响机理进行分析，论证我国资源富集区矿业权重叠与资源丰裕、矿业权集聚、政策因素及其市场性因素的相关关系，进一步对资源富集区矿业权重叠演进的规律进行验证。同时，本章还将以矿业权重叠作为切入点，进一步探讨我国资源富集区资源富集、产业集聚、资源税征收水平、产业依赖等与矿业权重叠发生率的空间收敛之间的关系，对相关变量的空间分布特征进行图谱分析，并对相关空间效应进行模型检验，以客观描述我国资源富集区矿业权重叠发生率的动态变化。

第 6 章我国资源富集区矿业权重叠风险传导的实证研究：2004 ~ 2014 年。本章将通过构造面板线性模型、面板非线性模型和空间计量模型，来解析我国资源富集区矿业权重叠与资源采掘行业全要素生产率损失、区域全要素生态效率损失和区域收入差距变动之间的交互关系。在解释变量的构造上，主要的解释变量包括第 5 章所测算的矿业权重叠发生率、产业集聚水平、资源税征收水平、产业结构、产业依赖等变量，并以这些变量来反映我国资源富集区的矿业权重叠程度、投资水平、资源税政策效应、经济环境以及政府竞争等所体现出的区域差异。在被解释变量的构造上，分别从超越对数生产函数、泰尔指数法等层面对资源富集区资源采掘业的全要素生产率、生态效率、贫困减缓等问题进行数学建模，并结合面板数据模型和空间计量模型来解析这些经济社会变量与解释变量之间的动态演进规律，以为我国资源富集区矿业权重叠风险消解的规制创新提供一些有力的数据支持。

第 7 章我国资源富集区矿业权重叠风险消解的规制对策研究。本章将在对前文理论分析与实证分析的基本观点、论点进行总结、归纳的基础上，针对我国资源富集区矿业权重叠风险传导的影响因素、影响过程、影响机理及其条件收敛性等问题，从产业政策、经济政策、环境政策以及矿业权规制政策等角度提出对策建议。这些建议是对前文理论阐释、实证分析中所解析的市场因素、经济因素、制度因素、环境因素、产业因素以及生产决策因素等诸多影响因素的回应，以使得结论与对策建议能很好地回应前文所建构的分析框架，并使对策建议具有科学性、准确性和可操作性，以便为我国资源富集区矿业权重叠风险的消解，和我国资源富集区经济社会的可持续发展，提出一些有益的借鉴。

1.3 创新之处和研究的不足

学术界现有研究成果多以定性描述矿业权重叠的影响效应为主，缺乏对矿业权重叠风险传导机理的深入剖析，也缺少对矿业权重叠区域差异的定量化研究；同时也鲜有文献从实证角度，来检验矿业权重叠与资源利用效率、生态效率及其分配效应之间的关系，并且对矿业权重叠的分布特征也缺乏深入研究，这不得不说是一个重大的理论缺陷。

1.3.1 创新之处

本书全面系统地对矿业权重叠的形成机理、产权冲突、风险类型、空间分布特征、风险传导与实证评价等进行了深入细致的研究，具有开拓意义，丰富了对矿业权管理和自然资源可持续利用的理论研究和实证研究。可能的创新点主要有三点。

（1）研究对象的创新。“矿业权重叠”是我国资源富集区经济社会发展过程中遇到的一个突出问题，矿业权重叠增加了矿业权市场不完全竞争性，同时也对资源可持续利用与资源富集区的可持续发展带来了不利影响。如何消解矿业权重叠风险，一直以来受到党和国家、社会的普遍关注。然而，从现有研究来看，学术界鲜见针对矿业权重叠问题的研究成果，而从实证角度对矿业权重叠的区域差异、收敛性及矿业权重叠风险的定量研究、实证评价，则更为缺乏。学术界围绕自然资源最佳利用和资源环境承载力问题的研究，关注的重点在于探讨资源利用与经济、环境等之间的关系。在研究过程中，通过中国知网、中国图书馆、中国自然资源部网站、Science 外文数据库能够发现直接研究“矿业权重叠”问题的学术文献并不多见，更多的是来自网站、报刊、人大提案等对我国山西、内蒙古、陕西等资源富集区矿业权重叠问题的关注。所以，在研究设计上，通过梳理现有文献成果，并借鉴自然资源经济与环境管理的研究范式，设计了矿业权重叠风险传导及其规制应对的研究主题。因此，从这一点来看，本书可以说是在对“矿业权重叠”的学术研究存在严重不足的基础上完成的，本书研究的成果在研究主题、内容设计及实证研究等方面，具有明显的开拓性和创新性。

（2）研究方法的创新。目前，国内外针对矿业权重叠问题的探讨，多以报刊、网站新闻报道等形式加以定性描述。但是，对于矿业权重叠问题的由来、成因、影响机理、风险传导及其针对矿业权重叠风险传导的实证分析，尤为缺乏。因此，从面板线性回归模型、面板非线性回归模型到空间面板回归模型的运用，尤其是从空间邻接矩阵、经济距离空间矩阵、地理距离空间矩阵等角度，来构造不同的计量模型，来实证检验矿业权重叠的空间收敛性、矿业权重叠风险传导的影响过程及发展趋势等，都具有方法上的创新性。这些方法的综合运用，对于丰富自然资源最佳利用、资源环境承载力提升、资源富集区可持续发展以及矿业权规制政策的政策创新等研究成果，均具有较好的借鉴意义。除此之外，我们在研究过程中，还十分注重以马克思主义政治经济理论为基础，在借鉴制度经济理论、产业经济理论、福利经济理论等理论的基础上，来构建分析的基本框架，以保证分析方法和研究结果的正确性。

（3）研究观点的创新。在解析矿业权重叠的成因及其风险传导的影响机理等方面，提出了一些新颖、并具有借鉴性的观点。如，矿业权重叠的成因，即有矿产资源自然属性方面的原因，也有管理制度安排和历史方面的原因；矿产物的致密性、渗透性、伴生性、共生性等特点是影响资源富集区矿业权重叠问题形成的重要原因。除此之外，由于勘查技术不足、勘测成本高昂等因素的限制，具有共生性、伴生性等复杂分布特性的地下矿藏，也不宜做到绝对清晰的矿业权产权边界划分。这就为实际操作过程中的矿业权重叠问题提供了现实的环境。再则，由于历史原因，在矿业权市场发展过程中，地下矿藏勘查的坐标系统的不一致，也是造成该问题出现的重要原因。当资源富集区存在矿业权重叠问题时，其重叠风险的生成与演化，在区域经济增长水平差异、资源税竞争、产业依赖、产业集聚差异等因素的影响下，矿业权重叠引致的全要素生产率、生态效率及贫困减缓效应等都具有一定程度的空间效应。这反映出资源富集区之间的矿业权重叠及其风险传导存在着空间的溢出效应、竞争效应甚至模仿效应。因此，在解决矿业权重叠风险时，应考虑到不同区域的经济环境、产业结构、资源禀赋等因素，有针对性地采取产业政策、环境政策、税收政策等政策的创新，以消解区域间相关因素对其他毗邻区域所产生的不利影响，以促进资源富集区经济社会的可持续发展。

1.3.2 研究的不足

纵观整个研究，尽管具有一定的开拓性和创新性，但由于客观条件的限制，不可避免地存在一些不足和局限，主要表现在以下两个方面。

（1）缺乏对具有典型代表性的个案研究。尤其是在我国资源富集区矿业权重叠问题较为突出的山西、陕西、内蒙古等区域，这些区域矿业权重叠主要表现为煤与煤层气、煤与油气等地下矿藏资源的重叠。由于地方性统计数据的缺乏，同时由于自然资源管理部门对相关数据保密要求的限制，无法采集到能直接反映矿业权重叠区不同采掘企业生产决策、财务能力、营收水平、税收减免等方面的数据，对矿业权重叠与典型采掘企业之间生产效率关系的实证研究，缺乏针对性和精准性。

（2）缺乏对不同类型矿业权重叠风险的差异化研究。根据矿业权的种属和权属的不同，可大致划分为能源矿业权与非能源矿业权重叠、金属矿业权与非金属矿业权重叠、国有企业矿业权与非国有企业矿业权的重叠等类型。由于统计资料和权威数据的缺乏，尤其是不同资源富集区涉及此类数据的统计资料的缺失，使得本书研究无法展开对不同类型矿业权重叠风险的差异化研究。由于不同地区资源采掘企业的能力、技术水平、资源类型都不同，其带来的风险也不同。因而缺少对这些不同类型风险的差异化研究，不利于矿业权主管部门针对矿业权重叠的精细化管理。

虽然存在以上两点不足之处，但在研究过程中，十分注重运用科学的研究方法，对所要研究的主题进行了精心设计，对矿业权重叠的形成机理、风险类型、传导过程、风险效应评价及其规制应对等进行了质性分析和实证分析，所得出的结论、建议对于矿业权主管部门的政策调整和政策创新具有较好的借鉴意义和指导意义。

第2章　研究基础与文献综述

资源富集区矿业权重置问题的产生、演变及其规制安排，是一个因地下矿藏资源开采利用而形成的资源最佳利用、环境保护、效率优化及社会福利帕累托改进等相互关联、相互影响的多维度问题。对矿业权重叠引致的风险（效率损失）的分析，需要着重于从地下矿藏矿物性状、地质分布、矿脉走向、矿体特性等角度进行分析，以了解矿业权边界划分所应遵循的基本规律，同时也可为具有共生性和伴生性特性的矿物矿业权的排他性确立提供一个可供借鉴的分析思路和基础。从地下矿藏最佳耗竭的角度来看，矿业权重叠区地下矿藏的开采利用应形成合理有效的开采时序和空间安排，促进不同矿业权人之间的分工与协作，以消除同一矿区范围内所可能出现的非合作竞争和要素配置低效等问题。这就需要对矿业权人之间的整合、协作与分工进行调节，在处理重叠矿业权谁具有占优权时，应合理运用财产规则与责任规则，以消除可能出现的权利侵害和外部性损失等问题，以实现矿业权重叠区资源协作开采的帕累托福利改进。从环境保护与效率优化的角度来看，矿业权重叠区不同矿藏资源的开发利用，宜通过技术革新以形成合理有效的综合开采方案，减少矿物剥离对地下水体、储层、岩体、生物多样性、耕地、地表植被等带来破坏性的影响，避免环境美学价值的损失；除此之外，矿业权规制部门和产业规制部门应通过对不同矿业权人生产决策和生产行为的调节，避免其对资本、劳动、技术、矿业权等要素形成错配，以促进其技术效率、规模效率和全要素生产率的提升，实现对地下矿藏的集约节约利用和效率优化。

矿业权重置的风险传导及其规制，涉及的领域包括资源产权配置、资源最佳利用、环境保护、产业效率、福利分配、政府规制等方面。矿业权重叠风险的生成主要源于特定生产力阶段，对地下矿藏分布性状及其矿业权客体认识的不足，而形成的产权残缺，进而造成矿业权重叠区矿业权人的产权冲突、不完全竞争、次优决策以及资源利用低效等所形成的效率损失。矿业权重叠风险的消解既要遵循自然科学的基本规律，又要遵循生态学、经济学和管理学的规律。矿业权重叠的风险规制是对资源富集区资源产权配置状态的一种反映，是矿业权规制机构基于对地下矿藏的分布性状、矿体走向、矿物成分、共生与伴生关系、产权人准入条件等而对矿业权人生产决策、资源利用效率以及生态风险防范等进行调节而作出的政策安排，是对矿产资源开发利用不同阶段的生产活动进行规范，以促进地下矿藏的集约节约利用和资源富集区经济社会可持续发展而实施的政策安排的总和。矿业权重叠风险的识别，需要着重于从资源富集区的成矿过程、矿床地质、矿物性状、最佳耗竭、产权外部性等角度进行分析，以了解矿业权重叠配置可能带来的效率风险、生态风险以及经济风险。因此，本章将着重于从矿床地质、矿业权产权安排和资源利用风险控制三个层面来探讨矿业权重叠的由来、特征、风险成因及其资源利用和矿业权规制所应遵循的基本规律，并结合对现有文献成果的综述、归纳与整理，以为本书研究所要解决的矿业权重叠风险的影响机理、传导过程及其风险规制的政策安排的研究提供一个基本的分析思路。

2.1 矿床地质与资源富集成矿理论

人类社会的发展无时无刻不与矿产息息相关，随着科学进步和工业生产水平的提高，人类对矿产资源认识与了解的程度越来越高。为了更有效地实现矿业权管理，促进矿产资源集约高效利用，研究矿床的形成规律、地质过程是完全必要的。加深对矿床类型的了解，不仅有助于我们理解矿床形成的地质规律，认识其成矿过程，开展对矿产资源储量、品位、边界的勘查与评价，指导找矿实践；同时也有助于我们基于矿床的地质特性，从技术、经济的角度加强对该矿业权的管理，促进矿产资源的合理开采与利用。因此，了解和认识矿产资源的成矿环境、成矿过程、形成成因以及富集成矿规律，进而查明矿床分布的地质环境特征，对于指导矿产资源开采和矿业权管理，无疑具有十分重要的现实意义。

2.1.1 相关概念

矿床，是分散在地壳中的矿物、元素经一定的地质作用过程，所形成的相对集中的矿物集合体。矿床由矿体和围岩组成，而矿体又是矿石的堆集体，是矿床中可以被开采和利用的核心地质体。围岩则是指矿体周围无实际利用价值的岩石及其组合体，其有价值的组分并不能满足工业开采的最低要求。一个矿床通常由一个或多个矿体组成，矿体周围或伴有不具经济价值的围岩，即不具可采性的岩石，这些围岩将多个矿体分割开来。矿体与围岩的界线是明显分开的，有的呈渐变特征，有的呈突变特征。与一般岩石不同，矿床是具有经济开采价值、矿物富集到一定程度后的矿物集合体，其矿物品位、储量、可采性以及规模大小等是决定其是否具有工业开采价值的基本条件。所以，能称为矿床的矿物集合体，其品位、规模、储量都是满足一定的工业性、经济性和可开采性条件的，开采后能获得一定的社会经济效益。一般而言，一个矿床至少由一个矿体组成，也可以由两个或多个，甚至十几个乃至上百个矿体组成。不同类型的矿床常常在空间上表现出一定的集聚性或分散性，而在时间上表现出一定的阶段性和叠加性。通常，我们可以将矿床划分为三类：一是同生矿床，指矿体与周围围岩基本上形成于同一地质过程，在地质分布特性上具有同质性；二是后生矿床，是指矿体的形成晚于围岩，两者的形成时间和形成过程存在差异，矿体的形成在后续的地质过程中经历了地壳内力或地表外力的影响而形成了形变或质变；三是叠生矿床，指先期形成了同生矿床，后期又形成了后生矿床，多期地质过程叠加而形成新的矿床。

矿体，是矿床的主体和核心部分，是矿物相对集中聚集而形成的矿物综合体。一个矿床常常由一个或多个矿体组成，多的可达上百个矿体组成。不同矿种和不同成矿过程的矿床，其矿体的形状往往表现出很大的差别。从矿体的形状来看，不同矿体因矿物岩石形成成因的不同而表现出不同的形状、结构，如板状矿体、柱状矿体、轴状矿体、筒状矿体、管状矿体等，其主要差异在于矿体发育的形态、走向、倾角以及空间位置等，如有的矿体与水平投影线之间的夹角较大，并向两个方向延伸，但第三个方向并不发育；有的则向不同方向发展，并表现出不规律的发展性状；有的矿体埋藏较深，完全隐藏在地表以下，有时甚至还藏于侵入体内部，表现出较为复杂的地质特性；而有的矿体则直接裸露在地表以上，成为露头矿体，并不受褶皱、断层、围岩、侵入体等因素的影响，具有开采性好、经济成本低廉等特点。除此之外，矿体中的有用组分包括矿石和脉石两类，矿石是在现有经济、技术条件下，可被利用的金属或非金属矿物的截体，如铜矿石中的黄铜矿、石棉矿石中的石棉矿、铬铁矿石中的铬铁矿等。脉石是在现有技术条件下还不能得以有效利用的矿物，如铜矿石中的石英、绿泥石，石棉矿石中的碳酸盐或硅酸盐等矿物。脉石的组成成分多以非金属矿物为主，但也包括一些金属矿物，如金矿石中的黄铁矿。总体来说，脉石是矿体中综合利用价值不高，但与矿体中主要矿物元素伴生或共生存在的矿物。随着人类开采技术的革新，这些脉石将来也有可能成为可供开采的矿石矿物①。

矿脉，是在地质成矿过程中，一些热液或熔岩经岩石裂隙或储层空隙，由地壳内部向地表迁移并逐渐充填这些裂隙或空隙所形成新的矿体。矿脉的大小不等，有的可由地壳内部延伸至地表达千米以上，有的也可能只有几十米到几百米，小的几厘米的也较为常见，矿脉是矿物岩石在矿床中集中分布的一种表现。矿脉在地层中的走向，通常呈倾斜状，与不同的矿体围岩构造出不同的产状关系。从矿脉与围岩的构造来看，大致可分为层状矿脉和切割矿脉两类，层状矿脉是指矿体与围岩在延伸方向和构造形态上保持一致，具有相似分布格局和层理关系的矿脉形式，矿脉产状较为规则；切割矿脉则指围岩与矿脉形成切割、交错的形状，并常表现出网状矿脉、扁豆状矿脉、雁行状矿脉、马尾状矿脉等结构的矿脉形式，矿脉产状并不规则。另外，由沉积作用形成，并由两个平行或大体平行的面所限制的板状矿体，通常称为矿层，它是由一条或多条矿脉按共同的地质分布规律、形态、结构和走向而形成的矿石富集层，也称为层状矿体。矿层通常被其中的岩石夹层分割为分层，分层又可分割为薄层或厚层，并表现为有岩石的夹层和无岩石的夹层两类。矿层既可存在于沉积岩层序中，也可存在于层状侵入体中，其厚度和走向一般比较稳定，延展较远②。如果某一矿层或矿脉在延展上很快收缩或消失，所形成的矿体通常表现为扁豆状矿体或透镜状矿体③。

矿产资源，是经地质作用形成并赋存于地壳内（地表或地表下）的矿物、岩石和元素的富集物，是以固态、液态或气态等形式存在的一种自然资源④。这些地质作用过程可包括岩浆作用、变质作用、沉积作用、生物作用和风化作用等。矿物是指由地壳岩石圈中的化学元素经过漫长的地质作用过

---

① 周明宝．矿床学［M］．北京：冶金工业出版社，1991：11.

② 地质矿产部《地质辞典》办公室编辑．地质辞典（四）矿床地质应用地质分册［M］．北京：地质出版社，1986：6.

③ 徐九华，谢玉玲，李克庆，李媛．地质学（第5版）［M］．北京：冶金工业出版社，2015：152.

④ 邢立亭，徐征和，王青．矿产资源开发利用与规划［M］．北京：冶金工业出版社，2008：1.

程所形成的单质或化合物，是自然的产物。而岩石，则是各种地质作用形成的，并在一定的物理化学条件下相对稳定的矿物集合体①。赋存矿物的岩石，根据其形成的成因可分为岩浆岩、沉积岩和变质岩三类。岩浆岩是由于地壳深处的熔岩经地壳裂缝上升到一定位置后，冷凝而形成的岩石，占地壳总质量的 95%②，常见的构造有块状、带状、气孔状和流纹等形态。岩浆岩中的主要矿物有钨、锡、钼、铜、铅、锌、铀、钍、铁、钒、钛、金刚石、金、稀土等；沉积岩则是由沉积物经过压固、脱水、结晶等物理过程而变成的坚硬岩石，其占地壳总量的 5%，大多形成于氧气充足、水分丰富的地质环境。沉积岩中大量存在的矿物主要有粘土矿、岩石、石膏、碳酸盐以及橄榄石、辉石、角闪石等铁镁矿物，常见的构造有碎屑结构、泥质结构、结晶结构以及生物介壳类结构等。变质岩则是由原已经形成的岩浆岩、沉积岩或变质岩，经过变质过程使原岩石的结构、成分、构造等发生改变而形成的新的岩石。组成变质岩的矿物，如石炭、云母、方解石、白云石、蓝晶石、滑石、绿泥石等，其结构大致可分为变余结构、变晶结构和压碎结构，构造类型包括片理构造、块状构造、条带状构造等。

矿床成矿，即是在成矿事件发生的条件下，地壳内的矿物元素经地质运动出现上升、沉积、集聚与性状变化等物理变化和化学变化的产物。成矿多样性体现了成矿过程和成矿原因的多样性，并以矿脉、矿床、矿田、成矿带、巨型成矿集聚区等为载体表现出来。在矿物元素方面，经地质过程的演变，一些矿物元素会发生衰变以形成新的矿物元素；在成矿介质载体方面，成矿过程通常表现为岩浆岩、沉积岩和变质岩为载体的地质异常过程；在成矿方式方面，成矿多样化可表现为矿物质迁移、侵入、氧化、风蚀等地质异常。成矿过程，只是漫长地质演化过程中的一个小概率事件，分析成矿的地质规律，查明“成矿”和“非矿”的物理边界及其矿物特性，是对地壳中矿产资源分布进行准确定位、储量预测、客观评价的基础，不仅有利于矿产资源科学化管理系统的建立，也有利于形成矿产资源最佳利用模式，以地下矿藏成矿规律、赋存状态、采掘特性等为基础，形成合理有效的开发利用场景。虽然矿产资源的类别差别很大，但成矿的机理基本相似。按地质作用过程和成矿原因划分，成矿作用可划分为内生成矿作

---

① 李红阳，杨秋荣，李英杰. 现代成矿理论［M］. 北京：地震出版社，2006：5.

② 郝太平. 固体矿产探采选概论［M］. 北京：中国大地出版社，2008：45 - 55.

用、外生成矿作用和变质成矿作用三大类，并相应地形成内生矿床、外生矿床和变质矿床[①]。内生成矿主要是由地球内部的热能在地球重力场中发生的物质调整过程，地幔及岩浆物质由下部转入地壳内部，在高压、板块运动过程中形成的成矿过程，按其物理和化学条件不同，可分为岩浆成矿、结晶成矿、侵入成矿和热液成矿等类型。外生成矿，则主要是由地表岩石圈在太阳能、网能、生物能的相互作用过程中，在地表形成风蚀、剥蚀、沉积等地质作用的成矿过程。变质成矿，则是在内生作用或外生作用下，由于地质环境的改变，岩石或矿床经受温度、压力的变化，而出现矿物成分、化学成分、物理性质及结构构造等变化所形成的成矿过程。在变质成矿过程中，一些矿床可能消失并形成新的矿床，而另一些矿床则可能出现物理性状的改变，成为具有另一种工艺性质的矿床。

资源富集，通常是指某一地区某一种或多种自然资源（如矿产资源）分布的数量或储量高于其他地区平均水平，且品位高，空间组合状况好而形成的一种资源分布状态[②]。在自然界中，按资源是否可在自然地质环境的修复中得以再生，可分为非再生资源和再生资源两类，非再生资源即是指不能运用自然力的修复作用，得以增加其蕴藏的资源数量的资源，不具备自我繁殖和自然增长的能力，不可再生，如石油、煤炭、天然气、铁、铜等；反之，再生资源则是指可以用自然力修复并保持自我资源数量的资源，如鱼、森林、风能、水能以及海洋能等[③]。无论是再生资源还是非再生资源，其资源的服务能力都是有限的，尤其是非再生资源，其形成需要经历漫长的地质运动过程，其间还可能伴有生物作用过程和化学作用过程，受自然条件的限制，消耗一点资源总量就少一点，表现出有限性和稀缺性特点。虽然这些资源在地球的分布具有不均匀性，某些地方富集的资源多，而有些地方的资源富集贫乏，这就使得人类在开发利用这些资源时，须注重资源利用的整体性，充分考虑区域、自然环境及经济社会发展的特点，综合利用这些资源，以最大化资源利用的经济效益、环境效益及社会效益。相对而言，资源富集是一个相对于其他地区资源丰裕特征而形成的概念，具有区域性特征。用于衡量某一区域资源富集程度的数量指标，一般可以采用资源总量、资源品位、资源种类、资源组合度以及资源区位等指标，以区分一个地区与其他地区在资源分

① 李红阳，杨秋荣，李英杰．现代成矿理论［M］．北京：地震出版社，2006：6.

② 张钦礼．矿产资源评估学［M］．长沙：中南大学出版社，2007：85.

③ 张帆，李东．环境与自然资源经济学（第2版）［M］．上海：上海人民出版社，2007：128.

布数量、品质、纯度、共生性、伴生性、多元性及可采性等方面的差异[①]。对于非再生资源而言，其资源富集的过程需要历经矿物成矿、聚集、移转、保存等条件及其动态发展过程，是多种构造因素和地质因素耦合共同作用的结果[②]。分析不同资源的富集成矿规律及地质分布特征，有利于科学设定资源开发利用的资源产权，并能为资源的最佳开采、综合利用以及资源开发利用管理提供科学的决策依据。

2.1.2 研究基础

矿床地质学可以为矿业权管理提供矿床成因、特征、赋存条件及时空分布规律等方面的理论基础，使矿产资源主管部门能更科学、更合理地确定矿业权（探矿权、采矿权）的边界范围、排他性、存续条件等。矿床地质学最初是作为对成矿预测和地质找矿的研究而出现的，其对找矿、勘探、开采等工作具有重要的指导意义。矿床地质学包含地质和经济技术两方面意义。一方面，矿床地质学为矿产资源的勘查、开采、选矿、冶炼等开发利用过程提供了基础理论。通过研究矿床成矿规律、矿体分布特征、地质构造等问题，以形成合理的矿山工程设计方案；另一方面，矿床地质学为自然资源管理和矿业权管理提供了技术支持。过去一些难采难选、地质分布环境复杂的矿藏在未来很有可能将逐渐得以开发利用，这需要政府主管部门加强对地质资料的管理，以便技术经济条件成熟时对该区域矿产资源进行开采利用。不同的矿产资源经地质勘查后，可以得到矿物、矿体分布的产状、埋藏深度、伴生性、共生性、品位、厚度、储量等信息，以便于矿产资源政府主管机关加强对矿业权市场的管理，促进矿产资源合理有序利用。反之，国家矿产资源主管部门可以将矿业权管理细化到矿产资源储量评估、矿业权出让、开发利用监管、环境保护等实际问题中，维护矿业权市场相关权益人的合法权益。由于不同区域矿产资源分布地质条件的差异，矿业权分布的矿种类别、性状特征、规模大小、空间结构等具有不同的区域特点，使得矿业权人对矿业权权利行使的程度也具有较大差异性。在矿产资源开发利用过程中，矿业权人的勘探开发活动必须基于矿体本身的地质特征，在一定技术经济条件下，合理

---

① 席群．资源富集区开发理论与实践研究［M］．南京：东南大学出版社，2009：11.

② 赵庆波，李贵中，孙粉锦，李五忠．煤层气地质选区评价理论与勘探技术［M］．北京：石油工业出版社，2009：94.

确定矿产资源开采的施工方案、开采顺序。因此，矿业权管理的研究需要在一定程度上结合矿床地质学的基本理论与技术方法，分析矿业权有序管理的各种影响因素、地质规律及相互联系。

从地质学角度，研究某一区域的成矿规律，需要大致了解矿床在某一成矿事件条件下，所发生的地质异常现象。这一地质异常现象，事实上也是指某些地质体或地质体组合，在成分、结构、性状、演化等方面所发生的与周围地质体呈现着异常的现象。通常，矿床并不只是产生于一种成矿环境中，很少有矿床仅为一种特定的地质成矿过程所形成。在成矿过程中，导致矿物质分散、聚合的因素和作用形式多种多样，因不同地质环境和作用机理而表现出较大差异。例如，有的矿床形成于板块边界附近，这大致归因于地球板块运动造成的边缘成矿或界面成矿；而另一些则是源于板块内部温度压力的转移，所形成的岩石沉积、入侵、变形或变质的结果；有的还可能是因为磁场变化、应力场变化或矿源体变化而形成的叠加成矿、多期成矿、复合成矿或改造成矿等。另外，矿床成矿后，又经历了不同形式、不同程度的变化和改造，有的出现变形、变品位、变规模以及矿体、围岩空间位置的变化；而有的还可能出现化学参量的变化，出现某些物质类型的转换。矿床形成后，其还可能受到构造变形、地表风化、变质作用等地质作用的改造而出现形变、质变、位变或品位、储量等的变化。不难看出，了解不同资源的成矿规律，在指导矿产资源开发利用管理中具有极其重要的实践意义和指导意义。地质学家通过对成矿规律的探索，不断丰富了在不同矿化带或邻近矿区勘查其他矿藏的技术手段，资源管理部门通过对成矿规律的了解，在施行资源富集区远景勘查、采矿权配置等方面，也增强了管理的科学性和有效性。前者侧重于地质找矿研究，后者侧重于资源开发利用管理①。所以，探索资源富集区资源利用管理和风险消解的规律，需要以矿床成矿理论为基础，将这些地质学的科学方向应用于具体的资源利用管理之中，以最终实现最佳的靶区资源勘查、资源预测、资源评价、探矿权和采矿权管理等工作的优化。

矿物均是基于一定的地质过程或外力过程所形成的，不同的作用方式形成了不同的矿物类型，并以固态矿物、气态矿物和液态矿物的形态存在。矿产资源的形成与整个地质循环系统密切相关，并与构造作用、地球化学循环

---

① 范永香，阳正熙．成矿规律与成矿预测［M］．北京：中国矿业大学出版社，2003：10.

及地质流体（包括地表水、地下水等）有密切关系①。多数矿产资源在成矿过程中都经历了一个漫长的作用时间，可达几百万年到上亿年的时间。在这一过程中，隐藏在地壳中的一些有用矿物元素在内力或外力的作用下逐渐形成矿体。如一个时期地壳中的岩浆热液自地壳裂隙上升而形成的岩浆成矿，使得流体矿物穿插于固态岩石中，通过冷却结晶而形成的具有一定走向的矿脉或矿体。当热液消耗殆尽而没有新的补给时，这一成矿过程即告阶段性结束。一个成矿过程可能生成几种类型的矿床，有的规模大，而有的规模小，甚至有的只不过是矿化点。成矿的主要产物是矿物，如矿体、矿床、矿脉、脉石、围岩及相关的矿物环境。根据不同矿物要素的组合情况和成矿过程，可形成若干不同种类不同类型的矿床，如热液型矿床，主要矿产有铜、锌、金、铁等矿物，沉积型矿床，主要有钾盐、石膏、岩盐等矿物；生物型矿床，主要矿产有煤、煤层气、石油、天然气等矿物。总的来说，矿床的生成是由多种因素共同决定的结果，其经历了相对漫长的地质作用过程，所表现出的地质特征也较为复杂。把矿床成矿过程与成矿环境联系起来，其主要的目的是了解各种具有开采潜力的矿体、矿床在地壳内分布的种类、数量、质量、产状及其可采条件，在矿产资源开采利用过程中探寻有利于集约高效开采资源的开采方案。同时，了解矿床的成矿规律，也有利于评价一个地区矿产资源。

矿体中有用矿物的分布通常是不均匀的，有些地方有用组分较高的矿物大量富集，而形成品位高、储量大、开采性好的富矿矿段；而有些地方有用组分较低，甚至无有用组分，表现为品位低、储量小、可开采性低的贫矿矿段。矿体的这些分布特性是由于地壳在漫长的地球历史中，不断发生板块运动、火山爆发、地震等内力运动，和风蚀、侵蚀等外力运动，使得化学元素不断在地壳中发生分散与聚集的变化，最后保存在地壳岩层中，成为地壳运动的产物②。这一过程既有物理过程也有化学过程，物理过程常常形成矿物岩层的形变，出现褶皱、断层、断口等变化，同时在外力作用下还可能形成风蚀、侵蚀等风貌的变化；化学过程则形成矿物元素的氧化物、卤化物或硫化物等变化。由于不同类别的矿产资源具有不同的地质形成条件，其形成时间和地质作用过程均不同，而经过漫长的地质运动后，这些矿产资源在地壳

---

① 邢立亭，徐征和，王青．矿产资源开发利用与规划［M］．北京：冶金工业出版社，2008：1.

② 陈尚迪．岩矿地质基础［M］．地质出版社，1985：179.

中的分布也呈现出较大差异，有的埋藏较深、矿脉矿层分布走向清晰，而有的埋藏较浅、矿脉矿体在地质沉降、板块运动、岩浆活动等影响下出现断层、隆起、风蚀等变化，导致许多矿产资源在地质空间的分布上极不均匀，有的集中出现在某一地质储层，有的星罗棋布地出现在某一成矿带，且品位、储量规模均不足以工业开采利用。相对而言，一些矿产资源相对富集地集中于某一成矿带，并表现出一些稳定的成矿规律性，如煤炭、石油、天然气等能源矿产大多形成于沉积岩地区，石墨、变质硅灰石、蓝晶石等非金属矿产形成于变质岩地区，而铜、铁、镍、金等金属矿产则大多形成于岩浆岩地区。这样一来，一些具有经济价值的矿物，便在地质过程的作用下逐渐形成了相对富集或独立的矿床，以供人类开采利用。如铜、铅、锌、锡、金、银等，尽管它们在地壳中的占比较小，却仍然可以通过采矿技术的进步得以开采利用。

在自然界中，矿产资源一般都是共生或伴生存在的，除主矿产外，大多还有一种或多种其他类型的矿产存在于该矿区，如金属矿产与金属矿产共生、金属矿产与非金属矿产共生、非金属矿产与非金属矿产伴生等。在这些分布规律中，金属矿与非金属矿的共生是非常普遍的，基于前述对成矿过程和成矿规律分析，作为金属矿产围岩的非金属矿岩石矿产，在地质过程中常常是作为金属矿产的结晶沉积物而存在，进而与金属矿产发生共生关系。共生是指形成于同一时期、同一地质作用条件下的矿物在同一岩石或矿床中存在的现象；伴生则是指形成于不同类型的矿物相伴存在于同一岩石或矿中的现象，并不要求具有同一时期和同一地质作用作为条件。总的来看，共生矿一般是具有相同成矿规律、平均含量相差不大、属性类似的若干矿物元素的组合，而伴生矿则是由具有不同成矿规律、属性相差较大、平均含量差别显著的两种或两种以上矿物的组合。共生矿一般可采取相同的采掘方法和开采工艺，对矿体进行剥离、破碎、选冶、提炼等，而伴生矿则需针对不同矿物的性质、品位、分布特征等采取不同的采掘方法和开采工艺。在常见的矿物中，金矿常与石英、黄铁矿、闪锌矿等伴生存在；铁矿常与氧化物、硫化物、自然元素等矿物共生存在；辉铜矿常与斑铜矿、黄铜矿、赤铜矿等伴生存在。在铜矿床中，还经常可以见到黄铜矿、黄铁矿、褐铁矿和蓝铜矿在一起的矿石，而黄铜矿和黄铁矿是由于相同地质作用所形成的，其形成过程与内力地质作用有关；而褐铁矿和蓝铜矿则是由于自然的氧化过程所形成的，其形成过程是一种外力作用的过程，因而其矿物的密度、硬度、形状等均存在较大差异，前者可称为共生，后者却只能称为伴生。

一般而言，矿床是矿物数量和质量都达到了一定工业要求，并能被开采和利用的地质综合体。矿床与矿体、矿石、岩石的关系十分密切，其外延与指向性逐渐缩小以明确对有用矿物组分的划分。在特定生产力阶段，有的岩石所含矿物品位虽达不到工业开采的要求，还不能称为矿床，但随着科学进步和开采艺术水平的不断提高，将来依然有可能成为矿床。目前，在矿产资源开采领域，人们通常根据矿石的组分、品位、性质等性质把含有矿物元素的矿石分为金属矿石、非金属矿石和可燃性矿石三类。金属矿石，如能提取铜、铅、锌、稀土等金属元素的矿石；非金属矿石，如含磷、石墨、金刚石、花岗岩、石膏等原料的矿石；可燃性矿石，如含有煤、石油、页岩气、天然气等矿物的有机矿石，而这些有机矿石有时可以通过物理过程或化学过程的转化形成不同的矿物形式，如煤系矿石中分散的有机质可以转化为气态或液态烃，经地质作用过程并富集形成油气矿藏，称为煤层气矿藏或油气矿藏。同样，一些煤系有机质还可与某些分散态金属共生，当这些金属在地壳高温、高压的作用下形成气态金属或液态金属时，就会与煤、煤层气等矿藏形成共生的矿体。20 世纪 70 年代，人们就在油气煤矿产中发现了金属矿产的存在，仅德国北部天然气矿藏中就发现了汞储量超过 4000 吨的超大型矿床。除此之外，石油、天然气、煤等有机矿产与液化烃、凝析气、煤层气、硫铁矿、铝土矿、高岭土、钾盐以及铀等矿产伴生和共生存在的情况也极为普遍。在这些伴生或共生的矿产中，不乏一些具有重要经济价值的矿产，如世界上有 15 个国家的 16 个钾盐矿产就是在油气矿床中找到的。

矿物元素在地质成矿作用下不断发生聚集、移转、形变，在有利的区域或成矿环境下，历经漫长的地质成矿过程后，一些矿床往往会在时间上或空间上形成多种矿物元素、矿物与矿石，或矿床与矿床的共生或伴生组合。根据资源富集程度和空间分布的特性，这种共生或伴生组合还可表现出成矿元素晕和矿种共生的情形①。成矿元素晕，是指成矿元素在原生晕中的富集，而靶元素在成矿过程中发育在主岩体内。当不同的共生成矿元素都满足工业品位、储量条件后，这些共生成矿元素的组合便形成矿种共生的情形。通常，矿物元素的共生或伴生，常常是由不同矿物在同一成矿作用所形成的，表现为在空间上的共处关系。在自然界中国，一些典型的矿床都可能表现出多矿

① 范永香，阳正熙．成矿规律与成矿预测［M］．北京：中国矿业大学出版社，2003：10.

种共生的特点，如铌与稀土、铁等矿种的共生，钒、铁、钛等矿元素的共生，以及铜、铁、锌、铅等元素的共生等情形。由于地壳运动的不平衡，地球上这些共生或伴生矿床的分布也表现出明显的地域差异。从目前探明的矿床储量来看，世界石油储量的60%集中在中东，煤炭储量的64%集中在中国、美国和前苏联国家，稀土储量的76%集中在中国、前苏联、美国，铁矿储量的70%集中在前苏联、巴西、加拿大、澳大利亚和印度。除此之外，世界主要金属与非金属矿产资源80%以上的储量，分布在美国、加拿大、澳大利亚、南非等国家。从我国情况来看，矿产资源的分布也很不均衡，表现出西多东少、北多南少；共生、伴生矿多，单一矿少；中小型矿床多，大型、超大型矿少；贫矿多、富矿少的特点。如煤炭资源90%的储量集中在华北、西北和西南地区；磷矿资源70%的储量则集中在滇、黔、川、鄂四个地区；铁矿资源95%的储量集中在辽、冀、晋、川地区。在这些矿产中，贫矿富矿差异性很大，如，我国磷矿品位大于或等于35%的只占约7%，铁矿品位大多在30%～35%，而澳大利亚、巴西、印度等国的铁矿石品位一般在60%～65%。矿产资源分布的共生性、伴生性以及不均衡性，对产业结构布局、资源配置方式、经济增长以及国际政治、经济关系都产生着重大的影响。

2.1.3 国内外文献综述

（1）区域成矿与矿床演化规律研究。20世纪以来，国内外地质学家在成矿规律及矿床演化方面进行了不断的探索，并形成了诸多的理论、方法和观点，这为我们认识矿床地质及矿床演化规律提供了有益的借鉴。首先，在矿床成矿类型方面，20世纪50年代以来迅速发展的成矿理论改变了过去一元成矿论，并逐渐形成为“多物质来源、多因素控制、多成矿作用”的成长矿理论。如层控矿床理论认为，一些地下矿床的成矿过程受到地层控制的影响，使得矿石在部分沉积构造中得以富集存在①。除此之外，俯冲带、剪切带中的流体作用、盆地流体、火山活动、地震等作用过程，使得地下流体发生运移，并形成一些金属矿藏、盐体矿藏、气体矿藏等②。张连昌等（2001）在

---

① Zuffardi, P. Handbook of Strata-bound and Stratiform Ore Deposits [M]. Elsevier Scientific Publishing Company/Amesterdam-Oxford-New York, 1976, 3: 175-204.

② Bliss, J. D. Developments in Mineral Deposit Modeling [R]. U. S. Geological Survey Bulletin, 1992.

流体成矿理论的基础上，指出许多金属矿床形成的原因在于成矿流体不混溶、沉淀、充填、溶解等作用过程①，使得一些液态、气态或固态矿藏分层成矿。陈国达（1978）指出，成矿构造的影响因素可分为大、中、小三个方面，大型的构造因素包括构造区和构造系，中型的构造因素包括褶皱和断层，而小型的构造因素包括节理和劈理等方面。按构造区的地质作用过程不同，可分为沉积构造、岩浆构造、变质构造等类型，分别与矿物成矿作用过程的类型对应。不同的构造类型对矿床形成的物质来源、产生条件、矿体性状、发育过程，以及时间和空间上的分布关系产生影响②。翟裕生（1987）在研究花岗岩的有关金属矿床成矿规律时指出，成矿系列的内部结构通常是诸多要素间相互联系与相互作用的组合结果，并表现出不同矿物成矿的同源性、共生性、分带性、重叠性以及不均衡性等特点③。其中，重叠性是指在一个成矿过程中，形成于不同时期的矿床在同一空间范围内发生交错、重叠的空间关系，或沿某一含矿岩石层位分布，或围绕某一侵入体分布，或在某一断裂带周围分布，并且不同矿物的分布种类和数量具有不均衡性，有的种类多、数量大，有的矿种单一，结构简单，储量和品位也很难达到工业开采的指标要求。

20 世纪 70 年代以来，地质学家们还提出了一种地幔流体的成矿理论，认为来自地球深部的地幔流体，对于矿床具有重要作用。Watson（1980）曾指出，世界上的一些 Sn、U 矿床，其矿物元素多来自地幔流体，携带成矿元素的地幔流体在一定温度、压力等物理化学条件下，逐渐沉积而形成矿床④。Groves（2001）对澳大利亚 Yilgarn 地块太古宙金矿成矿物质的研究也表明，地幔流体对该矿围岩成矿物质的形成具有重要作用⑤。曹荣龙（1995）认为地幔流体通常是由富含地球内部原始气体元素和挥发份组成的气体、稀溶液和挥发份饱和的富碱硅酸熔体⑥，由于其具有充足的物质储量和巨大的热能，

---

① 张连昌，赵伦山．成矿流体研究的若干进展与动态［J］．地质与勘探，2001，37（1）：7－10.

② 陈国达．成矿构造研究法［M］．北京：地质出版社出版，1978：5.

③ 秦德先，张学书，念红等．金平—黑水河裂谷演化及基性岩浆成矿作用［M］．北京：地质出版社，2008：13.

④ Watson，J. V. & M. J. O' Hara. Metallogenesis in relation to mantle heterogeneity［J］. Philosophical Transactions of the Royal Society of London. Series A，Mathematical and Physical Sciences，1980，297：347－352.

⑤ Groves，D. I. & N. M. Vielreicher. The phalabowra（palabora）carbonatite-hosted magnetite-copper sulfide deposit，south africa：an end-member of the iron-oxide copper-gold-rare earth element deposit group?［J］. Mineralium Deposita. 2001，36：189－194.

⑥ 曹荣龙，朱寿华．地幔流体与成矿作用［J］．地球科学进展，1995，10（4）：324－329.

为地质运动过程中的成矿过程提供了有利条件，并容易直接形成大型或特大型矿床。另外，一些油气矿床和非金属矿床的成矿过程，也受到地幔流体作用的影响，如 Wakita（1983）在研究日本一些富含 CH4 气体的矿藏时，发现其主要矿物元素主要源自地幔流体①。在我国，杜乐天（1990）在研究地幔流体理论时，提出地幔流体是包括了氢、卤素、热能、碱金属、碳、氧、氮、硫等元素在内的综合体，在地幔流体的成矿过程中，存在着地幔流体—碱质交代—成矿作用的运动关系②。在地幔流体的迁移过程方面，Bodinier（1990）提出，在地球内部，地幔流体的迁移发生在两个方面，一是发生于地幔内部，二是发生于地壳或表壳。在地幔内部的迁移通常表现为渗滤和扩散两种作用结果，在地幔之外，则表现为地幔流体随地幔岩浆的侵入或喷溢向地壳或地表迁移，并在冷却、沉积作用下富集成矿③。由于地幔流体通常高温、高压，并表现为呈临界点状态，具有高密度、高扩散性和高溶解度特性，因而会富含不兼容的矿物元素和碱金属元素，在地幔内部及外部发生迁移及成矿作用。

20 世纪 90 年代以来，随着深钻和巨型矿床的发现，地质学家们又开始注重对区域成矿理论的探索，并将矿床成矿过程与矿床共生、伴生特性，及地质构造环境等联系起来加以研究。在我国，从大地构造及区域构造入手来研究区域成矿的科学研究，历年受到诸多科学家的重视，如李四光从地质力学角度研究区域构造成矿理论，张文佑提出了断块构造学说等。翟裕生（1991）在研究区域成矿问题时指出，导致成矿物质由分散态向浓集态转变的因素和作用是多种多样的，其基本的成矿类型有边界成矿（包括边缘成矿、界面成矿）、转换成矿（温度压力转换、构造应力转换、物理化学参数转换）、多场耦合成矿（流体场、矿源场、能量场、应力场等）和叠加改造成矿（叠加成矿、复合成矿、多期成矿、改造成矿等）④，这些诸多因素耦合，便为大型、特大型矿床的成矿过程提供了有利条件，为解释矿产资源富集区的形成提出了有力的科学解释。张本仁（1998）指出，不同矿物在地球内部的再循环往往体现为地幔物质在流体作用下不断进入地壳，而地壳物质又通过俯冲返回到地幔层，这种循环

---

① Wakita, H. A. & Y. Salo. 3He/4He ratios in CH4-rich natural gases suggest magmatic origin [J]. Nature, 1983 (305): 792 - 785.

② 毛景文，李晓峰等. 深部流体成矿系统 [M]. 北京：中国大地出版社，2005：2.

③ Bodinner, J. L., G. Vaseur & Vemieres, J. Mechanism of mantle metasomatism: geochemical evidence from the LHerz orogenic perodotite [J]. Journal of Petrology, 1990 (31): 597 - 628.

④ 翟裕生，彭润民，向运川等. 区域成矿研究方法 [M]. 北京：中国大地出版社，2004：12.

往复的过程便构成了地壳地幔物质的地球循环，这一过程既伴随着物质的运用，也表现出一种能量的传递，并通过这一过程而形成矿床成矿①。于崇文（1998）对成矿系统进行分析时指出，成矿系统须在地质作用过程中，从环境中获取成矿物质、流体和能量，通过“耗”和“散”实现成矿的功能，成矿系统的基本要素包括成矿物质、成矿流体、成矿能量、成矿流体的迁移通道和矿石堆积场地。在一个成矿系统中，可能有一个或多个矿源场，而其性质可能是同一的，也可能是不同性质的，如铜矿中的铜可能来自矿铜层，也可能来自深源火成岩体。而成矿后的矿床，其矿物质组成可以是矿质的，也可能是多矿质的，如铜—金矿床、铅—锌—银矿床，并表现出共生或者伴性的特性②。

（2）资源富集影响因素与分布特征研究。孙启祯（2001）在研究矿床成矿的时空分布规律时指出，不同矿物的富集过程在时空上往往表现出异相差异性，异相即指不同矿物或矿体的分布具有不同类型、组合形态及其分布属性，并随着时间变化和条件变化，而表现出矿体、断层等移动、形变③。从矿床富集的过程来看，大部分矿床是在不同构造运动期、地质时期或成矿作用时期的地质作用、风化作用或生物作用而形成的，并在空间上沿着地质构造单元的边缘部分交错分布。在这一过程中，矿床富集受到多种因素的控制，而形成内生矿床和外生矿床的差异。内生矿床主要是受到了地质构造和岩浆岩运动过程的控制，并伴随岩浆热液在地壳中的挤压、位移而形成的结晶物。外生矿床则受到矿物沉积环境和风蚀、风化等因素的控制，在地下岩层中出现岩体结构的交错、断裂分布。卢双舫④（2002）在研究油气矿藏富集影响因素时认为，生、运、储、聚、保五大因素是控制油气藏富集程度的主要因素，天然气资源具有逸散性，在地质运动过程中，岩层的渗透性、储集性及移转性等都会是影响天然气矿藏富集的影响条件，只要源岩矿藏生成并排出了足够量的天然气，它必然会在地下岩层中找到适宜的通道发生移转和聚积，一旦地下矿层中形成了渗透性好、孔隙通畅的运移通道，天然气便会沿岩层通道发生长距离运移并在岩层隆起部聚集成矿藏。关德师（1997）和张金亮（2001）在分析天然气藏的富集条件时

---

① 张本仁，吴承烈．不同缓次地质对象元素丰度的理论、方法及其应用的研究［J］．地质科技通报，1998（7）：18－19.

② 于崇文．成矿作用动力学——理论体系和方法论［J］．地学前缘，1994（3）：54－82.

③ 孙启祯．边缘成矿概论［M］．北京：地质出版社，2001：17.

④ 卢双舫，付广，王朋岩等．天然气富集主控因素的定量研究［J］．北京：石油工业出版社，2001：1－5.

指出，孔隙性、渗透性和封盖与保存条件是影响天然气富集成藏的重要因素①，一些致密矿岩气藏和深盆气藏的储层物性较差，但由于其发育在盆地向斜区，生气温度、散逸通道、储集空间和封盖条件等适宜，有利于气藏的形成和富集②。Cant（1983）和 Rose（1984）等人在对不同构造部分天然气藏的形成与分布规律的研究中认为，由于渗透性、浮力、岩层倾斜、成岩遮挡、压力转移、储集层的次生孔隙及非均质性等在气藏形成过程中作用的不同③，便会形成常规气藏与致密气藏的差异④。

从构造成矿来讲，地质构造因素是控制矿物富集成藏的重要影响因素。如，在煤炭资源富集的过程中，构造因素直接控制着煤层气的生、储、盖，同时还决定着煤及煤层气矿藏的厚度、分布性状及其构造形变等⑤。在煤层气富集过程中，聚煤盆地的构造背景决定了聚煤盆地的性状、位置及煤层、煤质的基本特性，在聚煤盆地的地质迁移过程中，通过对富煤中心的分布与迁移的控制，进而控制了煤层的走向、厚度、岩层结构等，并最终对煤层生气过程、气体产生量及煤层气的储集性等产生影响。而且，在这一过程中，煤层矿物元素的变质过程，受到地质构造温度、压力的变化而对煤层气变质生成过程产生影响⑥。金之均（2007）在研究西西伯利亚盆地油气地质特征时指出，西西伯利亚盆地丰富油气资源的富集，是由于大量地质作用朝同一方向作用的结果，而这些地质作用有些是全球性的，有些是区域性的，在中侏罗纪时期，西西伯利亚形成了中—新生代沉积盆地，在盆地形成时期，大量有机物质在沉积作用下聚集在盆地之中，成为油气矿藏成矿的主要矿物来源，而这些有机物质在地质热力和压力的作用下沉积而形成石油和天然气，其中的热能来自地幔基底上升的热流、盖层沉积物放射性物质衰变热以及外力作用所产生的热能⑦。在油气

---

① 关德师．控制生物气富集成藏的基本地质因素［J］．天然气工业，1997（9）：8－12.

② 张金亮，张金功．深盆气藏的主要特征及形成机制［J］．西安石油学院学报（自然科学版），2001，16（1）：1－8.

③ Cant，D. J. Spirit river formation-a stratigraphic-diagenetic gas trap in the deep basin of Alberta［J］. AAPG Bulletin，1983（67）：577－587.

④ Rose，P. R. Possible basin centered gas accumulation：Raton basin，Southern Colorado［J］. Oil & Gas Journal，1984，82（10）：190－197.

⑤ 赵庆波，李贵中，孙粉锦，李五忠．煤层气地质选区评价理论与勘探技术控制生物气富集成藏的基本地质因素［M］．北京：石油工业出版社，2009：5.

⑥ 桑树勋，范炳恒，秦勇．煤层气的封存与富集条件［J］．石油与天然气地质，1999，20（2）：104－107.

⑦ 金之均，王志欣．西西伯利亚盆地油气地质特征［M］．武汉：武汉音像出版社，2007：172.

矿藏富集的成矿条件方面，赵旭东（1988）认为，一些油气资源富集带的形成只能发生在每个地质历史时期中构造条件、地理条件、岩相条件和地球化学及水文地质条件等一系列条件均有利的组合情形之下，而且在一些沉积构造中，应具有潜在的生油气母岩和生油气岩层的组合，这些组合可以提供油气成矿所需的足够丰富的原始有机物质①。另外，李家彪（2008）还提出断裂构造、岩浆活动、盖层沉积、也对资源富集起到了重要的控制作用②。

在资源富集的多样性、异常性和富集规律方面，赵鹏大（2001）指出，一些大型或超大型矿床的产出部位，常常与周围无矿或少矿区的地质环境存在显著差异，而这也体现了地质构造的阶段性和异常性特征，因此，对资源富集区及相邻区域人地质勘查与找矿工作，应着重从成矿规律入手去寻求发现资源富集的矿床③。同时，由于地质作用和地壳运动的复杂性，地球上不同区域位置的地质结构与各种矿物岩石分布的空间结构也存在显著差异，使得矿物资源在地质—地理空间分布上表现出数量、品位、类型、性状结构等方面的不均衡性。另外，由于地质岩矿物质来源的多元性，以及地质作用的复杂性，导致矿物资源在地球岩层中的富集形态表现出多类型共生、伴生的性状特征，包括不同矿床类型的共生伴生和不同矿种类型的共生伴生两个方面。矿床的共生伴生，常常发生在多种成矿条件和成矿时期的综合作用条件下，使得不同类型的矿床紧密地共生或伴生在一起，表现出边界交错或相邻的关系。如层状相邻、矿脉交错、不整合面共生，以及斑岩型、火山岩型、夕卡岩型等脏乱床的共生等。矿种的共生伴生，则更为普遍，不论是金属矿床还是非金属矿床，都或多或少存在多种矿物元素的共生伴生情形，如 Cu、Pb、Zn 和 Ag 矿物的伴生，钼、铌、锆、铪、钍、钆族稀土矿物的伴生，以及锡石、辉钼矿、绿柱石、硅铍矿、绿宝石的伴生等④。另外，一些资源富集的矿体的出现也具有一些特定的规律，如背斜和断裂构造通常是控制矿田分布的主导因素，主断裂旁的次级断裂控制着各矿体的富集规模，并且矿体的规模大小，还与含矿破碎带的规模有关。通常，富矿体及厚大矿体往往会出现在断裂构造的交汇处，或矿体破碎带膨大处，破碎带规模越大，矿体规模也越大；破碎带

① 赵旭东．油气聚集带形成地质条件与分布［M］．北京：地质出版社，1988：152.

② 李家彪．海区域地质［M］．北京：海洋出版社，2008：485.

③ 赵鹏大，陈建平，陈建国．成矿多样性与矿文艺演出谱系［J］．地球科学，2001，26（2）：111－117.

④ 赵鹏大．非传统矿产资源概论［M］．北京：地质出版社，2003：41.

周围无矿岩层的强度、硬度越大，其边界交错的性状越清晰①。

在资源富集程度的评价方面，通常可采用矿体品位、丰度和储量三项指标来进行评价。矿体品位可分为平均品位和边界品位两类，平均品位是衡量矿床中矿石贫富程度的指标，而边界品位则是划分矿石与废石界线的有用组合的最低含量标准，是计算矿藏储量的一项主要指标。矿体品位的测量，决定了该矿藏开发利用所可能实现的经济利润，所以，在开发利用之前，圈入矿体的矿石，其品位一般在技术上和经济上都是可行的，即矿床的边界品位不应低于最低的技术品位和工业品位②。由于矿体在地层中的分布和走向具有不确定性，并与废石层形成不同的夹层厚度，矿体自然延伸的宽度也随地质构造、断裂带、皱褶及破碎带的变化而变化，所以，资源富集程度也表现出显著差异，这就使得矿床的工业开采必须考虑可采矿体的宽度、厚度、走向、倾角、品位、储量及其潜在的经济利润等因素③。矿体丰度，是对矿体中某种矿物元素在该矿体总重量的相对份额（如百分数）的测量指标④，丰度的表示方法，可以是重量丰度、原子丰度或相对原子丰度三类，其单位可以是克拉克值和丰度系数。丰度系数可用来衡量矿物元素在矿体中相对富集或贫化的程度，如当以地壳丰度占地球丰度的比重为指标时，其值大于1时称为富集，小于1时称为贫化⑤。一般来说，资源丰度与资源储量之间存在着一定的数量关系，资源丰度值低的地方其富集的矿物储量就少，根据建立的丰度测度模型，便可大致推断一个国家或地区资源的富集程度⑥。资源富集储量的测量，是对资源富集区进行资源勘查、开发利用的基础，而测量资源集储量常用的方法有断面法、算术平均法、地质块段法、等值法等，在具体实用中，需要结合该区域的地质环境、岩体性状、伴生性及共生性等特征来综合建模测定⑦。

---

① 孟宪刚，朱大岗．雪峰山中段金锑矿构造控矿分析与资源评价［M］．北京：地质出版社，1999：55.

② 蒋志．在地球和原子之间［M］．北京：冶金工业出版社，1996：267.

③ 魏一鸣．矿产资源开发决策智能化集成方法［M］．北京：中国科学技术出版社，2001：7.

④ 黎彤，倪守斌．地球和地壳的化学元素丰度［M］．北京：地质出版社，1990：2.

⑤ 陈道公，支霞臣，杨海涛．地球化学（第2版）［M］．北京：中国科学技术大学出版社，2009：22.

⑥ 地质部情报研究所编．区域矿产定量评价方法［M］．地质部情报研究所，1978：58.

⑦ 郑得文．煤层气资源储量评估方法与理论研究［D］浙江大学博士论文，2007.

2.2 矿藏开采与矿业权产权制度理论

地下矿藏在形成价值或产生任何经济增长之前，必须被查明分布性状，开采出来，然后转化为可为人们利用的有用产品。在这一过程中，地下矿藏的自然属性逐渐与经济属性、社会属性相结合，而衍生出一系列问题。如地下矿藏对经济社会发展的价值有多重要？有限的地下矿藏怎样才能得到经济有效的利用？矿藏开采会对环境、社会产生怎样的影响？政府在决策地下矿藏的采掘规模、强度时，有哪些工具手段可以运用？地下矿藏开采的权利如何分配？如何刺激不同权利人的投资和外部性内化？如何有效发挥资源富集区的资源优势，并避免“资源诅咒”和“环境退化”等问题的出现。所有这些问题的提出和不断探索，使得矿产资源开发与利用管理的研究范围不断丰富，并形成了一系列资源经济理论。由于矿产资源的分布具有共生性、伴生性，以及不均衡性等特点，为了合理、有序开发利用这些矿产资源，我们有必要对地下矿藏开发所应遵循的一些客观规律进行探讨，以避免开发利用方式不当所可能引起的资源浪费、资源破坏、环境退化等问题。

2.2.1 相关概念

矿藏开采，是指利用人类现有的技术条件，将赋存于地层中的有用矿物挖掘出来，并从中提出有用矿产品的过程①。矿藏开采为人类社会提供了生活和发展赖以必需的各种矿物原料，是推动人类社会进步的重要保障。在正常的市场经济条件下，矿藏开采必须满足可采性和可盈利性两个条件；而在非正常环境下，如战争时期或受贸易封锁时期，为了生存和发展之需，矿藏开采有时可以不计代价，无须考虑其可盈利性条件。如此一来，矿藏开采是一个动态的概念，既要受到采掘技术的限制，同时也要受到社会、政治、经济环境等变化的影响。由于矿产资源具有非再生性、稀缺性和有限制等特点，保持矿藏开采的可持续发展，使得矿产资源集约、节约利用，提升资源利用率水平，尽可能延长矿产资源的服务年限，是现代矿产资源管理的核心要义。

① 王青，史维祥．采矿学［M］．北京：冶金工业出版社，2001：3.

矿藏开采的工作对象是赋存于地下的矿产资源，而这些资源的分布在规模、储量、位置、性状及作业安全性等方面表现出较大的差异，因此地下矿藏的开采必须在充分了解地下矿藏基本地质特性的基础上，设计合理的资源开采工程方案，以提升矿产资源回采率水平和综合利用率水平。这就要求在矿藏开采之初必须做好矿藏开采的技术经济评价，尽可能减少矿藏开采的损失率和贫化率，提高有用矿物的回收率水平；并确定合理的矿体开采边界和矿石品级边界线，在满足可采性和可盈利性条件下实现矿藏开采效益的最大化。在矿藏开采的技术经济评价中，通常要借助于很多技术经济指标，如露天开采、地下开采、联合开采、崩落法、充填法、品位、损失率、贫化率等。在此，我们有必要对一些主要的概念加以了解，以解析矿业权重叠过程中矿产资源开发利用效率所可能受到的影响。

"品位"，可分为"边界品位"和"工业品位"两类。前者是指地下矿藏中的有用矿石和围岩的分界品位，是圈定地下矿体中单个矿物有益组分含量的最低要求，高于分界品位的矿物样品即为满足工业可采性条件的矿石。后者是指矿体单个块段中主要有用组分的最低可采平均品位，只有该矿体达到这个最低可采平均品位，其矿藏开采才具有工业可采价值。边界品位指标，主要用于计算地下矿藏中工业矿体的储量、平均品位及其可采性程度。边界品位提高，即意味着地下矿藏中的部分矿石被划入废石或夹石范畴，使得可采储量下降①。工业品位设计过低时，不具可采性或盈利性的矿石被列入工业可采矿石范畴，便得圈定的矿体因平均工业品位的降低而造成经济上的不合理，降低了矿山开采企业的盈利水平。所以，在进行地下矿藏开采前，应合理设定可采矿体的边界品位和工业品位，尤其是对于矿业权重叠区的部分矿体，如果边界品位和工业品位设计过高，将使得重叠矿体被圈定在可采矿体之外，造成部分矿藏被遗弃、浪费，带来矿产资源所有者权益损失；而如果采掘技术不足，即使设计的边界品位和工业品位适当，也可能造成重叠区部分矿藏得不到充分有效利用，而带来生产效率损失，进而使得开采出来的矿石出现贫化现象，即一些低品位或无用矿石被计入可采矿石范畴之内，造成整体矿段可采矿体矿石品位的下降。所以，在进行矿藏开采时，应尽可能设计合理的边界品位和工业品位，以保证其所圈定的矿体的矿石总体平均品位满足实际开采的需要，既使品位较低的贫矿留下该矿段不被开采，又使资

① 陈尚文．矿床开采中矿石的损失与贫化［M］．北京：冶金工业出版社，1988：19.

源开采企业能采取合理合适的采掘工艺对可采矿体进行集约节约式开采。

最低可采厚度，是指在现有技术经济条件下，在实行矿藏开采、采准、开拓、掘进等过程中，按矿体分布走向所设计的可供工业开采的矿层或矿体的最小厚度①。因为地下开采一般采取机械化综合开采，当机械开采沿矿体走向进行掘进时，一旦矿体可采厚度小于机械作业面宽度时，机械开采会带来较多围岩、夹石、废石混入有用矿物之中，使得采出的矿石出现贫化现象，并增加了后续选矿回收的难度和生产成本。所以，在进行矿藏开采时，应结合该矿体的边界品位、工业品位、矿体产状、储量、矿床类型，以及现有采掘技术，合理确定矿体的最低可采厚度，以形成最优化的采掘利用方案。确定矿体最低可采厚度时，应根据矿体产状、采掘方法和采运设备来综合确定，若矿体薄，要保证回采空间高度，只有设计较高的可采厚度，但这时又会使得部分废石计入采出矿石之中，使得贫化率上升；而如果要保证满足工业品位和边界品位的矿石得以开采出来，这就需要采取分采充填法，以保证采出矿石的品位，这又会导致生产成本的上升。一般来说，急倾斜矿体的最低可以厚度可以减小，在机采、机装、机运的情况下，倾斜矿体的最低可采厚度可为0.8~1.5米之间②。对于矿业权重叠区而言，由于不同种类或不同权利矿业权出现边界交叉、重叠现象，这就需要不同矿业权人在设计各自的最低可采厚度时，应根据采掘技术和矿床地质条件，在不同矿体间设计合理的排他性剔除厚度，以保证其他矿业权人的有用矿物不被越界开采出来。当重叠区的矿体厚度大于这一排他性剔除厚度时，开采时矿业权人一般都不会对其进行开采，因而也就避免了矿业权人之间可能发生的采掘冲突。有时重叠区的矿体厚度小于这一排他性剔除厚度时，其平均边界品位或工业品位达到不可采品位要求时，在这种情形下，重叠矿区的矿业权人也会将其保留在地下，而避免引致其自身矿体开采品位的贫化。

"资源最佳耗竭"，是为了反映不可再生性资源最佳配置、最优耗竭而形成的一套资源耗竭理论。由于矿产资源具有可耗竭性、非再生性和稀缺性等特点，矿藏开采所带来的资源消耗具有不可逆性，所以与矿藏开采紧密相关的资源可持续利用实际上便反映为资源的最佳耗竭问题。资源耗竭理论的研究始于美国经济学家霍特林（Hotelling，1931）发表的《耗竭性资源经济学》

---

① 《选矿手册》编辑委员会编．选矿手册（第1卷）［M］．北京：冶金工业出版社，1991：93.

② 长春地质学院矿床勘探教研室编．矿床勘探［M］．北京：地质出版社，1979：128.

一文，针对有限的矿产资源如何确保在未来得以可持续利用这一问题，霍特林提出了在完全竞争和开采成本不变条件下的资源最佳耗竭条件，即随着时间的推移，稀缺性资源租必须与社会贴现率以相同的速度增长，并且资源品价格必须等于边际生产成本与资源影子价格之和。这样的话，对于品位相对均质的矿产资源，资源开发者对于现在开发资源还是将来开发资源没有显著偏好，如果边际开采成本较低，资源开采的强度将上升，矿产资源将会被加速耗竭，如果边际开采成本升高，资源开采的强度会相应减弱，进而延缓资源耗竭时长①；而如果资源开采者选择等待未来开采所获得的利润超过现值贴现率时，那么资源开采者将会倾向于选择在未来某个时候开采这些资源。当地下矿藏存在矿业权重叠问题时，如果不同矿业权人所对应的地下矿藏受到非权利人同意不得受到侵害的保护，那么，当不同矿业权人面临多个异质矿体且其开采成本不同时，同样也面临着资源的最佳耗竭问题。即在其他条件相同的情况下，从矿业权重叠区中开采一种矿藏的边际生产成本很可能大于从非矿业权重叠区开采矿藏的边际成本，如果矿藏开采人预期该矿产品价格的涨幅大于开采重叠区矿藏所形成的边际生产成本，那么开展对重叠区矿藏的开采对于矿业权人便是有利的，这时重叠区异质类矿藏的开采活动便得以展开。如果开采这类重叠区矿藏的边际收益小于其边际生产成本，那么重叠区矿藏的开发利用活动便会得以停止，以等待未来可产生正向边际收益的时机才会得以开采②。

“资源产权”，是为了促进矿产资源的合理开发、可持续利用，避免资源浪费和矿藏开采所导致的环境负外部性问题而形成的一套矿产资源开发利用管理制度。从 20 世纪 60 年代开始，人们开始关注矿藏开采所带来的资源与环境问题，一方面，矿产资源具有稀缺性和非再生性特征，如何解决资源的占有、开发和使用问题，是决定矿产资源能否得到有效利用的关键；另一方面，矿产资源开发利用带来的环境退化问题日益严重，对人类生存环境也造成了恶劣的影响，如何消解矿藏开采所形成的环境风险，是促进矿产资源可持续利用的关注重点。从新制度经济学派的观点来看，对具有稀缺性的矿产资源的开发利用，就是对矿产资源使用权的配置，在本质上是对具有稀缺性的资源使用权、占有权、开发权的一种配置，其核心则是采取何种资源产权

---

① 林伯强，何晓萍．初级能源经济学［M］．北京：清华大学出版社，2004：124.

② 张帆，夏凡．环境与自然资源经济学（第 3 版）［M］．北京：格致出版社，2016：123.

制度，以及怎样保证这种资源产权制度能带来社会福利的帕累托改进。根据定义，资源产权规定着资源产权主体受益或受损的权利，其实质则包括了对资源的所有权、占有权、使用权、收益权、处分权等一系列权利。按照阿尔钦的观点，产权就是反映财产及其相应关系的一组权利，产权规定着各经济行为主体在稀缺资源使用中必须遵守的行为规范，以及不遵守这些行为规范所必须承担的成本①。通过自然资源产权制度的合理安排，能起到有效配置资源的作用，然而由于矿产资源在地下的分布具有隐蔽性、难以分割性等特征，矿产资源产权的安排常常存在产权失灵现象。尤其是对于矿业权重叠区而言，不同矿物之间共生、伴生存在，矿体的产状、性状难以清晰分割，使得资源主管部门在划分其矿业权边界范围内时，常常出现产权边界模糊不清、交叉重叠、难以分割等现象；并且，对于部分地下矿藏，由于管制不足而出现产权残缺的现象也时有发生，以致无法通过产权的激励功能来实现资源的最有效率配置②。

"矿业权"，是一种物权，是指在法律许可范围内对特定区域矿产资源所享有的勘查、开采等一系列生产经营活动的权利，是由矿产资源所有权派生出来的一种权利，即对特定矿产资源的占有、使用、收益和处置（或处分）的权利。当矿产资源所有权人将矿产资源的勘查、开采权出让给他人，并由他人行使这部分权利时，这部分权利就称为他物权。可见，矿业权在性质上实质上表现为一种他物权③。从产权特性来看，矿业权具有排他性特征，即在同一矿区范围内，不允许有不兼容的矿业权并存，这就是所谓的"一物一权"原则。从矿业权存续的时间、空间特征来看，矿业权是一个有着具体时间和空间指向的概念，时间是指矿业权存续有一定的时间期限，在国家授权以后收回权利以前的期间，矿业权人的权利行使受到法律保障；空间是指矿业权所指向的地理空间位置有具体的指向性，矿业权人必须在勘查、采矿许可证规定的范围以内从事矿业活动，超出其边界范围的矿业权行为不受法律保护。从矿业权的类型划分来看，矿业权是由一系列与矿产相关的权利组成的，通常分为探矿权和采矿权。按照定义，探矿权是指权利人在登记注册的矿区依法进行矿产资源勘查并优先取得作业区内矿产资源采矿权的权利，采矿权则是指权利人在登记注册的矿区依法开采矿产资源并获得相应矿产物的

---

① 科斯等．财产权利与制度变迁［M］．上海：上海三联书店，1991：66.

② 黄贤金．资源经济学（第2版）［M］．南京：南京大学出版社，2010：47.

③ 李万亨．矿业权评估概论［M］．北京：地质出版社，2000：2.

权利。从民事法律关系来看，矿业权实质上界定了权利人针对特定矿产资源的勘查、使用、占有、支配、收益以及处分的权利。权利人在行使矿业权权利时，应具有排他性效力，即权利人依法独立占有矿业权产权，排除他人未经契约认同条件下的权利分割、分享或对权利人的权利剥夺。权利人对特定矿产资源的勘查、开采不受其他权利人的干扰，并享有在特定地理范围内的通行权、取水权等。这就使得矿业权的权利组合，由其自身扩展至为保障矿业权有序行使而衍生出的对相邻关系的处理，以及不同资源开采的占先权、物上请求权等。

“矿业权规制”，是政府规制机构借用经济性工具、社会性工具、行政性工具或法律性工具等，对矿业权市场的产权秩序进行调节，消解产权失灵、不完全竞争、外部性损害等带来的市场风险，以促进矿业权市场健康可持续发展的治理过程。借助丹尼尔·史普博的观点，可将矿业权规制的目标分为两类：一类是对矿业权市场进行价格修正，减少生产者剩余或消费者剩余分配的失衡，以实现合意的资源利用效率水平；另一类是对矿业权市场的外部性进行治理，以减少矿业权活动对其他人或社会福利减少带来的影响，如矿业投资对其他社会投资形成的“挤出效应”，对其他产权主体形成的“拥挤效应”等①。随着人类社会的发展和科学技术的进步，人类对地下矿藏的开采逐渐由地表浅部延伸到地球深部，以不断满足经济和社会发展的需要。当某种矿产资源对经济社会发展具有重要意义时，拥有这种资源的国家或地区便会围绕这一资源的开发利用而展开相应的资源开发利用管理活动，如资源开发利用权配置、资源开发过程监管、环境恢复治理、资源生产效率评价、资源性税费政策安排等，进而形成一套科学规范的矿产资源开发利用管理制度。实质上，矿业权规制，就是公共规制机构对资源富集区的矿产资源利用过程、权利关系、经济关系、社会关系等进行调节和规范的过程。由于矿产资源具有不可再生性和稀缺性特点，地下矿藏的开采必然受到一定资源环境容量的限制，如果其采掘活动超过了其可承载的能力，就会导致资源环境的破坏。另外，由于矿产资源在地球不同地区富集的数量、质量及组合特征具有显著的地域差异，地下矿藏的开发利用方式和过程便也具有了区域性特点，并相应决定了该地区的产业结构和经济社会发展水平，如果一个地区矿业权

① 王忠，周昱岑．资源产权、政府竞争与矿业权规制策略［J］．中国行政管理，2015，10：129－134.

集聚的程度或矿业投资超出了合理的范围，其矿业活动可能对其他产业结构的发展、劳动就业和收入分配等产生影响，进而表现出“资源诅咒”或“资源祝福”等效应的差异。

2.2.2 研究基础

随着自然资源经济理论的发展，如何促进稀缺资源的优化利用成为理论与实践关注的焦点。18～20世纪，李嘉图、马歇尔等经济学家认为稀缺的自然资源可以通过市场的价格机制得以优化利用。按照霍特林（1931）的资源耗竭理论，经济社会中矿产资源的利用效率主要受到社会贴现率、开采强度、生产成本、耗竭时长等因素的影响。由于矿业权市场具有不完全竞争性，具有垄断地位的矿业权人一开始就会限制产量，抬高资源品市场的价格水平，这种策略会相应降低资源开采的初始速度，延缓资源完全耗尽的时间。由于市场机制不能有效解决资源利用的效率缺陷问题，如成本次优、外部性损害等，从而需要通过相应的辅助政策来加以修正，如税费机制、限制性条款、进入壁垒以及技术性要件等。从这层意义上说，决定资源利用方式、实现最优化效率水平的关键在于针对矿业权所实施的价格修正和外部性消解。20世纪70年代末，随着生态保护主义运动的深入，自然资源经济理论逐渐将视角转换到资源利用的帕累托效率、非市场效益评价，以及共享资源的管理等方面，自然资源经济理论从单纯地追求资源利用效率向寻求自然资源开发利用与环境保护的社会均衡方向转变，并逐渐发展到自然资源开发环境价值补偿、自然资源可持续利用等研究领域。自此，针对矿产资源的管理不再单纯追求矿产资源利用效率，而要兼顾涉及全社会福利改进的资源均衡化利用问题，并逐渐形成一套基于马克思主义产权理论、制度经济学和福利经济学等理论的矿业权规制理论，以解决矿业权市场缺陷所导致的外部性问题。因此，解决矿业权重叠对资源利用风险传导以及外部性问题，理所当然应成为促进中国矿业可持续发展和自然资源管理研究的一个重点问题。接下来，将着重介绍与此相关的相关文献基础。

在19世纪早期，随着西方国家工业化革命的开端和发展，人类社会对矿产资源品需求出现快速增长，资源稀缺带来的资源耗竭、承载极限、危机应对等问题引起了一些经济学家们的关注，其中一些普遍性的观点认为，所有矿产资源品的消耗极限终究会在未来的某一天到来，任何矿产资源管理的合理目标则在于使从资源开发利用中获得的收益最大化。在矿产资源管理过程中，管理者既要考虑矿产资源所有者和使用者收益的最大化，同时也要考虑社会群体的福利改进，以实现帕累托效率最优①。为缓解矿产资源稀缺可能引起的经济社会发展危机，应注重从矿产资源产权制度的优化做起，解决矿产资源配置、使用、收益及其权利行使过程中所出现的权利冲突、效率改进以及经济社会多目标均衡等问题。到了20世纪中期以后，随着一些发展中国家在矿产资源开发利用过程中表现出了“病态化”特征，矿产资源开发利用的合理性、有效性问题逐渐受到社会的普遍关注。这一“病态化”的特征体现为一些资源丰裕地区出现的产业失衡、财富分配不公、环境退化以及资源管理引起的其他社会问题。“病态化”的资源利用过程实质上反映了一些资源富集的国家或地区没有将资源优势转化为发展优势，矿产资源开发利用带来的社会福利改进缓慢，陷入了“非帕累托效率”状态，表现出“资源诅咒”效应。这就为我们提出了一个命题，即资源禀赋与经济增长、福利改进之间存在怎样的内在关系，这也引起了一些经济学家和学者们的普遍关注。如Sachs和Warner在1995年通过对95个发展中国家的观察，实证检验了资源禀赋与经济增长之间的线性关系，并认为资源禀赋同制度安排、价格机制等因素一样，均是引起经济增长下降的主要影响因素，而问题的关键在于制度差异阻碍了资源禀赋优势向经济发展优势的转化②。

矿业权管理的萌芽，是从罗马法提出的物权开始的。物权是权利人对标的物所享有的支配、占有及其收益的权利，在法定的时间和空间范围内，可以排除他人对其权利的非法干涉或妨碍，具有排他性特征。在古罗马时期，矿产资源被视为一种物的标的，国家享有矿产资源的所有权，但使用权、开发权可以授予给贵族或私人，实行所有权与使用权的分离。随着西方国家工业化进程的加快，矿产资源开发利用对于保障经济社会发展起到了重要的作用，国家出于满足人类生产、生活需要，对矿产资源的勘查、开采行使行政管理，而赋予特定探采人在已登记的特定矿区范围内勘查、开采特定矿产资源，并排除他人干涉的一种权利③。矿业权的实质是对标的物的占有权、处分权和收益权。一些国家和地方对矿业权的立法也基本涵盖以上特征，如

---

① Paul, R. & Ehrlich. The Population Bomb [J]. Sierra Club/Ballantine Books, 1968: 35-40.

② Sachs, J. D. & A. M. Warner. Natural Resource Abundance and Economic Growth [R]. NBER Working Paper, No. 5398: 35-40, 1995.

③ 李显冬. 中国矿业立法研究 [M]. 北京：中国人民公安大学出版社，2006: 49.

《日本矿业法》规定："本法所称的矿业权，是指在登记注册的特定矿区内，采掘及获得经登记注册的矿物及该矿床中所伴生的其他矿物的权利。"《韩国矿业法》规定："本法所称的矿业权，是指在注册的一定区域内勘探和获得注册的矿物及储存在同一矿床中其他矿物的权利"①。由于矿产资源是一种不可再生的耗竭性资源，矿产资源在开发利用过程中，其实物随着开采的不断进行而逐渐消失，并最终被消耗殆尽，因此，矿业权又不是一般的物权，而是一种随着时间推移其标的物逐渐消失的准物权。另外，从矿业权的形成过程来看，矿业权是经公法许可而形成的一种准物权，区别于一般民法意义上的物权，既强调私法保护，也强调公权干预，以保护国家所有者权益和社会公共利益在矿业权行使过程中避免受到侵害。当矿业权的获取、转让、处分及权利行使等出现纠纷、冲突时，通常需要通过公共规制机构的裁决、调解、诉讼等途径来解决，而并非完全遵循私法自治机制来解决。所以，矿业权管理反映出的是一套较为复杂的基于矿产资源开发利用而形成的经济社会关系，了解矿业权的产权功能、产权失灵，以及矿业权重叠问题的成因，有助于从产权安排上提出矿业权重叠风险消解的制度方案。

需要明确的是"矿业权"反映的是一种产权关系，其体现的财产权属性来源于国有矿产资源出让而设立的一种矿产资源勘察、开采的使用权②。矿业权制度是我国资源产权制度的重要组成部分，涵盖了矿业权出让、矿业权履行以及矿业权流转等内容，是对矿业权民事法律关系的反映。矿业权制度具有以下几个特点：一是矿业权制度以矿产资源为客体，反映对矿产资源占有、使用、收益和分处的物权关系；二是矿业权制度以经济利益为内容，保障权利人依法享有的矿产资源财产权利；三是不同矿业权人之间主体地位平等，不存隶属关系或管理关系；四是基于权利人之间自由意志的表达，矿业权人之间可以通过谈判、协商、交易等方式维护或放弃其经济权益，且不受行政机关的干预；五是矿业权纠纷受民事法律关系调整，依民事调解、仲裁以及民事诉讼等途径解决③。但也有学者指出相对于一般意义上的物权而言，矿业权具有特殊性，其因行政许可而赋予申请人对矿产资源的使用权利，行政管理机关在登记、注册、出让矿业权产权前，须对矿业权申请人的资质进

---

① 房绍坤．矿业权法律制度研究［M］．北京：中国法制出版社，2013：6.

② 李显冬，刘志强．论矿业权的法律属性［J］．当代法学，2009（2）.

③ 康纪田．矿业法论［M］．北京：中国法制出版社，2011：5.

行认定，且必须满足从事矿产资源勘探、开采的资金和技术能力，不是任何人都可以获得矿业权的。因此，基于矿业权管理的特殊性，矿业权主体在享有矿产资源财产权的过程中并不能完全适用民事法上的主体地位平等关系①。因此，基于矿产资源的稀缺性、战略性及可持续发展等因素，矿业权制度是一种以公权力为前提所形成的对矿产资源占有、使用、收益和处分的私权，必须以维护社会公共利益为前提，在矿产资源的开采利用过程中实现资源最佳耗竭、绿色发展和代际分配均衡，促进经济社会的可持续发展。

按照马克思主义产权理论的观点，财产关系是对生产关系的反映，原始的生产关系中存在着的是公有产权，而随着社会分工和私有制的产生，就逐渐出现了私有产权。对于矿业权而言，其产权的性质及其结构也正好说明了这一点，即在绝大多数国家矿产资源实行国家所有，出于向社会供给矿产品的需要，国家所有的公有产权逐渐派生出对矿产资源占有、使用、受益、处分的私有产权，并经过特定程序赋予产权相对人。产权人除了享有对财产物的“占有”之外，还应享有包括为保护财产和履行财产权而享有的避免侵害、要求赔偿、要求履行契约等权利。产权不仅规定了经济行为主体在行使财产权过程中享有的地位，同时也规定了其应遵守的行为规范。基于产权制度的功能，只要产权边界清晰，行为人之间便可以自发解决因市场失灵而产生的外部性问题，通过谈判达成契约，以实现资源的有效配置。产权是市场经济条件下界定人们经济行为及其相应权益的权利组合，是关于财产权及其权益关系的反映。建立“权责明确、归属清晰”的矿业权制度，对于促进我国自然资源的有效利用具有十分重要的作用，同时也是我国资源产权制度建设的重要组成部分。因此，我们在构建中国特色社会主义资源产权制度时，既要有利于维护矿产资源国家所有的所有者权益，也要有益于市场机制的发挥，促进矿产资源集约、高效利用，提升资源富集地区资源环境承载能力，并延续矿产资源的服务年限，为生态中国、美丽中国建设提供帮助。

矿业权规制，是建立在矿业权物权制度安排上的，以对矿业权市场的市场秩序、行为准则、外部性消解等进行调节规范的过程。作为矿业权人，一方面可以占有矿产资源，并依法对矿产资源进行勘查、开采实现收益；另一方面可以自由转让矿业权的全部或部分来实现财产权收益。在这一过程中，矿业权人和其他权益主体之间发生财产权法律关系、合同法律关系以及物权

---

① 田峰．论矿业权的主体［J］．中国国土资源经济，2010（2）：10－13.

法律关系。除此之外，矿业权人的行为结果可能造成非矿业权权益主体的权益侵害，这就涉及社会公共利益与矿业权主体利益间的法律关系调节问题。因此，矿业权规制不仅需要解决矿产资源开发利用的邻避关系、边界冲突、完全竞争、税费调节等方面的问题，还需要解决矿产资源开发利用可能引发的环境退化、资源诅咒等社会问题。随着人类社会科技的进步和经济社会的快速发展，矿产资源开发利用造成的资源滥用和环境破坏问题日益严重，提升低等级矿藏的开发利用效率，节约集约利用资源，促进环境脆弱地区矿产资源开发的环境效益、经济效益和社会效益，日益被看成矿产资源管理的重要内容。加强对矿业权管理与自然资源利用、环境保护、经济社会发展之间的相互关系、系统性和协同性的研究，推动矿业权管理的创新，已成为世界各国自然资源管理不断探索的重要问题。通常，在矿业权规制中，公共规制机构的职能，旨在规范矿业权配置过程及矿业权市场的有序运转，防止政府公权在矿产资源管理过程中滥用，规范矿业权管理组织的运作，抑制可能存在的创租、寻租行为。在矿业权规制中，国家主管机关根据经济社会发展需求，选择一定的行政许可方式，将矿业权出让给社会申请人。申请人在经过申请、登记、注册后获得具有一定权利边界和权利存续期限的矿业权产权，并可基于契约自由原则自行决定矿业权产权的市场交换，以实现矿业权产权的财产权收益。

按照新制度经济学理论，矿业权产权的确立是解决资源利用效率及其环境保护问题的起点。由产权派生出来的对这些矿产品的占有、处分、经营以及收益等权利，及该权利所指向的市场化行为等构成了矿业权规制的主要内容。矿业权规制中有许多经典的政策工具，例如，许可证准入、可交易机制、技术的限制性标准、税收、收费、自我协议等①。矿业权市场的产权配置、资源耗竭、外部性消除以及技术效率的实现等之间存在着一定的动态关系，并构成一个相互影响的内生性环境。按照资源经济理论，资源的净价格（或所有权价值）决定资源需求与供给的变动，当净价格逐渐上涨到一个窒息价格 K 时，社会对资源的需求会降为零。经济社会中资源利用的效率主要受社会贴现率、开采强度、生产成本、耗竭时长等方面因素的影响。由于生产成本、外部性及个体理性偏好的存在，市场机制并不能有效解决资源利用的效

① 王忠，周昱岑．资源产权、政府竞争与矿业权规制策略［J］．中国行政管理，2015，10：129－134.

率和风险问题，从而需要通过政府权力架构的调整及规制政策的设计来加以修正。例如，资源税、矿产资源使用费、进入管制、技术性要件、产权垄断等均是政府规制可以选择的有效手段。由于矿业权市场具有不完全竞争性，具有垄断地位的矿业权人一开始就会限制产量，抬高资源初始净价格，相对于完全竞争市场而言，这种策略会使资源开采的初始速度较慢，资源完全耗尽的时间得以延长。从这层意义上来说，决定资源利用方式、调节可耗竭时长以及最优化效率水平的关键在于针对矿业权所实施的价格修正。价格修正的过程使得矿业权人的采掘行为表现出动态变化性特征，当资源的净价格（或取得成本）较低时，对应的资源耗竭强度就会越高，资源完全耗尽的时点将提前到来。从这一点看，资源的低价及无偿使用，常常是造成资源破坏与粗放式利用的真正原因。因而，矿业权规制应着重对资源品进行价格修正，使它真实反映出资源代际间均衡配置及生态环境的价值。

2.2.3 国内外文献综述

（1）矿产资源有序开采及自然资源分配与政策研究。随着资源与环境问题的日益突出，人们越来越注重对耗竭性资源最优开采问题的研究，以使资源利用的社会效用最大化。关于资源最佳耗竭的理论研究始于 Hotelling（1931）提出了自然资源的最佳耗竭理论，该理论从成本与收益关系入手，研究了完全市场竞争和垄断市场结构下的资源最佳开采行为问题，其基本观点认为，在竞争性的市场条件下，稀缺性资源租（即边际收益与边际开采成本之差）将按市场贴现率的速度上升，如果市场是垄断的，价格上升速度更快，从而抑制了矿产品的市场需求。随着矿产品价格的上升和产量的减少，资源采掘者会因资源的耗竭而推迟生产，因为矿产品的未来价格会高于当前价格，进而带来更高的收益。而随着资源的不断耗竭，开采条件好、品位高的矿藏储量逐渐减少，矿产资源开采的边际成本不断上升，边际收益出现下降，使得资源采掘者可能减少对矿业开采的投资，并减少资源开采量，或者推迟生产以降低单位边际生产成本，进而起到延迟耗竭、保护资源的作用①。Herfindahl（1967）在研究不同品位矿产资源的开采顺序时认为，资源开采是依照开采成本的递增顺序而展开的，理性经济

① 马伟．矿产资源税收问题研究［M］．北京：中国税务出版社，2008：29.

人都是以追求利润最大化为目标的，所以资源开采当然要先开采利润高、成本低的资源，而等成本低的资源消耗殆尽后，再去开采生产成本高的资源①。1980年，Kemp和Long对此观点提出了异议，并在一般均衡理论框架下，假设资源的边际开采成本为常数，并且高成本资源和低成本资源之间可相互替代，进而认为资源最佳开采的顺序可能是高成本资源和低成本资源同时得以开采②。除此之外，不同的市场结构、税收政策等，也可能影响资源最佳耗竭的顺序。如Lewis（1976）指出，当社会对资源的需求弹性出现下降时，垄断市场结构下的资源开采速度会更慢；当需求弹性不变、开采成为零时，垄断与完全竞争市场的开采路径一致③。Conrad和Hool（1984）通过研究资源税、开采税等对资源配置效率的影响认为，税收对资源开采的边界品位、开采路径、生产者剩余及消费者剩余等会产生影响，进而形成不同的资源开采路径④。

对于可耗竭资源的开采决策问题，Alan（1989）指出，资源开采者的目标是希望资源开采的净收入流量的现值最大化，当其决策是否将地下矿藏转变为当前的收入时，其决策的问题类似于任何其他投资决策的问题一样，他可以把一部分矿藏变为现金以支付当前的消费，抑或是将地下矿藏保保留起来，以留待未来获得更优的收益，其选择取决于借钱消费的利率与开采矿藏变现的贴现率的高低⑤。这就产生了一个问题，市场利率与矿藏开采的社会贴现率是否在一个合理的估计范围之内。从个体投资来看，矿藏开采私人所有的可耗竭条件遵守完备信息条件下的利润最大化为原则，收益取决于矿藏开采者的生产率水平和矿产品市场的价格，而这两者又依赖于社会对矿产品需求的强度、弹性及其可替代品的价格。显然，高强度耗竭出现在矿产品价格高涨而税收政策缺乏反向调节功能的情况之下，同时低利率又起到了刺激矿业投资、扩大采掘规模的作用，在这些不确定性因素的共同作用下，资源开采者在将资源开采出来还是保留在地下之间作出选择，以决定资源的耗竭

① Herfindahl, O. C. Depletion and Economic Theory [A]. Mason, G. O. Extractive Resources and Taxation [M]. Madison: University of Wisconsin Press, 1967: 63 - 90.

② Kemp, M. C. & N. V. Long. On two folk theorems concerning the extraction of exhaustible resources [J]. Econometrica, 1980 (48): 663 - 673.

③ Stiglitz, J. E. Monopoly and the rate of extraction of exhaustible resources [J]. American Economic Review, 1976, 66 (4): 655 - 661.

④ Conrad, R. F. & Hool, R. B. Intertemporal extraction of mineral resources under variable rate taxes [J]. Land Economics, 1984, 60 (4): 319 - 327.

⑤ [美] 阿兰·兰德尔著．施以正译．资源经济学 [M]．北京：商务印书馆，1989：219.

强度和耗竭水平[①]。然而，建立在经济人有限理性假设基础上的资源耗竭理论却无法解决资源耗竭的代际公平问题，即资源消耗在当代人与未来各代人之间公平分配的问题，从而与资源可持续利用的发展理念相悖。按照经济人假设，资源采掘个体只追求自身经济利益的最大化，当资源开采的贴现率高于其市场利率，边际收益大于边际生产成本时，资源耗竭便会发生，并使得资源储量逐渐减少，并刺激行为人不顾环境退化、资源耗竭可能对其他人或后代人所产生的影响[②]。

在资源的最佳耗竭方式问题上，英国学者朱迪·丽丝（2005）在对自然资源耗竭问题进行研究时认为，只有在完全竞争的市场体系中，才能建立起一种最佳的消耗方式，并且有效政策的形成或实施应该因应不同体制环境而确立起有效的产权结构，解决供给什么、何时供给、谁来供给以及供给多少等问题；为解决这一问题，政府通常会通过配额机制来实现政府、企业与社会之间的福利均衡，同时也寻求获得政府收益（税收）的最大化，但这一配额机制可能会为利益集团所俘获，而偏离最佳控制规模，超额开采、资源耗竭将不可避免。当然，有限进入的产权主体，最终将有助于驱散所有的经济租[③]。所以，这里就涉及一个产权、资源耗竭与政府规制的问题，产权的多元化不仅不会提高矿产资源利用的效率，反而还可能会进一步加快矿产资源的浪费或耗竭速度[④]；资源利用所带来的环境破坏实际上构成了矿产品供给的“影子成本”，它代表了资源利用的真实边际价值（或资源的机会成本），它与实际的市场价格之间具有一定的差异性[⑤]；产权的市场化才是矿产资源优化配置的前提[⑥]。从产出水平的角度看，哈巴古库（1962）认为有限制的私有产权、合意的采掘水平有助于一个国家保持采掘工业及制造业的技术优势（如美国）[⑦]。从工业结构层面来看，一方面，资源采掘工业吸收的资本投

---

① ［英］朱迪·丽丝．自然资源：分配、经济学与政策［M］．北京：商务印书馆，2002：110.

② 车卉淳．可持续发展理论与中国经济发展对策研究［M］．北京：中国商业出版社，2006：117.

③ Gary, D. L. State Regulation of Open-Access, Common-Pool Resources [A]. Claude M. & M. M. Shirley. Handbook of New Institutional Economics [M]. Springer, 2005: 545-572.

④ 李胜兰，曹志兴．构建有中国特色的自然资源产权制度［J］．资源科学，2000（5）：9-12.

⑤ Jan, S. & H. William. Optimization of mining by application of the equality principle [J]. Resources Policy, 2011 (36): 285-292.

⑥ 罗能生，王仲博．基于委托代理模型的我国矿产资源优化配置研究［J］．中国人口·资源与环境，2012（8）：153-159.

⑦ Habakkuk, H. J. American and British technology in the nineteenth century [M]. Cambridge University Press, 1962: 192-212.

资一定程度上会对其他工业的社会投资产生挤出效应，但另一方面，其矿产品的供给又促进了其他工业的发展①。另外，在政策工具的选择上，约翰·多布拉指出，由于不同国家矿业权的性质是高度分散的，因而不同的矿业政策会导致矿业权主体的策略性行为，并形成不同的资源耗竭方式和耗竭水平②。

（2）自然资源产权制度及矿业权制度研究。20世纪90年代以来，人们对资源产权"要么共有、要么私有"的分类方法提出了批评，并进而对产权结构的复杂性进行了进一步的探讨。按照Edella Schlager（1993）和Elinor Ostrom（1993）的划分方法，资源产权的权利束可分为进入权、提取权、管理权、排他权和转让权五类③。进入权，是指参与者有使用或享有该类资源的权利；提取权，即能有效使用该资源以获取利润的权利；管理权，即参与者有制定和实施资源使用规则的权利；排他权，即资源使用者有排除其他使用者进入的权利；转让权，即资源使用者有出售或出租、交换上述四项权利的权利。通常，在大多数情况下，资源采掘参与者只拥有这些权利束中的部分内容，如拥有所有权的参与者是所有者，拥有管理权、进入权和提取权的参与者是索取者，拥有进入权和撮权的参与者是被授权者④。按照Anderson和Hill（1975）的产权排他性理论，建立资源产权排他性的行为激励，在于界定和实施排他性权利所带来的边际收益优于其边际成本的支出。在资源相对富集地区，如果界定这些资源的排他性权利有助于形成有序的市场竞争环境，那么在这些地区界定资源产权就能为资源采掘者提供提高效率与生产能力的直接激励⑤。这样一来，对于一些资源富集，尤其是矿业权存在重叠的地区，随着资源开采竞争的日益激烈，资源采掘者对于排他性权利的需求大大增加，而当任何一个重叠区的资源产权没有被清晰界定时，这一部分有价值的资源就会被留在"公共领域"中，成为被人们争相角逐的"公共租"。

---

① 纪向岚．能源开发对陕西经济发展的促进效应分析［J］．西安石油大学学报（社会科学版），2010（2）：5－10.

② Michael, P. D., L. Ben & R. Michela. Horizontal and vertical indirect tax competition: theory and some evidence from the USA［J］. Journal of Public Economics, 2007（9）：451－479.

③ Edella, S. & O. Elinor. Property-Rights Regimes and Coastal Fisheries: An Empirical Analysis［J］. Colby, B. G. The political economy of customs and culture: informal solutions to the commons problem［J］. American Journal of Agricultural Economics, 1993. 13－42.

④ 王亚华．水权解释［M］．上海：上海人民出版社，2005：109.

⑤ ［冰］思拉恩·埃格特森．新制度经济学［M］．北京：商务印书馆，1996：226－227.

而当矿产品市场价格出现波动，重新界定这部分资源产权的边际收益大于产权界定的边际成本时，这部分资源的产权又重新得到界定，直至形成新的制度均衡。

按照新古典经济学的观点，不同的产权结构导致不同的产出效率，具有完全排他性的私有产权只在零交易成本的理想世界中存在，而现实世界中则很难存在纯粹的私有产权结构，进而认为这种不完全的产权结构将导致各种“外部性”，造成“市场失灵”问题。当资源采掘市场存在较为严重的市场失灵问题时，他们主张政府采取直接干预，通过界定资源产权、许可证发放、配额、征税以及责任协议等措施，对市场失灵问题进行纠正，以让资源产权市场尽可能发挥更大的作用。一般来说，矿业权重叠区的资源产权安排会导致两种外部性，一种是可耗竭资源的外部性，另一种是不同资源采掘者对其他采掘者的外部性。因为一个采掘者的资源采掘量会影响其他采掘者的生产函数，后开采者的生产函数受到先开采的资源采掘企业生产量的影响，以及资源储量逐渐消耗殆尽的影响。实际上，考虑到租金耗散的影响，矿业权重叠区的资源采掘者通常会加速重叠区块资源的开采速度，并导致资源的粗放利用和资源浪费①。对于矿业权重叠区而言，建立资源开采权排他性的两个极端情形是自由进入和独占开采。如果采取自由进入的产权安排，事实上形同于加勒特·哈丁（1968）所研究的集体牧场的情形，新进入者并不承担资源开采的外部性损失，开采成本与边际收益分离，最终会加速资源的开发或利用并导致公共牧场的“公地悲剧”；而如果采取独占开采的完全排他性产权安排，将会造成事实上的资源采掘市场的垄断，这样一来又会造成资源品市场的价格扭曲，减少消费者剩余，而引致社会福利的损失。为解决独占开采所带来的困境，解决的办法可以是由公共规制者对资源开采者规定一个最低的开采数量，或者限定资源品市场的最高价格，或者允许有限多个数量的开采者进入该市场，以减少垄断可能对资源利用效率产生的影响。

矿业权，是一种在一定时间和空间范围内，对特定矿产资源进行勘察或开采，并获得相应地质资料或所开采的矿产品及其他伴生矿的权利。通常，矿业权可分为探矿权和采矿权两类。对于矿业权的产权属性，张文驹（2003）指出，必须从要素市场和商品市场两个层面来准确认识矿业权的产

① 刘灿．我国自然资源产权制度构建研究［M］．成都：西南财经大学出版社，2009：49.

权特性，一方面，矿产资源作为一种历经漫长地质过程而形成的自然资源，其具有自然价值属性，在凝结人类劳动之后，这一自然价值逐渐转化为对人类经济社会发展有用的使用价值，并作为生产要素投入到经济社会的发展之中，起到保障经济增长和人类发展所赖以必需的物质投入的作用。在这一转化过程中，矿产资源首先作为生产要素进入要素市场，在经相关矿业权人的勘查开发之后，转化为初级矿产品或中间产品；然后，这些初级矿产品或中间品再作为生产资料进入工业再加工，转化为终端消费品，并最终进入商品市场，以供消费者消费使用。从交换关系来看，商品市场上交换的是商品的所有权，而要素市场交换的是生产要素的使用权，在这一转化过程中，矿产资源始终作为一种生产要素被相关权利人进行开发使用，只有凝结人类劳动之后才最终转化为商品，而矿业权是一种经政府规制机构许可而获得的对矿产资源进行勘查开发的权利。因此，矿业权实质上是矿业权人进入要素市场，对矿产资源进行占有、使用、收益和处分的一种权利①。另一方面，矿产资源是自然所赋予人类的一种馈赠，道义上属于全社会公有，对这种全社会公有财产的占有、使用、收益和处分的权利，实质上反映的是一种对自然公有物权的一种享用，属于用益性物权。但是，在凝结矿业权人的资本、技术和劳动投入后，矿业权所体现出的使用价值，便具有了价值增值性，矿业权人对该使用价值的交换、受益过程则可视为是对自有财产权的交换和受益。

对于矿业权所反映出来的法律关系，许多学者进行了相关的研究。按照物权理论，矿业权是由矿产资源所有权派生出来的一种物权，具有排他性特征。由于矿产资源具有可耗竭性、不可再生性特征，随着矿产资源的开采，矿产资源储量逐渐减少直至消失，因此，其所对应的矿业权与一般意义上的物权是有差别的。如，忻梅（1999）认为，一般的物权有特定的物供权利人直接支配，而矿业权并没有特定的物供权利人直接支配使用，因此，应视矿业权为一种“准物权”，即准用于物权规定的财产权②。在矿业权所反映的特殊权利方面，李显冬（2006）指出，矿业权属于用益物权，但又区别于传统民法中的用益物权，具有较强的公权性质，因而称其为“准用益性物权”。对于矿业权客体而言，权利主体在哪里，此方面可以对客体物作出或不作出某种行为，学

① 张文驹．让资源经济研究与应用融入社会［M］．北京：中国大地出版社，2003：133.

② 忻梅．矿产资源法律制度［M］．北京：地质出版社，1999：30.

术界存在一些不同的观点。如钱玉好（2006）认为关于矿产资源分布的地质信息及勘查报告，即创造性的智力成果才是探矿权的客体，探矿权不具备物权的特征，实质上是对知识产权本质和特征的一种反映①。李显冬（2012）则指出，关于地质勘查报告的智力成果，应是著作权的客体，是探矿权行使的结果，而不能称之为探矿权行使的对象，即探矿权客体，所以矿业权的客体，应是一定矿区或工作区地下所赋存的矿产资源。但是，崔建远（1998）认为简单将矿产资源作为矿业权的客体并不全面，原因在于在探矿权领域，矿产资源可能并不存在，而笼统的将矿产资源作为矿业权客体，并不能反映出矿业权权利的质和量，所以界定矿业权客体的模式可以采用单视角模式和立体视角模式两类。对于立体视角模式而言，不仅要考虑矿业权水平方向所对应的矿业权面积、形状，同时还要考虑矿业权垂直方向的层段、工作区范围等，再结合矿产资源作为客体的另一因素，以便把矿业权同一般的物权区别开来②。

在矿业权的设定方面，矿产资源所有者通常会通过一定的法律流程将对矿产资源行使占有、使用、收益和处置的部分财产权（权利）特许出让给社会成员（公民或法人），这一过程具有民事行为和行政行为的双重性特征③。一方面，矿产资源所有者在行使和实现其所有权时，是以一个独立的民事主体身份出现的，其表现出的行为本质上同一般民事行为无异；另一方面，作为矿产资源所有者的代表，公共规制机构或政府在决定矿业权设置的规模、大小、技术要求等条件设置方面，肩负着维护市场公平、公正，促进资源利用效率，和保护国家所有者权益不受侵犯的职责，因此，矿业权设定的过程及其结果，便具有了行政行为的性质。如我国《行政许可法》第12条规定，其他社会主体预期获得矿业权，是对“有限自然资源的开发利用”，属于“需要赋予特定权利的事项”，应适用行政许可，由资源主管部门通过特定登记、注册等程序，赋予申请人以开发利用矿产资源的权利，并颁发矿业权许可证④。随着矿业权市场的建立，矿业权的交易将成为一种很平常的市场活动，而由此衍生出的交换关系便是对市场经济

---

① 钱玉好．从知识产权属性出发保护探矿者权益［J］．中国国土资源报，2006，3：1－2.

② 崔建远，晓坤．论矿业权的客体［J］．法学，1998，2：40－41.

③ 李显冬．矿业权法律实务问题及应对策略［M］．北京：中国法制出版社，2012：23.

④ 刘超．矿业权行使中的权利冲突与应对——以页岩气探矿权实现为中心［J］．中国地质大学学报（社会科学版），2015，15（2）：23－35.

条件下人们自由交换关系的一种体现。当然，在矿业权设置的过程中，为了实现矿业权产权的排他性，一般应遵循“矿种排他”和“范围排他”的原则，即同一矿区的矿藏或矿体，不能设置两个或两个以上不兼容（或内容相互冲突）的矿业权，以排除不同矿业权人之间权利行使所可能受到的干扰或阻碍，以体现矿业权“对世性”特征。另外，由于矿业权是公共规制机构基于公法特许而形成的一种对矿产资源进行开发利用的权利，其产权的存续时间受到法律保护，非因违反法定事由而不能随意取消、受限或者剥夺。

2.3　矿业权重叠与资源利用风险控制理论

从自然资源开发利用管理的早期开始，矿业权就一直为自然资源经济学家和自然资源法学家们所关注和研究。矿业权的管理，被看作是推进矿产资源有序、集约、高效利用的基础。运用经济学和法学的方法和理论，来解决矿业权管理中存在的各类冲突、风险，是推动矿业权管理现代化的重要保证。直到近二十余年来，矿业权管理领域的主要理论才发展起来。此前，关于矿业权问题的研究主要集中在资源产权理论、自然资源经济理论和环境与资源法等领域，直到近十年来，经济学家们和法学家们才关注到，矿业权重叠所引致的市场不完全竞争和权利冲突、邻避关系冲突及其对资源利用效率损失的影响等，已成为影响矿产资源可持续利用的重要问题。对于矿业权重叠问题，一个中心议题是如何形成合理的资源开发时序，并避免资源生产效率受到影响，因为不同矿业权人一旦决定在某段时间开发利用某一矿区范围内的地下矿藏，实际上就意味着其他矿业权人不能在同一时间内行使其资源开采权，而在某些情况下，重叠区的资源开采又会引致地质分布性状的改变和作业安全的风险，最后增加其他矿业权人开采相同矿区其他矿藏的边际生产成本。因此，矿业权重叠问题的研究，要求并且促使研究者们超越自然资源经济学和法学的学科范围，将各自的基本理念融合到自然资源的可持续发展问题上来，控制资源利用风险，以促进矿业权重叠区资源利用效率的帕累托最优。

2.3.1 相关概念

矿业权重叠，是一种发生在资源富集地区，矿业权出现平面交叉或上下投影重叠的现象，其本质是矿业权产权出现了边界模糊不清、产权难以分割的状态。矿业权重叠的形成既有制度方面的原因，也有矿脉自身方面的原因。一方面，由于我国实行自然资源国家所有制，但国家是抽象的、不清晰的，为了切实行使自然资源国家所有权，国家必须将所有权委托给中央政府，由中央政府代表国家进行管理。由于中央政府不可能直接管理所有类别的自然资源，只能将这一所有权继续委托给中央政府各部门、地方政府以及各类资源型企业，由他们代为管理，并形成了矿业权分级分类的管理机制。为进一步明晰各自的管理权限，中央政府对矿产资源实行按矿床规模和矿藏战略价值来划分管理部门的办法，其中大型以上的矿床、石油、天然气等具有战略价值的矿藏，由自然资源部及相关部门来管理，其他的矿床则由省级国土资源部门来管理。由于各级委托人和代理人拥有不同的目标函数和效用偏好，他们在履行矿业权分级分类管理时容易衍生出“道德风险”和“逆向选择”问题，并可能引发矿业权重叠问题。如，在煤与煤层气伴生存在的矿区，由于煤与煤层气的管辖权归属于不同主体，政府对煤炭矿业权的出让实行市场化的招拍挂方式，政府可直接从市场化操作中获得财政性收入；而开发煤层气则需要政府实行一定的财政补贴，这就导致一些地方热衷于煤炭矿业权的赋权，弱化对煤层气问题的管理，尤其是当煤与煤层气矿权重叠时，资源浪费、违法采矿等行为一定程度上会受到地方政府的保护。另一方面，由于矿体自然延伸或矿藏相互伴生存在，管理上很难清晰有效地对不同矿种的矿业权范围进行划分。但是，依据我国《矿产资源法实施细则》第 2 条第 2 款规定“矿产资源的矿种和分类按《矿产资源分类细目》进行划分”。这样，尽管相互伴生存在的矿藏在资源分类上属于不同种类资源，但依据按“矿种排他”的原则，不同种类资源的矿业权应相互独立设置，如此一来，兼顾了“矿种排他”，却失去了“范围排他”，进而引发矿业权重叠问题。

风险，通俗地说，是指在一定情况下某项行为或决策引发损失或失败的可能性。对于资源利用而言，资源开发利用过程可能受到一些静态因素或动态因素的影响而使资源利用效率和效益的损失或失败，进而表现出生产安全风险、效率风险、环境风险，以及市场风险等。严格地说，资源利用风险是对资源集约、节约、高效利用而言，发生了不利于目标实现的可能性。例如，对于矿业权重叠来说，风险在于矿业权重叠所引致的不完全竞争、恶性竞争、生产要素配置扭曲以及地下矿藏分布性状的改变等，而使资源利用安全和生产效率、社会效益达不到预期目标。对于相邻矿业权人来说，风险可能增加了地下矿藏开采的生产成本、降低了边际收益，以及增加了安全作业和高效开采的难度。对于矿产资源所有者来说，风险是矿业权重叠区的地下矿藏可能无法被充分有效地开采出来，致使部分矿产资源被丢弃在地下造成矿产资源的浪费。对于矿区环境而言，风险可能在于矿业权重叠区不同矿业权人针对重叠区域矿藏的耗竭性开采，突破了资源环境的承载能力，而引起环境的退化。对于矿产品市场来说，风险又可能在于矿业权人对短期利润的追逐而引致的矿产品市场价格扭曲，并最终引致生产者剩余或者消费者剩余的损失。从风险的性质来看，资源利用风险具有客观性、不确定性、不利性以及相对性等特征①。资源利用风险的客观性是指资源利用风险的存在是不以人的意志为转移的，不管风险主体是否意识到风险的存在，它都存在，并在一定条件下转变为现实的损失。资源利用风险的不确定性是指资源利用风险发生的程度有多大、风险何时发生，以及风险如何演化，都是不肯定的。风险的不利性，则是指风险发生的各种表现形式，都会带来某种形式上的损失，如经济损失、安全损失、环境损失或福利损失等。资源利用风险的相对性，则是指对于不同生产力条件、不同区域以及不同风险主体而言，风险所产生的影响是不同的，随着资源利用技术的进步以及风险承受能力的提升，风险大小也是相对变化的。

矿业权重叠风险，是指在一个资源富集地区，由于矿业权设置出现的产权边界交叉、重叠，从而引致矿产资源综合利用效率损失、经济损失、财产损失或生态环境等福利损失的可能性，这些损失既包括矿业权人的损失，也包括地区、国家或社会面临的损失。例如，在矿业权重叠区，由于不同种类矿产资源共生或伴生存在，重叠区矿体的厚度、重叠类型、致密性等，可能影响到资源开采的难度和生产成本，进而引起矿业权人的经济损失。再如，矿业权人之间的不合作竞争，使得矿业权人的投资偏离效率均衡点，出现生产要素错配，引致资源采掘空间、时序的不合理设置，并最终影响到矿业权生产能力低下和生产效率的损失。又如矿业权人的财产权遭到重叠区其他矿

① 于川，潘振锋．风险经济学导论［M］．北京：中国铁道出版社，1994：4.

业权人的侵害，出现盗采、抢采、恶意开采并引致财产权益的损失。矿业权重叠风险的产生，往往来自矿业权人之间的不完全竞争，而在矿业权规制弱化或规制不足的环境中，矿业权重叠风险实际上是由其他权利人承担了。依据奈特的风险理论，矿业权重叠的风险主要是由于矿业权重叠所引致的不确定性最终可能带来的各种危害①。矿业权重叠风险与矿业权人的行为能力和行为表现相关，即使面临同样的产权重叠问题，由于不同矿业权人的实力不同，其体现的矿业权重叠风险也不同。矿业权是实现矿产资源开发利用和资源配置的一个基本渠道，如果矿业权不能充分发挥资源优化配置的作用，则必然会带来效率的损失，这就是矿业权风险的本质所在。在市场经济条件下，矿业权的功能发挥应以体现“效率”和“效益”为原则，以矿产资源开发利用效率、矿区经济社会福利改进为标准来衡量矿业权重叠风险，对于促进矿业权市场可持续发展和矿产资源集约节约利用均具有积极的作用。依据霍特林的资源耗竭理论，自然资源的产权特征是影响其生产效率的关键因素，一方面，清晰的产权机制能有效驱动产权垄断所形成的“经济租”；另一方面，合理的产权安排能有助于避免权利行使中的不完全竞争，实现资源配置效率的优化。矿业权重叠无疑增加了资源产权边界的不确定性，使得资源最佳利用的假设条件难以成立，进而阻碍了资源采掘市场竞争性均衡的实现②。

风险控制，是经济主体或公共规制机构在对风险进行识别、衡量和评估的基础上，采用各种风险控制技术和政策应对，以规避、降低或转移风险所带来的损失的过程。风险控制实质上是对一系列风险管理工具和手段的优化组合，以强调对风险生成和演化的全方位、全过程的综合管理，以达到杜绝或减少由于不确定性因素的影响而导致的潜在损失。对于资源利用风险的控制而言，规制机构或行为人应着重对可能引起风险发生的风险因素进行识别，以针对性地采取风险控制策略，以便以最小的成本获得最大的经济收益或福利改进。在这些需要识别的因素中，地质因素、产权因素和生产能力因素是直接影响资源利用效率的关键因素，而社会因素、经济因素以及政策法律因素等则是可能对资源采掘投资决策和生产决策产生影响的间接因素。从风险发展与演变的过程考虑，资源利用风险控制包括利用前、利用中和利用后三个阶段的风险控制，由于不同阶段风险控制所涉及的具体对象不同，因此，

---

① ［美］弗兰克·H. 奈特. 风险、不确定性与利润［M］. 北京：商务印书馆，2006：179.

② 王忠，揭俐，曾伟. 矿业权重叠对我国煤炭产业全要素生产率的非线性影响［J］. 中南财经政法大学学报，2017，224（5）：59－68.

其风险控制的目标和工具选择也不相同。一般来说，资源利用前的风险控制，关注的重点在于如何分配和利用资源的问题，更具体地说，是在给定的初始条件下，决定矿产资源使用权配置给谁？配置多少？什么时候配置？以及权利行使的先决条件等，可以选择的工具包括许可证的准入、产权安排、储量变动征税方案等。资源利用中的风险控制，重点则在于消除不完备市场给行为人所带来的不确定性，尤其是在市场需求和经济环境出现波动时，行为人可能对资源利用采取的投机行为所引发的效率损失、经济损失以及福利损失，其涉及的政策工具包括价格修正、技术壁垒、自我协议、环境规制、信息披露等。资源利用后的风险控制，则在于如何在既定的风险发生的情况下，通过补救、补偿等方式，以减少相关权益人所受到的损失，相应的工具选择包括环境恢复治理、损害补偿、责任关怀计划等。

2.3.2 研究基础

在矿业权市场，产权失灵的现象是较为普遍的。一方面，由于技术等方面的原因，矿业权的范围无法清晰确定，比如相互伴生的矿产资源，对其产权范围的划分就一直是个难以解决的问题；另一方面，由于矿体自然延伸而出现的矿业权边界交错，容易发生不同矿业权人间的越界开采、产权纠纷等，不利于产权效率的实现①。再则，行政机关基于社会公共利益为前提，对矿业权申请人的资质进行限定，并对矿业权人在行使探矿权和采矿权过程中的行为进行干预，容易引发干预过度或干预不足，进而增强了矿业权市场的不完全竞争性，不利于市场价格信号的功能发挥；并且干预过度或干预不足，均有可能削弱产权人调整策略以实现对矿产资源最优化利用的积极性。另外，矿业权集中度的调整对资源利用效率具有边际效应，矿业权过度集中可能带来矿业权市场的垄断，而矿业权过度分散又可能带来矿业权市场的恶意竞争、无效投资、寻租以及技术革新缓慢等，影响资源富集区产业结构、经济增长，乃至资源性收益分配的优化，并引致社会福利损失。随着世界经济的纵深发展，学术界对自然资源利用问题的关注逐渐由资源耗竭、最优开采、外部性损害，向资源诅咒、代内/代际公平、可持续发展等方向转变。资源富集地区

① 王忠，周昱岑．资源产权、政府竞争与矿业权规制策略［J］．中国行政管理，2015，364（10）：129－134.

经济体为什么会产生诸多问题？这些地区出现的产业结构失衡、收入差距拉大、生态破坏严重、技术革新缓慢、劳动驱动特征显著等问题，是不是与矿业权市场的产权安排存在内在联系？从经验观察来看，也不尽然。虽然一些资源富集的地区或国家遭遇了“资源诅咒”，但也有一些地区或国家“资源诅咒”效应并不显著。这说明“资源之咒”的发生，可能是多种因素共同作用的结果。当然，不可否认的是，“资源富集”与“资源产权安排”是影响资源型地区经济社会发展的两个关键因素。

矿业权重叠的地方，不同矿业权人对矿产资源的占有、处分和收益权将受到限制，甚至出现冲突，不利于资源的集约、节约利用。矿业权重叠对资源利用的外部性，主要表现为以下几个方面：一是引致权利冲突与不合作竞争。矿业权重叠区由于多个矿业权在共同的时空范围内存在，使得产权排他性受到削弱。当矿产品市场出现短缺时，权利人出于刺激保障产品借给和对短期利润的追逐，会展开重叠区域资源采掘的竞争，进而导致生产要素配置的扭曲，削弱了产业竞争力的提升。二是扰乱合理的开采时序，并形成安全隐患。矿业权重叠区，由于储层中多矿种资源的共生存在，使得不同矿业权在勘查或开采中相互影响，不利于正常合理开采时序的展开，同时由于部分矿种在储层中伴生存在，其开采工艺存在较大差异，使得不具备相关作业能力的采掘企业在处理类似矿产物时，面临着严重的安全作业风险。比如煤与煤层气重叠区，由于煤层气泄漏、瓦斯爆炸等，给煤矿安全生产带来了严重的安全隐患。三是不利于资源的集约节约利用，资源利用率低下。矿业权重叠区，由于缺乏清晰有效的产权机制，增加了资源产权边界的不确定性，使得资源最优开采的条件难以成立，不同矿业权人所施行的开采方式，可能增加其他矿业权人对资源开采的难度，进而增加生产成本，使得部分资源储层受到破坏，或增加了巷道布局、矿柱设计所造成的资源浪费，进而降低了资源综合利用率水平。

按照科斯的产权理论，矿业权重叠无疑也增加了资源产权边界的不确定性，进而增加了权利人之间谈判与达成契约的成本，使得资源最优开采的假设条件难以成立。因为在长期的采掘活动中，这种产权的模糊或产权边界的不确定，增加了权利人之间的行为摩擦，如果权利人之间寻求约定各方的权利、责任与义务，这必然要付出一定的交易成本，使得权利人的决策偏离资源最优利用状态。对于交易成本的问题，科斯（1960）在《社会成本问题》中指出，交易成本是人们利用价格机制的成本，是获得准确市场信息的成本，以及谈判和订立契约的成本。随后，肯尼斯·阿罗（K. J. Arrow，1969）将交易成本定义为“经济制度运行的成本”，包括信息成本和排他性成本[①]。由此看来，矿业权重叠区的交易成本是无法彻底消除的。这是因为，一方面重叠矿区矿床地质环境的复杂性使得矿业权的产权边界难以得到清晰界定，即使技术上可行，其排他性成本也会很高；另一方面重叠矿区不同矿业权人之间对于地下矿藏分布的储层信息、地质特征等信息的掌握具有非对称性，为了避免矿业权重叠对正常生产秩序的干扰，同时营造安全作业环境，不同矿业权人之间应就不同资源开采的进度方案、巷道布局、矿柱设计、井深深度等信息进行共享，使得任何矿业权人都能完全了解重叠方的采掘决策以及矿藏开采信息，减少冲突和摩擦。为解决矿业权重叠引致的不确定性问题，制度经济学派提出了三种方式以实现对矿业权重叠的优化：一是运用市场价格机制，对矿业权重叠区的产权冲突进行调节，通过交易机制实现产权外部性的内化；二是实行政府管制，由政府规定矿业权重叠区权利人的行为边界和应履行的责任义务；三是创新现有制度安排，直接由一种明确的权力来支配重叠区矿业权的配置，并设立相应的协调、监督机构，协调矿业权管理各级代理机构的目标，督促它们恪尽职守，按照中央政府的意图维护广大社会群体的公共利益，并促进资源与环境的和谐可持续发展。

一般来说，矿业权重叠的风险和矿业权市场的不确定性是同时存在的。不确定性是指事物发展的结果有许多种可能性，那么，矿业权市场的不确定性是指矿业权人在产权因素、经济因素、社会因素、地质因素等多种因素的影响下，其行为选择的过程和结果存在着多种可能性。这里强调不确定性是矿业权重叠风险产生的基本原因，是说矿业权人对重叠区资源开发利用的行为决策受到其他矿业权人行为和外部环境等不确定性因素的影响而表现出行为结果的多种可能[②]。如矿产品市场的价格波动、市场需求、税费政策，以及技术革新带来的替代效应、环境约束等，使得矿业权市场的不确定性变得更加复杂，并对矿业权重叠风险的生成和演化产生影响。除此之外，在不同的生产力阶段，矿业权市场的产权安排、价格修正、内化机制，以及矿业权

---

① Arrow, K. J. The organization of economic activity issues pertinent to the choice of market versus Non-market allocation ［A］. The Analysis and Evaluation of Public Expenditures: The PPB System ［M］. Joint Economic Committee of Congress, Washington, D. C., 1969 (1): 59-73.

② 黄国石．预期与不确定性［M］．厦门：厦门大学出版社，2004：77.

市场的规制机制，对矿业权重叠风险的生成及其传导，也产生着重要的影响①。从风险与不确定性的关系来看，矿业权重叠风险的关键问题就是矿业权权利行使过程及其结果的变动问题。这就涉及矿业权市场的资本投资、产业集聚、技术革新、生产监督、税费调节、外部性消解、环境约束、资源利用效率考核、矿业权规制等对矿业权重叠区不同矿业权人生产行为的影响。我们必须认识到，由于矿业权人预期收益的大小、技术革新能力、生产能力等都具有差异性，这就使得诸多外部因素共同作用于矿业权重叠区矿业权人的生产行为时，其行为过程和行为结果便具有较大的不确定性，并使得不同矿业权人在决定矿业权重叠区不同资源的采掘时间和空间顺序时，不能形成合理有效的时序安排，进而引致资源开发利用的效率风险、安全风险、经济风险以及生态风险等。在现实世界中，矿业权人的任何投资决策和生产行为，都是建立在成本与收益分析的基础上的，当矿产品市场和矿业权市场的价格波动增加了矿业权人投机的不确定性时，随之而来的矿业权重叠风险也会相应增大，其原因部分在于资源利用的供求关系改变了矿业权人的行为决策。

在识别矿业权重叠风险时，须着重解决两个方面的问题，一方面是发现矿业权重叠引致的风险在哪里，以什么形式表现出来；另一方面是认清矿业权重叠不同风险的基本特征，确定它是属于哪一类别的风险。一般来说，识别矿业权重叠风险，需建立在对矿业权客体信息、矿业权人信息、矿产品市场信息，以及矿业权市场规制环境信息等有效掌握的基础之上，如地下矿藏分布的地质信息、性状信息；不同矿业权人的能力信息、技术信息、守法经营信息；以及矿产品市场的价格信息、税费信息、需求信息等。矿业权重叠风险的生成取决于客观的条件和环境。因此，在识别矿业权重叠风险时，须在掌握这些信息的基础之上，了解风险可能发生在哪里以及风险的基本特征。如何消解矿业权重叠风险，促进矿产资源集约节约开发利用，既关系到矿业权人的切身利益，也关乎矿产资源国家所有者及广大社会群体合法利益的实现。由于矿业权重叠区存在矿业权排他性残缺、伴生性、共生性、矿体联系紧密等问题，与一般财产权的冲突相比，更易发生资源开发利用过程中的效率风险、安全风险及环境风险，基于权利保护和市场维护为主要内容的矿业权重叠规制，自然成为矿业权管理公法规制的重要内容。矿业权重叠是造成

---

① 王忠，周昱岑．资源产权、政府竞争与矿业权规制策略［J］．中国行政管理，2015，364（10）：129－134.

矿业权市场效率损失、权利侵害和环境退化的重要原因，尤其是在资源富集区，矿业权重叠对矿产资源开采、产业投资、安全生产等都会产生影响，消解矿业权重叠风险应当成为矿业权市场法律规范的重要方面。由于矿业权是经法律特许而形成的一种私权，以研究矿业权市场有序发展及矿产资源可持续利用为主体内容的矿业权规制便成为公法与私法相结合的产物。从矿业权重叠的规制来看，矿业权规制要以维护国家所有者权益和社会公共利益为出发点，重点通过矿产资源法、行政法和刑法来调节矿产资源开发利用过程中所形成的行政关系和经济关系，以实现矿产资源开发利用的全局利益、产业利益、区域利益以及社会利益；同时，还要以维护矿业权财产权权益为出发点，通过民法、公司法、合同法等来调节重叠区矿业权的联营、整合、交换以及权利保护等，以形成合理有效的资源开发秩序。

对于矿业权重叠风险的减损策略而言，一方面要增强风险主体抑制风险损失的能力，如增强矿业权人的生产能力，包括采用新技术新设备，采用先进的采掘工程方案等；另一方面则要通过产权机制，减少矿业权重叠风险发生的概率和程度。在矿业权重叠风险发生和演化的不同阶段，我们应着重基于风险因素的识别、分析，加强风险管理，以使矿业权重叠风险及其引致的各类损失降到最低。如在矿业权重叠风险发生之前，矿业权规制的重点应在于如何有效防止矿业权产权出现交叉、重叠以及重叠所可能引致的权利冲突之上，并对矿业权市场的环境约束、税赋水平、技术标准以及效率监管等进行调节，以使矿业权重叠风险发生的可能性或风险因素得以消除，进而使风险发生的频率和损失减少到最低的程度。当矿业权重叠风险正在发生或发生之后，公共规制机构应采取及时的政策应对，使风险不再扩大并对重叠所引致的损失进行必要的清理、补偿和补救。为了促使矿业权重叠风险减损策略得以有效实施，必要时还需对矿业权重叠区的矿业权人进行风险监测，对其在资源开发利用的时序安排、空间位置、采掘方案、资源利用率、技术能力等方面信息进行动态跟踪，以防止可能引致矿业权重叠风险的因素生成并演化。显然，矿业权重叠风险的控制，关键点在于矿业权规制机构如何对矿业权人各方产权权利的边界进行充分界定，尽量避免形成了事实上的产权边界交叉或重叠，并减少矿业权权利行使过程中可能出现的各类损失。如果在矿产品价格、市场需求、环境规制等因素的共同影响下，矿业权人在矿业权重叠区所能获得的收益为负，那么他就会减少甚至停止在矿业权重叠区的投资和资源采掘行为，进而使得矿业权重叠风险出现一定形式的转化；而当矿业权人获得的收益为正，但造成其他权利主体的权利受到侵害，并使其出现财产损失或福利损失时，矿业权重叠的风险就出现向其他群体或区域外溢的现象，这时公共规制机构就应基于维护公共利益为原则，对施害方的行为进行限制、约束和处罚，以避免风险的扩大或者外溢。

在资源可持续利用问题上，20 世纪 80 年代以来兴起的环境与自然经济学越来越注重资源利用的效率与分配问题。在环境与自然资源经济学诞生以前，资源经济学的关注对象主要是自然资源配置的经济效率和最佳耗竭条件。如 1931 年哈罗德·霍特林（H. Hotelling）发表了《可耗竭资源的经济学》，认为基于收益与成本原则，可耗竭资源的最佳耗竭条件在于资源的价格与开采成本之差（即“稀缺性租”）的增长率等于其他资产的利息率（或称“贴现率”）。按照资源最佳耗竭规律，资源品价格的上涨将带来资源需求的下降，当资源品价格上涨至窒息价格时，社会对资源品的需求下降为零，矿产品生产也会因此而完全停止。在完全竞争条件下，资源开采量的增长将带来资源产品价格的下跌，但随着易采资源的逐渐减少，资源开采成本的上涨又会导致资源品价格的上升，并最终引致社会对矿产品需求的下降。因此，为保证自然资源的最优化利用，国家可以采取一定的税收或政府规制的方式，对矿产品开采的耗竭条件予以调节，以引导矿产资源的可持续利用。20 世纪 90 年代以来，受可持续发展思想的影响，环境与自然经济学又在其研究视野中加入了技术手段、经济发展、社会进步、环境生态等要素，综合研究自然资源开发利用中的经济问题和社会问题，以实现经济社会可持续发展为目标。环境与自然资源可持续发展意味着必须合理使用、维护、并提高自然资源对人类社会发展的服务能力，维持在一定资源与环境承受能力范围之内的经济增长和生态保护，以促进经济社会发展的可持续性。可持续发展这一概念，所包含的价值追求目标非常广泛，如配置效率、环境保护、生物种群多样性、代际公平、经济增长、福利改进、收入差距缩小、社会进步等，这些价值目标体现了人类社会发展对美好生活的向往，也提出了环境与自然资源管理可持续发展的实施条件和实现方式。

环境与自然资源经济学着重运用经济学原理来研究自然资源的开发利用与环境保护问题，并将关注点集中于自然资源配置问题，以及资源配置带来的收入分配、经济福利和环境效应等方面。如以美国阿兰·兰德尔（Alan Randall）的《资源经济学：从经济角度对自然资源和环境政策的探讨》，提出六个基本观点：①在自然产资源稀缺的前提下，环境保护和自然资源开发利用之间存在着矛盾，每一次的资源开采利用行为都会影响到环境，必须坚持资源开发与环境保护，促进人类社会的可持续发展；②人们必须越来越清晰地认识到环境承载力与不可再生资源耗竭之间均衡的重要性，在提高自然资源对利用率水平的同时，以尽可能减少由于自然资源开发利用活动所诱发的环境污染、生态破坏、地质灾害、水土流失等；③自然资源管理是一个十分复杂的问题，它涉及许多复杂的资源系统、经济系统和生态系统，因此，资源与环境问题的解决必须根植于特定的生产力阶段和经济社会制度，为促进各系统间的多目标均衡，必须有针对性地对自然资源开发利用活动进行政府干预；④环境可以被看作是一种集体的或公共的物品，我们很难界定这种物品效用的数量和质量，但人类每一次的活动都会直接影响环境物品的变化，并带来环境服务个体效应的变动，所以应存在一个公共管理机构，来决定环境物品的供给均衡；⑤市场经济国家，应注重市场机制和政府干预手段的综合运用，着重通过产权机制、价格机制、行政强制以及责任追究等途径来解决各种自然资源开发利用活动带来的环境问题；⑥环境伦理和环境价值观，应成为各类权益主体共同遵守的行为准则，消解微观经济活动主体追求个体经济利润最大化而造成的外部性损害。

从福利经济学来看，不可再生资源耗竭和环境破坏都是因为存在市场失灵和外部性的结果。因此，为了促进资源可持续利用和生态环境保护，市场经济国家必须注重对市场工具的运用，并保证价格信号在资源利用与环境保护中功能的发挥。矿产资源开发利用主管部门应施行有效的政策，确保矿产资源使用权的合理分配，并对有损社会生态效益的资源利用行为进行限制，同时决定哪些权益主体可以得到哪种矿业权的使用权限、得到多少以及何时得到，以最大化社会福利的改进。矿产资源具有不可再生性，矿业权管理者必须决定矿产资源的最佳利用速度和利用条件，以实现资源消耗与环境保护的均衡。正如 Fisher（1981）指出的那样，只有在具有完全竞争市场特性的理想世界中，才可能建立起可实现最佳消耗途径的条件①。事实上，在现实中，具有完全竞争特性的市场是不存在的，并不存在矿产资源最佳耗竭的市场环境；在资源管理者、使用者和利益相关者目标均存在较大差异的情况下，实现矿产资源最佳利用与环境保护的目标均衡，须依赖于矿产资源主管部门

① Anthony, C. F. Resource and Environmental Economics (Cambridge Surveys of Economic Literature) [M]. Cambridge University Press, 1981: 78 - 85.

对矿产资源开采利用与环境服务效用的假定，采取有效政策措施对环境福利受到损害的权益人作出补偿，而对享受到环境服务的效用价值的人收取服务费用，以实现全体社会居民之间福利改进的林达尔均衡①。从市场理论出发，环境与自然资源利用的林达尔均衡须满足社会各群体、资源开发主体、环境服务接受者等的无差异效用曲线具有凸性的假设，唯有如此，资源与环境主体机构才可以通过设计一种调节机制以实现多主体、多目标间的纳什均衡。而按照科斯的理论，如果在市场竞争中只有两个当事人，一方行为引起了另一方外部性的情况下，如果谈判或交易不需要成本，那么两个人之间的协商谈判将是实现最终帕累托效率改进的有效途径，但需满足两者间有清晰界定的产权机制作为前提，且还应忽视不同的产权安排所可能引致的收入效应。在促进不可再生资源集约高效利用问题上，我们不管是选择政府规制，还是选择自由竞争或者两者联合运用的手段，其实质都上体现了我们对自然资源保护的价值取向，以提升不可再生性资源供给的安全、效率以及代际服务能力。

2.3.3 国内外文献综述

（1）矿业权重叠及其规制理论研究。对于矿业权重叠区而言，一种或多种矿业权在同一区域集聚，而其矿业权边界可能现出多边重叠、多层重叠或犬牙交错状形状。李怀珠（2013）在研究资源富集区的资源重叠问题时指出，由于一些地区地下矿藏的成矿环境和地质作用过程相近，常常出现不同矿藏在同一区域不同储层分层储藏的现象，这就使得资源管理部门在资源产权的设置上很难避免出现矿业权重叠的问题，如煤、油、气、盐等矿藏在同一区域共存富集，并形成油中气、上气下油、上油下气、煤中气、煤中油等分布性状，进而衍生出的资源重叠问题②。周安达源（2008）在研究煤与煤层气矿业权重叠的政策应对问题时指出，由于煤炭与煤层气是两种独立的矿种，具有伴生性特征，并且赋存于同一空间，但两者开采的方法截然不同，

---

① 林达尔均衡，是由埃里克·林达尔在1919年他的博士论文中提出的一个概念。林达尔均衡可被当作一个私有经济下的竞争性均衡，任何形式的林达尔均衡都必须是帕累托有效的，同时一个帕累托有效状态也是一个林达尔均衡状态。

② 李怀珠．转型的探索：榆林市发展研究中心调研报告选编（2008－2013）[M]．北京：经济管理出版社，2013：54.

煤层气开采如果不结合地下矿井的开拓规划来布置地面钻孔，以此避开井下巷道和峒室的设计，则很难开采煤层气资源的集约化开采，并且，当进行煤层气地面抽采时，开采过程又会对煤炭储层形成破坏，并引发顶板塌陷、透水、瓦斯爆炸等事故，给煤炭矿业权人的安全生产带来较大隐患，并增加煤炭资源开采的边际成本，降低其边际收益，给煤炭矿业权人带来权益损失。因此，在涉及不同类别矿产资源共生、伴生存在，产权出现交叉重叠问题时，应进行矿业权人的整合，以建立外部性的内化机制来化解风险①。

该如何解决因矿脉自然延伸而出现的矿业权交叉、重叠问题呢？这涉及如何对待超越边线开采权的问题，即一个矿业权人超过其矿业权边界而按矿体倾斜方向追求一条矿脉的权利。一般来说，矿业权人只应在其矿业权平面范围的垂直向下的区域内享有权利，但是在遇到矿脉连续、自然延伸的情况时，为了完整有效地开采其标的矿藏，一般可规定矿业权人有超越边线的开采权利。如美国、德国都允许超越边线开采权，但两者又有区别，美国视这种权利为绝对的权利，认为当两条或更多矿脉自然交会或彼此穿越时，只受到产权在先的支配，即先标界的权利人有权开采出位于交会点范围内的全部矿物，后标界人只享有在交会点的通道权；而德国则认为如果管理实践需要解决任一矿权人对同一矿区共生、伴生或自然延伸而矿区范围交叉的矿产资源，谁具有优先开发利用权时，就应当要求具有优先开发利用权的矿权人必须有给付对价的行为，当超越边线开采权的行使损害到其他矿业权人权利时，侵害方理应对被侵害方给予赔偿②。总之，在美国，如果出现矿脉自然延伸出边线的情况，只要是产权在先，便具有超越边线的开采权，而不需向对方赔偿。但德国将超越边线开采权与采矿权分开，前者的取得应向权利减损的他方支付赔偿金，并且这个赔偿应从所超越部分可能获得的收益来考虑计算。

在漫长的地质成矿过程中，由于矿床成矿的地质环境、控矿因素、矿化过程、地质构造等方面的原因，在某些矿床成矿系列相应的构造单元内，往往可能出现 2 个或 2 个以上的与矿床成矿系列相同或相近的几个矿床类型，这些矿床之间彼此相互联系，并形成不同成因类型的矿床在时空分布上出现储层接触分布、交叉分布、错层分布或立体性的上下排列分布、自然延伸性

① 全国政协提案委员会编．把握人民的意愿：政协第十一届全国委员会提案及办理复文选［M］．北京：新世界出版社，2012：48－52.

② 江平．中国矿业权法律制度研究［M］．北京：中国政法大学出版社，1991：27.

的侵入分布等现象，并形成了不同程度的资源重叠问题[①]。当存在资源边界的交叉、错层分布时，不仅增加了资源开采、选矿及提取的难度，同时也对地下矿藏开采的矿井开拓、巷道布局、安全防护、取水通风及储运通道的设计等产生影响[②]，并且还会对资源所在地区的生态多样性产生不利影响[③]。这时，为了不同矿业权人开采资源的方便，部分矿业权的交换、联合是很有益的[④]。为了合理开发利用资源，江平（1991）认为，如果重叠区的矿体可以分割成若干小块，并且小块开采可以取得更大效益，那么对这一矿区矿体的开采权进行分割便是有利的，但如果分开反而会降低矿业权人的效率或收益，那么产权的联合或交换便是有利的。所以，应允许对资源产权进行联合、分立或者交换，尤其对于地下赋存结构出现交叉、重叠性状的矿藏而言，产权的整合与交换有利于解决资源利用的冲突与效率风险问题[⑤]。如《日本矿业法》第88条规定："在同类矿床的矿区犬牙交错的区域内，如果通商产业局长认为通过交换或转卖矿权等方式，可以更好、更经济地开发该矿区的矿藏，并增加公共福利，则可以对该矿区的矿业权所有者提出交换或转卖矿业权的公告。"

矿业权规制是为了应对矿业权市场的外部性、资源利用风险以及市场低效率等问题而展开的公共治理活动[⑥]。按照规制经济理论的观点，矿业权规制是基于矿业权市场的市场失灵，矿业权人权利行使中广泛存在的产权残缺、权利侵害、风险外溢等问题，前者是矿业权市场的内部性问题，后两者是矿业权市场的外部性问题（丹尼尔·F. 史普博，2008）。无论是矿业权市场的内部性问题，还是矿业权市场的外部性问题，其本质上都是一个产权的问题，反映了矿业权制度安排所可能衍生出的额外损失或外在成本，这些问题的发生都是因矿业权产权界定不清所导致的。矿业权规制应体现以国家公权力对

---

① 朱裕生．矿产预测的基本理论——区域成矿学向矿产勘查延伸的理论体系［J］．矿床地质，2006，25：59－62.

② Nicholas，C.，B. Anthony & R. John et al. Extractive industries livelihoods and natural resource competition：mapping overlapping claims in Peru and Ghana［J］. Applied Geography，2014（54）：250－261.

③ Elisa，J. A. V.，A. C. Maria & T. D. Enrique et al. Metal mining and natural protected areas in Mexico：geographic overlaps and environmental implications［J］. Environmental Science Policy，2015（48）：9－19.

④ Wu，L. C.，Y. S. Zhu & Y. X. Liu et al. Development techniques of multilayer tight gas reservoirs in mining rights overlapping blocks：a case study of the Shenmu Gas Field，Ordos Basin，NW China［J］. Petroleum Exploration and Development，2015，42（6）：904－912.

⑤ 江平．中国矿业权法律制度研究［M］．北京：中国政法大学出版社，1991：22.

⑥ 刘欣．物权法背景下的矿业权法律制度探析［D］．中国人民大学博士论文，2008.

矿产资源品市场供给关系的引导和规范，以确保矿产资源供给关系稳定，并维护社会经济发展过程中资源供给的有效性和稳定性，平衡各方利益主体间的利益关系，减少无效率的经济活动，最大化矿产资源利用的经济社会效益[①]。由于矿业权市场存在着较强的信息不对称性特性，尤其是对于赋存于地表以下矿藏分布性状、采掘边界、权利行使等信息的掌握不够充分，使得矿业权人对资源开发利用的过程会产生较严重的负外部性问题，因此矿业权规制涉及的内容广泛，包括对矿业权产权配置、准入资格、产权交易、权利规则、有序竞争及垄断消除等方面的规制，依规制方法的不同，通常可以将矿业权规制划分为经济性规制、社会性规制及辅助性规制三个方面[②]。在不同的生产力阶段，矿业权市场规制的重点不同，如，经济性规制的重点在于关注如何运用市场化工具，对矿业权市场进行价格修正，以解决矿业权市场的竞争失衡、外部性风险及效率实现等问题；相对而言，社会性规制的重点则在于如何消解矿业权市场风险向社会领域溢出所可能引起的环境退化、社会冲突、资源破坏、资源诅咒、粗放开采等社会效益失衡的问题[③]。

对于矿业权重叠的规制而言，解决矿权重叠问题可施行的应对措施可分为两种模式：一是矿业权取得或设定环节的排他性效力；二是矿业权行使环节的排他性效力。前者多采用行政许可的方式，以行政法律关系加以调整；而后者则多采用协议、合同或仲裁等方式，以体现对民事法律关系的调整。无论是利用行政法律关系，还是利用民事法律关系加以调整，需要实现排他效力的重叠矿权应包含以下几点内容：（1）权利主体的排他性，即权利人得以依法独占其矿业权产权，排除其他主体的共享；（2）权利取得（或授权）的排他性，即基于某一特定矿区矿体一般只能授予一个矿业权，排除一个矿体上同时存在两个以上范围不一或种属不一的矿业权；（3）权利行使的排他性，即权利人得以排他的对矿藏进行开采、利用、处分和收益，任何人未经许可或法律特别规定不得行使其矿业权产权。通常，实现矿业权设定环节的排他可采取“范围排他”“矿种排他”和“时间排他”相结合的方式，避免不同种类矿业权或不同权属矿业权在同一矿区范围内同时存在。但是，在管

---

① 郗伟明．我国矿业权规制的路径选择［J］．中国矿业报，2012－11－01．

② 晏波．政府规制矿业权交易对矿业权市场的影响［J］．中国矿业，2010，19（11）：30－34．

③ 王忠，周昱岑．资源产权、政府竞争与矿业权规制策略［J］．中国行政管理，2015，10：129－134．

理实践中，对于一些储层呈错层分布或上下排列分布的矿藏，或同一地区不同埋深分布着多种不同类型的矿藏，在不影响其他矿业权人权利行使的原则下，是可以设立平面投影呈交叉、重叠关系的矿业权的。这在管理实践中，我们称其为“纵向矿业权”①。这实际上是对不同地层深度的矿藏，分别设定不同权属矿业权的做法，仍然是对排他效力的体现。当然，矿业权的排他性效力也存在着例外，如在同一矿区不同地层深度进行矿产资源勘查而设立探矿权时，实质上是可以允许两个或两个以上的探矿权人同时存在的，而一方探矿权人因探矿活动必须掘进邻接矿区时，给相邻探矿权造成的损失并不大甚至没有，这时是可以同时设置具有交叉重叠关系的探矿权的②。

通常，确立矿业权的排他性，应基于矿业权客体来建立相应的识别标志。这些识别标志包括：（1）特定的标的矿物，即一种或多种具有具体指向的矿产资源；（2）可测量的三维立体空间，以对赋存于地表以下某一储层部位的矿床分布性状进行具体标注；（3）有限的期限，即确定在一定时间期限内矿业权人所享有的勘查或开采的权利③。对于重叠区矿业权而言，不同矿业权在时间或立体空间上与其他矿业权存在部分或全部重叠，从而形成事实上的相邻关系。在实践中，由于不同矿业权人的技术、资金等条件不同，而使得这种相邻关系在矿业权权利行使环节演变为“邻避冲突”，使得地下矿藏开采的风险逐渐累积，进而引发诸如塌陷、边坡位移、冒顶、透水等灾害事件，并引致垂直相邻关系的冲突，给其他矿业权人的权利行使造成权益损害④。除此之外，矿业权重叠引致的相邻关系冲突，还可能表现在地下权与地表权的冲突，并引致地表权人在效率上、财产上或环境福利上的损失。因此，在处理相邻矿业权冲突时，应基于有利生产、公平合理的原则，合理处理邻避冲突而形成的各种关系，并明确相邻对方对于合理外部性损害的容忍义务。在这一过程中，当公共规制机构有充分理论认为某一矿业权人的行为将会严重损害另一矿业权人利益，并引致社会效益或生态效益的损失时，可以对该矿业权进行限制或者撤销，并对造成的损失作出补偿或者恢复原状的处理，

---

① 余振国. 论矿业权的物权属性及其法律完善［J］. 中国矿业大学学报（社会科学版），2004（1）：77-80.

② 崔建远，晓坤. 矿业权基本问题探讨［J］. 法学研究，1998，4：82-91.

③ 李雄，潘婉清. 试论矿业权排他的绝对性与相对性［J］. 中国地质矿产经济，1999，11：33-36.

④ 牛仁亮. 山西省煤炭开采对水资源的破坏影响及评价［M］. 北京：中国科学技术出版社，2003：17.

以最大程度维护社会公共利益①。

当矿业权重叠区矿业权产权受到侵害时，该如何寻求保护或者救济呢？按照 Calabresi（1972）的观点，当一种产权受到侵害时，可以有三种基本的保护规则，即财产规则、责任规则和不可让与规则②。财产规则，是指当一种产权被财产规则保护时，除非产权主体同意自愿转让，否则不能强制其转让该产权；责任规则，则指非产权主体可以不经产权主体的同意而“使用”其产权，由此而造成的相关损失，施害方必须向受害方支付相应的价款或赔偿。财产规则和责任规则究竟在何种情况下选择使用，这是矿业权市场管理规范应重点考虑的问题。在矿业权重叠区，解决产权交叉、重叠的方式可以有以下四种：第一种方式是让受害人享有产权，采取财产规则来保护其权利，绝对禁止加害人对其他矿业权人的侵害，第二种方式也是让受害人享有产权，但采取责任规则来保护其权利，当其产权遭受到实际损害时，施害方应给予相应的赔偿以弥补造成的损失；第三种方式是加害人享有产权，采取财产规则来保护加害人权利，受害人承担全部的损失，受害人无权要求赔偿，重叠区一方矿业权人可表现出任意的加害行为；第四种方式是加害人享有产权，但采取责任规则，当其他矿业权人得到的赔偿弥补不了其实际遭受的损失时，可要求加害人停止相应的侵权行为③。从效率最优的角度出发，当财产规则无法对矿业权人合法权利进行保护时，便只能寻求事后补偿的责任规则加以应对。从资源供给安全来讲，矿业权重叠区的不同产权人之间发生产权冲突时，不应绝对禁止加害人对重叠区其他矿业权人或土地产权权利的侵害，而应形成一种能有利于资源重叠区各类资源的有序开采、公平竞争的市场环境，以促进资源得到合理利用，使得不同矿业权人得到合理矿业回报，并减少权利部分所可能带来的各类损失。所以，在解决矿业权重叠问题时，理论与实践上是允许同一矿区存在多个矿业权重叠的，但囿于矿业权产权制度和相应的生产力条件的差异，不同的工具选择和规则运用最终带来的效率则存在着较大的差异④。

---

① 康纪田．立体性矿业相邻关系初探［J］．中国地质大学学报（社会科学版），2011，11（2）：50－56.

② Calabresi，G. & A. D. Melamed. Property rules，liability rules，and inalienability：one view of the cathedral［J］. Harvard Law Review，1972：1089－1128.

③ 魏建，宋微．财产规则与责任规则的选择——产权保护理论的法经济学进展［J］．中国政法大学学报，2008，5：133－139.

④ 苏继成．《矿产资源法》修改应规制矿业权重叠［J］．中国国土资源经济，2014，7：11－16.

（2）资源丰裕与资源可持续利用问题研究。自然资源可持续利用问题是一个复杂的问题，它不仅包括资源技术、资源消费、供应者、使用者，还涉及自然资源管理政策、产权制度、政府行为、环境规制、社会就业、产业竞争力等。在进行自然资源管理时，必须在特定生产力阶段的背景下研究自然资源开发利用管理的可持续问题，这也是自然资源管理综合性的具体体现。按照 Ostrom（1994）的论述，自然资源利用具有效益的可排除性和效益的可减少性特性，效益的可排除性是指自然资源管理者可以通过制度设计来达到控制人们对自然资源进行开发利用、占有、获得资源收益的目的。高的效益可排除性意味着能很容易或成本很低的阻止使用者对该资源的开发与利用；相对而言，效益的可减少性则意味着随着资源的耗竭，其他使用者对该资源的使用或享有便会减少①。而影响自然资源效益可排除性的因素很多，其中，最重要的有两类：一类是该种资源的自然属性；另一类则是不同的制度安排②。我们知道，制度本质上是一种博弈的规则，是人们设计出来为了制约相互之间权利义务的行为规范，它既可以是正式的规则或契约，也可以是非正式的习俗与道德。如此一来，我们在进行自然资源开发利用管理时，不仅要考虑资源的自然属性，同时还要考虑基于不同的资源属性和不同的初始条件，以建立有利于资源合理开发利用的制度安排问题。如果可以对某一种自然资源建立排他性使用权制度（资源产权）的话，那么这种资源的效益可排除性随即得到增强；但如果制度安排存在功能的弱化，则可能使得资源优势的发挥受阻，进而阻碍经济增长，并诱发“资源诅咒”效应③。

自 20 世纪 70 年代以来，资源利用问题的研究经历了两个阶段：在第一阶段，关注的焦点大多集中在资源利用对自然环境所产生的影响，强调资源利用的最佳耗竭方式，以及最小化资源利用的社会性风险；在第二阶段，其注意力从原来的资源稀缺和环境变化转向了对资源利用效率与福利改进的考察，强调经济效率、社会功效、政治可行与分配公平等多目标之间的均衡④。

---

① Ostrom, E., R. Gardner & J. M. Walker. Rules, games and common pool resources [M]. Ann Arbor, MI: University of Michigan Press, 1994: 57.

② 何建坤．自然资源可持续利用战略与机制［J］．北京：中国环境科学出版社，2006：9.

③ 邵帅，杨莉莉．自然资源丰裕、资源产业依赖与中国区域经济增长［J］．管理世界，2010，9：26－43.

④［美］阿兰·E. 尼斯．自然资源与能源经济学手册（第一卷）［M］．北京：经济科学出版社，2007：6.

现在人们已逐渐认识到，政府在资源利用问题上有着广泛的政治、经济及社会的目标。在不同国家，不同地域的资源耗竭、外部性控制以及福利改进等，都较大程度地依赖于它们所对应的社会、政治、经济以及资源禀赋等环境，这些环境构成了一个治理改革的初始条件。自然资源与普通物品不同，它不能完全适用于市场自由化的竞争机制，因此，为了促进自然资源的可持续利用，政府应被视为公共利益的代表去管理自然资源的配置、利用和保护等问题，但通过政府干预所建立起的规制机构，却并不能解决自然资源配置的效率性和经济性问题，同时也无法解决自然资源产权的独占性和排他性问题。当一个国家或地区的自然资源管理利用机制出现失灵时，将引起资源富饶中的贫困问题，即“资源诅咒”效应①。从发展经济学的理论来看，资源诅咒效应实质上是对资源丰裕与经济增长关系之间的一种反映，其含义是指自然资源优化并未转化为经济增长的优势，并促进经济增长、收入增长和社会福利的改进。这种现象的出现，一方面来自一些国家或地区对资源经济的过分依赖，在资源利用管理上陷入一种腐败、产权残缺、寻租创租的制度困境，引致社会资本投资的吸附效应和挤出效应，最终导致产业结构失衡和经济增长多样性的缺失；另一方面则来自资源丰裕地区技术革新和制度创新的不足，使得技术驱动、创新驱动的增长效应未能显现，使得资源富集地区经济增长步履维艰，经济体陷入资源依赖型的增长陷阱之中，对经济社会的发展形成阻滞效应②。

自然资源可持续利用管理是一种特殊的管理活动，它既反映稀缺资源品的最佳利用问题，同时也反映资源利用所带来的经济性的、社会性的以及生态性的问题，它联结着自然资源的稀缺性、自然环境的承载极限、环境退化、资源利用的时间空间维度，以及自然资源利用的经济效应、社会效应以及政策的可行性和政策效果等多个方面的问题③。如李天籽（2007）在研究资源丰裕对经济增长的影响时指出，丰裕的自然资源使得资源开采和简单加工等初级部门的边际生产率大幅提高，进而导致生产要素从制造业部门向初级部门转移，并造成制造业部门的日益萎缩，而随后必然又通过影响整个地区的

① Auty, R. M. Resource-based industrialization: sowing the oil in eight developing countries [J]. Transactions of the Institute of British Geographers, 1992, 17 (3).

② 徐康宁，王剑. 自然资源丰裕程度与经济发展水平关系的研究 [J]. 经济研究，2006，1：78－89.

③ [英] 朱迪·丽丝. 自然资源：分配、经济学与政策 [M]. 北京：商务印书馆，2005：9.

人力资本积累进而阻碍地区经济的增长；同时，资源丰裕还会降低社会的创新水平，使整个经济缺乏效率和推动力。所以，为了有效管理和利用资源丰裕地区的自然资源，就必须建立一套有利的产权制度，把自然资源的开发利用控制在一个社会最优化的水平之上①。通过研究资源利用对经济、社会或者生态的影响，人们便能更有效地理解和把握自然资源开发利用的特殊性，从而使得针对资源开发利用的规制机制设计和政策选择做出合理的安排。资源利用的不可持续，将引起经济系统、社会系统与政治系统的失衡，从而使社会陷入冲突、对抗和发展的陷阱之中。因此，自然资源开发利用的可持续管理更加重视通过公共政策的供给来对资源开发利用的供给安全、产业效率、生态美学价值、代际公平的保护，实现各系统的目标均衡。有效的自然资源开发利用管理，应实现自然资源可持续利用的多目标均衡，采取有效的产业政策、投资政策、技术开发政策、财政税收政策、价格政策以及金融政策等，最小化资源利用与经济系统、生态系统、社会系统以及政治系统之间的失衡风险②。

不同类型的自然资源，可持续利用所具有的含义不同。按照自然资源是否具有可再生性来划分，自然资源可分为可再生性资源和不可再生性资源。可再生性资源，如水资源、森林资源、草地和生物资源等，其可持续开发利用的重点在于关注资源开发利用的强度应保持在合理的尺度范围之内，确保资源的利用率低于增殖率，避免资源利用走出资源和环境自我恢复的能力，以保持自然生态系统的平衡③。对于诸如矿藏、能源之类的自然资源而言，其形成过程历经了漫长的地质作用过程，具有不可再生性，因此，随着人类社会对这些资源消耗量的加大，这些资源的储量将会逐渐减少直至枯竭。所以，为了促进不可再生资源的可持续利用，一方面应尽可能找到替代资源，以减少对这些资源的开发和利用；另一方面，应通过技术进步来提升不可再生资源的利用效率，最大限度地做到循环利用或多次利用，以延缓其衰竭的速度，延伸其对人类社会经济发展的服务年限④。对于矿产资源而言，由于其资源开采对矿藏周围的岩石圈、水圈、大气圈以及生物圈等都会产生影响，

---

① 李天籽．自然资源丰裕度对中国地区经济增长的影响及其传导机制研究［J］．经济科学，2007（6）：66－76.

② 过建春．自然资源与环境经济学［M］．北京：中国林业出版社，2007：51.

③ 黄诗笺．现代生命科学概论［M］．北京：高等教育出版社，2004：227.

④ 劳承玉．自然资源开发与区域经济发展［M］．北京：中国经济出版社，2010：26.

改变其生态效率，破坏已有的生态平衡，对人类的生存和发展构成严重威胁。因此，保护生态环境，实现矿产资源的可持续利用，已成为全世界所面临的紧迫而艰巨的问题。需要说明的是，地下矿产资源的可持续利用目标已经不仅仅是资源的集约、节约利用，而是扩大到经济、社会和生态等多系统的目标均衡，既要求能为经济社会发展提供必要的矿产品供给和各种生产资料，又要求能保证矿产资源开发利用对生态系统、经济系统和社会系统的负面影响降到最低，并促进经济增长方式的多样化，以及资源品市场的完全竞争、信息充分和政策效果的优化，这就牵涉到对矿产资源的可持续利用管理问题，即除了考虑矿产资源地下赋存性状的自然规律之外，还要考虑各种初始条件、环境约束、增长效应、承载极限、最佳效率等，这就需要地质学、经济学、环境学、资源科学以及管理学等学科的相互配合，以保证矿产资源的可持续利用①。

对于资源富集区，尤其是矿业权重叠区的资源可持续利用而言，关注的重点应在于如何促进资源优势转化为经济优势，促进资源系统、经济系统和生态系统的均衡发展，在策略上应着重于实现增长模式由要素、投资驱动向创新驱动的转变，以突破区域创新能力不足、资源粗放利用以及生产效率低下所可能带来的效率损失②。按照经济学的“比较优势”理论，资源富集区的资源优化在转化为经济发展优势的过程中，受到产业政策、经济政策、税收政策、环境政策等政策因素的影响，当其他经济增长方式受到限制，经济增长多元化程度较低时，这些资源富集地区极易形成资源依赖型的发展道路，为了避免这种现象的出现，就必须结合各地区的资源优势以及经济社会发展环境，寻求多种政策的统筹协调，以促进资源优势向经济发展优势的转化③。除此之外，基于新经济地理的增长理论，产业集聚、技术创新以及技术的空间溢出，对于资源富集区之间的产业结构优化与升级具有区域间的影响效应，但技术溢出的效应会随地理距离的加大而逐渐衰退，而资源富集地区的产业集聚能起到促进资源产业劳动驱动、投资驱动向创新驱动的转变，推动产业

① 贾华强．可持续发展经济学导论［M］．北京：知识出版社，1996：136.

② 席群．资源富集区的资源开发战略转变［J］．生产力研究，2009，6：92-94.

③ 鲁金萍，董德坤，谷树忠，常近时．基于“荷兰病”效应的欠发达资源富集区“资源诅咒”现象识别——以贵州省毕节地区为例［J］．资源科学，2009，31（2）：243-249.

生产率水平的提升，并提升资源采掘市场的可竞争性①。因此，为了促进资源富集区资源优化的转化，应着力于资源富集地区产业集聚水平、区域竞争优势和技术创新程度的提升②。矿业权重叠区的资源利用规制面临着两种低效率，一种是矿业权规制因制度设计的不合理而导致的低效率，另一种则是源于矿业权市场的不完备而引起的低效率。这两种低效率本质上并非彼此孤立，而在一定程度上存在着相互影响的互动关系，其联系的纽带是通过对资源利用效率、生产效率与规制效率的协同，将资源开发利用效率的实现建立在矿业权市场效率实现的基础上，既强调矿业权市场的市场效率，也强调资源开发利用的生态效率、经济效率和社会效益③。

---

① 梁琦，詹亦军．产业集聚、技术进步和产业升级：来自长三角的证据［J］．产业经济评论，2005（2）：50－69.

② 薛继亮．资源型产业集聚、技术溢出与资源富集地区经济增长［J］．工业技术经济，2015，5：49－55.

③ 李国平，宋文飞．区域矿产资源开发模式、生态足迹效率及其驱动因素——对“资源诅咒”学说的另一种解读［J］．财经科学，2011，6：101－109.

第3章　矿业权重叠风险传导及其规制的理论诠释

矿业权重叠风险的形成、传导及其规制是本书研究的中心，围绕它来解释矿产资源开发利用与经济社会福利改进的内在关系、矛盾过程，从矿产资源品中获得财富和福利的时空分配方式，评价矿产资源管理的制度安排及其政策效应，是学术界、管理界和社会公众所关注的重要问题。应当说，对矿业权重叠问题的重视，是随着人类社会对矿产资源品需求的逐渐增长以及由此而引起的资源分配、权利冲突、增长极限、环境正义等问题的出现而出现的。矿业权重叠问题的形成及其发展，有着自然和管理两方面的原因，但其风险的传导则涉及产权市场、利益表达、集体行动、规制安排等多方面的原因，所有问题都可归结为矿业权产权制度引致的分配效应、经济效应、政治效应和社会效应的差异，问题的核心在于如何在时间和空间上有效的分配和使用具有重叠特征的矿业权。所以，在解析矿业权重叠风险的生成与传导问题上，我们尝试着把该问题的形成机理与演进放到一个微观与宏观相结合的环境中去加以理解，把矿业权重叠风险、传导及其规制理解为是产权、市场、经济、社会与生态的互动过程。对于资源富集区的经济社会发展而言，单纯追求资源开发利用与供给，可能造成经济效率、生产效率与社会效益、生态效益的偏离，不利于实现资源产业经济与经济社会的和谐健康发展，也不利于市场化条件下不同利益主体间的利益保护。

矿业权重叠风险传导与规制研究的主要研究对象是在矿业权重叠环境下，各权利主体间如何进行行为选择，如何解决产权冲突带来的外部性及权利侵害，以及如何提升资源利用的效率水平。我们知道，经济学主要致力于对市场产权、资源配置、生产优化等问题的研究，管理学主要致力于对生产决策、福利改进及市场失灵的干预的研究，而法学则主要致力于对市场竞争环境秩序的构建，构造有利于微观或宏观经济主体权利行使及权利保护的法律环境。

资源富集区矿业权重叠风险传导及其规制，已不再是传统意义上的资源可持续利用问题，它已经成为影响一个地区资源可持续利用与经济社会和谐发展的问题，牵涉产业政策、经济战略、社会福利改进、资源诅咒效应消解、地区发展均衡等多方面的问题。尤其是在市场经济程度较高的发展阶段，公共规制机构对资源可持续利用与矿业权重叠风险的消解，更须强调资源经济的高质量发展，以及资源采掘市场可竞争性的提升，实现资源与产业、产权与市场、经济与环境等多维度的均衡。因此，在这一章，将首先从经济学视角诠释矿业权重叠的特性、外部性，并以此为基础解析矿业权重叠导致租值耗散以及机会主义行为的机理；然后，从“委托代理”、次优决策和规制弱化等视角，分析管理机制和管理过程对矿业权重叠及其风险传导的影响；最后，从法学视角，分析矿业权重叠引致的权利冲突的表现形式、权利位阶、权利限制以及可能的权利救济途径。

3.1 经济学视角的诠释

从经济学的分析框架来看，矿产资源开发利用引起的资源耗竭和分配效应问题都可以被视为市场失灵和外部性作用的结果。解决这一问题的关键在于建立清晰的矿业权管理制度，充分发挥矿业权市场价格信号的作用，以促进矿产资源采掘技术的革新、效率改进和资源的合理有效利用，防止因不完全竞争而引致的生产效率损失。事实上，因矿业权重叠区产权残缺和产权规制不足而导致的矿业权“租值耗散”问题，也是影响矿产资源开发利用效率的重要因素。另外，由于交易成本的存在，使得矿业权重叠区不同矿业权人间的契约谈判难以形成一致有效的行动准则，进而衍生出权利行使中的机会主义行为。因此，以矿业权管理为切入点，分析矿业权产权残缺所引致的市场失灵、外部性损害、寻租、租值耗散、效率损失等问题，是破解矿产资源开发利用外部不经济、效益失衡、权利冲突等难题的有效途径。

3.1.1 产权残缺与租值耗散

矿业权重叠风险的传导，是对矿业权重叠与生产效率、收益分配、生态保护和福利改进等方面关系的一种描述，意味着矿业权重叠引致的产权残缺，会通过生产过程、分配过程和政府规制过程，最终导致矿产资源利用低效、矿业权租值耗散、环境退化和社会福利损失等问题。矿业权重叠风险的生成和演化过程，是矿业权市场产权机制、价格机制、分配机制、契约机制和政府规制机制共同作用的结果。在矿业权重叠地区，不同权属或不同种属的矿业权之间往往存在多边重叠或多层交叉重叠的现象，由于地质环境、技术条件或制度等方面的原因，清晰界定这类矿业权产权边界的成本过高，而使得这种难以界定的矿业权会在不同程度上被置于公共领域，成为各矿业权人之间竞相角逐的“公共租”。这样，如果缺乏对矿业权人权利的保护机制，矿业权人间的权利行使就会形成相互干扰，并造成对他人的外部性损害。如果市场机制和政府规制机制无法对这种外部性损害进行有效调节，矿业权重叠地区的矿业权租值（矿业权收益）会在矿业权市场价格机制、税费机制、规制机制、分配机制等失灵的影响下形成租值耗散，即出现了矿业权租金收益与矿业权成本投入偏离的问题。在表现形式上，一方面，矿业权重叠引起的掠夺性开采、过度开采、采富弃贫、采易弃难等现象，直接造成了自然资源财富的浪费，并引起矿业权租值收益的下降；另一方面，由于矿业权市场价格机制、税费机制和环境规制机制的缺陷，使得矿业权重叠地区价格信号的发挥不充分，引起矿业权收益分配的失衡和环境外部性问题，进而也导致了重叠矿业权的租值耗散。

矿业权重叠风险的演化与传导，主要取决于两个方面的因素，一是重叠矿区矿藏的资源禀赋，二是应对矿业权重叠风险传导而实施的矿业权产权制度安排，包括重叠区域矿业权产权的界定、交易及产权边界限制条款等。这两方面因素实质上是对作为生产资源的矿藏资源在生产过程中被使用、分配和价值创造过程的一种反应。按马克思主义的观点，人的要素和物的要素都是价值创造过程中不可或缺的基本条件①，凡要进行生产，就必须使劳动者和生产资料很好地结合起来，只有二者结合，才能创造财富和创造价值②。在矿业权重叠区，矿业权人对地下矿藏的开发利用，需要建立在对矿业权产权安排进行界定的基础上，以明确不同矿业权人对该矿藏加以利用、创造价值、获得收益的权利。毫无疑问，一切资源利用的风险都与该重叠区域资源禀赋和产权安排的差异有关，这是基于马克思主义经典理论而得出的重要结

① 俞可平，李慎明，王伟光．马克思主义研究论丛（第4辑）［M］．北京：中央编译出版社，2006：7.

② 中共中央马克思著作编译局编．资本论（第2卷）［M］．北京：人民出版社，1975：202.

论。我们在解决矿业权重叠风险问题时，一方面要根据不同地方资源丰裕的实际情况，对资本结构、技术水平、劳动力投入等生产要素进行合理配置，以最优化开发利用地下矿藏；另一方面要根据矿业权重叠区矿业权集聚的规模、所有制结构、生产能力等进行产权的排他性设计，强调权利人对矿藏资源的合理利用，充分发挥各生产要素在价值创造中的作用。如果没有清晰的产权机制，或者对重叠矿区矿业权人的行为边界进行约束，那么，整个社会福利的总量将随着矿业权重叠所造成的模糊地带的增多而逐渐减少，进而表现出矿业权“租值耗散”的问题。

矿业权重叠引致的公共域，是矿业权产权残缺的充分必要条件，即只要有矿业权重叠，就会导致矿业权产权的残缺。产权残缺不仅会影响矿业权重叠区资源的配置、产出构成和资源性收益的分配等，而且还会影响不同矿业权人为追逐重叠区共有矿藏而付出努力的程度，进而改变其收益和成本付出的关系。由于产权残缺使得重叠区矿业权产权的排他性下降，其结果必然是使得不同矿业权人争相进入重叠区域攫取产权模糊地带的公共租，并且各矿业权人为获得这些租金都将付出一定的成本，而这些成本又要从矿业权人所获得的收益中扣除，直到所消散的收益与付出的成本相等，其对公共租的角逐就会停止。事实上，重叠引起的模糊地带越大，产权残缺的程度就越严重，矿业权的租值耗散也就越大；反之，亦然。如图 3－1 所示，假定纵坐标 Y 代表矿业权重叠区矿业权人通过产权界定所能获得的收益，横坐标 X 代表清晰界定矿业权重叠区矿业权产权边界的执行成本或交易费用，收益和成本的最大值分别为 A 和 B。由于边际收益和边际成本分别具有递减性和递增性特点，边际收益曲线 MR 具有凹性特征，而边际成本曲线 MC 具有凸性特征，MR 与 MC 的交点 C，表示边际收益与边际成本相等，重叠产权的界定程度达到均衡，再继续增加产权的清晰度，将使边际成本（或称交易费用）出现快速上升，超出所能获得的边际收益，而出现不经济现象。那么，由 RCH 组成的面积就为重叠矿权未被清晰界定而形成的公共租，成为不同矿业权人争相角逐的公共地带。而随着边界重叠的复杂性、多样性的上升，界定矿业权边界的边际成本也会上升，或者由于矿业权规制部门加大对重叠区违法、越界、破坏性开采行为的监管与处罚，矿业权人权利行使的边际成本也会上升，这时边际成本曲线 MC，上升到 MC'，假定 MR 不变，MC' 与 MR 相交于 F 点，公共租 RCH 组成的面积扩大到 RFE 组成的面积。而当 MR 由于矿产品价格波动出现价格下跌、边际收益减少时，边际收益曲线 MR 下移至 MR' 处，矿业权重叠引致的租值耗散面积 *RFE* 继续扩大到由 *RDG* 组成的面积。在这一过程中，矿业权重叠引致的产权残缺和租值耗散受到清晰界定产权的边际成本、违法成本、矿产品价格以及矿业权边际收益等因素的影响，表现出动态演化的特征。

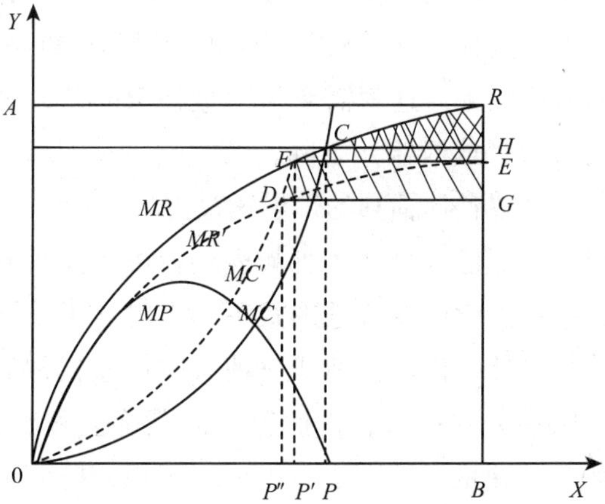

图 3－1　矿业权重叠租值耗散模型

由于竞争关系的存在，当矿业权重叠区存在多个矿业权主体时，原本有价值的地下矿藏和矿业权财产，由于产权排他性不足的原因，其价值（或租金）会出现下降，乃至完全消失。而在矿业权的产权界定上，甚至是现实世界中任何的财产物，要想完全清晰界定其产权边界也是不可能的。正如巴泽尔（1989）在《产权的经济分析》中指出的，受制于多方面因素的共同影响，产权的充分界定是不可能的①。如个人享有在自家屋顶建造太阳能热水器的权利，但其邻居也享有建造更高层建筑的权利，随着高层建筑高度的增加，太阳能热水器所接受太阳光照的权利也会受到影响，但究竟谁应享有优先的权利呢，这在现实生活中是难以清晰界定的。矿业权重叠区不同矿业权人间的产权界定也是如此，大家都享有对地下矿藏进行勘查、开发的权利，但究竟谁应该在时间、空间上让位于其他矿业权人，其重叠部分究竟应由谁来开采更有助于公平、正义，这恐怕从法权保护角度是无法解决的。在矿业权重叠区，若政府的限制性措施不足，同时矿业权人之间经过契约谈判而形成的集体行动规则也不够时，尽管理论上各矿业权人都是各自矿藏的主人，

① Barzel，Y. Economic Analysis of Property Rights［M］. Cambridge University Press. 1989：167.

都可以自由行使其资源开发利用的权利，却没有一个矿业权人不清楚地知道，如果不能依靠私人的武力去排除其他矿业权人对重叠区资源的使用，就只能在规则模糊的情况下，尽可能地加大资源开发利用强度，以优于其他人的速度尽早耗尽该共享资源，否则当其他矿业权人进入该矿区进行矿藏开发后，其遭受的损失将是难以挽回的。但是，如果我们站在马克思主义的所有制与分配制的理论关系上，选择不同的权利主体来开发利用重叠矿区的地下矿藏，可能会带来不同的效率结果。这就需要从租金耗散的角度来分析不同的产权安排会带来怎样的价值（或收益）下降，谁的收益在下降，应该由谁去制定应对的措施，以促进社会整体福利的帕累托改进。

矿业权重叠引起的租值耗散，还可能表现在以下几个方面：一是重叠区矿业权的财产权产权和法律产权表现形式不一，对处于公共区域矿藏的攫取并不承担相应的法律责任，但却会造成对他人财产权权利的损害，最终导致大家竞相攫取重叠区的公共矿藏，进而引致矿藏价值和矿业权收益的下降。正如周其仁（2000）指出的，攫取成本由他人承担，攫取者并不会善待公共区域的价值，攫取得益会激发更多人参与攫取，并最终导致可攫取的“租金”被非生产性的用途耗尽，直到攫取的成本与收益相等时才会停止攫取[①]。二是由于技术水平的限制，矿业权重叠区不同矿藏边界的清晰划分存在困难，使得不同矿业权人对资源开发利用的规模性、生产要素投入的沉淀成本、安全成本、负外部性成本的控制受到影响，减少了有形成本的投入，进而引致共生伴生资源损失和生态环境价值的损失，这也是因矿业权重叠而引致的矿藏价值和矿业权收益下降的一种表现形式（见图3-2）。三是由于现行收益分配制度的缺陷，尤其是不同矿藏所形成的资源性税费收入，在不同政府层级之间进行分配，使得矿业权规制机构对矿业权重叠风险的规制表现出选择性行为，导致不同层级政府、矿业权人、矿区群体等在矿业权重叠对公共租金展开竞相角逐，从而引致了矿产资源收益和部分矿业权租值的耗散。四是在重叠矿业权的契约谈判、交易转让等过程中，由于市场机制的不完善和交易成本的过高，引致重叠矿业权的整合、交易过程中耗费了大量的非生产性成本，矿业权市场价格信号发挥不充分，最终引致矿业权人合理权益的损失，即矿业权租值的耗散[②]。五是矿产品市场的周期波动也是影响重叠区租值耗

① 周其仁．公有制企业的性质［J］．经济研究，2000（11）．

② 曹海霞．矿产资源的产权残缺与租值耗散问题研究［J］．北京：经济科学出版社，2014：30.

散（收益下降）的重要影响因素。事实上，当矿产品市场出现周期性繁荣时，矿业权人纷纷扩大生产规模，导致随后的生产过剩，最终的结果便是矿业权人从矿产资源品中获得的收益出现下降，这也是矿产资源租值耗散的一种情形，也可归结为是矿业权租值耗散的一种情形。

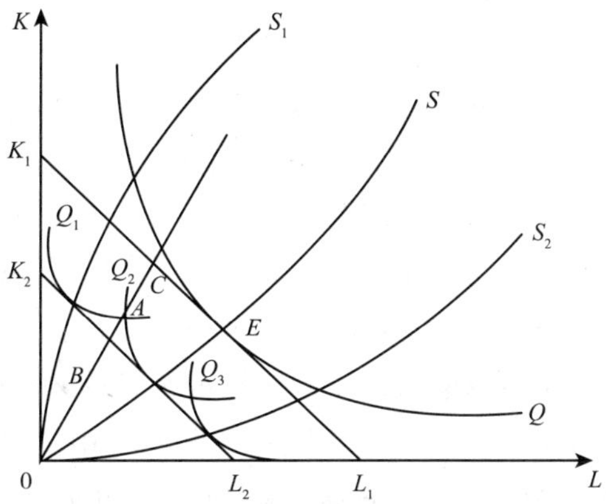

图 3－2　技术进步对矿业权人生产要素组合的影响

通常，为了解决矿业权产权残缺引致的租值耗散问题，可以通过以下几种方式加以应对：其一，对重叠区施加限制性的强制措施来解决排他性不足的问题，但限制性的措施又会对矿业权重叠区不同矿业权人间的要素配置、财富创造、技术革新等预期产生影响，进而影响整个矿业权重叠区资源开发利用的生产过程和生产结果；同时，规制机构在施行限制性措施的过程中，可能存在设租、创租和寻租的行为，从而增加了矿业权人为获得公共租而付出的非生产性成本，提升了其边际成本，使得公共租金的耗散面积增大。其二，公共规制机构可以创造市场化的交易机构，通过促进不同矿业权人之间的产权交易和整合来实现矿业权资源的优化配置，解决部分矿业权人因生产能力不足、技术水平低下而导致的边际收益改进不足的问题。如果在一个有效的产权交易市场，矿业权人可以自由转让其享有的矿业权权利，那么在遭遇到矿业权重叠引致的公共域租值耗散问题时，为避免个体能力不足而导致的租值耗散扩大，矿业权人可以将模糊地带的潜在收益与残缺产权一起出售给其他矿业权人，以获得部分潜在收益。由于租值耗散不仅带来矿业权人的权益损失，同时也会造成国家所有者权益的损失和社会相关群体的权益损失，使得租值耗散的负面影响外溢到其他权利人。其三，为减少矿业权重叠引致的公共租金地带，公共规制机构可通过资源性税费机制、补贴机制及信息分享机制及技术驱动机制等，降低矿业权重叠区不同矿业权人对交叉重叠产权的界定成本，促进对重叠区域的地质勘查和综合开采，减少矿产资源收益的下降。因此，通过规制机制、市场机制及矿业权产权制度的改革与创新，可以起到保护相关权益人权利，以促进社会福利的帕累托改进。

3.1.2 次优决策与生产低效

矿业权重叠对矿业权人的生产过程、生产效率会产生重要影响，而且这种影响还受到包括产品市场不完全竞争和生产要素市场不完全竞争等因素的影响，并继续向外溢出到其他地区。一般来说，矿业权人生产效率的损失都可归结为对最佳开采路径的偏离，而矿业权重叠无疑又增加了矿业权市场竞争的不确定性，使得矿业权人在决定其矿藏开发利用的时间、数量和生产要素投入时，并非是以利润最大化作为追求的目标，他们的决定可能既不是基于边际收益与边际成本相等的原则，也不是基于生产要素边际替代率相等的原则。矿业权重叠区的矿业权人实际上并不了解社会对某类矿产资源品的真实需求，在资源品价格的市场波动中，矿业权人按照生产要素的供给价格和供给规模，结合自身所具有的相对优势来进行生产要素配置，缺乏对市场需求信息的了解，也缺乏对不同生产要素进行技术组合的效应信息的了解。在矿业权重叠引起的不完全竞争中，由于重叠增强了资源开发利用的难度和生产成本①，矿业权人往往通过选择优先开发品位高、易开采的矿藏来降低边际成本，而且越早开发，其付出的边际成本越低。这样的竞争导致不同矿业权人对矿业权重叠区的资源展开掠夺性开采，如果谁在开发利用时序上落后，其可能在后续的资源开发中付出更多的成本。这就使矿业权人的生产决策从新古典经济理论的成本与收益最大化扩展到对重叠区共享矿藏开发利用的时序竞争上。如果不率先进入矿业权重叠区进行巷道布局、采准、围岩等工程准备，那么待其他矿业权人进入并开发完成后，该矿区的矿体结构、储层分布、矿藏走向等都可能发生改变，进而引致现有技术能力条件下的生产要素错配和规模效率下降，并形成技术革新不足、劳动产出率低下、资源浪费严

---

① 王忠，田家华，揭俐．矿业权重叠引致了煤炭产业技术效率损失吗？[J]．中国人口·资源与环境，2018，28（3）：147－156.

重等粗放式发展的后果。

在矿业权重叠引致的不完全竞争中，矿业权人既面临着产品市场的不完全竞争，也面临着生产要素市场的不完全竞争，这就使得不同矿业权人对生产要素的配置既受到生产要素供给曲线的影响，也受到具有产品需求曲线的影响。依据微观经济理论，在完全竞争的生产要素市场条件下，生产要素的供给曲线为一条水平线；同样，在完全竞争的产品市场条件下，经济社会对产品的需求曲线也是一条水平线。然而，在现实中，这种理想状态下的完全竞争市场并不存在，尤其对于矿业权重叠引致的不完全竞争而言，其产品需求曲线与矿产品价格呈负相关关系，呈现出一条具有负斜率的曲线形态；而其生产要素供给曲线与矿业权人对生产要素需求的边际支出呈正相关关系，边际支出增长带来要素供给的增加。假定矿业权人在只有一种生产要素投入的情境下，矿业权人获得最大利润的条件是 $MR_x \times MP_x = ME_x$ 之处，即生产要素 X 给矿业权人带来的边际收益等于矿业权人为生产要素 X 所付出的边际支出，如图 3－3 所示。SS' 为生产要素 X 的供给曲线，相应的边际支出曲线为 ME_x，其斜率 2 倍于供给曲线 SS' 的斜率。因为假定供给曲线 SS' 的线性关系为 $P_x = a + bx$，则生产要素 X 的边际支出为 $ME_x = \frac{d(P_x \cdot x)}{dx} = \frac{d(ax + bx^2)}{dx} = a + 2bx$。从图 3－3 可以看出，在 A 点处，矿业权人愿意为生产要素 X 的支付价格为 P_{x1}，此处生产要素 X 的边际收益和边际成本相等，矿业权人可获得最大化利润。但从生产要素 X 的供给曲线 SS' 来看，由于矿业权人是生产要素 X 的不完全竞争者（具有垄断能力），实际支付的价格为 P_{x0}，$(P_{x1} - P_{x0}) \cdot X_0$ 所对应的部分即

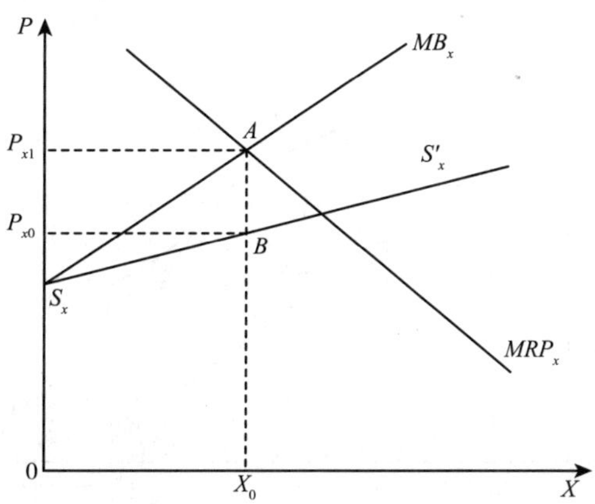

图 3－3 矿产品市场和生产要素市场不完全竞争条件下的生产要素供给关系

为不完全竞争条件下矿业权人所能获得的垄断收益。因此，矿业权重叠区不同矿业权人对生产要素的配置取决于矿产品市场和生产要素供给市场的价格水平，以及矿业权人在不完全竞争中所具有的垄断地位。

次优决策，是相对于最优决策而言的，反映了矿业权重叠区不同矿业权人由于种种原因，不能按最优解或准确解对生产要素进行配置，而不得不转而求其次的一种生产决策。倘若不考虑矿业权人的技术进步，矿业权人在使用生产要素时要考虑不同要素的边际使用成本及与边际收益的关系，其最优生产决策应该在 $MRTS_{LK} = \Delta K/\Delta L = MP_L/MP_K$ 之处。在完全竞争的要素市场上，生产要素的边际成本即等于其市场价格，因为其供给具有完全弹性。但由于矿业权重叠引致了矿业权市场的不完全竞争性，如果生产要素市场也同时存在不完全竞争性，那么矿业权人对生产要素的配置要受到生产要素垄断与自由竞争程度的影响，如果生产要素市场存在垄断，那么矿业权人就要付出更高的价格才能获得生产要素。也就是说，当劳动力工资价格高时，矿业权人就要付出更高的价格以获得劳动力要素的投入；而当资本要素价格高时，矿业权人则要付出更多的资金使用成本。因此，矿业权人在生产要素配置过程中，会基于生产要素之间的替代效应来权衡各生产要素的配置比重，进而形成不同的配置关系。然而，在实践中具有完全竞争性的市场并不存在，况且地下矿藏的开发利用在很大程度上要受到资源开发利用技术进步的影响。因此，当考虑矿业权人的技术进步时，不同技术进步对生产要素配置的替代效应也不同，并使矿业权人的生产决策发生改变。如图 3－4 所示，Q 为矿业权人技术进步前的等产量线，K_1L_1 为等成本线。E 为生产要素最佳组合点。当技术进步提高了生产效率时，生产相同产量矿产品的劳动与资本要素的投

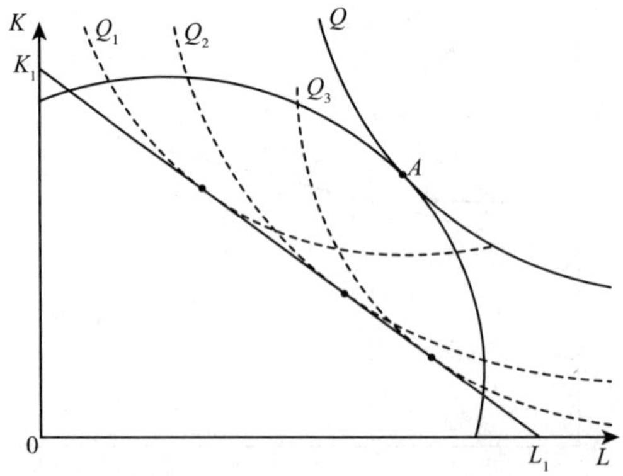

图 3－4　矿业权人次优决策与效率优化的关系

入量得以减少，等产量 Q 向原点移动，其结果可能有三种：一是移向 Q_1，出现劳动投入相对资本投入减少的情况，即发生了劳动节约效应；二是移向 Q_3，出现资本投入相对劳动投入减少的情况，即发生了资本节约效应；三是移向 Q_2，资本投入与劳动投入同比例减少，即发生了资本节约与劳动节约的组合效应。

从矿产品市场来看，矿业权重叠引致的不完全竞争对生产效率损失的影响可以有多种途径。首先，在矿业权重叠区，不同矿业权人对地下特定矿藏的权利行使具有独占性，当资源品价格较低时，矿业权人就会减少对相应矿藏的开发，缩小生产规模，并减少劳动、资本等生产要素的投入；而当资源品价格快速增长时，矿业权人对生产规模的调整不及时，只有通过扩大单个生产要素的投入规模以推动等产量线的外移。但是，当矿业权人缺乏对生产要素最优配置比例信息的了解时，容易造成生产要素的错配，尤其是当某一种生产要素供给价格较低时，容易诱导矿业权人通过加大对该要素的配置以刺激矿产品产量的增长，进而偏离了最优效率决策的均衡点。其次，由于矿业权人技术进步的快慢程度不一，且技术进步对相关生产要素组合的边际替代效应不等，进而影响了不同生产要素配置的比例关系，并对生产效率的改进形成阻滞效应①。此外，由于矿业权重叠区的市场准入存在管制壁垒，随着矿业权人的继续涌入，会显著增加矿业权重叠区资源开发利用的拥挤效应，进而增加其他矿业权人对地下矿藏开发利用的难度和边际成本，扰乱矿业权人正常的资源开发利用时序。在此情况下，矿业权人生产相同产量矿产品的成本上升，等产量线向远离原点的方向移动，进而需要投入更多的资本、劳动力等要素，并导致生产效率的损失。当然，限制进入可以有助于减少矿业权重叠区的恶意竞争，消除权利交叉重叠引致的“公地悲剧”，并确定部分矿业权人的垄断地位，对矿业权人生产要素配置的规模效率有促进作用。但是，一旦矿业权重叠区的自然垄断形成之后，矿业权人对矿产品供给和生产要素的边际支出便具有了垄断能力，能通过维持垄断高价、减少边际投入而获得超额边际收益，不利于矿业权重叠区地下矿藏开发利用规模效率的改进。

从生产要素市场来看，生产要素市场的不完全竞争也可能引致矿业权人的次优决策和生产效率损失。例如，当劳动力供给充分而资本、技术相对稀

---

① 王忠，揭俐，曾伟. 矿业权重叠对我国煤炭产业全要素生产率的非线性影响［J］. 中南财经政法大学学报，2017，224（5）：59－68.

缺时，矿业权人便对劳动力市场构成买方垄断，不同矿业权人可根据生产要素市场上不同要素的供给价格来决定各生产要素的配置比重和成本投入。不同矿业权人要考虑在既定的生产要素投入的条件下，如何实现产出最大化的问题，进而形成不同技术能力水平下的要素投入组合。如图 3 -4 所示，当等产量线与等成本线相切时，其成本最低、产出最大，生产要素配置也达到最佳状态。当生产要素的价格出现波动时，由于矿业权人缺乏对生产要素替代效应准确信息的了解，不同决策者会调整相关要素的配置比重，而当矿业权人的生产决策偏离切点时，虽然成本投入也在等成本线上，但其总产出水平偏离了等产量线的最优状态，出现生产效率的损失。另外，假定矿业权人投入的生产要素有劳动和资本两种，由于不同生产要素价格的变化还会引起其他生产要素使用量的变化，从而导致该生产要素的边际收益曲线发生位移，表现出生产要素价格变化的收入效应①。这就使得不同矿业权人在既定的生产要素资源条件下，所能实现的最大化的产量组合并不相同，并体现出生产可能性与机会成本的差异。因此，在这种生产可能性与生产要素价格变动的动态调整中，不同矿业权人会基于自身在矿业权重叠区所具有的垄断地位的高低，以及生产要素供给的竞争程度，来决定最终生产要素的配置规模和配置水平，进而表现出矿产资源开发利用中"投资驱动""劳动驱动"或"技术驱动"等效率差异。例如，甲矿业权人可用技术革新减少劳动投入，以形成技术对劳动的替代效应，使相同产量的劳动投入减少，以提升要素配置的技术效率；而乙矿业权人技术能力不足，只有通过加大劳动投入或资本投入来达到相同的产量水平，进而形成与甲矿业权人要素配置效率的差异。

从生产效率损失的角度来看，由于市场竞争的不完全性和不确定性，往往使得矿业权人的实际生产边界偏离最优生产可能边界，进而造成生产效率的损失。衡量矿业权重叠区不同矿业权人生产效率的指标可有两类：一类是技术效率，另一类是配置效率。技术效率是指在既定的技术水平和投入水平下所能实现的最大产出水平；配置效率则反映的是在既定的要素价格和生产技术水平下所能实现的要素最佳组合状态，并具有成本最小化的特点。根据微观经济理论，要实现等产量水平下的成本最小化，必须满足等产量线与等成本线相切的原则。如图 3 -5，假定矿业权人的行为由两种投入和一种产出构成，等产量线为 SS'，等成本线为 K_1L_1，切点 Q 表示既具有配置效率，也

① 王健，修长柏. 西方经济学［M］. 北京：中国农业大学出版社，2004：229.

具有技术效率。当 Q 点移动到 Q' 点时，虽然也在等产量线上，但要素投入的成本出现了上升，技术效率不变，而配置效率出现了下降。当 Q 点进一步移动到 P 点后，矿业权人投入的生产要素的成本继续上涨，但所获得的产量偏离了等产量线 SS'，出现技术效率和配置效率的双损失。而从技术效率而言，其反映的实质是矿业权人生产活动与生产前沿面的接近程度，与理论最大产出水平差距越大，说明技术效率越低；反之，越高。所以，矿业权人如果要保持或缩小与生产前沿面的差距，就必须进一步提高生产要素配置的技术水平。但是，对于矿业权重叠区而言，生产效率损失意味着矿业权人未能按生产效率最优配置的原则来有效配置所投入的生产要素，进而产生了结构失衡并引致了生产低效。从表现形式来看，这种生产低效可能表现为技术低效、配置低效和规模低效三种类型。总的来看，引致矿业权重叠区效率损失的原因，其根源可能在于矿业权人的生产能力不足、短视效应、要素错配，以及管理水平的低下和创新不足等方面。

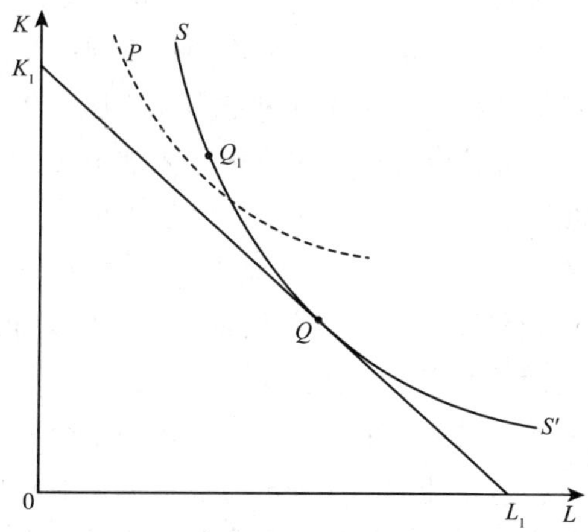

图 3－5 矿业权人生产可能性边界与生产效率损失

3.1.3 不完全竞争与机会主义行为

依据基本的经济学理论，矿业权重叠引致的市场竞争是“不完全的”。首先，矿业权重叠区的矿产品供给是存在较大差异的，不同矿业权所涵盖的矿藏种类和权利客体都是不一样的，各矿业权人对重叠矿区矿藏开发利用的偏好也不相同。这削弱了矿业权市场价格变化对资源利用效率产生的影响。

因此，不同的矿业权人拥有不同程度的市场控制能力，事实上每个矿业权人都是所对应矿藏的垄断经营者。重叠区的矿业权人根据自身的技术水平、资本能力以及生产偏好，来决定对该区域矿藏开发利用的强度和规模。矿业权人根据所开采矿藏的品位、市场需求情况决定矿产品的供给价格和供给数量，不再是由外在的统一市场来决定，因为矿产品的价格受到品位、洗选和冶炼成本等因素的影响，并不是接受完全自由竞争的外部市场决定，其定价策略具有较大差异性。其次，由于矿产品具有不可再生性和稀缺性等特征，社会对矿产品的需求随价格波动呈向下倾斜的曲线形式，价格水平增长到窒息价格时，社会对矿产品的需求下降为零，这与完全竞争市场条件下的需求曲线呈水平形态不同。这样一来，矿业权重叠区的不同矿业权人可以通过技术革新或生产工艺的改良降低了重叠区矿藏的生产成本，进而获得超额利润，使得重叠区矿藏开发利用的行为受到边际收益递增规律的调节，并表现出与完全竞争不同的市场规律。再次，矿业权重叠区的不同矿业权人，所拥有的劳动力要素、资本要素和技术水平要素存在较大差异，在生产要素配置过程中，对各自相对优势发挥的努力程度不同，从而使得不同矿业权人处于不完全的竞争状态之中。有的矿业权人基于短期利益考虑，加大劳动力供给，以劳动驱动替代技术驱动，进而使资源的产出率水平表现出较大差异，这就使得重叠矿区的矿业权市场处于一种不对称的竞争状态之中。

由于矿业权重叠区地下矿藏分布的地质环境复杂，矿业权人无法准确、客观地掌握全部矿业权信息，使得矿业权重叠区市场竞争的不确定性增加，进而导致矿业权人之间的不完全竞争。同时，由于产权重叠引致的契约谈判、行为监督、执法成本等交易成本的存在，信息不完全会进一步增强矿业权人之间的不完全竞争性。这意味着，矿业权重叠区的矿业权规模、矿藏储层位置、可交易谈判的权利类型等都可以导致交易成本的上升，而这些也意味着矿业权重叠区存在部分的市场垄断和不完全竞争性。按照萨缪尔森的观点，只有当完全竞争的平衡和抑制作用同时存在时，市场的效率才能实现①。这就意味着在完全竞争市场条件下，产品同质、信息充分、自由流动、价格调节的市场机制无法有效解决矿业权重叠引起的供给均衡和资源利用效率问题。因为在矿业权重叠区，不同矿业权人不能运用价格机制去调节其他矿业权人的资源开发利用行为，一旦某一方矿业权人采取降价策略以获取市场份额的

① 萨缪尔森. 经济学上册［M］. 北京：商务印书馆，1979：62.

扩大时，其他同矿种矿业权人也可能采取相同策略加以应对，最终引致的是该类型矿藏矿业权人的平均收益率下降和消费者福利的增长。但对于矿业权重叠区，因为不同矿藏的伴生或共生关系，一种矿业权人的价格策略对其他矿种矿业权人的产品定价策略并不产生实质性影响，因为他们提供的产品是异质性的，不同种类矿藏的价格变动并不直接影响其他矿藏价格或边际收益的变动。因此，在矿业权重叠区，单个矿业权人运用产品价格去获得重叠矿区共享矿藏超额收益的能力实质上受到了产品市场竞争的限制，除非重叠是发生在相同种类的矿业权之间，如煤炭与煤炭矿业权的重叠。但如果重叠是发生在不同矿种矿业权之间，则不同矿业权人运用价格策略去调节供求关系以获得超额利润的努力还是可行的，因为他们所处的竞争环境具有异质性特征。

通常，造成矿业权重叠区市场不完全竞争的重要原因还有重叠矿区矿藏供给弹性的缺乏。在一定时期内，矿业权重叠区不同矿藏开发利用的难度不同，容易生产的矿产品，当市场价格出现较大波动时，其产量供给的速度也会变动很大，因而供给弹性大；相反，不容易生产的矿产品，当其市场价格出现波动时，其产量供给的变动很小，所以供给弹性小。供给弹性的差异，使得矿业权重叠区不同矿业权人在面临市场波动时，所表现出的竞争行为和对集体行为准则的遵守也表现出较大差异。另外，由于重叠区集聚的不同矿业权人的生产规模大小不一，生产规模大的资本密集型企业，其生产规模随市场变动而变化的难度较大，调整的周期也较长，因而其对矿产品供给的弹性较小；而生产规模小的劳动密集型企业，其生产规模调整的难度较小，其矿藏品供给的弹性较大。并且，不同矿业权人生产规模的调整还受到生产成本的影响，有的矿业权人边际收益的增加只引起边际成本的轻微上升，而有的却引起边际成本的快速增长，进而表现出矿藏供给弹性的较大差异。除此之外，技术革新、管理水平、资源性税收等因素也会对重叠区矿藏供给弹性产生较大影响。对于重叠矿区的矿业权人来说，重叠区矿藏的供给弹性还受到矿业权主管机关对矿物利用政策调整的影响，并表现出不同的供给弹性。如在可预期的未来某个时间段内，国家限制一些污染严重、综合利用率低、生产能力不足的矿业权人对矿产资源的开发利用，这就使得短期内一些矿业权人可能会尽可能地加大对该矿藏的开发利用强度，以在产能压缩之前获得最大化的产品收益，即某些矿藏的开发利用强度对于矿物利用政策变动的反应相对较快，进而衍生出对矿业权重叠区资源的掠夺性开采，加剧了资源利用效率风险的传导。

当我们近距离观察矿业权重叠及其风险传导时，可以看到一种普遍存在的现象，即由于矿业权重叠区不完全竞争的存在，不同矿业权人之间会基于有限理性原则，表现出机会主义的行为倾向。机会主义行为与不完全竞争是紧密联系在一起的，毕竟矿业权人也具有“经济人”的理性特征。按照新古典制度经济学的理论，机会主义行为是以“不完全竞争”“不确定性”“不完全”“非完全理性”等市场条件为前提的，如果市场竞争是充分的，重叠矿区的矿业权人受其他矿业权人或公共规制机构行为决策的影响就很小，其矿产品供给的弹性也相对充分，那么，他表现出机会主义行为的可能性就很小。这里需要指出的是，机会主义行为是指行为人利用诡计以牺牲其他人利益为代价谋求自我利益的行为①。矿业权重叠区矿业权人的机会主义行为可表现为事前行为和事后行为两类，前者以“逆向选择”行为为典型特征，如，技术能力不足的矿业权人在开发利用重叠矿区矿藏时，不愿真实表露自身对该区域矿藏开发所可能引发的效率风险，甚至还会歪曲、掩盖共享矿藏的产状信息，以在与其他矿业权人的契约谈判中获得最优化的利益。后者以“道德风险”行为为典型，如重叠矿区矿业权人以不负责任的态度对待共享矿藏，在开发利用过程中不采取必要的技术投入和安全保障，引起重叠矿区储层破坏、围岩松动或顶板塌陷等地质风险，对其他矿业权人合理的资源开发利用方案形成权利侵害。另外，由于矿业权重叠使得重叠区矿藏的开发利用充满着不确定性，当市场环境或政策环境变化对单个矿业权人不利时，他会借口集体行动准则的前提改变而停止履行契约约定的行为规范，在不违背行为契约的情况下给其他矿业权人造成权利的损害。总之，信息不对称、竞争不充分、政策变动以及市场的不确定性等，都可能引起矿业权重叠区不同矿业权人的机会主义行为，并加剧重叠风险的动态演化。

为了避免矿业权重叠区机会主义行为对矿业权重叠风险的传导，我们应基于重叠区矿业权市场的不完全竞争性、不确定性和信息不对称性等特征，综合运用信息披露、价格机制、行为监管、市场准入等手段来加以调节应对。首先要加强对矿业权重叠区矿业权人信息的披露机制，因为只要存在矿业权信息的不对称，机会主义者便可以利用自身的信息优势从事谋取私利、损人利己的行为。对于重叠区不同矿业权人的资源开发利用行为，应建立健全包

---

① 巨荣良，王丙毅．现代产业经济学［M］．济南：山东人民出版社，2009：21.

括越界开采、掠夺性开采、非安全性开采、回采率、综合利用率等方面信息的披露机制。其次，对供给弹性受市场价格、政府规制影响大的地下矿藏，适时调整资源性税费标准，避免重叠区部分矿业权人对资源的过度开采引致的环境退化、外部性侵害等现象发生。最后，要加强对重叠矿区矿业权人机会主义行为的监管，对不符合重叠区域矿产资源开发利用技术要求的矿业权人实行准入限制，并且还要对矿业权人过去的经营守法情况和契约遵守情况进行核查，以促进矿业权人之间的行为合作，减少欺诈、外部性损害等行为的发生。另外，还要注重对矿业权重叠区矿业权人行为的激励，通过税收、成本补贴、技术促进等方式，促使矿业权人之间对共同行为准则的遵守。如果重叠区部分矿业权人存在自然垄断特征，公共规制机构还应以促进矿业权人之间的自由竞争加以应对。总的来说，矿业权重叠区机会主义行为的消除依赖于不完全竞争程度的减缓，并在特定的时间、空间维度中，通过价格、技术、信息、政策、交易成本、行为准则等方面作用机制的调整，促进矿业权重叠区市场信息的充分性和不确定性的减少。由于矿业权重叠区中交易成本的存在，不同矿业权人之间不可能对其他矿业权人的市场状况有完全的了解，这就需要公共规制机构尽可能促进矿业权重叠区信息的共享和交易成本的降低，以避免机会主义行为的发生。

按照马克思主义制度经济学的观点，任何一种制度安排都是历史的，都是特殊历史阶段中特殊社会结构的产物，制度随着经济社会的发展而逐渐变化。矿业权重叠问题的产生既有自然因素方面的原因，也有制度因素方面的原因，对这一问题的解决及其风险的消解，需要基于特定的生产力发展阶段，结合技术上的改变和制度服务需求的改变，以寻求制度安排的创新，以对矿业权重叠区不同矿业权人所享有的某些权利予以禁止，或允许不同矿业权人在怎样的条件下可以从事某些地下矿藏的勘查和开采活动。从制度创新的角度来看，它完全类似于一种激励规则，当这种激励规则能为资源富集区的资源开发利用带来好处，并为不同矿业权人的生产投资带来获利机会时，这种激励规则就会被创造出来，并为不同权利主体所接纳。在这一过程中，建立一个新的制度安排是需要投入时间、精力和资源等成本的，当不同矿业权人或相关权利主体对制度创新所带来的边际收益的感知出现偏差，或制度创新的收益分配发生不均衡时，制度创新的过程最大可能是从一个制度安排开始，然后渐渐地传到其他制度的变革创新上去。依据马克思主义政治经济理论，矿业权重叠的产生并不是由人的主观意识决定的，其风险的传导也并不受人的意志所控制，在矿业权重叠产生的初始阶段，往往是由于自然、技术等方面原因自然地形成的，尤其是在建立起对矿产资源开发利用的私有产权制度（矿业权使用权）后，矿业权重叠的风险随社会发展到一定程度后逐渐向外溢出，它不是单纯的由矿业权人的行为冲突转化而来的，而是以特定技术条件下的生产力水平所对应的生产关系所决定的。矿业权重叠引致的效率低下、环境退化等弊端，与自然资源开发利用管理息息相关的生产关系紧密相关。表面上看，矿业权重叠是对产权制度缺陷的一种表现，实质上它反映的是包含政治制度、经济制度、矿业权规制等多种制度在内的一种社会秩序。矿业权重叠的本质特征不在于矿业权产权设置的交叉和重叠，而在于不同矿业权人在资源开发利用过程中对资源的低效利用与资源环境保护不力所带来的可持续发展能力的弱化。

3.2 管理学视角的诠释

从管理学层面来看，矿业权重叠区每一阶段的资源开发利用行为，都可能存在效率的风险，并逐渐引致重叠区地下矿藏开发利用的不完全竞争、效率损失、环境退化及风险外溢等问题。对矿业权重叠区的权利人而言，生产要素配置、安排投入、产量规模、成本控制及外部性内化等，都可能纳入矿业权管理、生产管理、环境管理等框架之中。此外，矿业权重叠风险的传导，可能从地下矿藏开发导致的储层破坏、环境退化、生产低效率等，逐渐向外溢出，并扩散到整个生态系统、经济系统和社会系统，并引致要素流动的“挤出效应”、资源富集地区经济发展的“诅咒效应”，以及资源型地区收益分配的“极化效应”等。因此，在解析矿业权重叠风险的传导及其规制时，有必要从管理学层面对其风险的传导机理及消解路径作出诠释。

3.2.1 委托代理与风险外溢

为什么关心委托代理问题呢？因为在矿业权重叠问题上，排除矿业权市场的不完全竞争性、不确定性和信息不对称性之外，影响其风险传导的重要因素还包括来自矿业权规制的效率发挥。在现代宪政国家，大多数国家实行多层级政府体制，政府代表国家行使矿产资源所有权，而这一所有权主体往往是虚位的，且政府系统也是多层级的，这就为我们提出了一个矿业权配置的职权与分工问题。委托—代理关系实质上是对管理分工的一种反映，是诞生于企业管理实践而形成的理论。在古典企业中，企业家既是资本所有者，又是经营管理者，既决策又承担风险。然而，在现代企业中，资本所有者与经营管理者实行了分离，前者承担风险，后者进行决策。这一转变所需满足的两个条件是：一是委托代理所产生的净收益大于零；二是在所有制度选项中，委托代理实现的净收益最大。因而在委托代理关系中，代理成本是决定委托代理关系存在与否的关键。借鉴斯蒂格勒提出的“委托—代理”理论①，由于委托人和代理人之间关于代理人信息的不充分，代理人在基于经济人假设增加自身效用的同时，会作出不利于委托人利益的行为。其根本的原因在于委托人与代理人的效应函数通常是不一致的。那么，根据委托代理理论的观点，作为委托人的矿产资源所有者选择以最优化的环境与矿产资源利用效率和最低的代理成本作为目标，并试图以此去影响各代理人（即各级矿业权或矿产资源主管部门）的政策安排，以达到最终目标。那么，现在的问题就在于如何保障代理人能按委托人的意愿去采取措施，在信息不对称的条件下，有怎样的制度设计能避免代理人表现出违背委托人意愿的机会主义行为，并努力做到代理成本最优化。

从产权经济学的角度看，矿业权配置中委托代理关系产生的深层原因在于矿业权产权的复数性和可分割性。这种复数性和可分割性表现为：矿业权产权是由多种权利组合而成的，在形式上可以将其划分为不同形式的权利，如：决定矿产资源勘查权利的，即探矿权；允许对矿产资源进行开采的，即采矿权；在权利允许范围内，对矿产资源进行占有的，即占有权；切实履行探矿权或采矿权权利的，称使用权；从矿产资源开发利用中获得收益的，即收益权；可自行决定对探矿权或采矿权市场交易的，即处分权。在矿产资源所有权和实际控制权相分离的条件下，国家作为委托人拥有矿产资源剩余索取权，以追求实现矿产资源开发利用收益最大化为目标，而拥有矿业权配置控制权的各级政府主管部门作为代理人，除了追求资源性收益外，还力图获得更多的非资源性收益，如通过刺激经济发展获得“政治支持”，通过合谋进行创租、寻租等。委托人与代理人之间天然地存在激励不兼容的问题。最后，在信息不对称情况下，委托人很难全面掌握代理人管理矿业权配置的真实信息，同时也难以察觉代理人与矿业权人之间可能存在的“隐性契约”，进而衍生出委托人的“逆向选择”问题。这样，各级地方政府和矿产资源主管部门就有可能作出最有利于自身权

① 加里·贝格尔，乔治·斯蒂格勒．执法、渎职和执法补偿［J］．经济译文，1993（2）．

利的行为，在矿业权配置过程中基于地方利益或个体自身利益考虑，而弱化对矿业权申请人前置资格的审核，放松对不具备技术条件、资金实力和矿产资源开发利用能力的申请人的信息管理，并形成矿业权市场“劣币驱逐良币”的格局。

在矿业权重叠区，矿业权管理中的委托代理关系的缺陷表现在：一是委托人对于矿业权配置过程没有直接的贡献，其对矿业权配置的技术性、专业性也并不了解。当发生矿业权重叠问题时，重叠风险的大小、演化规律及其政策响应等信息，依然有赖于代理人提供，这就使得委托—代理关系陷入了一种“代理依赖”之中，代理人究竟在多大程度上努力试图去避免矿业权重叠问题，以及让重叠在多大可容忍的范围内存在，完全取决于代理人的认知能力和对公共伦理价值标准的遵守。二是代理人的信息不容易直接地被委托人察觉到，除非代理人的某种行为结果引起了社会舆论或社会团体的抗议，进而引起了委托人的注意。当这种政治监督注意到代理人的行为可能存在失范时，也只能采取政治问责、晋升奖惩等措施加以应对，而不能代替代理人去给予补救。所以，最终影响矿业权配置委托代理有效性的因素包括：一是是否有相应的激励机制，激励代理人按照委托人意愿去决策，避免代理人作出损害委托人或其他权益人利益、引致矿业权市场负外部效应的行为；二是是否有相应的分配与监督机制，以平衡代理人代理收益与代理成本之间的关系，避免“道德风险”的发生，以达到委托人、代理人之间双赢的目标①。事实上，委托人为了促使代理人努力工作，完成或超额完成既定的管理目标，一般都会设计相配套的激励约束机制，如奖惩机制、晋升机制、追责机制等。“委托代理问题”的解决实质上就是降低由矿业权配置职能分解引致的不同层级的矿业权主管部门的代理成本，将剩余索取权与剩余控制权在委托人与代理人之间进行适当分配，使委托人与代理人在矿业权管理及矿产资源开发利用、收益分配等问题上避免无效博弈，以形成一套委托人代理人默契的分工制度，避免矿业权产权残缺、排他性缺失等问题，促进矿业权市场运转有效。

当存在矿业权配置中的委托代理失灵问题时，须重点关注两方面内容，一是委托代理失灵对矿业权重叠风险的生成及其传导会产生怎样的影响，是否会引致生产效率损失或社会福利损失；二是现有的矿业权重叠风险是否会外溢到整个经济社会系统，并引起产业结构效应和收入分配效应的变动，如

---

① 张维迎，吴有昌，马捷. 公有制经济中的委托人——代理人关系：理论分析与政策含义［J］. 经济研究，1995（4）：10－20.

何消解其可能存在的负面影响，以促进经济社会的可持续发展。如果矿业权重叠中委托人与代理人之间的信息是充分的，且监督成本为零，其生产系统和福利分配便会按市场成本与收益原则达到均衡，并避免了矿业权重叠风险的外溢。但是，除了国家所有者与矿业权规制机构之间的委托代理关系之外，矿业权重叠区还存在公共规制机构与矿业权人之间的委托代理关系，即公共规制机构代表国家所有者向矿业权人出让地下矿藏的勘查开发利用权，以供经济社会发展之需，所以这里就存在两个层次的委托代理关系，一是社会公众将对矿业权重叠区资源开发管理的公共权力委托给国家（或中央政府），由国家代表社会公众履行促进资源有效利用和保护生态环境的权力；二是中央政府基于矿业权管理的专业性，进一步将该公共权力委托给各层级矿业权规制管理机构，由其部门官员代理矿业权规制机构监督管理矿业权人的地下矿藏开发活动。对于第二个层次的委托代理关系而言，当代理人不了解矿业权人的生产情况，且对矿业权人外部性行为的监督弱化时，矿业权人在矿业权重叠区的道德风险就会增多，而当不同矿业权人可以从代理人的规制安排中获得公共租金时，就可能发生寻租行为，进而在隐匿生产效率信息、环境退化信息以及资源回收率等信息的基础上，获得超过其边际私人成本的超额收益，并引起要素配置扭曲、创新不足、生产效率损失、资源浪费，以及对其他矿业权人或社会群体造成外部性侵害等风险。

我们假设，矿业权重叠区不同矿业权人的总产出和总收入是一定的，矿业权规制机构可以通过创租、寻租将重叠区部分地下矿藏开发的占先权交给与自己存在合谋关系的矿业权人。矿业权人的目标是追求在既定矿产品市场价格基础上的利润最大化，如果规制机构对矿业权在重叠区违法采掘活动的处罚成本恒定、资源品税费成本保持不变，那么当矿产品市场价格上涨时，矿业权人对重叠区高品位矿藏的开采强度就会增加，以减少低品位矿藏的开发利用，因为低品位矿藏开发利用所带来的边际收益低于高品位矿藏，而低品位矿藏的选冶难度和选冶成本又大于高品位矿藏。这样一来，矿业权重叠区与代理人存在合谋关系的矿业权人便会衍生出“采富弃贫”“采主弃副”“挖空心”及“涸泽而渔”式的开采，造成地下矿藏的浪费和地质环境破坏，并造成不同矿业权人之间生产投入的恶性竞争，增加矿业权重叠区市场竞争的不完全性。另一方面，即使公共规制机构与重叠区部分矿业权人之间不存在合谋关系，囿于对重叠区块矿藏开发利用监管的专业性不够，也可能因为监管成本太大，超过了预期的监管收益，弱化了对重叠矿区要素配置扭曲、生产效率损失、资源浪费、环境退化、外部性损害等风险的监管，使得部分矿业权人在不完全竞争条件下，追求短期利润最大化，进而引致重叠矿区生产系统、生态系统，以及社会收益分配等方面的效率损失，将重叠区块的风险外溢到整个经济社会系统。

通过上述分析，可以得出以下结论：（1）在信息不对称情况下，矿业权重叠区矿业权规制的委托代理关系可能因委托人与代理人之间的目标不一致而表现出“道德风险”问题，并引致对重叠区块不同矿业权人权利行使的监管弱化；（2）监管弱化会导致不同矿业权人之间的恶性竞争或寻租行动，以寻求对重叠矿区地下矿藏开发利用的利润最大化，如果矿产品价格和社会贴现率都有利于矿业权人寻求短期利润最优，就会进一步引致不同矿业权人对重叠区块资源的掠夺性开采、破坏性开采和偷采、越界开采等行为，并将资源开发导致的环境退化成本留给其他权利人，引致社会福利分配的失衡；（3）掠夺性开采、破坏性开采或越界开采、高强度耗竭等行为，会造成短期内矿业权人生产要素配置的扭曲、创新投入不足、生产低效、产业低端等问题，并将风险逐渐外溢至资源富集区的要素流动、产业结构调整、经济增长多样性，以及资源性收益分配等方面，引致产业资本流动的“挤出效应”和“资源诅咒效应”；（4）矿业权重叠区一旦发生资本流动的“挤出效应”和经济增长的“诅咒效应”，又会导致劳动者收入差距拉大、资源性收益分配失衡、财政增收困难，并进一步引致社会福利支出的减少，经济社会发展进入“中等收入陷阱”阶段，资源富集地区各类社会问题频出。因此，为了防止矿业权重叠引致的生产效率风险和环境退化风险向整个经济社会系统外溢，促进重叠矿区资源开发利用效率和环境保护效率的提升，我们应注重对矿业权规制中的委托代理关系进行调适，积极利用税收、补贴、奖励等激励手段和信息共享、第三方监督等手段，对代理人及不同矿业权人的行为进行约束，避免“道德风险”、寻租行为及监管弱化等行为的发生，以形成有利于效率改进的资源开发秩序。

3.2.2 非排他性与公地悲剧

任何关于矿业权重叠的制度安排，都必然涉及矿业权产权的排他性和竞争性问题。前者是基于复杂的矿业权自然属性以及作为管理上的技术性和经济性考虑，对某矿业权产权在私人享用和共同享用之间的属性进行划分，以排除其他矿业权人对该产权享用的可能性。后者则是对矿业权产权的享用与矿业权人的数量之间是否存在竞争关系的一种反应，即一个矿业权人对该矿业权产权的享用会减少或妨碍另一个矿业权人对该矿业权产权的享用，或者说会减少另一个矿业权人对该矿业权产权的可得性。如果要增加一个矿业权人对该矿业权产权的享用，就必然增加额外的成本投入，如协调成本、监督成本、管理成本等。经济学家萨缪尔森认为，如果一种物品同时具有消费的竞争性和排他性，那么这种物品就是私人物品；相反，如果一种物品同时具有消费的非排他性和非竞争性，那么这种物品就是纯公共物品[①]。事实上，在矿业权重叠问题的治理实践中，如何实现同一矿区不同矿业权之间的排他性和可竞争性，是矿业权规制的核心内容。在不同的市场机制下，矿业权产权的权利结构、权利边界、义务责任及其市场规则等都存在着不同，其产权的排他性和竞争性也存在着较大差异。由于不同的矿业权产权制度，如果出现矿业权产权重叠的现象，矿业权人之间的行为冲突、外部性、成本分摊等也可能大相径庭；并且不具排他性的矿业权可能带来该矿区矿产资源开发利用的"公地悲剧"[②]，因为不具排他性的矿业权产权，最终将引起不同矿业权人对该矿区矿产资源的竞相开发利用，进而引致矿产资源的过度耗竭和环境的快速退化。因此，分析矿业权重叠带来的产权非排他性问题，探讨导致重叠矿业权产权非排他性的制度原因、自然原因以及经济原因，研究各种有助于消解非排他性风险的制度安排，对于诠释矿业权重叠风险的形成及其传导是十分必要的。

关于矿业权重叠引起的"公地悲剧"的原因，加勒特·哈丁的解释是，当一种公共物品不具有排他性但具有竞争性时，每个人都会基于个人利益考虑，在忽视远期利益之后，对该物品开始"杀鸡取卵"式的滥用，并最终造成该公共物品的退化或崩溃[③]。因为每个人都不可能被排除在对该物品的享用之外，而每个个体的行为对其他人产生的外部性成本也不需他自己去承担，在这样一种没有规则、没有产权、没有强制的制度环境下，最终导致的结果便是这种公共物品被无节制、无操守、开放式的滥用，进而引致全体公共福利的损失。由于信息不对称、管制不足等原因，在矿业权重叠区，这种"公地悲剧"的例子也是比比皆是，如，掠夺性开采、采空心、采主弃富、采富弃贫等，其根本在于矿业权产权的不明确所引起的排他性不足。排他性不足带来的后果有两种：一方面，使得矿业权重叠区不同矿业权人在与其他矿业权人的博弈之中，只顾

① Samuelson, P. A. The pure theory of public expenditure [J]. Review of Economics and Statistics, 1954 (36): 386 - 389.

② Hardin, G. The tragedy of the commons [J]. Science, 1968 (162): 1255.

③ Hardin, G. The tragedy of the commons [J]. Science, 1968 (162): 1243 - 1248.

自己的短期利益，忽视了长远利用和集体利益，从而造成资源的过度利用，引起环境的退化。另一方面，对其他矿业权人的利益也漠不关心，即使造成对他人的权利侵害，也不用付诸赔偿或加以改进的努力，从而造成对重叠矿区矿藏资源的不节约和粗放利用。在市场层面，如果这种不计后果的行为方式不能受到来自公共规制机构或集体行动团体的强制或者约束，那么矿业权人在“理性经济人”假定的基础上，依然会选择最有利于自身利益改进的实施方案，从而对资源集约节约利用和环境保护主义产生不了多大的行为响应，因为那种能有效约束自身行为边界的制度机制还没有建立起来。这就意味着我们在考虑矿业权重叠风险及其规制问题时，不得不考虑矿业权人理性经济人的行为假定和矿业权重叠区矿业权产权的物品属性，只有基于对矿业权人和矿业权客体属性清晰认识的基础上，我们才有制定合理有效的矿业权重叠风险传导的规制机制。

从矿业权重叠区矿业权非排他性的形成原因来看，其排他性不足的原因大致有以下几类：一是受技术和制度的影响，难以有效实现重叠区矿业权的完全排他。如果把矿业权视为一种纯私人物品的话，那么，可分割性就应该成为设定其产权保护边界的充分必要条件。但是，由于矿业权的权利客体是隐藏于地表以下的各类矿藏，具有隐蔽性和不确定性特性，由于人类地质勘探认识水平的限制，不可能达到完全清晰描述其矿体分布结构、矿层走向、矿脉延伸、矿体性状等矿物性质，因而在技术上难以完全实现矿业权的排他性要求。同时，在不同国家，对矿业权管理的官僚制体制存在差异，基于国土面积、人口规模、政府层级、矿物价值大小等因素考虑，对矿业权管理的分级分类制度也会带来不同的制度绩效水平。这样，在矿业权赋权过程中，由于管理制度和管理水平的差异，出现不同类别的矿业权相互重叠的现象，也就不足为奇。二是由于排他成本过高，不宜实现重叠区的矿业权排他。矿业权是一种稀缺资源，这是由矿产资源的自然属性所决定的，这是一种客观常态。那么，人类对矿业权的管理也必须是基于有限理性基础上效用最大化的原则而作出的制度安排。在一些资源富集地区，不同种类的矿藏在开发利用上不具有竞争性，如增加对能源矿藏的开发利用，并不会减少对非能源矿藏的开发利用，这些不同类别的矿藏自然就形成了相对于其他矿藏的排他性。但是，对于一些相互伴生在一起的矿藏，即使在属性上属于不同类别，但对其实行排他可能付出较高的成本，不符合成本与收益原则。三是由于竞争性程度较低和外部性影响较小，不必或不值得实现矿业权重叠区的矿业权排他。矿业权重叠区的部分矿藏，无论是否排他，其对其他矿业权人的权利行使可能不会造成较大影响，竞争性程度较低，如低品位的矿藏，可能在短期内不具有开发利用的经济性和可行性，其重叠并不会对相关矿业权人的权利行使造成太大影响，清晰界定其矿业权的排他性是不值的。

大多数情况下，矿业权重叠区排他性的建立还须以资源利用的效率为基础。矿业权是与矿业权人的利益和国家、社会群体的利益相联系在一起的，但矿业权的使用应归属于特定的矿业权人，尤其是在特定的时间、空间范围内，矿业权应被视为是一种私人物品。除非其他使用人愿意按照相关权利人之间的约定付费，否则应排除其他人对其矿业权产权的使用。在矿业权重叠区，增加一个矿业权人对该矿区矿藏的开发利用，就会相应地减少其他矿业权人对该矿区矿藏开发利用的范围和自由度，所以，重叠区的矿业权人之间具有权利行使的竞争性。如果矿业权重叠区的矿业权，可以进行再分割，并且按不同的价格出让给不同的矿业权人，而且对重叠区的其他矿业权人不产生外部性的话，这种纯私人物品式的解决办法也会带来产权市场效率的优化。然而，简单的视矿业权为纯私人物品的做法可能带来自然资源产权的垄断和资源品供给的社会福利损失。由于矿业权是由矿产资源所有权派生出的一种使用权，其产权具有可分割性和排他性，但其产权的行使应以不会对其他任何人产生外部成本为前提，如果产生了外部成本，应基于市场机制给予恰当的补偿[①]。对于矿业权重叠区而言，由于地下矿藏分布的地质环境复杂，矿藏共生性、伴生性特征显著，使得清晰划定矿业权边界的技术难度较高，且界定矿业权排他性的成本也可能很高，使得在某些矿藏储量价值不大、重叠比重较小、外部性损失较小的地区，界定矿业权排他性的努力变得得不偿失。在这种情况下，尽管存在一个矿业权与其他矿业权重叠的情况，但重叠的量少、质轻、危害小，因此，我们可以视重叠区的部分矿业权为公共物品，准许多个矿业权人的共同使用。当然，在准许多个矿业权人共同使用时，我们还可以辅之以相应的付费机制以解决重叠区资源利用的效率问题，正如收费公路一样，通过收费可以解决这类公共物品的成本分摊与供给效率问题[②]。

矿业权重叠区的矿业权，如何解决单个权利人和多个权利人的使用问题，则涉及偏好表达与集体规则的问题。首先，对于矿业权重叠区而言，应促使

① 保罗·A. 萨缪尔森，威廉·D. 诺德豪斯．经济学（第16版）［M］．北京：华夏出版社，1998：268.

② 鲍德威，威迪逊．公共部门经济学（第二版）［M］．北京：中国人民大学出版社，2000：44.

不同矿业权人充分表达对重叠区矿藏和利用方案的偏爱或喜好程度，将对大家都有利的方案和都没利的方案进行分割，以确定合理、有序的资源开发利用时序。当然，在矿业权人偏好表达的过程中，限于矿业权重叠规模大小的不同，其偏好表达的充分性和饱满性存在较大差异。在小规模重叠区，由于存在利益冲突的矿业权数很少，矿业权人隐瞒他自身的偏好可能是不利的，因为矿业权人个体在重叠矿区的生产开发活动在小规模重叠区的资源开发总量中是很重要的，他采取隐瞒自身偏好的决定可能使自身在后续的资源合作开采中利益受损，且参与谈判的人越少，越容易达成契约一致①。当重叠的规模较大，存在产权重叠的矿业权人数量众多时，部分矿业权人可能存在“搭便车”的心理，这就使得他们可能隐匿部分的偏好，而最终对资源开发利用的整体效率不利。其次，矿业权重叠的规模大小和异质性，是决定最终集体行动规则形成与否的关键因素。当矿业权重叠是由存在于同一矿区的具有明显异质性的不同矿业权因边界交叉而形成时，不同矿业权人之间最终形成集体行动规则的可能性就比较高。因为不同种属矿业权人会很容易发现他能从集体行动中获得的收益与成本付出的大小。但是，当矿业权重叠是由具有同质性的矿业权在同一矿区集聚而形成时，则形成集体行动规则的可能性就比较小，因为各矿业权人的利益偏好大致相近，即最小化成本投入以获得最大化的资源性收益。如此一来，自发形成集体行动规则就变得不可能，这时只有通过政府规制机构的强制，才能实现大家共同遵守的行动规则。

如何能有效消解矿业权重叠引致的风险传导呢？新古典制度学派的诸多理论提供了多个可供“参照系”。这些参照系本身并不能准确无误地将重叠风险消除殆尽，但其重要性在于它们能为我们提供了一些可以更好地接近于最优效率的标尺。由于重叠区不同矿藏共生、伴生存在，重叠部分的矿藏具有非排他性和竞争性使用的特点，这类矿藏不可能成为大家共享的俱乐部品，否则会导致资源利用的“公地悲剧”，当然也不能将其视为矿业权人的垄断性物品，这有悖于其他权利人“私有物品神圣不可侵犯”的原则。因此，对这类物品，大致可以采取以下几种方式来加以供给：一是可通过收费的方式实现重叠矿区矿藏使用的排他性和竞争性，我们称这类物品为收费物品。对于重叠区的地质环境，因为既关系到矿业权人的权利使用，也关系到矿产资源国家所有权权益的实现，以及矿区群众生态权益的保护，这类物品在使用上具有“共有资源”的

① 曼瑟尔·奥尔森著，陈郁等译．集体行动的逻辑［M］．上海：上海人民出版社，1995：47.

特性，只能基于政府的干预或矿利人之间的相互谈判来形成共同的行为准则。二是制定投票规则，促进重叠矿区矿业权人的偏好表达，以形成最优的集体行动方案。以事实上，无论是重叠区的收费物品，还是与重叠区相关的环境公共品，都不是简单的排他性和竞争性的问题，而是排他性程度和竞争性程度的问题。从竞争性角度看，矿业权重叠区矿业权的行使，实质上是一个稀缺资源配置的问题，增加一个矿业权人，会部分减少其他矿业权人对该矿区矿藏的垄断性，增加权利使用的拥挤性和竞争性，而排他性程度相对降低。但对于整个矿区或者整个生态系统而言，增加一个矿业权人，并不减少矿业权重叠区环境物品的排他性，也不会减少其他人对环境物品的使用。在矿业权重叠区各相关利益主体的偏好表达存在隐匿性、非完全性和相互传递性的特点，这就需要公共规制机构事先确定好重叠矿区资源利用方案的投票规则，以促使重叠矿区不同矿业权人的利益表达，以最终确定最优化的资源开发利用方案。

3.2.3 规制不足与环境退化

从资源耗竭理论来看，资源耗竭的一般规律是：社会贴现率的波动与自然资源的耗竭强度之间存在着正向关系，贴现率越高，资源的耗竭强度越大，资源消耗的速度也将越快，而一旦贴现率高于资源价值的最大增长率，就很有可能引致矿业权人的策略性行为。如果按照资源最佳耗竭的霍特林法则，地下矿藏的开发利用应遵循的原则是：资源价值的增长率必须等于社会贴现率，只有这样，不同矿业权人在对不同种类地下矿藏开采还是保留、耗竭性开采还是集约式开采等选择上，没有显著性偏好。当然，这种理论分析所提出的最佳耗竭条件，在现实中是很难存在的。对于矿业权重叠而言，矿业权规制的制度安排主要受三种因素的影响：一是基于经济社会发展的特定阶段和社会需求的变动，内生性环境是否有利于价格信号的作用发挥，以利于不同的政策工具对矿业权重叠区不同矿业权人的生产行为产生激励效应？二是矿业权市场的产权集中度过于分散或过于集中都可能导致资源利用的低效，矿业权重叠区应保持怎样的产权结构对技术效率的增长最有利？三是资源利用所获得的收益分配、外部性消解，以及公平与正义的维护等①。对于某些

① Stenis, J. & W. Hogland. Optimization of mining by application of the equality principle [J]. Resources Policy, 2011 (36): 285 - 292.

资源而言，如果其外部性大、战略意义重要，采取产权集中、补贴、联营或限制竞争的政策安排可能是最有效率的，因为它可以有效防止不同矿业权人的策略性行为所导致的效率损失；而对于其他一些外部性小、具有竞争性和排他性的资源，采取资源税、环境税、产权分散等政策调节则可能起到促进其竞争性及生产效率提升的作用①。因此，针对矿业权重叠区不同类别的矿产资源，简单的采取某种政策工具是不正确的，应根据资源的不同特征和不同的生产力阶段，来进行矿业权工具的设计和运用。

矿业权重叠对环境退化的影响主要表现为对地下和地表资源、自然景观及生物多样性的影响，如对矿体性状、储层构造、围岩稳固性的影响，以及对耕地、水体、植被以及大气环境等造成的影响。在矿业权重叠区，不同种类或不同规模的矿产资源在地下伴生或共生分布，在不同的时间和空间条件下，不同的开采时序和开发利用强度都会带来其他矿藏开发利用过程中的不同类别的地质灾害风险，如矿压冲击、矿体冒落、矿震、岩层沉降、瓦斯突出、顶板来压等。无论发生哪一种地质灾害风险，无疑都会造成对岩体或岩层的破坏，并增加其他矿藏的开采难度和作业风险。通常，在矿业权重叠区，顶板来压、矿震和岩爆是较为常见的几种地质灾害风险。顶板来压是由于部分岩体在先行开采过程中遭到了破坏，其位能在瞬间转化为动能，并以弹性能方式释放所带来了顶板压力增强的地质事件。矿震是由于部分矿藏在开发利用过程中出现巷道周围介质在一瞬间发生震动，并伴有冲击波、弹性回跳等作用而不发生岩抛的一种弹性能释放的现象，其形成的原因是多方面的，有的是由于瓦斯突出、矿压冲击或矿体冒落形成的，而有的则是由于岩层自然沉降形成的。岩爆则是发生在岩巷或隧道中的一种岩石成片状破裂、岩片向坑道内弹性，并伴有顶板掉块、底板拱起、洞壁变形、岩石崩落等现象②。从技术角度来看，发生矿震、顶板来压或岩爆等地质事件的主要原因是随着开采深度的增加，岩层自重的局部应力增加，集中传递到邻近岩层并在邻近区域释放应力的一种结果。从生产角度来看，矿业权重叠区生产集中化程度越高，越容易发生矿震、顶板来压或岩爆等地质事件。当矿业权重叠区发生矿震、矿压冲击、岩石沉降等地质灾害时，不仅会影响其他矿藏的正常开采，

---

① 爱伦·斯密德，黄祖辉．财产、权力和公共选择——对法和经济学的进一步思考［M］．上海：上海三联书店，2007：128－132.

② 窦林名，赵从国，杨思光，吴兴荣．煤矿开采冲击矿压灾害防治［M］．北京：中国矿业大学出版社，2006：2.

增加作业难度，同时也会造成地表建筑物、耕地、自然景观或植被、水体等的破坏。

在矿业权重叠区，由于不同矿体或矿层呈交错分布之势，这就使得不同矿业权人在开发利用其矿藏时，容易在矿体倾角变化带、褶皱区、断层带以及构造应力带附近发生冲击矿压事件①。从理论上讲，矿业权重叠区发生冲击矿压地质灾害事件，必须满足能量条件（即岩层中岩体在自重或地质压力的作用下，能量不断积聚，并能够瞬间释放）、强度条件（指矿层中岩体所受到的应力超过了其岩体自身的强度，使得岩体应力在岩层局部得以释放）和冲击倾向性（即具有发生脆性破坏的能力）三个条件。对于多种矿藏相互伴生或共生存在的区域而言，不同矿藏或不同矿体的开采过程相互影响，特别对有倾角变化或断层、褶皱变化的区域，一种矿体的开发利用，会带来相邻矿体应力的集中变化，进而形成能量聚积、耗散和释放的地质风险。硬脆性越高、强度越高的矿体，其应力能力越强，发生岩层冲击矿压事件的风险就越小。实践证明，在矿业权重叠区，当一种矿藏的掘进巷道接近断层或褶皱区时，冲击矿压发生的次数便明显上升，并且不同矿藏的厚度、强度和弹性值不同，也会造成矿业权重叠区其他矿藏承受岩层压力和水平应力的能力差异，进而形成不同类型和不同规模的地质灾害风险。在矿业权重叠区，当一种矿藏的局部矿体被采出后，在该岩体内部便形成了一个空洞，其周围原有的应力平衡状态受到破坏，如果没有有效的卸压措施，局部岩体应力的不断聚积会最终造成相邻矿体或岩层受到挤压，进而使得强度低、硬度小的矿体发生移动、变形或崩落、垮塌等事件。另外，当重叠区中某一矿藏的掘进工作面在停采以后的恢复生产时期，推进速度突然加速时，就有可能引发对相邻矿体的冲击矿压事件②，进而造成相邻矿体矿层分布的破坏。因此，对于矿业权重叠区不同矿藏的开采，应合理划分采区，并形成合理的开发利用时序，采取有效的卸压方案，以有效卸载可能存在的局部应力，把对相邻矿体开采的地质灾害风险降到最小，以便促进不同矿藏的集约化利用水平。

当矿业权重叠区地下开采形成的采空区扩大到一定面积后，地下岩层的移动会逐渐发展到地表，使地表发生移动或变形，进而出现地裂缝、沉陷坑、

---

① 窦林名，赵从国，杨思光，吴兴荣．煤矿开采冲击矿压灾害防治［M］．北京：中国矿业大学出版社，2006：41.

② 窦林名，赵从国，杨思光，吴兴荣．煤矿开采冲击矿压灾害防治［M］．北京：中国矿业大学出版社，2006：113.

塌陷区等现象，对位于影响范围内的道路、水体、耕地、建筑物、植被和生物多样性等，都会带来不同程度的影响。当形成较大沉陷区时，容易造成雨季积水、水土流失、农作物减产、土地质量退化等环境风险。而当地表移动发生在山区时，山区地表除了向采空区移动外，还可能向山坡下方移动，出现山体滑坡、泥石流、山谷抬升、基岩裸露、土地侵蚀、农田淹没、房屋毁坏等地质灾害风险。另外，对于部分矿藏开采所形成的固体废弃物，堆放在地表，也容易造成对地表生态的破坏，如煤矸石，在适宜条件下会发生矸石山自燃，自燃产生的一氧化碳、二氧化碳、硫氧化物、硫化氢等有毒有害气体，会造成对周围环境的严重污染；同时，矸石山受到雨水冲刷后形成的淋溶水，可能将含锶、钡、铬、硫等有害有毒元素的物质变成液态形式，随地表水或地下水迁移到邻近水体，引起这些水体的污染[①]，进而对生物种群多样性造成严重影响。随着时间的推移，这些环境退化事件往往会将风险逐渐传导至社会层面，如矿业权重叠区的地质灾害风险导致耕地破坏、水体污染，耕地破坏、水体污染导致农作物减产和生物多样性下降，农作物减产导致农村剩余劳动力增加，剩余劳动力增加又导致一系列社会问题，如外出务工人员增加、人口流动和社会犯罪率上升；生物多样性下降导致生态平衡破坏，生态平衡破坏又导致人类生存环境的恶化和可持续发展能力的下降。显然，通过这一复杂的循环过程，矿业权重叠的风险逐渐由地质灾害风险传导至整个社会层面，传导过程环环相扣，风险逐渐累积，最终引起产业层面、生态层面和社会层面等多个维度的风险。

当矿业权重叠引致了地下、地表环境退化问题时，就出现了要求不同矿业权人使用特定生产技术，并遵守特定环境伦理准则的政策选择诉求。实际上，在许多情况下矿业权规制已经使用了一些特定的技术手段或政策规范，来对矿藏开采过程中的环境污染及其生态破坏问题进行监测或管理，如冲击地压监测、地表塌陷遥感监测、矿区植被遥感监测，以及许可证准则、技术限制性标准、税收、权利金、环境恢复保证金、耗竭补贴、储量变动征税方案、假定税、责任关怀计划等[②]。通过规制，实质上我们希望不同矿业权人能采取有效的技术开采方案，将其开采活动所引致的环境破坏效应限定在一

① 李树志，周锦华，张怀新．矿区生态破坏防治技术［M］．北京：煤炭工业出版社，1997：67.

② 王忠，周昱岑．资源产权、政府竞争与矿业权规制策略［M］．中国行政管理，2015，364（10）：129－134.

个可以接受的合理水平，或者禁止他们超过某些规定的水平，并防止越界开采、掠夺性开采对地下矿体、岩层、围岩以及地表植被、水土和自然景观所可能造成的负面影响。在一些矿业发达的国家，矿业权规制已经成为一种应对环境退化的有效手段①，并这些国家的政府在运用矿业权规制政策时，其并不仅仅是考虑资源利用效率的问题，同时还要兼顾社会就业、消费者保护、税收收入及分配等方面因素的影响。应当指出的是，按照规制目标的差异性，我们可将矿业权规制分为两类：一类是经济性规制，即利用市场的价格机制、税收机制、成本与收益机制等来调节矿业权市场不同矿业权人的边际收益与边际成本关系，对具有环境负效应的生产行为进行经济调节，并努力减少生产者剩余与消费者剩余中的分配失衡。另一类是社会性规制，旨在运用收费、限制性标准、强制措施、罚款等手段，对不同矿业权人在资源开发利用过程中出现的越界开采、偷采、漏采、掠夺性开采等行为进行监督与处罚，促进社会整体福利的帕累托改进，解决矿业权重叠所引致的环境退化（包括地下与地表的环境退化）风险向其他区域或社会领域溢出。当然，理想状态中的矿业权规制需要矿业权规制机构能够充分掌握不同矿业权人在地下开采的储量变动、成本与收益以及环境退化的价值损溢评估等方面的信息，但这在实践操作中难以有效实现。因此，这就需要矿业权规制机构在基于特定生产力的发展水平下，结合经济社会发展需要，界定并形成一种行之有效的矿业权规制安排，以应对矿业权重叠所可能引致的环境退化风险的动态演化。

实际上，在很多情况下，应对矿业权重叠引致的环境退化风险的规制政策很难达到技术最优的效率状态，进而表现出规制不足或规制弱化等现象。一方面，对于公共规制机构而言，很难准确测定不同矿业权人在地下开采活动中所产生的环境污染量或环境破坏的损溢值，有时即使在技术上可行，但规制成本可能远远超过避免矿业权重叠区环境退化所带来的边际收益，这就使得矿业权规制的政策选择往往只能是一种在有限信息条件下的次优选择，并不能做到充分且无效率损失的规制安排。另一方面，矿业权规制政策的工具选择，需要兼顾矿业发展、社会需求、矿业权人利益及矿区群体利益等多方面的权益，只有当各方利益主体对一个确定的政策标准没有什么疑问，并且不会抑制矿业权人在可接受环境退化容量标准内的资源开发利用行为时，

---

① 阿兰·V. 尼斯，詹姆斯·L. 斯威尼. 自然资源与能源经济学手册（第一卷）[M]. 北京：经济科学出版社，2007：392.

才可成为一项可供选择的政策安排。如果矿业权规制追求的是零环境负效应，那么矿业权重叠区的各类矿业勘查和开发活动将完全停止，这显然不能成为政策的首选目标。因为，在既定的自然环境下，一个可接受的环境退化容量或环境污染单位，可在自然因素或地质作用过程中得以修复，并不会影响矿业权重叠区的可持续发展。这样一来，矿业权规制机构就需要在既定的产量需求、生产凸性、资源分配、环境容量等条件下，作出禁止、限制、许可、征税、补贴、收费、罚款以及劝说、惩罚等政策选择①。其中，禁止、限制和许可属于标准类规制措施，是矿业权规制机构基于矿业权市场现有技术水平所能达到的减少环境退化的能力而制定的，对矿业权人在开采地下矿藏时所应采用的最低技术方案作出的具体规定。而征税、补贴、收费或罚款则属于经济性规制工具，其目的在于使矿业权市场的价格信号充分发挥作用，以促进矿业权人注重对环境负效应的消解，形成合理有效的资源开发利用方案。但在实践层面，合理有效的税费及罚款政策受到市场贴现率、矿产品价格、社会需求、生产要素市场供求关系，以及不同矿业权人技术经济能力等多方面因素的影响，难以达到最优效率均衡点，并表现出规制不足或规制弱化等现象，进而引致环境退化的风险。

3.3 法学视角的诠释

从法学的视角来看，权利义务是一切法律关系的载体，不同权利主体的利益诉求和价值目标在同一时空范围内无法达到平衡，就会引起权利义务的冲突，进而对经济社会的发展产生影响。矿业权重叠引致的各种权利冲突实质上是发生在矿业权重叠区，以不同矿业权权利行使为载体而表现出的各种权利义务关系的总和。通常，矿业权重叠引起的权利冲突发生在两个或两个以上合法权益主体之间，即表现为不同矿业权人之间的冲突、矿业权人与矿区群体之间的冲突，以及矿业权人与国家所有者之间的权利冲突等形式。如果这些权利冲突得不到有效化解，其冲突的风险可能会由一种冲突形式向多种冲突形式或其他冲突领域溢出。因此，这里有必要从法学视角来诠释矿业权重叠引致的权利冲突及其风险传导问题。

---

① 马云泽．规制经济学［M］．北京：经济管理出版社，2008：156.

3.3.1 权利冲突与权利位阶

矿业权重叠引起的权利冲突是自然资源管理中一个亟待解决的问题。矿业权重叠引起的权利冲突是在特定的时间和空间内，由矿业权人对重叠区稀缺资源利用而形成的利益矛盾。矿业权重叠增加了不同矿业权人对同一区域内行使权利的地域界线的模糊性，把不同矿业权人的行为联系在一起，使得每一个行为环节中能引发这样或那样的冲突。一般来说，矿业权重叠引起的权利冲突可分为以下几种类型：（1）邻避冲突。矿业权重叠区一方矿业权人所建造的基础设施，如矿柱、硐室、巷道、排水通风设施等，可能威胁到他方矿业权人相关设施的建造，并带来外部负效果，以致形成邻近区域矿业权人权利行使中无法避让的冲突[①]。（2）越界冲突。由于矿业权重叠区矿业权边界存在多边、多层交叉重叠现象，矿业权人以边界模糊为由擅自越过边界或矿层，开采不属于自身矿业权指定范围内的矿藏，并将采出的矿产资源据为己有，给他方矿业权人造成实质性损失，由此而形成的权利冲突即为越界冲突。（3）时序冲突。因矿业权重叠区不同矿业权人的资源开发利用活动受到资源价格、技术水平、投资时效等因素的影响，而在权利行使时间、地下开采工作面推进时序上形成竞争关系而引起的冲突，表现为在同一时间段内对同一矿区进行生产作业形成的权利冲突。（4）空间冲突。在利益驱使下，矿业权重叠区不同矿业权人对不同矿藏的勘查开发活动，引起了其他空间位置矿藏的岩体下沉、岩层破坏、采空区塌陷、顶底垮落、巷道阻隔等地质事件，进而引起矿业权人间的权利冲突。（5）生产冲突。在矿业权重叠区，由于不同矿藏伴生、共生存在，矿业主管部门依据矿藏的种类、储量规模大小设定矿业权。战略价值小、储量小的矿业权，一般归属于个体或集体、私营企业，战略价值大、储量规模大的矿业权，一般归属于国有垄断企业。这样一来，重叠区的不同矿山企业开展生产经营活动时，因技术水平、风险控制能力、社会责任意识等差异，在生产过程中往往表现出“功利主义”与“道义主义”冲突。

矿业权重叠中的权利冲突具有以下几个特点：（1）权利主体的相异性。

---

① 胡健，吴文洁．油气资源矿权与土地产权的冲突——以陕北油气资源开发为例的分析［J］．资源科学，2007，29（3）：8－16．

出现冲突的不同权利主体归属于不同种属或不同权属的矿业权人，若将这些出现冲突的矿业权整合为一个矿业权，则矿业权重叠引起的冲突自然消失。（2）权利客体的邻接性。矿业权重叠区不同矿业权人的权利边界呈邻接、交错的关系，使得不同矿藏的地下勘查、开采可能出现在相同的矿区范围，进而发生权利冲突。（3）权利内容的合法性。矿业权重叠区的矿业权虽然出现权利冲突，但只要是经矿业权规制机构许可程序正常获得的矿业权，均具有合法地位，未经矿业权人同意，其他权益人不得侵害或剥夺其自然享有的权利。（4）时间空间的抵触性。矿业权重叠区的资源开发利用，受矿产品市场需求、价格波动和产业政策等因素影响，可能在同一时间、同一空间上出现对重叠区块不同类别矿藏资源进行勘查、开采的共同需求，进而引起权利行使的冲突。（5）权利冲突的破坏性。两个或两个以上出现在同一时间、同一空间的矿业权人，因各自开采的矿产资源种类、规模、工艺流程存在较大差异，且应对作业安全、地质灾害风险、储层破坏的能力大小不同，一旦出现权利冲突，其对相邻矿业权人的生产进程、风险控制、资源综合利用和环境保护均可能产生破坏性影响。如何解决矿业权重叠引起的权利冲突，实践中应遵循什么样的合法、合理规则，依然是一个较为复杂的问题。究竟是应该由公法直接规制，对重叠区块不同矿业权人的行为边界进行裁定，还是应基于私法原则，由相关权益人基于民事法原则自行协商解决，尚需结合具体的实例予以判断。

矿业权重叠引起的权利冲突实质上是因权利交叉重叠，而无法找到一个互不侵犯的界限而衍生出的权利冲突。随着地球深部资源逐步得以开采，矿业权重叠引起的权利人之间的权利碰撞日益增加，使其权利冲突处于一种日常性、相互性的情境之中。相互性，是指矿业权重叠引起的权利冲突不仅表现为一方对他方的影响，同时也表现出他方对己方所形成的影响。那么，当如何判断哪一方权利人的权利应优先受到保护呢？这就涉及一个权利位阶该何界定的问题。如果按照科斯的理论，在交易成本为零时，无论产权配置给己方还是他方，最终都会实现资源配置的帕累托效率最优。但是，在矿业权重叠问题上，不可能存在交易成本为零的情况，不同的产权配置方案将形成不同的交易谈判结果。这时，对于权利位阶的界定宜以避免较大社会损失为准则，即寻求边际社会成本最小为原则。当然，为实现边际社会成本最小化，不同权利人之间可以基于私法原则先行进行谈判，以寻求符合多元主体共同意志表示的解决方案。同时，私法以个体利益为本位，强调“平等协商”

“契约自由”为原则，私法中的侵权之责、不当得利等制度也有助于权利人之间契约谈判的达成。现实世界中，矿业权重叠引起的权利冲突，除了矿业权人之间的冲突之外，同时还包括矿业权人与国家所有者之间、矿业权人与矿区其他相关人的利益冲突，有些矿业权人在重叠区的开发利用行为造成了包括资源浪费、岩层破坏等在内的国家权益的损失，侵犯的是全体公民的财产权利；而有些重叠区块的矿业权人造成了采空区塌陷、耕地破坏、水土流失、环境污染等问题，侵犯的是其他相关权益人的权利。那么权利位阶的确定当以权利当事人之间的主观判断来决定，即由权利自身的价值因素所决定，而不是由权利主体的地位来决定①。

在确定矿业权重叠区不同矿业权主体的权利位阶时，不能违背法律面前人人平等的法治精神，而只能基于其权利对经济社会发展的价值重要性来决定。这就意味着在矿业权重叠区，虽然不同权利主体间的权利类型是平等的，但各权利主体间的权利地位是不同的，存在权利位阶的高低差异。当然，在矿业权重叠区，不同矿业权主体间的权利类型可能存在交叉或重叠关系，其权利客体也可能具有同一性或邻接性的特征，但是其权利的行使对社会或公共利益所产生的价值大小是不同的，这就决定了其在权利体系内部的价值秩序中所享有的位阶的差异性。从规范意义上来说，不同矿业权主体在矿业权重叠区所享有的权利类型和权利资格都是平等的，其中包括：（1）就重叠区地下矿藏的勘查开发利用权利，各矿业权人之间是平等的，都拥有合法的开发利用权；（2）法律面前人人平等，只要矿业权人所获得的矿业权具有合法性，其对地下矿藏的开发利用权利就应受到法律的保护，并且排除他人对权利行使的干扰或侵害，一方行使权利，另一方就应履行合理的避让义务。但问题在于，哪一方可享有对重叠矿区地下矿藏的优先开发权，并且其他权利人须尽到避让、防止侵害等义务。这种优先权的确定，即是为了确保重叠矿区资源合理开采时序、最大化资源开发利用收益而作出的权利位阶安排。这种占先权的安排并不违反矿业权主体资格在法律面前人人平等的原则，因为矿业权主体资格的平等是可互换的，即任何一方都可以享受到优先保护的权利，只是在不同的重叠个案中，有的矿业权人的权利行使可能带来较大的外部性侵害，其风险外溢带来的社会福利损失更大，因此，有必要对这种法律

① 林来梵，张卓明．论权利冲突中的权利位阶［J］．浙江大学学报（人文社会科学版），2003，33（6）：5－13.

面前人人平等的权利加以适当限制，以最大化社会公共利益的实现。

在矿业权重叠引起的权利冲突中，权利位阶的确定形式有两种，一种是公约，一种是禁令。公约是与矿业权重叠相关的多元利益主体共同的意志表述，以契约、合同、协议为代表；禁令则是由具有公权力的规制机关对相关权益人的行为作出的禁止、限制等行为约束。我们应该承认，在矿业权重叠问题上，尽管不同矿业权人在权利体系中的权利位阶具有差异性，但是，这种权利位阶的确定并不具有整体性，即并不能按照某种一致的标准加以界定和规范，而只能依据具体的个案，由公共规制机构基于公共利益保护的原则加以确定。这即意味着权利位阶的确定是具有相对性的，其发展演变可能受到矿业权人开采技术的进步、社会生产力发展水平等因素的影响而表现出差异性。在具体的解决方案上，应对矿业权重叠引起的权利冲突，公共规制机构可采取的措施有：(1) 设定义务限制。在设定矿业权重叠区不同权利人权利边界时，应以“容忍合理损害”为原则，允许不同矿业权人之间因不可抗拒原因导致的权利损害，但此损害的结果必须在当事人或社会可接受的范围之内。需要指出的是，这里的“容忍合理损害原则”是随社会经济技术发展而变化的，但不能超出社会经济结构和生产关系的发展现状。(2) 确定权利优先顺序。矿业权规制者在应对矿业权重叠而引起的权利冲突时，应尽可能确定不同矿业权的权利位阶关系来解决冲突问题，如按矿业权取得的时间先后顺序、按矿业权所覆盖的矿种的战略价值大小、按矿藏储量大小等为原则。(3) 确定权利行使时间。当存在交叉、重叠关系的矿业权在特定时间、空间范围内无法自行解决权利行使的先后顺序，或矿业权规制机构也无法合理确定不同矿业权权利的位阶时，可对不同矿业权权利行使与存续的时间进行限定，以解决矿业权行使出现的时间、空间冲突的问题。(4) 促进权利交易。当矿业权重叠冲突难以解决时，矿业权规制机构可通过协调、仲裁等方式促进存在冲突关系的权利主体之间通过自由谈判、协商的方式以达成解决矿业权冲突的方案。

3.3.2 权利平衡与权利义务

在很多情形下，矿业权重叠区不同利益主体之间的利益冲突既有一致的一面，也有相互冲突的一面。如上所述，当矿业权规制机构强调重叠矿区资源开发利用的长期效应和社会效应时，减少环境退化负效应的外溢可能变得更加重要，这就需要加强不同利益主体间的利益协调，以实现各方主体间的权利平衡。如果协调成功，无疑会促进资源开发利用效率的帕累托改进，但如果协调不成功，就不可避免地会造成一方对另一方的权利侵害。在一些情况下，为达到社会福利的帕累托改进目标，以公约或禁令等形式作出的权利位阶安排可能会受到权利平衡因素的阻碍。在这种情况下，公共规制机构只能在既定的法律制度框架内对不同矿业权人实行“道义劝说”①，以期各方权益主体达成一致契约，以共同应对责权不清、社会关怀等问题。当矿业权重叠区的不同矿业权人具备一定技术能力和谈判智慧时，便可以设法“合理”的达成权利平衡方案，如：①自愿在特定时间和空间范围内放弃对重叠区资源的争夺；②无条件的给予受害者赔偿；③有条件的达成合作协议。实质上，这些方案的选择，意味着不同矿业权人通过自由谈判达成了对权利的确认和再分配，以避免冲突风险的进一步演化。当然，权利平衡方案的达成取决于不同权利人对自身所获得收益与成本付出的考虑，如果双方达成共识，就会以某种“合理”的形式将这种权利分配方案固定下来。随着矿业权重叠区矿藏储量信息的增多，部分矿业权人权利意识可能在市场需求、价格波动等综合因素影响下不断增强，个别地区的权利冲突很可能在未来的某个时间和空间范围内逐渐生成、演化，进入新一轮的权利冲突、谈判与自洽的循环中。所以，权利平衡方案的达成通常无法形成一套定势的处理办法，应遵循合乎生活逻辑的发展规律来预设一种可以参考借鉴的实践方案。正如马克思在《关于林木盗窃法的辩论》中提到的，主张贫民享有去森林拾取枯枝的习惯性权利，习惯权利和法定权利应同时并存才是合理的②。因此，在解决矿业权重叠引起的权利冲突时，权利平衡方案只有遵守强调理性的自然法则，才能成为共同遵守的行为准则。

在自然资源法理论上，矿业权重叠区不同矿业权人之间的权利平衡有着形式意义与实质意义之分。从形式意义上讲，权利平衡意味着矿业权人之间权利内容、权利边界及其行为准则的动态调整，揭示的是基于矿业权重叠的区域特点而实施的不同权利人之间权利义务关系的调整。而实质意义上的权利平衡，意味着矿业权人、矿区群体及其国家所有者之间所应享有的权利内容、权利结构的静态规范，揭示的是不同权利主体所能享有的权利内容和权利结构的内容与本质。二者的关系是，形式意义上的权利平衡以实质意义上

---

① 阿兰·V. 尼斯，詹姆斯·L. 斯威尼. 自然资源与能源经济学手册（第一卷）［M］. 北京：经济科学出版社，2007：407.

② 中共中央马克思恩格斯列宁斯大林著作编译局. 马克思恩格斯全集（第一卷）［M］. 北京：人民出版社，2006：144.

的权利平衡为基础，而形式意义上的权利平衡又要基于生产力与生产关系的适应水平进行动态调适。正如马克思认为的那样，任何一种生产方式都有与之相适应的权利关系，这种权利关系是由人应该自然享有的、且有具体权衡标准的正当利益所组成的人与人之间的关系，即“法权关系”。从本质上来讲，法权关系是对生产力发展水平的一种反应，是一种基于习惯权利或法定权利而形成的权利平衡关系。确定合理的权利结构和权利自由度界限，在有序的矿业权市场竞争中最大限度地发挥权利人的能力，以促进生产力发展，是每一阶段每一个国家矿业权规制立法的中心议题。在人类社会发展过程中，曾产生过一些具有共同价值遵守标准的行为准则，如，公平、公正、效率、秩序、和谐、安全等，这些准则为解决矿业权重叠而引起的权利冲突，平衡各种利益关系起到了重要的规范作用。另外，由于矿产资源具有稀缺性和不可再生性等特点，人类社会在开发利用矿产资源时必须考虑到资源分配的代际均衡和分配正义，同时也要兼顾自然环境的承载能力，合理高效地利用矿产资源。因此，强调资源的合理开发、集约节约利用和协调可持续发展等价值追求①，也应成为促进矿业权重叠区不同权利人之间权利平衡的共同价值遵守。

从权利与义务的关系来讲，矿业权重叠区的权利平衡首先涉及的是公权利、私权利以及社会权利之间的权利与义务关系的调适。这里所讲的“权利义务”，即是指权利人在行使权利过程中所应当作出或不应当作出的某种行为②。权利与义务，到底孰轻孰重，谁为根本，这是探讨矿业权重叠区矿业权人权利平衡问题前必须予以明确的问题。按照法学专家张恒山的观点，义务是为了维护和实现社会共同利益、国家利益、集体利益或其他人的公共利益，由社会普遍认为应当由行为人遵守，在国家法律框架内应当予以履行或不予履行的某种行为③。按此理解，矿业权重叠区权利人的义务则可以划分为公法义务、私法义务和社会法义务三类，义务的履行须由权利人自我抉择、自我负责，并遵守自我意志表达为根本。但是，公法义务和社会法义务是以实现或维护社会公共利益为目的的，它通过国家公共机构行使公共权力得以实现，一旦权利人违反了法定的义务，就须由国家公共规制机构代表社会公众对加害者予以追责或者处罚。从这一点来看，义务的设定是为了强化和维

---

① 戚道孟．自然资源法［M］．北京：中国方正出版社，2005：41.

② 赵红梅．私法与社会法：第三法域之社会法基本理论范式［M］．北京：中国政法大学出版社，2009：220.

③ 张恒山．义务先定论［M］．济南：山东人民出版社，1999：48.

护社会共同体的正当利益，避免矿业权私权利对社会公共利益造成的损害。在矿业权重叠区，不同矿业权人对地下矿藏的越界开采、破坏性开采或掠夺性开采，都会造成公共秩序的破坏和生态环境的退化，但这种影响首先是通过直接影响其他矿业权人的权利行使，对共享矿藏“公共物品”造成破坏，然后将这种影响逐渐传导至其他相关权益人，并引起其他权利主体的权利损害的。在许多情况下，某一方矿业权人对权利义务的逃避，与其权利主体的权益损害之间的因果联系并不直接，当遭受到实际的权利侵害时，这些受害人也难以从法律层面对加害者实施追责，这就要求矿业权规制机构基于公法和社会法之目的，对矿业权重叠区矿业权人的权利行使实施权利限制，以平衡不同矿业权人之间的权利与义务关系。

在大多数情况下，为促进矿产资源集约节约化利用，减少矿产资源开发利用对生态环境造成的破坏，各国都十分强调对矿业权权利义务的限定。为此要采取一些措施，对矿业权人开采地下矿藏的技术投入、效率目标、环境恢复治理及资源利用率水平等进行监测和限制。技术壁垒一直被用来限制技术能力不足的矿业权人的权利资格，以此鼓励矿业权人寻找可以优化资源采掘效率和减少外部性损害的技术革新方案。虽然在矿业权重叠区，矿业权人的权利行使面临着诸多的不确定性风险，但不同矿业权人应基于减少外部性损害之公共目的来减少矿藏开发利用过程中的环境风险或技术风险，至少要减轻其风险的程度。然而，矿业权重叠区不同矿业权人对此类风险的减损策略的变化范围很大，并受到矿藏储量、矿体分布性状、矿产品市场需求及矿业权人自我抉择意志等因素的影响。在某种程度上，不同矿业权人都可以通过多样化经营、技术革新、合营或者联营等形式来内化矿业权重叠区权利行使所造成的外部性损害，以对矿业权人实质性权利平衡关系的动态调整。但是，这种矿业权重叠区内的外部性内化的策略，并不能有效解决矿业权人与重叠区外其他权利人义务关系的冲突问题。如果不同矿业权人的资源开发利用行为对国家所有者权益或社会公众的生态权益造成损害，那么即使重叠区域内的外部性内化策略也无权宽免其应对社会所承担的权利义务。因为，涉及社会公共利益保护的义务，具有强制性，其义务的履行不以矿业权重叠区块内集体行为准则的意志为转移，不存在对社会义务宽免的可能①。除此之

① 赵红梅．私法与社会法：第三法域之社会法基本理论范式［M］．北京：中国政法大学出版社，2009：259.

外，矿业权重叠区不同矿业权人之间的偷采、盗采等行为，实质上是对“公序良俗”的违反，不仅仅是对其他矿业权人合法权利的侵害，同时也是对矿业权人权利义务的违反，私法和社会法规范都应对这种权利行为进行限制，以形成清晰的权利保护机制。

既然权利义务限制是矿业权重叠区权利平衡关系形成的前提，那么，不同矿业权人的权利义务应受到哪些限制呢？对此，我们应着重从环境与自然资源法的角度来加以分析。首先，矿业权重叠所涉及的问题多种多样，包括地下和地表环境的退化、对地下矿藏或岩层造成的不可修复的损害、破坏性开采带来的地下作业安全风险、地下矿藏的过度耗竭，以及由此而引致的资源性收益分配的失衡等。所有这些问题的症结都归结于不同个体利益、团体利益和社会利益之间的权利冲突。围绕矿业权重叠区地下矿藏资源的综合利用和风险减损问题，我们应秉承资源利用与环境保护、经济社会发展相协调为原则，来决定不同权利的优先顺序，在符合自然生态规律的基础上，以社会公共利益最大化为前提，最大限度地开发重叠区的地下矿藏，避免掠夺性开采或破坏性开采对人们享有美好生态环境的权利造成的损害。其次，在不损害生态权益的基础上，对矿业权重叠区地下矿藏的合理开发利用，并从中获益，是重叠区域不同矿业权人取得矿业权并从事矿业开发活动的基本保障和动力。但这种具有私权利特征的权利的行使，应具有排他性，即排除对他人权利造成损害，同时也享有避免他人对其自身权利造成损害的权利①。所以，这里就需要对矿业权人的私权利进行一定程度的限制，以排除对其他矿业权人的权利行使造成“通行权”“安全权”“环境权”及“财产权”等权利的侵害。此外，一方矿业权人的权利行使必然伴随对其他相邻矿业权人“环境权”“安全权”造成一定程度的损害，在可接受的范围之内，这种权利侵害是其合理开发利用地下矿藏资源所必然的，也应当视为其合法享有的一种权利，但是，如果这种权利不加以限制，就会造成损害过度，对其他矿业权人构成实质性的“权利侵害”，并衍生出权利冲突及其风险外溢。因此，从保护矿业权私权权利的角度，则必须对不同矿业权人的“采掘权”“通行权”“安全权”“环境权”及“财产权”限定在一个可度量的范围之内，并且界定清晰的权利侵害赔

① 史玉成. 环境法学核心范畴之重构：环境法的法权结构论［J］. 中国法学，2016（5）：281－302.

偿标准，以促进不同矿业权人对各自权利义务的共同遵守。

3.3.3　权利侵害与权利救济

在矿业权重叠中，权利侵害的类型和范围通常较为复杂，其中基于重叠区域共享矿藏的权利侵害及其权利救济问题受到了社会的广泛关注。从标的物来看，重叠矿区的权利侵害可分为“对物采掘侵害”和“非对物采掘侵害”两类①，前者是指对矿业权重叠区具有共生性或伴生性特征的共享矿藏的开发利用而形成的权利侵害，而即使是这种类型的权利侵害，由于其受害者对象不同，也可进一步划分为矿业权人对矿业权人的权利侵害、矿业权人对国家矿产资源所有者的权利侵害，以及矿业权人对地表生态权利人的权利侵害三类，其具体的依赖物为重叠区的共享矿藏，即因对共享矿藏的开发利用而形成的对物的使用权或受益权的侵害。后者是对矿业权重叠区不同矿业权人在行使其矿业权权利过程中，对其他矿业权人的生产投入、安全作业、自由通行、相邻关系等权利的侵害，其标的物不是重叠区的共享矿藏，而是基于重叠区域空间相邻环境下的地役权、安全权、通行权、排污权、取水通风权等相关便利权的侵害②。相比较而言，“对物采掘侵害”中的财产损失或侵权责任较容易得以确认，但由于受害人除了矿业权人之外，国家和地表生态权利人均无法确定实际相对人，因此，当这类群体的权利遭到侵害时，在诉讼、追责方面存在着受害主体不清的问题。同时，在“对物采掘侵害”的损失范围和损害认定上，由于存在技术困难，且对矿业权重叠区地下地质分布性状认识存在不确定性，因此，其在寻求权利救济时，难以形成统一有效的法律制度安排，这就给相关权利人寻求权利救济时的财产损失认定、责任认定、侵权赔偿认定等造成了困难。同时，在矿业权重叠区，无论是“对物采掘侵害”还是“非对物采掘侵害”，其对权利受到侵害的举证也存在困难，受害人很难对地表以下权利所受到侵害的程度和范围大小给予清晰准则的认定，即使技术上可行，但对于诉讼所获得的权益保护而言也不符合成本经济性原则。因此，实践中对矿业权重叠区权利侵害的认定往往仅限于对侵害行

---

① 张璐．论自然资源财产权利侵害的侵权责任和起诉顺位——兼谈自然资源物权和环境权的理论要点［J］．中国地质大学学报（社会科学版），2015（1）：1－10.

② 杨朝霞．论环境公益诉讼的权利基础和起诉顺序——兼谈自然资源物权和环境权的理论要点［J］．法学论坛，2013（3）：102－112.

为人、行为性质、损害推定等方面的认定，其举证及寻求权利救济的途径都存在较大的困难性。

矿业权重叠区权利侵害及其权利救济的基础理论和制度设计问题，一直是环境与矿产资源法学者们所共同关注的重要问题，尤其是当地下矿藏的开发利用遭遇多种权利人的权益保护时，更是一度成为理论界和实践界研究的焦点。从权利的优位顺序来看，矿业权重叠区的环境权属于矿区社会公众，代表的是社会公共利益，而重叠区的地下矿藏，其所有者属于国家，对该矿藏的集约节约利用，保护的也是社会公共利益，所以，这里的环境权和矿藏优化利用权，是第一位的，优于矿业权重叠区不同矿业权人的采掘权、安全权、通行权及其收益权等。而按照现代法学的分类方法，凡涉及公共权力、公共利益、管理关系或强制关系的法，我们都可以称之为公法，其公共利益受到的损害应由公共规制机构代表社会大众去寻求权利的救济。另外，凡是涉及个人利益、个人权利和个人自由的法，我们称之为私法，所以，在矿业权重叠区，因“非对物采掘侵害”而使矿业权人与“对物占有、处分”相关的权利所受到的损害，可遵循私法自治、契约谈判等方式寻求权利的救济。除此以外，按照当下法学发展的理论，在公法和私法之外，还可以划分出第三大法域，即社会法领域，它以社会利益为本位，强调“国家干预”和“保护社会弱者”为原则，通过对契约自由、意思自治等私权利进行限制，以保护社会群体的环境权、健康权、安全权以及劳动权等社会经济权利。在社会法领域，公共规制机构可以通过颁布单行法律、法规、规章等途径，对矿业权重叠区涉及社会弱者的社会权利进行保护，并对涉及公共利益的矿业权人之间的自由契约、意思自治等私法权利进行限制，以实现对社会公共利益的保护①。总体上看，侵犯矿业权人个体利益的，宜基于私法原则加以解决；而侵犯矿业权重叠区国家利益或矿区社会公众利益的，应基于公法原则由公共规制机构代表国家实行干预，裁定各矿业权人的行为边界和行为准则。

需要特别指出的是，对于矿业权重叠区的权利侵害及权利救济而言，“对物权利侵害”和“非对物权利侵害”可能同时发生，并作用于同一重叠区的矿藏载体。譬如，作为重叠区的围岩或防柱，可能因为某一矿业权人破坏性开采行为而受到损害，并影响了其他矿业权人在同一矿区设置围岩或防柱的可靠性和安全性，并引致了其他矿业权人安全投入的增加和开采难度的

---

① 董保华. 社会法原理［M］. 北京：中国政法大学出版社，2001：42.

加大。那么，对于重叠区块的不同矿业权人而言，其共享的环境权受到了侵害，同时，重叠区的岩层可能发生沉降或塌陷，并引致地表环境退化，地下环境权侵害传导至地上环境权受到侵害，但其共同的载体物为重叠区域受到破坏性开采的共享矿藏。这样一来，“对物权利侵害”逐渐引起“非对物权利分割”的发生，增加了其他人地下开采的成本投入，侵害了其安全作业权、环境权及自由通行权等权利。所以，在这种情形下，既存在财产损害的救济，也存在生态权益、安全权益等权利的救济，无疑使得权利的救济表现出较大的复杂性。通常，在产权边界清楚的情况下，出现权利侵害时，公共规制部门实施权利救济时可遵循的原则有两条：一是财产原则，二是责任原则。财产原则，即是指在未经权利人许可的情况下，其财产权益受法律保护，任何其他人不能占有、使用、处分其产权，否则将受到法律的制裁；责任原则，则指不同权利人在行使其权利时，若对其他产权人造成实质性侵权、伤害，施害方有责任对受害方提供合理的补偿，补偿的方式、标准及标的由法院裁决而定。在实践中，这两条原则的运用往往存在一定的争议，在解决类似矿业权重叠问题时，究竟是基于财产原则，还是基于责任原则，尚难形成统一的意见。从法经济学层面考虑，矿业权重叠风险的消解重在最大化地下矿藏资源开发利用的效率，只要形成边界清晰的矿业权制度，产权人之间便可以基于契约自由原则通过谈判以达到最终的解决方案。如 Calabresi（1972）提出的，当谈判的交易成本很低时，应秉承责任原则优于财产原则的规则①；而当谈判的交易成本很高时，矿业权主管部门则应坚持财产原则优于责任原则的立法导向。而当重叠区的环境权、安全权等产权认定不清或主体不明时，宜由公共规制部门代表社会公众对其寻求权利的救济。

在矿业权重叠纠纷中，不同矿业权人之间的权利冲突或侵权行为，从法律上来说并不存在谁对谁错的问题，即使各矿业权人在矿业权的取得时间、矿种、规模储量、战略性价值等方面存在较大差异，各方的行为侵害也是同时和相互的。尤其是在矿业权重叠区的相邻关系方面，我们并不能清晰划定谁拥有占优权，而谁又应该履行相应的权利义务，正如在公共道路上，行人和机动车辆分别享有环境保护权和尾气排放权，究竟谁的权利占优，谁该为另一方面权利行使提供便利，这在相邻权制度上是无法清晰界定的②。但是，

---

① Calabresi, G. & A. D. Melamed. Property rules, liability rules, and inalienability: one view of the cathedral [J]. Harvard Law Review, 1972, 85: 1089-1128.

② 吕忠梅. 论环境物权 [J]. 人大法律评论, 2001 (1): 287-288.

按照科斯的产权理论，当矿业权重叠区某一矿业权人对其他矿业权人造成权利侵害时，即表现出了外部性损害问题，因为双方矿业权产权均处于不确定性状态，且都是经合法程序获得的财产权，都应受到法律的有效保护。只要产权界定清晰，产权人之间会基于交易成本的考虑，决定是否通过谈判达成符合自治意识的共同契约，并按契约精神解决权利人之间的侵权、损害以及权利救济问题①。这一理论暗含的一个原则在于，当矿业权重叠引起的外部性损失出现时，产权人之间可尝试是否能达成有效的谈判，以实行私法原则下的自治；而当这种外部性损失很少，且对双方产权人的影响均可忽略不计时，矿业权重叠纠纷并不会引起更大范围的损失，这时矿业权规制部门可忽略矿业权重叠区中的权利救济问题；而当这种外部性损失很大，对双方产权人或社会公共利益的影响均不能忽略时，矿业权规制部门则须以“对物侵害”或“非对物侵害”为分类标准，分别寻求公法、社会法及私法上的权利救济。

在寻求基于“平等、自由”原则的私法救济时，矿业权重叠区不同矿业权人之间由于存在权利主体地位的强弱差异，在实行“契约自由谈判”时可能存在强制与压制，而使弱小的矿业权人受到不公正对待。这主要是因为在矿业权重叠区可能存在信息不对称、矿藏战略价值不等、矿业权人地位悬殊等原因，使得具有垄断地位的矿业权人在与弱小矿业权人之间进行谈判时，表现得更为强势，而弱小矿业权人又无法做出“用足投票”选择时，不得不接受强势矿业权人的苛刻条款。同时，当一方矿业权人对重叠区域矿藏分布的地质环境信息掌握充分，而另一方矿业权人并不知晓时，就可能引发信息占优者利用信息优势表现出的“机会主义行为”。当矿业权人之间的自由谈判遭遇这类问题时，矿业权重叠的风险并未以“自由的合理契约”为终结，反而因契约谈判中存在的压制、欺诈或威胁而继续演化、扩散。当矿业权人意识到自身权利受到损害的程度渐次增大，或通过自身的技术革新掌握了重叠区域矿藏分布的充分信息时，其寻求救济的途径唯有申请司法仲裁或团结其他受害者寻求与具有强势地位的矿业权人的重新谈判。在这一过程中，为了消解矿业权重叠风险的动态传导，司法仲裁和重新谈判，都需要提供更为充分的矿业权重叠区块地质矿藏的分布信息为前提，以助于对权利的重新分

---

① Coase, R. H. The problem of social cost [J]. Journal of Law And Economics, 1960, 3 (10): 1-44.

配。当“非对物侵害”发生时，便需要寻求基于公共利益为己任的公法规制，以公共规制机构作为国家所有权的代表，来寻求对社会公众利益的救济。矿业权重叠的公法规制面临着一个基本的市场问题，即矿业权重叠对矿产资源最优利用会产生怎样的影响，这就需要回答以下三个关键问题：一是矿业权重叠对市场产生怎样的影响；二是如何消解矿业权重叠引起的外部性；三是如何使公共利益最大化。显然，对于矿业权重叠而言，其核心问题还是风险由市场产生还是由政府规制产生。

矿业权重叠的公法规制，涉及矿产资源开发利用管理中的权力配置、权力监督、程序正义等法律规范，实质上是对矿产资源合理有效利用、国家所有权权益实现，以及矿业权市场相关权益人正当权益保护等问题的有效回应。公法，即是以约束、指引公权力行使为核心内容而形成的法律规范，强调“依法行政”“罪责法定”为原则。公法有狭义和广义之分，狭义的公法仅指宪法和行政法；而广义的公法则还包括刑法、诉讼法等内容。为了体现研究的针对性，本书结合矿业权配置、管理中形成的行政权力关系，着重从狭义角度来解析矿业权重叠及其衍生的风险问题。公法，重在调节政府与市场主体、政府内部行政机关之间的关系及其行为，以行政法以及市场管理法为主。一般来说，公法的原则可体现为法治、依法行政、权力监督、正当程序、越权无效、禁止不利变更、禁止不当联结、必要性、平等性、公益性等方面。在矿业权管理方面，矿业权管理主管部门及其管理者应遵循的基本理念包括：法治正义、依法行政和越权无效等，正如每个人都必须接受法律规范约束一样，矿业权主管机构在实施矿业权配置和市场行政管理时，并不具有任何特殊的地位。当我们采取法律手段来解决矿业权重叠引起的法律纠纷时，同解决其他纠纷并没有什么实质性的区别。当矿业权市场秩序混乱、矿业权人行为危及社会利益或国家利益时，矿业权主管部门则应基于行政管理、刑事制裁等手段，及时加强对矿业权市场的强制干预，以形成必要的公法保护机制，在宏观上对重要的利益关系进行调节、分配，防止竞争无序、过度投机、自私贪婪、市场低效等造成矿产资源浪费、环境退化、安全事故频发等经济社会风险的生成与演化。依据矿业权规制性质的不同，可以把矿业权规制分为经济性规制和社会性规制，前者是政府主管机构为防止矿产资源利用低效和确保矿业权人合法权利，运用行政法手段，通过许可或认可的方式，对矿业权人的进入、退出及技术性要件进行的规范和限制；后者是以避免矿产资源开发利用带来的生态破坏、外部性损害、防止公害而对矿业权人进行的调节措施。

第4章 资源富集区矿业权重叠风险传导的影响因素分析

矿业权重叠风险是资源富集区不同矿业权人在资源开发利用过程中，在不同生产阶段，因生产要素配置扭曲、产业集聚、粗放生产、规制政策等原因而造成的效率损失、资源浪费、环境退化、作业风险以及其他财产损失等风险。随着人类经济社会的快速发展，矿产资源开发利用正在并将在一个很长的时期内保持稳步增长，而资源富集区的资源环境承载能力也越来越接近于可容忍的极限。并且，随着世界各国市场化程度的提升，区域间的相互竞争、学习与交流变得日益频率，使得资源富集区矿业权重叠的风险具有地理空间特征，从而推动资源富集区风险传导的空间流动，加剧了风险在地区间的溢出效应。矿业权重叠风险在资源富集区经济发展过程中，是伴随资源品开采、供给的过程而产生的，是对特定生产力条件下社会生产关系的一种反映。重叠风险包括过程和结果两个方面的风险：一是矿业权产权重叠引致的外部性、权利冲突、生产低效和生产要素配置扭曲的过程风险；二是规制机构对矿业权重叠风险消解的规制安排，出现的政策失灵或工具低效的结果风险。无论是经济发达的资源富集区，还是经济欠发达的资源富集区，往往很难实现资源利用与经济系统、生态系统以及社会系统的均衡发展，并且其均衡发展所受到的各种因素的制约也相差较大，即使处于同样的发展阶段和同样的初始条件，不同资源富集区矿业权重叠风险的类型及其风险强度也会表现出较大的差异性。这就需要我们加强对不同影响因素和不同初始条件的研究，了解影响资源富集区矿业权重叠风险生成、演化变动的关键影响因素，只有这样我们才能对矿业权重叠风险的消解建立起有效的规制安排。

矿业权重叠风险的传导主要受到生产过程和规制过程的影响，而在矿业权重叠风险的发展演变过程中，其风险类型和风险强度，则受到多种因素的影响。其中，影响矿业权重叠风险类型与风险强度的关键因素，是技术水平、创新能力、产业集聚与税赋环境，其中技术水平、创新能力是最主要的内在性因素，而产业集聚与税赋环境则构成了影响其风险强度的外在性关键因素。通常，矿业权重叠风险随着资源富集区经济发展水平与资源产业经济发展目标的变化而变化，同时，由于不同区域资源采掘类企业的所有制形式不同、创新驱动投入水平不同、核心竞争能力不同、企业所在地区产业环境和政府规制强度的差异，矿业权重叠风险与风险传导的强度也会呈现出一定的差异。并且，矿业权重叠风险的传导与资源富集地区经济结构、产业化水平之间存在着周期性的波动关系，即如果具有高风险性特征的矿业权主体在资源重叠区占有的比重较大，则矿业权重叠的风险也大；反之，如果具有技术创新性特征的矿业权主体在资源重叠区占有的比重较大，则矿业权重叠的风险较小。因此，本章将着重基于前人研究成果的基础之上，首先选择以技术水平、创新能力、产业集聚以及税赋环境作为资源富集区矿业权重叠风险传导的主要研究对象；其次，在探讨其影响机理、传导过程的基础上，对矿业权重叠风险传导的关键影响因素进行识别与分析；最后，在基于前述影响因素及传导机理研究的基础上，对我国资源富集区矿业权重叠风险关系影响因素进行区域比较，以为后续的实证研究提供理论基础。这对于解释资源富集区矿业权重叠风险的生成及深化、促进资源利用效率提升和环境改善无疑具有深远的理论意义和实践指导意义。

4.1　矿业权重叠的初始条件：基本因素

在不同的生产力条件下，矿业权重叠问题的形成主要受到资源禀赋、政治、经济、社会、环境、政策、法律等多个方面因素的影响，是矿业权市场发展过程中政府规制和市场化机制相互作用的结果。重叠意味着矿业权市场出现了产权失灵、外部性损害及权利行使的冲突与不完全竞争现象，并引致资源利用效率的损失和资源采掘市场竞争的失衡。通常，矿业权重叠普遍产生于矿业权市场发展的初级阶段。在这一阶段，矿业权市场的发展是外生性的，受到国家宏观经济增长和公共规制机构干预的影响。一方面，当经济快速增长时，矿业权规制机构在出于保障矿产品供给的考虑之下，加大矿业权出让的力度，进而在缺乏对重叠区资源边界清晰划定的基础上，形成了矿业权重叠的现象。另一方面，当矿业权重叠形成后，矿业权重叠风险的传导，则主要受到矿业权市场环境、经济环境以及制度环境的影响，因而针对不同地区矿业权市场竞争的完备程度、矿业权主体行为能力和资源禀赋条件等，合理设置矿业权权利行使的时空范围和权利边界，是实现矿业权重叠区资源集约节约和有序开发利用的前提，也是资源富集区实现资源可持续利用和经济社会和谐发展的基础。解决矿业权重叠问题，是一项技术复杂性和社会敏感性程度较高的工作，既不能脱离不同地区经济社会发展的现实环境，也不能摒弃资源富集区地下矿藏分布的自然属性，必须针对各地区不同的资源特点，在明确矿业权客体的边界和标的物排他性的基础上，着力消除该地区矿业权市场竞争的不完全性和信息非对称性，这样才能为解决资源富集区矿业权重叠风险及其传导建立一个良好的环境，并建立起以矿产资源有偿使用、矿业权市场有序竞争的矿产资源开发利用管理体系。因此，着重从制度环境、社会经济环境以及技术条件等角度来探讨矿业权重叠及其风险传导的影响因素，是消解矿业权重叠风险，并建立有序市场机制的重要保障。

4.1.1 市场环境的影响

矿业权市场，是由一系列种类不同、权属不同但又相互联系的矿业权组成的有机统一体，是对矿业权供求关系、交换关系、价格信号以及因矿业权交换所表现出的经济关系的一种反映。按照市场经济的基本要义，市场是复杂、理性和利己的，市场中的微观经济活动主体，都会在基于有限理性的假设基础上作出有利于自身利益最大化的行为选择。如果市场的竞争环境是自由充分的，那么，市场上商品价格的形成则满足于完全竞争条件下商品供求关系的均衡。而且，在每一个既定的市场价格水平，微观经济活动主体都可以把他愿意提供的拥有个体产权的物品卖出去。这种完全竞争的市场环境排除了任何垄断和限制的可能，在这种条件下，生产效率低和无效率的生产者会在众多生产者的相互竞争中被淘汰出市场，而只有生产效率高、技术能力强的生产者才会保留在该市场中，进而促进资源的优化配置。但是，在现实生活中，这种完全竞争的市场是不存在的。首先，因为市场上的信息是不充分的，难以形成充分竞争的信息对称性环境；其次，市场主体的自由进入和退出，常常也会受到一些技术壁垒、能力条件等因素的约束，而使得市场出现垄断或寡头现象；最后，市场周期波动的抗风险能力存在差异，进而使得一部分市场主体在周期调整中被逐出市场，进而进一步降低了市场的完全竞争性。这样一来，矿业权市场的不完全竞争性也受到这些因素的影响，如经济社会对矿产资源品的需求、宏观经济的周期波动、矿业投资的信贷环境、矿产品供给的生产能力以及矿业权人的行为应对等都会对矿业权市场的竞争环境产生影响。宏观经济的周期波动对矿业权市场的影响是全方位的，一方面，宏观经济环境的好坏决定着经济社会对矿产资源品需求的强度变化，在不同时期不同的技术替代效应下，经济社会对矿产资源品的需求弹性也可能出现变化，进而使得矿业权市场的供求关系发生变动；另一方面，宏观经济的运行决定着矿业权市场的价格运行态势。当一个国家货币政策宽松，市场流动性充足，社会投资活动踊跃时，矿业权市场的投资活动也会增长，矿业权人对矿产资源保护与集约利用的关心程度降低，矿业权人热衷于矿业权投机，从而也会造成市场效率的损失、外部性以及市场失灵等问题。

从矿业权市场来看，矿业权重叠引致的不完全竞争主要是基于以下几种原因：(1) 地下共生性、伴生性资源在同一矿区同时存在，资源采掘方法不同；(2) 重叠区不同矿业权人的生产规模、技术能力和生产控制能力不同；(3) 不同矿业权人获取重叠区地下矿藏分布性状、产状信息的手段不同；(4) 在不同时间、空间位置上开展资源采掘工程设计、巷道布局、采掘生产的控制水平不同；(5) 重叠区不同储层矿藏开采的边际成本变化；(6) 不同矿业权人生产能力的弹性差异；(7) 重叠区地质环境信息及矿业权人行为信息的不充分；(8) 重叠区不同矿业权人自由进入和退出矿业权市场的差异等。在通常情况下，矿业权重叠区由于存在多个种属或权属的矿业权，不同矿业权人的权利行使给其他矿业权人造成的边际成本增加很难准确测定，再加上矿业权人在进行资源采掘生产时，总是尽量使其产出收益达到最优化，在这些因素的共同影响下，矿业权重叠区的资源采掘利用市场便具有了不完全竞争性特征，进而使得重叠区资源利用效率偏离帕累托最优状态。同时，矿业权重叠引致的外部性损害也会带来资源采掘利用中的损害赔偿、成本分担问题，并可能引起整个社会福利水平的下降。除此之外，矿业权重叠区复杂的地质环境和边界模糊的产权状态，使得矿业权市场的信息具有非对称性特征，进而衍生出资源开发利用中的非合作博弈，并表现出盗采、漏采、掠夺性开采、环境破坏等现象，背离了社会福利最大化原则。这就使得一些市场经济国家的政府不再认为矿业权市场能自动实现矿产资源最优化开发利用，进而寻求对矿业权重叠引起的诸多市场失灵问题进行规制，以寻求对矿业权市场的进入、退入、技术、生产以及涉及环境、效率、外部性损害等问题进行调节和监管。应当指出，矿业权重叠引起的失灵问题并非一定要通过政府干预才能解决，如有些外部性，可以通过矿业权人之间的自由谈判来解决。但是，在矫正市场失灵方面，政府有着其特有的优势，如政府有税收权、禁止权、惩罚权及强制权等。通常，我们把由政府干预、调节或监管所形成的法律规范的总和，称之为矿业权市场的公法规制或矿业权规制。

在矿业权重叠区，初始产权的分配受到不同种类矿产资源埋深和资源开发利用紧迫性等因素的影响，进而增加了矿业权重叠形成原因的复杂性。一般来说，地下矿产资源的开采遵循由浅到深、由品位高到品位低、由易到难等原则，同时还须兼顾安全性、可采性、经济性等原则。对于资源富集区而言，矿业权配置的紧迫性和现实性，应取决于国民经济社会对该类地下矿藏开发利用的需求，同时要兼顾可替代品、技术革新等对该矿藏开发利用所形成的替代效应。这就涉及资源富集区矿业权配置的时间法则、效益法则和替代效应法则对矿业权设置优先顺序、设置过程、产权结构和产权限制等规制过程的影响。基于公平、有效和可持续利用的原则，资源富集区矿业权的配置应保持合理的产权规模、集中度、竞争性、优位顺序，同时促进不同矿业权人之间的合作博弈和效益均衡。在矿业权重叠区的公共规制中，很重要的一个方面就是维护矿业权产权、资源产权和环境产权的合法权益，以保证资源富集区资源与环境承载能力的优化，使资源产权、环境权利、经济发展权免受矿业权重叠问题的侵扰和损害。另外，重叠区矿业权设置的规模和产权结构需要考虑的主要因素有现有资源储量、禀赋特征、资源依赖程度、潜在经济效益、土地产权冲突及其他可能影响其权利行使的因素。当公共规制机构难以在众多的影响因素中区分其影响作用的重要性时，可对这些影响因素建立起模糊评价的模型，通过国家层面的政策调节、政治协商和社会层面的利益谈判、专家咨询等来方法进行赋值，以确立各自的影响权重，最终建立起矿业权配置的效率模型。当然，在矿业权配置的过程中，可采取的方式可以有市场分配模式、行政分配模式以及混合分配模式三类。对于具有共生性、伴生性特性的资源而言，当市场化分配模式或行政分配模式均无法清晰有效确立其产权边界、权利空间范围时，则可对这部分具有重叠、交叉性特征的资源暂时搁置，等待技术可行、资源枯竭、价格高涨等环境条件出现时，再采用混合分配模式，对这部分采掘难度大、风险高、技术要求高的地下资源建立起相应的产权安排。

从传导机制来看，矿业权重叠风险的演化与传导主要受到市场环境不确定性因素的影响，不确定性程度越高，对矿业权重叠风险传导的影响程度越大。这种不确定性主要表现为以下几个方面：一是市场的扰动，即矿业权市场的构成和矿业权人偏好的改变；二是竞争程度，也就是矿业权重叠区不同矿业权人就资源采掘而展开的市场竞争的激烈程度；三是技术变革，也就是技术创新的水平及新技术扩散所带来的外溢效应；四是内生不确性，即不同矿业权人的经济行为决策所引起的行为结果或其他矿业权人的行为反应的不确定性。一般来说，这四种市场环境的不确定性都是难以预测的，如矿业权市场的构成受到宏观经济形式及产业政策调整的影响；矿业权人偏好的改变受到社会文化、信贷市场、法律规范、产权人素质等方面因素的影响而表现出较大的差异性；技术变革又受到矿业权市场的创新要素投入、研发能力、技术瓶颈的突破等方面因素的影响，而新技术的扩散或技术外溢又受到知识产权保护、模仿与创新能力、学习型组织构建等因素的影响。那么，在这些不确定性的市场环境下，当矿业权重叠问题出现时，矿业权重叠区存在着多个行为目标、偏好和行为能力各不相同的矿业权人无法准确地预料自己会获利还是会遭受损失，也不知道其他矿业权人的行为选择、生产决策及其矿产品的供给规模，进而在资源采掘生产过程中表现出生产要素配置扭曲、生产能力低下、产业生产效率不足等问题。另外，在不确定性的市场环境下，矿业权市场也无法通过价格机制的调节作用实现矿业权重叠区矿产品供给与需求的均衡，也难以通过技术的革新来消解矿业权重叠风险的传导。

按照马克思主义政治经济理论的观点，矿业权是一种特殊的生产要素，而且必须看作是一个特殊的要素，因为只有拥有了作为资源产权的矿业权要素，生产者才享有勘查开采地下矿藏的权利，矿业权人因此而展开的微观经济活动以及由此而衍生出的各类交换关系、经济关系都要受到价格规律、供求规律、竞争规律和经济周期规律的支配，这是市场经济的共有规律。在矿业权重叠区，矿业权的价值由所对应的地下矿藏所反映出来的价值量来决定，价格围绕地下矿藏可开采价值扣除相应的潜在边际成本付出后的价值上下波动。所以，矿业权重叠无疑将相应减少不同矿业权的市场价值，因为重叠增加了不同矿业权人之间的谈判成本、安全生产成本及资源储量的损失成本，使得矿业权人在重叠区的资源采掘收益得以减少。并且，由于矿业权重叠、交叉衍生出的权利冲突，使得各矿业权主体为了实现更多的资源性收益而展开相互竞争，但由于不同矿业权人的技术采掘能力、资本实力、标的矿物市场需求以及地下安全生产风险防控能力存在着较大差异，这就使得矿业权重叠区的资源采掘竞争可能出现不合作博弈、恶性竞争的局面，使得矿业权重叠区出现资源采掘利用效率低下、利润率下降、采富弃贫、采主弃副等现象，最终降低了矿产资源的可持续利用水平。在马克思看来，市场之手并非是万能的，也远不是完美无缺的，市场的自由平等和自由竞争在很大程度上是形式上的，而其背后却包含着内容与实质上的不平等。虽然市场竞争有助于实现资源的优化配置，但市场的不完全竞争或恶意竞争，则不可避免地引起市场权利主体之间的冲突与对抗，并衍生出很多不仁义之事。矿业权重叠的出现，加剧了资源富集区资源开发利用的社会矛盾，使资源采掘竞争偏离竞争规律、价值规律、供求规律所追求的目标均衡点，阻碍了矿业权人通过技术革新、创新驱动提升其核心竞争力的创造力，造成对生产力的破坏。从马克思主义政治经济学的经济基础和上层建筑的关系来看，矿业权重叠问题的出现、发展及其风险传导，都有其自身的发展规律，与特定的生产力阶段对应，既无法超越，也不可能回避。因此，剖析矿业权重叠问题产生的背后根源，及其所对应的生产力和生产关系，是消解矿业权重叠风险，确保矿业权规制政策的针对性和有效性的根本保证。

在不完全竞争环境下，矿业权重叠演化的一个逻辑结果是矿业权人的权利行使出现冲突、权利人之间的关系出现异化，并且随着矿业权资本化时代的到来，矿业权投资与矿业权人的生产活动相分离，在重叠信息不对称的条件下，矿业权投机带来的最终结果必然是使矿业权市场出现两极分化：一是跑马圈地、抢占资源的矿业权投机行动，特别是一些资源富集区对矿区范围较大的地下矿藏进行分割，化整为零，将完整的地下矿藏所对应的矿业权分散出让给不同的矿业权人，以迎合矿业权市场的投机活动。当这种投机活动出现时，无疑增加了资源富集地区矿业权重叠的现实可能性和重叠风险，同时也给该地区资源开采的统筹规划、合理布局带来很大障碍，并加大了不同矿业权人之间的协调成本、谈判成本；二是矿业权市场的投机性炒卖，推高了矿业权交易的价格，并出现圈而不探、圈而不采、待价而沽等现象，使得矿业权作为生产要素的物品属性降低，投资性标的的资本品属性上升。当出现这种情形时，无疑将扰乱矿业权市场的价格关系和供求关系，使得矿业权市场的价格信号对资源采掘利用效率和生态环境保护的调节作用弱化，并最终将引致矿业权重叠区生产效率的损失和资源性权益的损失。在现实中，我们可以关注到矿业权重叠可能对资源富集区带来两种发展的结果，一种是重叠对资源富集区的经济社会发展的影响较小，这些地区的资源经济在能够保持持续增长的基础上，区域的产业结构、社会就业、收入差距、生态环境等均能实现良性互动；另一种是重叠对资源富集区的经济社会发展的影响较大，地区对资源经济的依赖程度较高，产业结构失衡，跑马圈地、圈而不采对该区域生产力带来破坏性影响，社会收入差距拉大，环境破坏严重，出现“资源诅咒”效应。

4.1.2　经济环境的影响

经济环境，是由各种不同的经济要素构成的，能直接或间接对经济社会发展起到影响作用的外部条件的总和。按照影响范围的大小，经济环境一般可分为宏观经济环境和微观经济环境两类，前者包括如经济体制、经济增长周期、经济发展水平、价格机制、进出口、市场需求等因素在内的国家层面的经济环境；后者则包括如地区经济增长水平、地方财政收入、人均收入水平、产业结构、资源依赖程度、贫富差距、就业与失业等因素在内的地区层面的经济环境。这些因素直接影响着矿业权重叠区不同矿业权人的采掘行为、要素配置及技术革新的投入，因而也在很大程度上对矿业权重叠区资源利用效率和风险消解起到了重要的影响作用，同时也决定着资源富集区资源产业的结构优化和“资源诅咒”效应的消解。依据内生性增长理论，不同的经济因素共同构成了影响矿业权重叠风险传导的内生性环境。在我们看来，这种内生性环境，是一种不依赖于外部力量，而主要由经济系统内的不同因素所构成的一种影响经济社会发展方式、发展过程的内在性条件。尤其是对于资源采掘业而言，经济周期的波动、市场供求关系的变化，直接影响着矿产资源品采掘生产的要素投入和生产均衡。对于矿业权重叠区而言，不同矿业权人的采掘规模、产出效益、生产率水平，以及产业结构、要素集聚、技术创新投入和生产能力的改善等，都可能受到这些经济因素的影响而发生改变。就是说，矿业权重叠区的资源利用过程，实际上都会受到这些内生性环境的影响，并形成不同的资源利用结果。如高投入高产出的“耗竭型增长”、高投入低产出的“粗放型增长”、低投入高产出的“集约型增长”、低投入低产出的“低效增长”等。由于经济因素具有动态变化性的特征，这就使得矿业权人在不同阶段所面临的内生性环境具有较大差异性，重叠风险的表现形式和表现程度也各不相同；并且，内生性经济环境的变动还会对不同矿业权人的要素配置、技术驱动、创新要素集聚产生影响，使得具有不同技术能力和资本实力的矿业权人，在内生性因素的作用下选择不同的采掘方式和要素配置结果，并最终导致不同的产出结果和资源利用风险。

一般来说，经济增长方式对矿业权重叠风险的影响表现为如下几个方面：(1) 经济增长的多样性影响到矿业权重叠风险的广度。通常，对于资源富集区而言，经济发展水平越高，经济增长方式越多元化，人们对资源经济的依赖程度就越低，资源产业对资本、劳动等生产要素的吸附效应越弱，资源经济发展对其他部门经济产生的“挤出效应”越不显著；反之，经济增长多样性越低，经济发展越落后，资源富集区对资源经济的依赖程度就越高，进而引致的“要素错配”效应越强，并进一步强化产业结构失衡所可能带来的经济社会风险。(2) 经济增长数量影响到矿业权重叠风险的强度。一个地区部门经济的增长速度偏离全国部门经济平均增长速度的程度越高，则该地区用于该部门经济发展的要素投入的偏离程度也越高。如资源富集地区资源经济的增长，当与全国资源经济增长平均值出现正向偏离时，反映出该地区的资源采掘活动较为活跃，资源经济对地区经济社会发展的影响也较大；反之，亦然。(3) 经济增长质量影响到矿业权重叠风险传导的差异性。这种现象的出现，除了与资源所在地的资源禀赋条件有关之外，很大程度上则受到了其他经济因素的影响，而表现出较大的差异性。如经济增长乏力、社会需求不足、矿产品价格机制不畅，都可能成为制约资源富集区资源禀赋优势转化为部门经济增长优势的重要影响因素。因此，良好的经济环境，是促进矿业权重叠区资源可持续利用和矿业权重叠风险消解的重要条件，在缺乏有利的经济环境的情况下，过多的依赖于资源经济来达到促进增长、社会就业、财政增收等目标，将会导致灾难性的后果。经济增长水平能不能促进矿业权重叠风险的消解，不仅取决于经济增长方式的选择，还取决于生产技术水平、要素流动、管理创新等因素。(4) 经济增长的稳定性影响到矿业权重叠风险传导的周期性。矿业权重叠区不同矿业权人的资源采掘行为，对这些经济环境是否适应，以及各类不同的经济要素对矿业权人的生产过程和资源利用结果产生怎样的影响，各经济要素的动态变化又如何影响矿业权重叠风险的传导过程，对这些问题的回答，则构成了解析矿业权重叠风险传导影响机理的重要内容。

在众多的经济因素之中，国民生产总值、经济增长速度也是最常见的影响矿业权重叠风险传导的重要指标，它们与该地区资源产业的经济发展水平、产业效率和经济结构的多样性之间有着较高的相关性，同时也是决定资源富集地区资源经济成长性和活跃程度的重要经济指标。当宏观经济出现快速增长，而矿产品市场又缺乏相应的可替代产品时，或者采矿技术进步的替代效应不显著时，社会对这些矿产资源品的需求也呈现出快速增长的趋势，进而刺激资源富集区资本、劳动力等生产要素的流入，并引致矿业权市场产权规模的扩大，随即引起矿产品供给的进一步增长和产出规模的扩大。在这种情况下，如果矿业权重叠区不同矿业权人的生产能力、采掘技术、产业集聚水平均未出现提升或者优化，那么矿业权人唯一的选择可能就是加强对资源重叠区的高强度耗竭，进而表现出"要素错配""粗放利用""采富弃贫""采主弃副""效率低下"等现象。而当市场的价格信号也无法真实反映出矿业权人边际成本与边际收益的关系时，重叠区资源采掘市场的不完全竞争性将进一步上升，并使得采掘市场不同矿业权人的效率水平处于失衡状态，竞争加剧进一步引致无效投资、低水平集聚，使得生产效率损失和环境效率损失的风险进一步演化。当矿业权人的经济理性与社会理性失衡，而公共规制机构的政策安排又偏向于经济理性时，不同矿业权人之间的不合作博弈在经济激励与政治激励的双重作用下，最终引致地区经济增长"资源诅咒"效应的发生。此时，资源富集区将出现经济增长失衡、贫富差距扩大、产能低下、生态环境恶化等一系列经济社会问题。总体上，无论矿业权重叠区不同矿业权人的采掘行为如何随经济增长水平、增长速度的变动而变动，资源采掘生产的最佳决策和效率优化，取决于经济环境所决定的资源采掘市场可竞争性与矿业权人经济理性和逐利动机之间，是否具备了与生产力和生产关系一样的协同关系，其矿业权重叠风险传导的类型及其程度实质上是国家经济环境、资源产业依赖、产业结构、技术水平等要素禀赋约束下所能实现的最佳水平。

从可持续发展的角度来看，影响矿业权重叠区风险生成及其传导的经济环境，应该至少包括经济制度、经济结构、经济效率、经济质量与环境质量等六个方面的内容，而可持续发展关注的重点则在于经济要素从量到质的变动过程。我们知道，现行的经济运行总是在一定的经济制度环境下进行的，经济制度是影响矿业权重叠区资源经济发展的核心要素。按照马克思主义的观点，经济制度是一定阶段生产关系的总和，它决定着资源的社会分配和市场交换。根据生产关系一定要适应生产力发展水平的规律，经济制度对矿业权重叠区资源经济的发展会起到促进或者阻碍的作用。当一个国家的经济制度适应生产力发展时，就能促进经济增长；反之，就会阻碍经济增长。在影响矿业权重叠风险传导的经济环境的评价方面，我们至少可分为客观和主观两个方面：一方面，从客观方面来说，经济环境的质量是指经过某一阶段的经济发展之后，矿业经济的发展过程和结果是否达到了与生产力水平相符的程度；另一方面，从主观方面来说，经济环境的质量则重点表现在人们对矿业经济增长的结果是否感到满意，矿业权重叠区经济社会发展的效率是否处于一种绿色可持续发展的状态。按照现有经济发展理论，一个国家或者地区的经济制度大致可分为计划经济体制和市场经济体制两类，经济体制即为经济制度的具体表现。相应地，其资源经济的发展过程也会经历由粗放到集约、低效到高效、重数量到重质量的效率转变。这意味着矿业权重叠区的产业结构、经济增长速度和资源品供给，也将随着国家经济制度的转型而出现变化，资源采掘过程也将出现由高风险、高强度的资源耗竭向技术型、效率型的集约节约利用转变，进而使得矿业权重叠区的风险传导逐渐弱化，重叠所造成的效率损失、资源浪费等现象也将逐渐转好。所以，一个国家或地区的经济制度、经济结构、经济效率与经济质量等，是引起矿业权重叠区资源利用效率变动，并进而消解矿业权重叠风险的一个重要条件。

资源税，通常也是影响矿业权重叠风险传导的一个重要经济因素。一般来说，资源税的功能主要在于利用税收所反映出来的价格信号，对不同行为主体的生产决策进行调节，以起到调节资源开发和利用效率的作用。对于矿业权重叠区而言，公共规制机构通常可以采取两种方式对不同矿业权人的行为进行调节：一种方式是通过资源税的“从量征收”或“从价征收”，来调节矿业权人的生产成本，以减少其对资源高强度耗竭所带来的资源环境承载力下降的问题，并对矿业权人的垄断性收益进行调节；另一种方式是通过对所获得的资源性税收收入的再分配，扶持采掘企业的技术革新、创新投入、环境保护，以及用于因资源经济发展不平衡所带来的贫困减缓、社会保障等方面。由于资源税会推高矿产品供给的价格，并通过生产链的传导机制将价格上涨压力传导至终端消费商品的供给，并引起社会通胀压力的上升。为了消除资源税给采掘企业带来的成本压力和引致社会消费者剩余减少的风险，采掘企业可以通过技术创新，来降低传统生产方式的成本投入，提升边际产出和边际收益。所以，在不同的国家不同的生产力阶段，基于经济增长水平的差异和资源采掘主体技术能力的不同，公共规制机制对资源税征收的方式、规模及比重等也会表现出较大差异。我们知道，任何一种税收都不会是中性的，必然带来利益的调整与再分配，具体到每一个税种、税率的决策上，看公共规制机构所追求的价值取向是什么，是效率还是公平？由于矿业权重叠区不同矿业权人之间的资源采掘活动具有竞争性，与矿产品市场的消费需求也存在着较为紧密的联系，从而使得针对某一特定矿种的资源税调整成为影响特定矿业权人生产行为、产业投资的经济约束。因此，为了消解矿业权重叠风险的生成与传导，公共规制机构在宏观的税赋环境方面，可以通过对税收征收方式、税率大小、税赋比重等的变革，来达到调节矿业权重叠区不同矿业权人生产成本、生产决策、边际成本与边际收益关系的目的，以引导矿业权人注重对采掘技术的革新，通过技术驱动降低生产成本，通过生产能力的改善来提升资源重叠区的资源利用效率和环境退化风险的消解。

通常，矿产品市场的价格波动，在一定程度上也对矿业权重叠风险的生成及演化也起到了重要的传导作用。首先，矿产品价格的上涨会引发矿业权人向该资源品以及相关的资源采掘生产部门的投资，并诱发社会资本、劳动力等生产要素向资源富集区的资源经济部门集聚，产生要素集聚的“吸附效应”。当国家的信贷环境宽松时，资源富集区的资本融资、投资活动变得活跃，继续推动矿业部门的规模扩张和产品供给的扩大；而当国家基于经济增长多样性、产业结构调整，以及经济社会可持续发展考虑，而收缩矿业部门的信贷时，资本要素变得稀缺，矿业权人在矿产品价格上涨的带动下，趋向于通过民间融资、民间借贷获得资本要素的集聚，而民间融资、民间借贷的利率变动则会直接对矿业权人的生产成本形成影响，间接的将成本压力传导至矿产品供给价格、投资与收益方面。在此情况下，矿业权人为了获得相应的边际收益，对矿业权重叠区的地下矿藏会进行选择性开采，尽可能早并尽可能多地采出地下矿藏中品位高、易采、采掘成本低的那部分矿藏，而对那些品位低、开采难度大、采掘成本高的地下矿藏，则予以丢弃，进而表现出“采富弃贫”“采主弃富”“挖空心”等资源浪费现象，并最终引致矿业权重叠区资源生产率低下、粗放生产、资源浪费等风险。其次，矿产品价格的上涨还会影响到资源富集区的经济结构和产能水平。矿产品价格上涨使资源采掘行业利润增加，不同矿业权人将会基于短视逐利动机，增加要素投入，扩大生产，导致社会资源的重新分配，引起要素集聚水平的变化和产业结构的变动。由于资源采掘生产的周期性，供给对需求的适应性调整具有滞后性，当矿产品价格上涨带来需求增加并进而引致生产规模的扩大时，很可能造成的结果便是生产规模的低效扩张、产能过剩，而当矿产品价格出现波动时，资源富集区的产能过剩问题将会引致矿产品价格的下降，而这又将进一步抑制矿业权人的技术创新投入，从而使得资源采掘业部门陷入低效扩张、产能过剩、竞争恶化、粗放生产、资源浪费、效率损失、产业结构失衡、生产要素错配、经济增长失衡、贫富差距扩大等连锁反应，并最终造成资源富集区陷入“资源诅咒”效应的锁定之中。因此，为了促进资源富集区经济社会的可持续发展，消解矿业权重叠风险的生成与传导，一定程度上得依赖于国家对矿产品市场价格波动的有效调节，通过税收机制、价格机制等经济因素的调整，营造一种有利于矿业权重叠区资源集约节约开采、矿业权人有序竞争的内生性经济环境。

4.1.3 制度环境的影响

“矿业权重叠”的制度成因是什么？除了地下矿藏赋存的自然因素的原因外，各类不同的制度因素在矿业权重叠的形成中扮演着怎样的角色？如何从制度层面进行创新以消解矿业权重叠的风险？对于这些问题的回答，最终都必须归结为对制度因素对矿业权重叠风险的传导机理的剖析，才能找到从根源上实现资源富集区矿产资源集约节约利用以及经济系统、社会系统、生态系统等系统均衡的答案。一般来说，制度环境包括三个方面：一是政治制度；二是经济制度；三是法律制度。从政治制度因素来看，单一制国家和复合制国家在矿业权市场规制的公权力的分配上存在着较大的差异，单一制国家的地方规制机构从上级规制机构获得有限授权，以对不同种类的矿产资源实行分类分级管理，下级规制机构在资源利用的监督与资源性收益分配上的谈判能力有限，在缺乏有效的激励机制和监督机制的前提下，下级规制机构极易做出有利于自身利益最大化的行为，进而衍生出“矿业权重叠”的问题；然而，在复合制国家，地方规制机构的公权力通常来自地方政府的授权，而地方议会在对地方政府施行自然资源管理及资源性收益分配等方面的授权更大，所以，复合制国家的地方规制机构通常有较大的权力和自由度来制订各项规制政策，以应对矿产资源开发利用中所可能出现的各类问题①，在这种环境下，出现“矿业权重叠”问题也有了现实的制度环境。其次，从经济制度因素来看，矿业权配置是通过什么手段来实现的，是靠市场还是靠计划？矿业权财产权归谁所有，财产权与所有者之间的关系是怎样的？以及矿业权的产权制度是如何安排的？对这些问题的回答，则构成了影响矿业权市场发

① 王忠，周昱岑．资源产权、政法竞争与矿业权规制策略［J］．中国行政管理，2015（10）：129－134.

展的经济制度的主要内容。通常，一个国家对矿业权配置可采取的方式有两类：一类是以市场为主导的市场经济制度；另一类是以政府为主导的计划经济制度。在市场经济国家，矿业权的形成通常采取自由标界、协商的方式；而在计划经济国家，矿业权的形成通常采取行政划拨的方式。无论是前者，还是后者，都可能因制度失灵而表现出“矿业权重叠”问题。最后，从法律制度因素来看，由于针对矿业权市场不同矿业权人行为规范的缺失，将引起重叠区矿业权人的越界、越权勘探或开采等行为的发生，进而加剧了矿业权重叠风险的传导。

在资源采掘利用前，矿业权重叠区的矿业权产权制度及其风险演化主要受到一个国家资源产权制度、地方治理制度、资源富集区经济社会发展考核制度以及维系矿业权市场正常有序发展的进入与退出等制度的影响。我们知道，资源产权制度决定了一个国家自然资源所有权的归属，以及不同主体对自然资源所享有的占有、使用、收益、处分等产权结构安排。资源产权制度的安排是实现资源利用效率的政策起点，如若对资源产权结构安排不合理，将会造成资源使用权的滥用，矿业权人积极性得不到有效发挥，以及资源采掘市场的非合作博弈等问题。在市场经济条件下，矿业权重叠区只有具备相关程度的市场可竞争性，才能使矿产资源的使用者珍惜资源、合理利用资源，才会改变资源开发利用中可能出现的无偿使用、采富弃贫、占大用小、占而不用等损害效率的做法，也才能真正使使用者把资源当作资产来保值增值，视资源为资本来创造价值。当然，资源产权结构的过于分散或过于集中都不利于资源利用效率的改进，产权结构的优化对资源利用绩效的影响以及如何发挥产权集中度的效率，是影响资源产权制度安排需重点考虑的问题。在地方治理制度方面，公共规制机构在自然资源开发利用管理中的权力配置、权力架构、政策工具、治理机制等公共管理制度的安排，是决定矿业权重叠风险消解及其规制效率的关键因素。通常，权力因素被视为一种外生性的因素，它会影响到资源产权结构的形成。对于实行自然资源国家所有的现代国家，矿业权市场的产权安排，取决于政府对矿业权赋权的政治过程，除此之外，其产权结构的有效性也会与社会、政治、经济等环境之间表现出一定的相关性和权变性。当地方治理制度不完善时，则很难避免矿业权规制中出现的“道德风险”问题。另外，考核制度，则体现了国家战略层面对资源富集区资源开发利用中社会问题关注的倾向性与选择性，如以 GDP 为导向还是以绿色可持续发展为导向，不同的考核导向，对矿业权重叠区不同矿业权人的行为决策会产生影响的偏向性问题。最后，矿业权市场的进入与退出制度，则主要关注矿业权市场上不同矿业权人之间的产权交易、联营、整合、转让、抵押、吊销、续权、准入门槛等问题。尤其是对于矿业权重叠区而言，因涉及产权的交叉、重叠，为维系重叠区矿业权市场的正常有序运转，促进不同矿业权人之间权利行使的时空协调、权利转让、损害补偿等，是影响矿业权重叠区产权冲突风险生成及外溢的重要因素。

在资源开发利用过程中，矿业权重叠区的资源利用效率和市场可竞争性水平，则主要受到该地区或者国家针对矿业权重叠问题而采取的以维护市场公平、自由、竞争为目的所形成的政策供给的影响。如财税政策、权利金政策、矿业权使用费政策、补偿费政策、环境恢复治理政策、储量变动征税政策、信息披露政策以及信贷政策等。通常，包括资源税、权利金、使用费、补偿费等在内的经济性政策，是调节资源综合利用率水平、资源保护及环境改善等问题的关键，其政策的设计除了部分体现资源所有者的权益之外，更主要是为了调节资源条件差异所造成的资源级差收益，以促进不同品位、丰度矿产资源的集约节约利用。在矿业权重叠区，当存在资源浪费、采富弃贫、恶意竞争问题时，规制部门可对造成资源浪费或效率损失的矿业权人加征相关税赋，当资源采掘生产受到资源品价格波动影响时，还可采用税收累进制政策安排，当企业利润高时，税收征收率就增加，反之，则减少；或者，对于重叠区的资源采掘，对生产难度大、品位低的重叠区矿藏，可实行税收减少或补贴，以激励矿业权人加强对重叠区资源的回收利用。资源开发利用过程中经济性政策的运用，其本质在于对矿业权人的不同生产决策进行价格的修正，而这一修正过程会使得矿业权重叠区不同矿业权人的采掘行为表现出动态变化性的特征。基于霍特林的资源最佳耗竭理论，当资源的净价格（或取得成本）较低时，其所对应的资源需求量则较高，进而使得资源采掘生产者的初始开采量较大，资源耗竭的强度也相对较高。从这一点来看，当资源富集区既存在矿业权重叠问题，又存在资源低价或无偿使用时，矿业权人对资源的粗放利用、资源掠夺、耗竭性开采便不可避免，并进而将其风险传导至资源利用效率的损失及资源与生态环境的破坏方面。因而，资源开发利用过程中的政策供给应首先考虑如何有效对资源品采掘过程进行价格修正，使它真正反映出资源的价值及生态环境价值，其政策工具的选择既包括税、费、补贴等在内的经济性工具，也包括进入管制、技术性壁垒等在内的社会性工具。除此之外，还可能包括对矿业权价格评估、资源回采率监控、安全生产监管等在内的辅助性工具的选择与运用。

在资源开发利用之后，影响矿业权重叠及其风险传导的制度因素包括生态补偿、环境保护、资源性收益分配、民生改善、可持续发展能力促进以及矿业权人社会责任制度等方面。一般而言，矿业权重叠区的资源开发利用会带来的环境问题主要表现为以下几个方面：（1）地下矿藏储层的破坏、矿藏减少、矿区沉陷；（2）资源开采产生的固体废弃物堆存侵占和破坏矿区周围的土地，导致严重的崩塌、滑坡、泥石流等地质灾害；（3）破坏水体、废水漫流，造成水土污染日益严重；（4）无序私挖乱采造成的植被破坏、土地沙化以及荒漠化等问题；（5）空气受到污染，酸雨频降，对周围的人和牲畜健康造成严重危害。通常，我们说矿产资源既是经济资源，也是生态环境的一个构成部分，矿业权重叠引致的生态环境的破坏不仅带来经济资源价值的损失，同时也给资源富集区的发展带来严重的影响，甚至威胁到当地的社会稳定与发展。另外，由于矿业权重叠区不同种类矿产资源的战略价值不同，其所产生的资源性收益也往往在不同权利主体之间进行分配，当资源属地的资源性收益与矿业权人或不同层级规制机构的资源性收益出现失衡时，不同资源属地对重叠区资源利用的约束、协调将偏离各方利益关系的最佳结合点，进而使得重叠区的资源利用风险进一步生成和演化，尤其是当资源性收益与生态补偿或环境修复成本偏离时，容易引起地方规制机构弱化对生态环境的监管，并出现急功近利、高强度消耗资源和破坏环境的现象。同时，建立健全资源性收益分配制度，也是促进资源富集区改善民生，提高人民收入水平，促进经济社会和谐可持续发展的重要保障。除此之外，矿业权重叠区不同矿业权人的资源采掘行为不能只片面追求资源开发利用的经济效益，同时还应考虑资源开发利用所带来的社会效益和生态效益，这就要求矿业权人从配置资源开始生产直到完成了矿产品供给并获得资源性收益为止，应明确自己所应承担的“社会责任”，正确处理好与周边地方政府和矿区群众的关系，消除和缓解矿业权重叠引致的权利冲突和利益纠纷，以走向合作共赢的可持续发展之路。

在矿业权重叠风险的消解方面，关键在于应对矿业权重叠问题的外在制度是否有效实现了资源开发利用的多目标均衡。这种外在制度通常是由国家或公共规制者自上而下设计出来的、强加于矿业权重叠区矿业权市场并付诸实施的正式制度。这种制度被清晰地制订在法规、政策之中，并要由拥有正式权威的公共机构来正式执行，并配有相应的惩罚措施。它可以是具有普适性的禁令性制度，以体现在资源法、环境法、刑法之中；也可以是具有特殊目的的政策规范，以对矿业权人可以干什么、怎么干起到干预和调节的作用。公共选择学派的代表人物布坎南有一个重要的观点：规则重于结果，规则本身的好坏影响到个人福利和社会效用的均衡，但规则的好坏取决于形成规则的规则，即形成集体行动方案的规则，是一种“事前”的行为规则。由于这种规则可以影响到矿业权重叠区的经济效率、社会效益及生态效率，所以这种规则本身就是一种公共物品。公共规制机构在提供这种公共物品时，应基于成本—收益的原则来进行决策，以寻求一种决策成本和社会成本最低的行为规则。然而，在选择这些规则时，对其进行的成本收益分析面临着难以准确测量的操作困难，因为存在着大量的信息不对称问题，而且众多权利主体的效用函数存在着较大差异，很难判断哪种规则效率最优。为了避开这一问题，往往可采取对规则偏离资源可持续开发利用的目标可能性的分析，以选择一种偏离最小的规则。按照制度经济学的理论，适宜的制度安排能起到降低交易费用和优化资源配置的作用。在矿业权重叠区，由于产权交叉、重叠而形成的公共域和产权残缺，导致市场机制的功能发挥受到限制，进而产生“租值耗散”和“公地悲剧”问题，所以，加强对矿业权重叠区各矿业权人之间相互关系的规范，可以起到减少权利行使中的不确定性和交易费用，进而保护相关权利人的产权，增进生产性活动的功效。另外，这种外在制度本身也处于不断的演化和变迁之中，不同的演化和变迁路径将影响到外在制度和矿业权重叠区市场运行结果的适应性，其动态演化的过程受到生产力发展水平的制约，其核心在于维护各方利益主体在矿业权重叠中实现各自利益诉求的效率与公平。因此，矿业权重叠风险消解的制度设计是否能实现博弈各方的利益均衡，从而实现各方利益的共同改进，就成为了实现矿业权重叠区资源可持续利用与经济社会可持续发展的核心问题。

从某种意义上说，解决矿业权重叠问题，还须注重矿业权市场内在制度的功能发挥，以促进矿业权重叠区不同矿业权人之间的团队协作和道德风险防范，实现一个可供大家共同遵守的集体行动规则。这种集体行动规则的达成，可以是不同矿业权人基于资源开发利用的习惯、经验，为促进矿业权重叠区生产活动的有效开展而自发形成的一套行为规范。在重叠区的资源勘查开采中，不同矿业权人之间往往选择非合作博弈以最大化自身的收益，除非重叠区的不同矿业权人之间彼此高度信任，并达成资源开发时间、空间次序安排的协作。但是，一般来说，合作并不总是成功的，当重叠区的矿业权数量相对较多时，就不能只依靠矿业权人之间的相互信赖来维持竞争中的合作。

这时，就需要根据每个矿业权人资源勘查开采的时间长短、技术高低、生产能力等来确定合作的原则，以分配资源开发利用可能实现的边际收益。但是，重叠区参与合作的不同矿业权人之间的边际收益并不能直接地被观察到，由于不同矿业权人的边际投入和边际收益都纳入其效用函数中，矿业权人在合作与不合作之间作出权衡，当不合作可能带来超额边际收益时，其采取机会主义行为的可能性就相应地得以增加。这时，为了促进不同矿业权人之间的竞争与合作，就需要对其行为进行分散的监督和控制，通过监督与控制尽量准确分配合作生产所带来的边际收益从而使不合作竞争得以减少来获得生产者剩余。监督的作用在于搞清楚矿业权重叠区不同矿业权人究竟为形成有序的资源开采秩序提供了多少服务，其边际收益与边际成本是多少，以及对其他权利人带来了怎样的影响。但是，监督并非是没有成本的，随着监督程度的提高，监督所耗费的成本也相应增加，以至于我们很难通过监督实现资源重叠区的帕累托效率改进。监督者在监督过程中，除了对矿业权人行为信息的监管外，还应具有一些必不可少的权力，如具有修改合作契约和在不中止或不改变其他矿业权人的契约的前提下，给予个别矿业权人激励的权力。

4.2　矿业权市场的规制安排：决定因素

规制，是一种规则，是公共机构基于国家强制力而设计出来的约束微观经济主体权利义务关系而形成的一套行为规范，它是为决定人们的相互关系而设定的一些制约。一般而言，影响规制形成和规制效率的因素包括人们基于某项权利而展开讨价还价的能力、排他性产权制度、法律制度以及规制的执行效率等方面。因此，针对矿业权市场有效运行的规制安排是一个涉及经济学、法学、环境学、管理学等多学科交叉的问题，新近的规制理论学派对市场失灵、行为失范以及外部性损害等问题也提出了较为完善的理论支撑。矿业权规制中有许多经典的政策工具，例如，税收、收费、许可证、押金——退款、可发展权转移以及信息共享披露制度等，这些工具的设计与运用事实上都与产权密不可分①。通常，对矿业权重叠引致的产权残缺的修正

① 王忠，周昱岑．资源产权、政法竞争与矿业权规制策略［J］．中国行政管理，2015（10）：129－134.

过程是相当缓慢的，而许可、限额以及税费等政策工具均可被视为是对财产的一种真实的权利，矿业权产权所涵盖的权利边界、内化机制以及剩余索取权的分配等问题是触及这些政策工具的核心。随着越来越多的资源变得稀缺而缺乏弹性，其产权的权利结构与内化机制对资源利用效率的促进作用将变得越来越重要；但另一方面，对资源产权的公权规制依然是有效消除资源浪费、环境破败等外部性问题的必要手段。现在的主要问题是这些工具很少被合理地使用，在不同国家、不同初始条件下，这些政策的效用也体现出了阶段性和差异性的特征。矿业权规制政策的好坏，关键要看矿业权政策是否能实现矿产资源开发利用中的效率与公平，促进资源最佳利用、环境保护、生态效益和经济社会发展的多目标均衡。针对矿业权重叠的规制改革，重要的是要使用以市场为基础的方法（如“避让者获偿”“占先者购买”“保证金”等），来建构以经济性规制为主、社会性规制为辅的政策供给。因此，着重从矿业权市场的政府规制角度来探讨矿矿业权重叠问题的规制政策安排，是解决矿业权重叠及其风险传导问题的关键。

4.2.1 环境规制的约束效应

环境规制，是社会性规制的一项重要内容，是政府为纠正、改善市场机制的内在问题，而对经济主体（如矿业权人）活动所造成的环境退化进行干预的一种公共政策安排，其目的是促进环境与经济社会发展目标的协调。在环境规制的研究中，经济学着重于考察如何约束微观经济活动主体个体的行为规范，在其经济理性与社会理性的发挥中寻求平衡，以维护社会群体的环境权益，其政策设计的核心要义在于如何促进个体边际收益与社会边际成本的均衡，以解决社会环境成本与个体边际收益失衡所带来的环境负外部性问题，以促进社会福利的帕累托改进。相对而言，管理学在环境规制安排及其政策设计上的研究与经济学具有相近性，也是基于市场失灵及其经济人理性的有效发挥，而进行的政策工具的选择及制度设计。管理学对环境规制安排的关注，焦点在于如何促进生产者生产决策的优化，通过政策供给以提升资源采掘的产出效率、规模效率和生态效率的均衡，而采掘政策通常有税收政策、产业政策、技术促进政策、矿业权市场准入政策等。管理意义上的环境规制设计，更重要的在于公共规制主体作为社会公共利益的代表，应基于社会福利的改进而对矿业权重叠区不同矿业权人的行为进行调节，对环境退化所造成的潜在风险进行消解，以形成一个均衡的规则体系，以体现对社会公众环境权利的保护与促进。另外，法学层面的环境规制安排，则主要关注于社会群体环境权利的公法与私法保护，以及权利保护的程序正义、契约自由、司法公正及执法效率等问题，它主要基于私权自治和公权干预来实现对矿业权重叠环境下相关群体环境权益的权利保护。我们知道，矿业权，是一种具有排他性和竞争性的资源产权，然而，矿业权重叠区不同矿业权人在资源利用过程中，这种排他性和竞争性都受到了一定程度的约束，不可避免地会对其他权利人造成实质性损害，并引致环境负外部性问题。所以，国家对于矿业权重叠而开展的环境规制的策略重点，在于环境规制政策工具的合理选择，以对不同矿业权人的环境负外部性行为进行纠正，并对其资源采掘的行为决策、生产决策形成约束效应。

如前所述，环境规制是由于市场机制存在着产权残缺、信息不对称、不确定性和不完全竞争等原因而导致的市场失灵问题，而由公共规制机构对市场进行调节所作出的干预行为。但是，环境规制的政策效应也受到诸多因素的影响而表现出较大的差异性，因而环境规制同样也存在着失灵问题。首先，环境规制具有自由裁量性，公共规制机构基于矿业权人信息和环境退化信息的掌握程度，来制定相应的环境规制标准和政策。在这一过程中，规制政策的制定和执行受到规制机构、产权人、社会权利人等之间谈判能力的影响，谈判能力强的利益团体可能与规制机构之间形成合谋关系，而使得环境规制的标准偏离社会福利改进的最优状态，引起资源性收益在社会不同群体间分配的失衡。除此以外，规制机构也可能基于地方经济社会发展、资源性财税收益分配或创租寻租的考虑，而表现出倾向于支持部分矿业权人环境损害行为的发生，进而表现出“规制失灵”的问题。其次，环境规制体制通常由一系列的科层组织构成，不同层级之间的目标往往不一致，并且规制机构限于监督成本、执行成本的考虑，往往对环境破坏信息的监督和获取并不充分，这就使得矿业权重叠区环境破坏信息的分享和传递出现不对称和信息失真的问题，进而使得环境规制的执行力度受到削弱；同时，规制机构在制订环境规制标准时，常常是基于资源性收益的最大化，而不是环境破坏成本的最小化为目标，其环境标准并不能按成本—收益原则来进行优化，从而出现规制效率低下的问题。再次，规制过度或规制不足均可能加剧矿业权重叠区环境退化风险的传导。规制过度会增加矿业权人的成本投入，影响其生产决策，使得重叠区地下矿藏开采可能出现采富弃贫、采主弃副、挖空心和减少安全防护、采空区恢复治理的投入等问题；而规制不足则会导致资源采掘市场的价格信号不能真实反映环境的美学价值，从而使资源重叠区地下矿藏遭受过度开采或破坏性开采，造成储层破坏、地下水体污染、地表植被减少等生态环境的损失。

按照 Porter（1991）提出的环境规制假说，环境规制可以起到促进技术进步、技术创新，提升资源利用效率和减少环境退化的作用，并使企业获得“创新优势效应”的作用，从而在一定程度上补偿矿业权人因环境规制所导致的成本上升，进而促进资源开采生产效率的提升①。根据波特的理论，在短期内，环境规制会增加矿业权人的生产成本，挤占矿业发展所需的资金，从而对资源采掘生产的规模扩张带来不利的影响；但是，从长远来看，环境规制可以起到促进、引导矿业权人进行市场所需的有效创新，进而改进其生产效率、促进资源集约节约利用的作用。由于自然资源采掘市场的特殊性，矿业权市场常常存在一些实力相差悬殊的矿业权人，进而表现出较强的不完全竞争性。在资源富集区，由于资源丰裕、资源分布性状复杂，当经济社会对矿产品的需求增加，而采掘技术、生产能力及环境规制不足时，资源富集区的资源利用，极容易出现“公地悲剧”的现象，即资源富集区不同矿业权人之间就地下矿藏的开发利用展开不完全竞争，进而引起矿业权人对地下资源的粗放利用、浪费、高强度耗竭、资源破坏、环境退化等问题，并造成不可再生矿产资源开发利用的“低效、浪费”与“地表压占、采空区塌陷、生物种群多样性下降”等现象。矿业权重叠区环境负外部性问题由此而产生，并伴随矿业权重叠区资源配置效率的损失和竞争失衡，一起构成矿业权市场的“市场失灵”现象。为了解决市场失灵问题，依据经济学理论，可采取建立内部市场或政府规制的方式加以解决，前者是在矿业权市场中建立外部性的内化机制，以实现权利主体间的协作、交换、整合，强调产权人之间的自由谈判和契约的达成；而当这种自由契约无法在产权人之间自由达成，或即使能达成这种自由契约，但产权人所需付出的谈判成本、精力投入、执行成本、监督成本较高，而产生的边际收益又较小时，就需要通过公共规制机构对这种失灵现象进行干预和调节。所以，这就需要充分发挥矿业权市场机制和矿业权规制两种手段的功能，以消解资源富集区矿业权重叠所可能引致的风险。

---

① Porter，M. E. America's green strategy［J］. Scientific American，1991，264（4）：168.

从生态环境影响的角度看，矿业权重叠可能增加重叠区矿山开采后的地质生态修复的难度，并引起有害气体排放、储层破坏、采空区塌陷、矿体性状改变等生态破坏事件。一方面，矿业权重叠区的采掘企业，对于矿体厚度、走向、倾角及围岩较为稳固的采区，通常会采用自然垮落法来处理采空区引起的地质风险，当采空区自然垮落后，围岩上盘的岩层出现移动，随之改变了重叠区其他矿床的地质分布性状和结构，增加了该矿床的采掘难度；另一方面，矿业权重叠区的采掘企业，如不能有效加固采空区的围岩、支护设施，并处理矿物开采后留下的矸石、脉石、有害气体、粉尘、烟雾以及其他废弃物，就可能引起矿区排水系统渗漏、围岩松动、矿体移位、矿体结块、矿压冲击、顶板冒落等地质灾害事件，加重其他矿业权人安全作业的风险，对重叠区块其他矿山企业的安全生产系统也会构成实质性的威胁。除此之外，矿业权重叠区部分竞争能力弱小的矿业权人，在短视效应的作用下，加强对资源的抢采、盗采、漏采，其结果则可能引起地下水位的下降，地表耕地和植被的破坏，地表水土流失，以及矿体破坏、资源浪费等生态环境风险。在矿业权市场处于发展起步的初级阶段时，矿业权市场的产权交易、权责关系、行为规范、经济关系等均不完备，使得矿业权重叠区不同矿业权人的生产决策、环境保护等均处于一种次优效率的状态。在这一阶段，一个国家或地区的发展战略在于如何对矿业权市场进行培育，并对市场体系的形成进行引导、调控，以让矿业权市场在矿产资源的优化配置中起到关键性的作用。但是，由于影响矿业权市场发展的市场环境、经济环境和制度环境均不成熟，导致对于资源富集地区具有伴生性、共生性特征的地下矿藏在配置矿业权过程中出现产权的交叉、重叠，并引致环境退化风险的上升。当矿业权市场处于健全、发展完备的中高级阶段时，矿业权市场的完全竞争性进一步得以增加，产权失灵现象能有效通过市场的信息充分、产权约束而得以缓解。这时，国家针对矿业权重叠而作出的产业政策、环境政策、技术政策等都会对矿业权人的行为产生约束作用，进而起到风险消解、促进资源富集区可持续发展的作用。

影响矿业权重叠风险传导的环境规制工具主要包括三类：第一类是为促进矿产资源合理开发利用和环境保护所运用的命令—控制型环境规制工具。其工具形式主要表现为公共规制机构为消解矿业权重叠风险而制定的技术标准、绩效标准、禁令标准和许可证配额等制度，这种政策安排对于矿业权重叠区不同矿业权人的行为具有刚性约束效应，一定程度上会引致矿业权人生产效率的损失。通常，在运用技术标准进行规制时，环境规制机构需要先根据资源采掘所造成的环境成本和个体边际收益来确定能使社会福利最大化的环境价值损失量，然后选择能实现环境改善的技术标准，要求矿业权人加以遵守执行。第二类是为促进矿业权市场健康发展而运用的市场—激励型环境规制工具。这类工具是政府为促进矿业权市场的技术创新，提高矿业权人的生产效率，利用市场机制所设计出来的环境政策，如环境税、污染收费、可交易的排污许可证、补贴、押金返还或环境恢复保证金等，以激励矿业权人减少对环境的损害，从而使得资源采掘的环境效率损失最小化。这种激励性的环境规制工具有利于矿业权人选择合适的采掘技术，以减少对矿业权重叠区环境退化的影响。但是，这些工具的选择与运用也存在一些不足之处，如，（1）环境税的计税依据须依赖于对环境价值的客观评估，而这在实践操作中却很难能做到评估的客观、准确，即使能做到其所需付出的成本也很高昂，所以其应用范围受到了很大的限制；（2）可交易的排污许可证、补贴等工具，在市场不健全时，则很难能有效地发挥作用；（3）环境税、污染收费、补贴等工具对矿业权人行为的约束和调节存在“时滞”效应，并且当存在环境规制弱化问题时，这些工具对矿业权人的行为约束又会表现出“约束不足”的问题；（4）押金返还或环境恢复治理保证金工具，虽然强调潜在的环境破坏者先支付押金或保证金，如果他最后能证明其行为并未造成对环境的破坏，就可以获得押金或保证金返还，但是押金或保证金征收过高时会使矿业权人承受较大的资金压力，影响其生产投资，而押金或保证金征收过低时又会使矿业权人表现出投机主义行为。第三类是为减少环境规制成本，而采掘的自愿型规制工具。这类工具强调公共规制机构与矿业权人存在合谋的可能，并且施行有效的环境规制需要支付相应的监督成本、执行成本，基于信息不对称和规制成本的考虑，鼓励矿业权人与环境受损者之间通过谈判、签订契约的形式，以减少其环境负外部性行为发生的概率及其程度。

对于矿业权重叠而言，环境规制工具的政策效应可能主要受到以下几个方面因素的影响：一是分权体制下地方政府间的环境规制是否存在“逐底竞争”？当地方政府的绩效考核以 GDP 为导向时，地方政府往往对矿业权重叠区的环境规制标准制订、污染收费等可能存在规制弱化的现象，进而导致矿业权人在矿业权重叠区形成“环境退化避难所”效应。二是信息不对称条件下环境退化风险的认识程度。由于矿业权重叠区的环境退化具有隐蔽性、价值难以估量性等信息不对称性特征，民众没有正常的渠道获知矿业权重叠区环境退化的程度、价值损失等信息，作为行为主体的矿业权人在矿业权重叠区的资源开采行为，难以受到规制机构和民众的有效监督，进而使矿业权人在应对规制机构的监督、检查过程中，隐匿环境损害信息逃避监督和检查，而当环境退化事故发生后，公众或规制机构才知晓矿业权人对环境破坏所造成的影响。三是环境美学价值的合理评估和环境补偿标准的客观制订。环境价值定价过低或无价，矿业权重叠区的不同矿业权人肆意开采地下矿藏，通过高强度耗竭，引致矿业权重叠区生态环境的破坏，难以形成对矿业权人环境负外部性行为的内化机制，进而使得环境规制对矿业权人环境负外部性行为的约束弱化；而当这种环境负外部性行为切实发生后，环境规制对其作出的处罚、赔偿、恢复治理等补偿机制又难以补偿相关权利人所遭受到的生态环境价值损失时，环境退化的风险便由此而向外溢出，并加剧区域生态环境的恶化。因此，应基于环境规制政策效应的影响因素，来构建一种有利于环境规制政策工具效应发挥的政策环境。简单的选择命令型、市场型或自愿型的政策工具都可能存在着政策的失效，应根据不同的生产力阶段和不同的市场环境、制度环境，来对矿业权重叠区的环境规制工具进行选择。如，市场型工具的运用，应结合特定阶段的宏观经济环境和矿业权市场供求关系，通过矿业权重叠区矿业权人行为信息的分享，来构建一种信息充分的市场环境，并结合对环境美学价值的客观评价，以建立起环境负外部性的内化机制；控制型工具的运用，则须建立在有效的权力分工、监督考核的机制之上，以防止环境规制中“道德风险”和“逆向选择”等现象的发生。

4.2.2　经济规制的激励效应

经济规制，是为了防止因垄断、信息不对称等原因所造成的要素错配、生产低效、价格不公、分配失衡等问题，而运用价格、产量、许可和认可等手段，对企业的生产决策、要素配置、进入和退出等进行干预和调节的行为。在实践中，针对矿业权重叠问题而采取的经济规制，实质上是为了解决矿业权重叠区资源采掘市场在与宏观经济环境、市场环境的相互协作、相互影响过程中所表现出的各类经济性风险。这些经济性风险既包括不同矿业权人在资源采掘生产中所表现出的效率缺陷、要素错配及垄断竞争等生产性风险，也包括因矿业权市场的价格失真、产业结构失衡等所带来的分配性风险。对于矿业权重叠风险及其传导而言，由于矿业权重叠区地下矿藏的开采具有成本弱增性，在矿业权重叠区，由某一个矿业权人开采所有的地下共生性和伴生性矿藏的成本小于由多个不同的矿业权人分别开采这些地下矿藏的成本之和，进而能在边际成本投入减少的情况下获得相等或更优的边际收益，因而多个矿业权人的联营或整合，将相比单个矿业权人分别开采相同数量的矿产品，会表现出更高的盈利水平和产出效率。但由于矿业权重叠区存在多个不同权属或不同种属的矿业权人，其采掘能力的差异较大，如果不对它们进行规制，这些矿业权人的经济理性将超越社会理性而引致经济理性的越界，并表现出诸多引致效率损失或福利损失的行为。另外，在矿业权重叠区，由于信息不对称现象更为突出，不同矿业权人未必拥有充分的信息以决定在多种多样的价格和生产决策中，选择哪种最好，结果难以实现矿业权重叠区资源采掘的帕累托效率最优。并且，矿业权人为了实现其利益最大化目标，完全有可能在信息有限充分的条件下，采取次优化决策，以引致资源利用效率的损失或生产低效、投资低效等现象。所以，为了确保规模经济和促进生产效率的优化，对矿业权重叠区的资源采掘市场实行价格规制、进入规制、产业规制显得尤为必要。因为，价格规制可以起到实现资源有效配置，促进生产者剩余和消费者剩余均衡的作用；进入规制则可以起到限制矿业权重叠区的过度竞争，促进资源采掘市场完全竞争性的作用；产业规制可以起到调整产业结构，促进产业核心竞争力的作用。可见，经济规制有利于为矿业权重叠区的资源采掘市场建立起一个有序竞争的内生性经济环境。

按照资源经济理论，资源的净价格（或所有权价值）决定资源需求与供给的变动，当净价格逐渐上升到一个窒息价格时，社会对资源的需求会降为零。所以，对于矿业权重叠区的资源最佳开采而言，一方面需要建立起一套有效的资源产权机制，以驱散产权残缺所带来的“租值耗散”；另一方面则需要通过价格机制，对生产者的生产行为进行调节，以优化社会对矿产品的需求与供给关系。通常，经济社会中矿产资源开发利用的效率主要受到社会贴现率、开采强度、生产成本、耗竭时长等方面因素的影响。由于生产成本、外部性及个体经济理性、风险偏好等因素的影响，资源采掘市场并不能有效解决资源最佳利用和风险消解的问题，从而需要通过相应的规制政策的设计来加以应对，对价格信号可以发挥作用的问题，建立起明确的经济性规制安排；而对价格信号无法发挥作用的问题，则需借用社会性规制、辅助性规制等工具的选择来加以应对。例如，价格信号的发挥方面，可采取的政策工具有：资源税、资源使用费、环境补偿费、矿产品价格、社会贴现率、信贷利率等；价格信号无法发挥作用的方面，可采取的政策工具有进入管制、技术性要件、安全监管、生产率考核、产能淘汰、环境标准、社会责任等方面。由于矿业权重叠增加了矿业权市场的不完全竞争性，具有垄断地位的矿业权人一开始可能会限制产量，抬高资源品初始价格；当矿业权重叠区参与竞争的矿业权人增多时，资源采掘市场的竞争性得以提升，单个矿业权人通过产量控制以影响资源品价格的策略受到影响。这时，具有不同生产规模、生产能力和产出水平的矿业权人，在矿业权重叠区展开信息不对称条件下的不完全竞争，从而表现出生产效率和资源利用水平的差异。为了促进矿业权重叠区资源的绿色、高效开采，公共规制机构需要对不同矿业权人的生产决策进行调节，对潜在的市场缺陷进行价格修正，以使市场之手在矿业权重叠风险的消解中起到应有的作用。在价格修正的过程中，矿业权人的生产行为常常会表现出动态变化的特征。如，当资源的净价格（或取得成本）较低时，其所对应的矿业权人对资源的采掘量（或需求量）则较高，而对应的资源开采量则较大，资源耗竭的强度也较高，资源完全耗尽的时点将提前到达。从这一点来看，资源的低价或无偿使用，是造成资源破坏或利用效率损失的关键原因之一。

我们假设在矿业权市场上，一个富含不同品位矿藏的矿体，由两个具有不同生产能力的矿业权人（厂商）进行开发生产。那么，对于高品位的储量矿藏而言，其需求受价格影响的弹性较小，产出品的市场价格优于低品位产出品，如图4－1、图4－2所示，*D*1、*D*2分别为不同品位矿产品的需求曲线。在正常的条件下，任何矿业权人为使其利润最大化，都会生产 *OX* 个产出单位，并且只要市场售价超过平均成本就会产生利润，如果市场价格达到 $0C_1$ 或 $0C_2$ 的水平（$MC = MR$ 处），市场实现供需均衡，生产高品位产出品的矿业权人总利润为长方形 $P_1S_1Y_1Z_1$，显然高于生产低品位产出品的矿业权人总利润 $P_2S_2Y_2Z_2$。现在，如果将矿业权人的不同生产能力考虑在内，那么，具有高生产能力的矿业权人理论上其边际产出成本和平均产出成本会相对更低，所以，同样产出量的利润总水平将高于长方形 $P_1S_1Y_1Z_1$ 或 $P_2S_2Y_2Z_2$，而获得超额利润；相反，低生产能力的矿业权人，其利润总水平将低于各自对应的水平，也低于社会平均水平。另外，政府针对不同生产能力的矿业权人，可以从其企业总利润中提取一定的比例用于社会的再分配（如，环境治理），如图4－1、图4－2中深浅不一的阴影部分，各图中较浅部分则为政府所提取的部分，它对矿业权人的生产成本实际上起到调节作用。然而，现实中矿业权人的实际行为可能与模型分析大相径庭。矿业权人并不一定会采取利润最大化的策略（即精心地生产到边际收益曲线与边际成本曲线相交的那一点），其现实的困境在于：对于矿业权人而言，高品位矿藏与单位低品位矿藏的边际生产成本相差无几，但边际收益却会出现较大差异。如图 4－2 所示，要实现相等的收益水平，低品位矿藏的产出量必须增加，随即，产出的边际成本与平均总成本都将增加，而市场价格却相对更低。所以，相对于矿业权重叠区的经济规制而言，其经济性政策工具的设计如果不能巧妙地将储量动用的品位信息反映到资源税费的设计之中，对资源回采情况进行奖优罚劣，那么，就无法对矿业权人的生产决策起到应有的激励效应，矿业权人的理性选择将是优先、加速对高品位储量的开采，而放弃对低品位储量的保护。如果再遭遇到矿产品的市场价格呈波动上涨的情况，这时，不同矿业权人的策略性行为则可能会逐渐演变为对重叠区资源的掠夺。

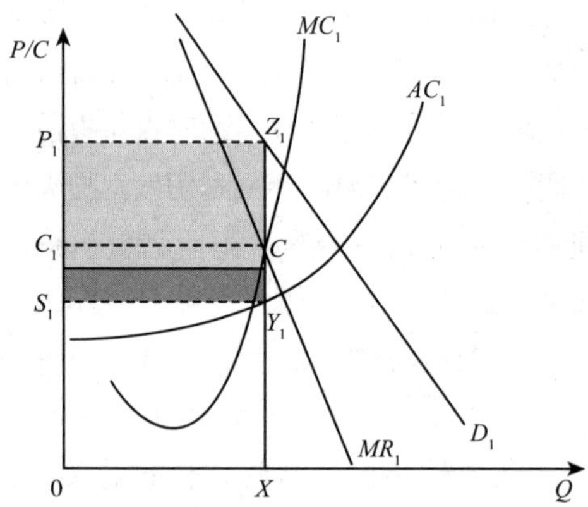

图 4－1　高品位矿产品的厂商利润（缺乏弹性）

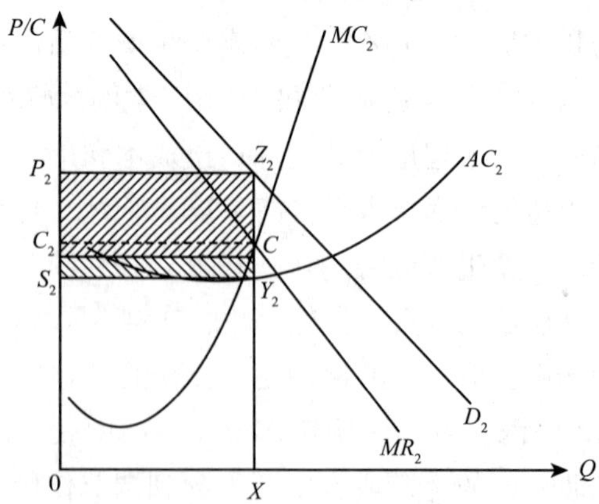

图 4－2　低品位矿产品的厂商利润（富有弹性）

所以，从经济规制的角度来看，矿业权重叠风险及其传导的问题本质上就表现为一个经济性的问题。重叠区不同矿业权人的资源采掘行为在很大程度上由矿业权人的经济理性和经济利益所决定，本质上是一个包含个体经济理性与社会理性在内的生产决策问题。经济理性以追求市场效率和自我利益为目标，而社会理性则以追求社会公平正义和福利改进为目标。在矿业权重叠区，不同矿业权人基于经济理性在追求边际收益最大化的过程中可能发生“自利行为”与“损人行为”，造成资源开发利用的外部性问题。在不同的经济环境中，经济理性发展的程度可能受到一些经济因素的影响，而表现出不同的行为结果。如当一个国家的资源税、环境税因素，无法通过价格信号的调节作用来对矿业权人的生产行为进行有效调节时，矿业权重叠区不同矿业权人的行为选择，可能便是加大对资源富集区的高强度耗竭和粗放利用，使其造成的环境成本由社会或其他人承担，从而引致社会福利改进的非帕累托最优。对于矿业权人而言，经济理性是支配每一个人生产决策和行为范式的基本动因，它可以充分地调动矿业权人内在的占有欲，并尽可能使其朝有利于自己的方向实现资源性收益的最大化。但是，基于经济环境和经济理性而形成的各种经济关系，绝不是一种零和博弈，而是一种所有参与其中的人们都需要实现其利益增长的经济社会互动机制，否则这种经济环境必定失去推动经济社会和谐可持续发展的基础。因此，为了约束矿业权重叠区不同矿业权人的行为决策，使其经济理性与社会理性良性互动，并形成合理有序的竞争格局，必须对与之对应的各种经济因素进行调节和重塑，以形成有利于矿业权人经济理性合理张扬的经济环境。这样，矿业权重叠区矿业权重叠风险的生成与传导问题就变成了在特定经济环境下矿业权人最佳策略选择的问题，以实现矿业权人经济理性与社会理性之间的均衡。这里的“最佳策略”指的是基于社会理性的合理诉求，在特定经济环境下所采取的最优生产决策。所以，针对矿业权重叠而采取的经济规制，就变成了在特定的经济环境下，如何促进矿业权重叠区不同矿业权人之间形成竞争有序、生产高效的市场格局，以促进矿业权重叠风险的消解。

对于矿业权重叠风险的经济规制而言，其规制的目标主要体现为以下四个方面：（1）实现资源的有效配置。在矿业权重叠区，经济规制的重点在于防止市场价格信号失真所引致的资源配置低效，以促进经济社会福利的帕累托改进。这里的价格失真既包括矿业权出让与流转环节的价格失真，也包括调节矿业权人采掘行为外部性大小而引致的价格失真。如重叠区矿业权出让价格与真实价格偏离所引致的价格失真、环境补偿费无法反映环境退化成本引起的价格失真、资源税无法有效调节资源条件差异所造成的资源级差收益而引起的价格失真等。(2) 提高资源采掘的生产效率。由于矿业权重叠区存在多个不同的矿业权人，且矿业权人之间的技术能力存在差异性，因此有必要对矿业权人之间的不完全竞争进行调节，以促进矿业权人对生产要素进行优化组合，以提升生产率水平。对于矿业权人的生产决策而言，经济规制的重点在于通过对矿业权人生产过程的投入与收益关系进行价格调控，对未能达到或超过社会平均生产率水平的矿业权人实行价格罚没或价格补贴措施，以使矿业权重叠区不同矿业权人的生产率水平回到资源采掘市场的平均生产率水平，对低效的采掘工艺、生产流程进行淘汰。(3) 避免资源性收益分配对其他群体造成的损害。资源税、补贴、环境退化罚没等，都会起到影响资源性收益分配的效果。如果这些政策工具无法有效调节资源禀赋差异所形成的资源级差收益，将引起生产者剩余和消费者剩余分配的失衡。所以，矿业权重叠区的经济规制有必要通过相关政策工具的选择，对资源性收益分配进行调节。(4) 促进矿业权人竞争力的提升。矿业权重叠风险的传导在一定程度上受到矿业权人技术水平、生产能力等因素的影响，需要矿业权人不断进行发展能力的优化，以提升资源的集约节约利用水平。这就需要一方面通过对矿业权价值进行客观评估来确定矿业权出让、流转环节的价格，并结合信贷政策、准入政策的限制对矿业权市场形成进入壁垒，限制技术能力不足、资本构成不符合条件的矿业权人进入矿业权市场。另一方面，须采取价格规制和投资规制，以限定矿业权交易在一定时期内的最高限价或最低限价，并防止出现过度竞争、重复投资等问题，从而促进矿业权市场的健康有序发展，并保证矿业权人的投资效率和效益。

通常，矿业权重叠风险的传导还会受到矿产品价格波动的影响，进而表现出无效投资、重复投资、生产过剩、产能低端等现象。当矿产品价格上涨时，技术能力不足的矿业权人会加大对资源富集区地下矿藏开采的生产投入和规模扩张，加大矿产品供给，以解决因矿产品价格上涨形成的需求短缺问题。而在这些情形下，如果遭遇到经济规制的不足或弱化时，不同矿业权人的生产决策则可能是尽可能减少对难采、生产成本高、伴生性共生性强等资源的开采，以追求短期内边际收益的最大化，从而进一步加剧资源富集区采主弃富、采副弃贫、挖空心等现象。当矿产品价格下跌时，由于资源采掘生产规模的收缩具有滞后性，不同矿业权人在遭遇矿产品价格下跌时，产能过剩问题难以在短时期内得以缓解，而为了保持在既定的生产规模的情况下，能获得与矿业投资相匹配的经营性收益，矿业权人唯一的选择就是对矿业权重叠区地下矿藏进行有选择性的开采，尽可能早采、快采、采尽地下矿藏中品位高、生产成本低的矿藏，而对于品位低、生产成本高的矿藏予以丢弃，造成资源的浪费和回采困难。因为，在地下矿藏一个工作面的采掘生产完结之后，需要等待该矿区地质沉降若干年并形成较为稳定的地质构造特性后，才能安全地进行其他类别资源的再回采、再利用。另外，资源重叠区的矿业权市场还可能受到矿产品价格波动的影响，而表现出投资过热、炒卖矿权、无效投资或重复投资等现象，引致社会资源配置的低效或浪费。所以，针对矿业权重叠及矿业权市场可能存在的这些问题，经济规制需要结合产业政策、税收政策、价格政策等政策工具的综合运用，以对市场中存在的资源配置不合理、生产低效以及收益分配扭曲等问题实施干预，从而促进经济社会个体利益、企业利益与社会利益之间的均衡。

4.2.3　产业规制的壁垒效应

产业规制，是公共规制机构为了实现对某些特定行业的产业结构、产业布局、产业组织等进行调节，以促进其产业核心竞争力提升，而对产业集聚、有序竞争、技术效率等作出的一些约束、限制或规范，并表现为各类不同的产业政策。矿业权市场的产业规制，其目的在于引导矿产业经济结构的优化，推动矿产业的结构转换，以达到促进矿业权市场和资源采掘市场向高级化方向发展的目标。产业政策，不是一项或几项经济政策，而是一系列相互关联的经济政策、社会政策、环境政策的总和，涉及产业集聚、要素配置、收入分配、垄断竞争、就业促进、环境保护等各个领域，以促进产业结构的优化和产业规模效应的提升。按照要素禀赋理论，矿业权重叠问题的出现，一个重要的原因在于资源富集区不同矿业权人对生产要素配置能力的差异，进而使得重叠风险在矿业生产过程中得以生成和演化。由于生产要素错配导致的生产效率损失，并不会对矿业权人的资源采掘生产过程和利润实现造成严重影响，在短视利益的追逐下，矿业权重叠导致的效率损失风险逐渐累积，进而出现内生性环境的恶化。在一个国家或地区，矿业权重叠风险的传导能否得到有效抑制，部分程度上取决于矿业权市场中不确定性因素、不对称性信息、非效率因素等所导致的市场失衡是否能得到有效缓解，以实现市场的自由与公平竞争。这就有赖于公共规制机构应对矿业权重叠所施行的产业集聚政策、产业技术政策、产业结构政策等对矿业权市场进入或退出所形成的壁垒效应。我们知道，矿业权重叠的根本原因在于特定生产力阶段，矿业权市场的生产关系与生产力发展水平之间的矛盾，在这个矛盾发展过程中，保持矿业权重叠区矿业权人、矿区其他权益主体及矿产资源所有者之间生产关系的和谐，就可以促进矿业权市场的生产力发展保持在一个有效、良性发展的框架之内。所以，这就需要通过产业规制政策的供给，以促进矿业权重叠区生产力与生产关系的调整，避免产业低端、无序竞争、产业低效等所带来的权益损失。

对于产业竞争力而言，为了促进矿业权重叠风险的消解，需要借用一系列的产业政策工具，以对矿业权市场的进入与退出、产业规模、产业布局、产业效率等进行调节，如通过产业技术政策限制不具备生产能力要求的矿业权人进入矿业权市场，对矿业权重叠区的产业集聚度进行调节，促进矿产资源产业转型和结构升级，以提升资源采掘市场的产品供给能力和供给效率。同时，还可以辅之以相应的信贷、税收等政策，限制矿业权市场的投机活动，通过准入门槛限制和价格竞争，引导矿业权市场的健康发展，将不具备技术创新能力的矿业权人挤出重叠区的矿业权市场。另外，为了促进矿业权重叠区市场的充分竞争、消除矿业权市场的不确定性，还可以鼓励社会中介组织、民营企业以及政府组织加强对矿业权市场资源采掘活动的信息监督，尤其是对重叠区地下矿藏分布性状、矿业权人行为方式及行为有效性等信息进行监督、公开和分享，以促进矿业权重叠区矿业权人之间的优胜劣汰，实现矿业权重叠区矿业权市场的结构优化和竞争力提升。其次，还可以通过产业结构政策和产业组织政策的供给，以对矿业权重叠区不同矿业权人之间的竞争关系进行调节。产业结构政策一般可分为两个方面，即对高端产业的扶植政策，对低端产业的退出政策；而产业组织政策则可分为鼓励竞争、限制垄断的竞争促进政策和鼓励专业化和规模化的产业合理化政策，以维护正常的市场秩序，促进矿业权市场的有序竞争。所以，加强矿业权重叠区产业结构政策、产业组织政策的调整，可以起到推动矿业权重叠区资源采掘企业的结构转换，促进不同矿业权人之间进行产权融合、产业重组、合并联营，以达到限制“过度竞争”、提高产权市场集中度、促进整体产业规模经济效益提升的作用。在具体的政策应对上，公共规制机构可以通过援助、补贴、税收优惠等政策扶植一些具有技术创新能力的矿业权人加强对采掘技术的革新，限制或禁止不符合技术效率标准的资源采掘产业发展，并鼓励矿业权人之间通过平等竞争、合并、兼并、相互持股等方式，促进规模效率的提升，避免生产能力低下、技术能力不足等对矿业权重叠风险所形成的传导效应。

通常，一个国家不同地区间的经济发展程度不会是均质的，而会呈现出较大的内部差异性。对于资源富集区而言，经济发展的不平衡，一定程度上可能导致矿业权重叠区之间的财政竞争，而当资源富集区的财政收入严重依赖于资源经济的增长时，地区间的财政竞争就会对矿业权重叠区的资源耗竭产生激励作用，并将风险逐渐传导至资源低效利用和环境退化等方面。这样，就形成了一个“经济发展不平衡—资源依赖—财政竞争—高强度耗竭—生产低效—环境退化”的风险传导路径，尤其是当资源富集区的经济发展模式形成了这样一种路径依赖后，就会传达出一个错误的信号：资源性收益容易获得，并不必然依赖技术水平的提高和生产效率的改善，这使得资源富集地区缺乏对技术创新的积累，造成区域内产业结构低端、生产效率普遍低下的问题，这也进一步限制了资源富集区的可持续发展和内生性经济增长质量的改善。同时，区域发展不平衡带来的资源采掘竞争，使那些依靠经济增长多元化获得收入的潜在投资转移到资源采掘部门，限制了其他产业的发展，并对劳动、资本与技术等要素的流动形成“挤出效应”，进一步强化了区域经济发展的不平衡，造成整体产业结构的失衡。从宏观方面来说，区域经济发展的不平衡对矿业权重叠风险的影响主要体现在：经济规模、产业依赖、矿产品价格水平和经济发展水平通过影响资源富集区的产业结构、生产能力而影响矿业权重叠区的资源采掘竞争；宏观经济增长速度、资源性收益分配制度、矿业投资的信贷环境，通过影响矿产品市场的供求关系而影响矿业权重叠区资源经济增长方式的选择；资源品需求的增长影响资源采掘竞争并进一步影响到矿业权重叠区资源开发的强度、效率和生态环境的退化。从微观方面来说，区域发展的不平衡主要通过影响微观的部门经济因素来影响不同矿业权人的生产投入、要素配置、生产决策和技术创新，并最终影响到地下矿藏的开发利用效率、规模效率及其生态环境效率等方面。

一般来说，产业规制在对矿业权人的生产行为产生作用的同时，也对资源富集区的产业结构、产业组织、产业升级、产业效率等造成一定的影响。这主要是因为：(1) 产业规制会通过对生产集中化、专业化、协作、竞争与规制经济等政策来影响矿业权人的生产投资需求，进而引致区域资源产业集聚水平、创新能力和区域产业结构的变动。当产业规制较严时，矿业权人为达到资源开采的环境技术标准和绩效标准，需要对资源开采的生产工艺进行改进，以提高资源品供给的绿色化程度，并引起社会对矿产品需求偏好的变动。同时，随着经济社会的发展和人们生活水平的提高，对环境保护的需求也进一步扩大，进而引致社会投资和产品供给向绿色可持续方向发展，淘汰环境损害严重的矿山企业，引导资源产业升级，并促进经济增长方式多样化的形成。(2) 严格的产业规制，短期内使得矿业权市场的进入壁垒提高，进而减少矿业权市场参与竞争的主体，而高市场集中度势必带来矿业权市场的垄断竞争，反过来又会降低具有垄断地位的矿业权人对竞争力提升的需求，抑制其进行管理创新的技术创新的创新投入，进而不利于资源富集区整体资源产业的发展。(3) 在局部领域，资源富集区产业规制强度的变化会影响不同地区相对比较优势的发挥，使得资源富集区资源产业的竞争力出现变动；当资源富集区经济社会发展的区域差异较大且产业规制的标准较严时，技术能力低、生产能力不足的矿业权人将被逐步逐出市场，使得资源经济的发展规模和产业集聚水平受到影响，并引致社会就业、收入增长、福利保障等方面的变动，如果这种影响足够大，经济增长水平低的区域将难以将资源禀赋优势转化为经济增长优势，使得区域经济社会发展失衡的风险上升；而如果这些区域放松对产业规制的执行力度，又会引致生产能力低下、环境破坏严重的矿业权人的集聚，以牺牲环境和产业竞争力作为代价来换取经济增长、就业促进和资源富集区的收入增长。(4) 产业规制的地区差异，会通过政府竞争、要素流动、产业集聚等因素的变动，影响到资源富集区资源产业效率差异的收敛。当不同地区的地方政府在对待资源采掘领域的产业规制出现一定的偏向性，如，地方政府为满足地方就业和区域经济增长的目标时，就可能弱化对产业规制的监管，而引起生产要素的低水平集聚，并引致资源产业生产效率和生态效率差异的扩大，抑制了效率差异的进一步收敛。

在不同的产业规制安排下，矿业权人的应对策略通常可表现为以下几种：(1) 积极应对。矿业权人欣然接受公共规制机构针对资源采掘全过程所制订的技术标准，加大对资源勘查开采技术创新的投入，并把产业效率与资源采掘目标进行最佳结合，采取有效的采掘技术和方法，以对矿业权重叠区地下矿藏进行集约节约开采，防止资源开采所可能引致的效率损失，从而使其走在绿色可持续发展的前沿，获得技术创新优势。(2) 被动服从。矿业权人服从公共规制机构为促进产业效率所实施的进入壁垒、限制竞争、产业整合等规定，并在产业规制标准的约束下，采用新的资源开采技术、方法和工程设计，并配合末端治理，对生产过程中可能产生的产业效率损失问题进行处理，减少资源开采对地下储层、采空区塌陷、地下水体、地表植被、生物多样性等造成的损害，或把潜在的损害降到公共规制机构设定的标准以下，提高资源开采的生产效率，同时避免资源采掘生产受到更大范围的影响。（3）抵御逃避。矿业权人对公共规制机构设定的技术标准、限制竞争决定持抵触态度，对必须履行的社会责任采取抵触、漠视的态度，应付公共规制机构的监督检察，并设法隐匿效率损失信息以逃避产业规制；或者，当产业规制约束较强时，矿业权人基于生产能力低下、经济效益低、技术创新无望等考虑，只能选择退出，以减少产业规制对矿业权人盈利能力带来的影响。一般来说，在完全竞争条件下，市场化的规制工具（如税收、排污权交易）在推动矿业权人的技术创新方面更为有效，矿业权人采取积极应对的策略选择更为常见，因为矿业权人可通过技术革新减少对效率损失的影响并从中获益；而在不完全竞争条件下，矿业权人选择被动服从或抵御逃避的策略选择更为普遍，因为不同矿业权人在矿业权重叠区展开古诺竞争，当一个矿业权人采取技术创新的决策时，并不会对其他矿业权人的行为造成影响，其研发活动在短期内并不会带来其技术创新优势转化为经营优势，并且还会遭遇其他矿业权人的策略性行为（如，采富弃贫、采主弃副、高强度耗竭），进而带来自身资源性收益的损失。所以，选择被动服从或抵御逃避便可能成为其策略性行为选择下的次优决策。

不可否认，矿业权重叠风险的生成与传导，还可能受到来自产业环境、产业结构、社会需求偏好改变等方面因素的影响，而这些因素也与产业规制直接相关，进而使得不同的产业规制工具在不同的生产力阶段，表现出不同的政策效应。如，在产业发展的初级阶段，经济社会发展对矿产品的需求呈逐年增长趋势，为了促进生产关系与生产力水平相符，应对矿业权市场缺陷的产业政策、税收政策及价格政策等，其政策的强度并不会很大，其目的在于促进资源产业规模扩张与生产能力的提升。而在产业发展水平较高的阶段，矿业权市场逐渐发展壮大，矿业权的价格发现功能也得到充分体现，这时，相应的产业政策、税收政策及价格政策的目标，则重点在于如何对不同矿业权人的生产效率进行优化，以促进资源富集区的可持续发展。通常，基于维护国家利益和社会公益考虑，矿业权重叠区的产业规制可对矿业权人实行一定的条件限制，如资格限制、技术要件、资本门槛等，以最大化社会公共利益，但并不能对矿业权人依法享有的自由竞争、市场交换等进行干预和介入，秉承“法无明令即禁止”原则，维护矿业权市场的公平、效率与正义。所以，这就需要公共规制机构，既注重发挥市场机制“看不见的手”的作用，同时也注重发挥“政府干预”的调节作用，以可预见的社会风险和现实存在的市场风险为出发点，及时调整矿业权市场产业规制的政策规范，避免“市场失灵”和“政府失灵”问题的出现。那么，矿业权重叠区对不同产业规制政策的运用，是否会导致矿业权重叠风险消解的效率差异？不同的政策工具究竟怎样导致矿产资源利用效率的差异？产业集聚度的调整对矿业权重叠区的产业结构产生怎样的影响？以及针对矿业权重叠区的税收调节、限制竞争会对不同矿业权人的资源开发利用行为产生怎样的“壁垒效应”？对这些问题的回答，构成了矿业权重叠区产业规制政策效应实证检验的主要内容。未来的产业规制，应基于特定的生产力阶段，充分运用各种不同的市场化政策工具，采取多种多样的方法，以提高其规制的效果。

4.3　资源采掘生产的竞争优势：关键因素

竞争优势，是对微观活动主体在竞争性的市场环境中禀赋、能力、创造力的一种反映，是决定其通过低成本或差异化策略，以获取在同行业中超过同行业平均利润率的关键因素。以哈梅尔为代表的能力学派认为，竞争优势来源于其自身所具有的核心能力，核心能力的差异会造成其产出效率的差异和收益差异。对于矿业权重叠风险的生成与传导而言，这种能力则体现为对不同资源进行合理开发、有效利用和不同要素进行优化组合的能力。这样来看，在探索矿业权重叠风险消解及其规制应对的研究过程中，外生性和内生性的影响因素就被剥离了，矿业权重叠风险传导的根源在于不同矿业权人资源采掘生产竞争优势的差异，而外生性环境或内生性环境，只是对矿业权重叠风险的表现形式及表现强度起到了一定的传导作用。从影响因素来看，影响矿业权重叠区资源采掘生产竞争优势的因素很多，竞争优势的表现也是多方面的，提高其竞争优势的途径也是多方面的。依前所述，经济社会中引致矿业权重叠区资源利用效率变动的因素有两类：一类是内生性因素，如资源品市场的价格、贴现率、投资规模等，这些因素的波动将导致矿业权重叠区储量动用、采掘规模、生产能力、技术革新、生产效率等方面的波动；另一类是外生性因素，如矿业权重叠区矿业权人的进入许可、绩效监管、税收政策、产业政策、环境政策等。这些因素的变动最终将引致矿业权重叠区产业集聚、要素配置、技术创新和生产决策等产业效率的变动，进而使不同矿业权人资源采掘生产的竞争优势呈现出差异化表现。这样一来，产业集聚、要素配置、技术创新便成为引致资源利用效率变化和矿业权重叠风险生成与传导的关键性因素。所以，这里我们有必要从资源采掘生产过程中的产业集聚、要素配置、技术创新等层面来探讨矿业权重叠区资源采掘生产竞争优势的获取、运用及其提升策略，以促进资源利用效率的提升和矿业权重叠风险的消解。

4.3.1　产业集聚的规模效应

产业集聚，是一种经济现象，它是指大量的相关企业按照一定的经济联系，集中出现在特定区域范围内，以形成一种类似于生物种群的产业群落的现象。按照集聚经济理论，要素在地理上的集聚会通过规模性带动生产率的提升，而高生产率的企业又会依靠规模经济性吸引更多的企业在该地理区域范围内集中，并促进该产业集聚的形成。从产业集聚的过程来看，随着某一产业边际收益的上升，资本、劳动力等要素向该经济部门集聚，该产业生产效率出现结构性提升。但随着其产品价格的进一步上升，进一步刺激对该产业的投资，进而带来产业集聚的“拥挤效应”，并对其他产业的要素流入产生“挤出效应”。另外，依据传统的产业经济理论，产业应集聚在资源丰富、交通便利、生产成本低的地方，以促进产业群落的规模效应和技术创新。但现实中，许多产业的集聚却并不是以区域的资源禀赋为基础，也并不遵循边际收益优于或等于边际成本的原则，一些地区在基于促进经济增长、社会就业、财税增收和政治选票最大化等因素的考虑，而忽视了产业集聚的规模效应问题，进而导致低效集聚、产业同质、恶性竞争等现象。同时，由于产业集聚的成本收益考虑和规模效应考虑的缺失，不同企业主体在短视效应作用下，出现生产要素的错配、扭曲和投资低效等问题，进而引致整个产业全要素生产率的损失。就矿业权重叠区而言，资源丰裕和矿产品价格的上涨会更容易刺激不同矿业权人或不同矿山企业在该区域集聚，进而形成资源产业的“吸附效应”和“拥挤效应”。由于资源采掘业既具有资本密集型特征，也具有劳动密集型特征，矿业权重叠区的不同矿业权人在生产要素的配置上会受到资源禀赋、外生性及内生性环境的影响，而出现要素错配问题。当矿业权重叠区资本和技术（熟练）工人都较为稀缺、技术革新无望、且非技术工人的成本支付较低时，矿业权人便会加大对非技术工人的配置，进而引致生产要素配置的扭曲，最终引致生产效率和产业集聚效率的损失。

产业集聚的规模效应受到哪些因素的影响，以及怎样才能获得集聚的规模效应呢？首先，产业集聚的规模效应是指因生产要素集聚，或相关社会经济活动在某一特定地理区域范围内的集聚，而引起的生产效率或资源利用效率的提高，以及由此而产生的成本节约、边际收益增加、要素配置效率提升等现象。但是，现实中产业集聚并不一定能带来经济效益的提升或边际成本的减少，当这些特定的生产要素或经济活动在区域范围内的集聚引起了成本的增加或边际收益的减少时，这时便出现了产业集聚的不经济，即产业集聚的拥挤效应。产业集聚的拥挤效应一般可分为两类：一类与集聚规模无关，而另一类与集聚规模有关。与集聚规模无关的集聚不经济现象通常是由一些相互排斥或缺乏联系的厂商或企业在区域范围内集聚所带来的效用减少，引致了产业集聚的外部性损害问题。如一些厂商的集聚对该区域范围内的其他厂商造成了环境成本、财产权益等损失，而引致的不经济现象。与集聚规模有关的集聚不经济现象，则通常是由于该区域范围内的厂商或企业，因集聚过度或集聚不足而引致的成本上升、生产效率损失等现象。因为，在一定时期内，一个特定区域范围内的资源和环境的承载能力是有限的，当集聚的厂商或企业超过了该地区可容纳的最大规模时，便出现竞争的恶化，带来交易成本、谈判成本的上升，进而降低了经济活动的效率。而当这一时期该区域范围内的厂商或企业集聚数少于该区域的最优承载容量时，便会出现竞争不足、规模效应不足、经济效率低下等问题。依此来看，产业集聚规模效应的形成，依赖于集聚厂商或集聚企业之间的外部性冲突、集聚度水平是否对集聚区的经济活动带来了边际收益的提升，其集聚效应的发展演化，取决于内部市场和外部市场的影响因素是否为不同厂商或企业共同利益的改进创造了有利的市场环境。所以，对于矿业权重叠区的产业集聚而言，其集聚度水平和产权冲突会通过资源采掘市场的不完全竞争，引致不同矿业权人对生产要素配置的效率差异，集聚效益大的地区，其生产力水平也高，矿业权重叠所引致的资源利用风险和生产效率损失则会相对较低。

相对于集聚效应而言，矿业权重叠区不同矿业权人在同一区域范围内的集中，并不会直接带来集聚效应的产生，矿业权集中只是集聚效应产生的必要而非充分条件。集聚效应，来自在矿业权集中的基础上所形成的产业分工和技术协作，以及由此而形成的生产效率提升、成本减少和边际收益改进的产业发展格局。依前所述，集聚效应的出现受到集聚度、技术水平、外部性损害的影响，当存在集聚过度或集聚不足现象时，均有可能引致集聚的“拥挤效应”。所以，对于矿业权重叠而言，不同种类、规模的矿业权在同一区域的集中出现时，如果遭遇到产业同质、结构失衡、生产低效、技术落后等问题，其集聚的规模效应便无法形成，并引致重叠区内矿业权人之间的非合作竞争，在经过一段时间的发展之后，这些矿业权人大多面临着产能低下、竞争力不足的问题。如果没有及时进行重叠区的产业调整和集聚度调整，最终都不可避免地会面临生产效率损失、资源利用低效和环境退化等风险。实际上，矿业权重叠区的产业集中是以资源依赖为基础的，而不是以产业链的协作分工为基础的，这在一定程度上限制了重叠区不同矿业权人之间的分工协作和生产协同，不利于资源采掘成本节约、采掘方案改进和边际收益的改进，使得不同矿业权人在资源采掘生产中的资本投入出现效率损失。但是，到目前为止，学术界还没有形成一个有效的标准来界定什么程度的集聚水平，是最有利于集聚“规模效应”产生的。也就是说，不能简单地从数量标准上划分集聚度水平是过度还是不足，判断其集聚度水平优劣的标准在于其厂商或企业集聚是否促进了分工协作、技术溢出、效率促进和收益改进。单纯追求矿产品产量、矿业权规模、要素集中，以产品供给的数量、规模为核心的集聚模式，最终都会引致资源采掘市场不同矿业权人之间的生产冲突和成本控制能力的弱化，使得重叠区具有多、小、散、重特性的矿业权人与大规模生产之间的矛盾日益突出，最终阻碍了技术革新和生产效率的改进。由此可见，矿业权重叠风险的消解在很大程度上，依赖于矿业权重叠区资源产业集聚的生产系统优化和要素配置效率的改进，这是影响矿业权重叠区资源采掘生产规模效应产生的关键因素。

矿业权重叠区产业集聚效应的形成，是一个动态的过程。在这一过程中，可能伴随着产业集聚外部经济性的形成，而带来重叠区资源采掘市场内部经济性的形成。内部经济性，即指重叠区内部的企业规模经济性，它是对由资源型企业之间的进入、退出、联合、升级等发展演变而引致的资源采掘效率的提升、生产成本的降低、经营性收益增长等结果的一种反映。从可持续发展角度而言，重叠区资源型产业的发展可能经历一个变化相对缓慢的过程，且这一过程还可能受到宏观经济波动、社会需求变化、可替代品出现、矿业权规制安排等因素的影响。并且，矿业权重叠区不同矿业权人之间的相邻性、同质性、竞争性，对于解析重叠区内不同矿业权人之间的生产协同、技术革新为何受到阻碍，以及对重叠区资源采掘的“掠夺效应”，则起到了非常重要的作用。所以，应该说内部经济性是产业集聚规模效应的微观基础理论，该理论也符合产业经济理论的基本规律，它是用来解释市场环境下微观经济活动主体生产决策与市场效率形成的基础。随着新经济地理理论的发展，产业集聚引起的区位转移、区位竞争，对于解释产业集聚效应的形成也日益具有说服力。按照产业集聚区位理论的观点，由于重叠区的地下矿藏具有共生性、伴生性的特性，矿业权重叠区内聚集的不同矿业权人可以通过生产协同来对资源采掘的时序、空间区位进行选择，以使其成本最小化，以最经济的方式采出重叠区内的地下矿藏，并获得相应的经济性收益，因为采掘工程和生产时序、空间的协同，本身可带来井巷开拓、矿物运输、安全支护等设施的共享和成本分摊，所以，重叠区内不同矿业权人的生产协同便成为促进其集聚效应形成的一种必然要求。因而，矿业权重叠区产业集聚的外部经济性，不仅与重叠区内矿业权市场的竞争性有关，而且也与不同矿业权人之间的生产协同有关，这涉及重叠区内分工协作的外部性及集聚体内每一矿业权人平均成本的降低和产出率水平的提升有关。这样看来，矿业权重叠区内产业集聚的规模效应便包括了三个方面：（1）单个矿业权人的规模经济性；（2）多个不同矿业权人之间分工协作所形成的规模经济性；（3）重叠区内矿业权市场整体的规模经济性。

从竞争优势的角度来看，矿业权重叠区矿业权集聚规模效应的形成，实质上是外部经济条件下不同矿业权人竞争优势的具体体现。如果一个重叠区的矿业权集聚要具有规模效应，就必须具备以下几个条件：（1）重叠区内较好的矿业权人所有制结构。通常，矿业权人的所有制结构包括国有、集体、民营和个体等几种形式，国有矿业权人相对其他几类矿业权人具有的资本和技术实力更强，进行技术革新的投入也更多，技术驱动效应更为明显。所以，对于一些具有共生性、伴生性和复杂性特性的地下矿藏，国有矿业权人的集聚效应相对更优。（2）要素配置的质量。生产要素的配置，包括劳动力、资本、技术及其他专业化资源，在不同的发展阶段，每种要素对生产效率的贡献程度是不同的，其所占的地位也不相同。对于矿业权重叠区的不同矿业权人而言，要素配置权重的差异会带来要素配置边际替代效应的差异，并且随着要素投入边际效应的减弱，继续增加该要素投入最终会引致边际效益的递减和生产效率的损失，进而表现出“要素错配”效应。所以，不同矿业权人对生产要素配置的质量，是引致矿业权集聚规模效应变动的重要原因。(3) 技术创新的能力。按照波特的竞争理论，创新在竞争优势的获取中起着关键的作用。矿业权重叠区不同矿业权人的技术创新是促进其资源利用效率和风险消解的核心。而技术创新是一个不断累积的过程，并且在市场环境和制度环境的影响下，还会表现出一定的路径依赖性。这就是说，如果矿业权重叠区的规制安排，没有强化技术创新的重要性和收益性，则重叠区的矿业权人进行技术创新的意愿就会受到阻碍，进而不利于集聚效应的产生。(4) 超越其他矿业权人的自我强化能力。随着矿业权重叠区矿业权集聚程度的提高，区域内社会网络关系的规模也越来越大，在网络关系的作用下，不同矿业权人之间的生产协同会更加密切，为了获得超额收益，不断增强超越其他矿业权人的自我强化能力，将可以为其带来降低生产成本、增加边际收益的超额回报。由此来看，在矿业权重叠区矿业权集聚的不同阶段，因不同矿业权人竞争能力的差异，将引致资源采掘市场要素配置、技术革新、成本优化等生产决策的差异，并进一步影响到矿业权集聚效率的形成。

依照新古典经济理论的观点，产业集聚的选择实质上是厂商或企业为了追求自由收益最大化，而在不同时间、不同市场和不同技术水平的条件下，对要素配置和生产决策进行区位优化选择的结果。在集聚过程中，一些中小型的厂商或企业可以通过寻求合作的方式来获得共同发展，合作的基础来源于相互之间的信任、规则或契约，这样就使得集聚区内的不同厂商或企业通过协作而形成一个类似于家庭组织一样的内部市场。所以，矿业权重叠风险的生成与传导，在很大程度上依赖于这种内部市场是否得以形成，并且中小规模的矿业权人是否在生产决策中表现出策略性的投机行为。当以粗放利用、低效生产为特征的耗竭性生产并没有被大规模的生产模式所取代时，中小规模的矿业权人便可以利用廉价劳动力和价格竞争来开采重叠区的地下矿藏，进而表现出要素错配和采富弃贫、采主弃副等策略性行为。因为这种生产方式能够在短期内为中小规模矿业权人获得超额利润，使得重叠区内矿业权市场整体的规模经济性受到损害。因此，为了避免中小规模矿业权人的策略性行为对集聚效应的损害，重叠区内的产业集聚须注重对不同矿业权人之间社会网络功能的发挥。这里的社会网络，即是指重叠区内不同矿业权人之间因生产活动而形成的经济关系、交易关系以及社会关系的总和。矿业权重叠区内的不同矿业权人的生产决策，不仅受其所处的产业集聚区总体市场环境的影响和制约，同时也受到其所在的社会网络关系的影响。在不同的社会网络中，矿业权人与其他矿业权人合作的意愿、合作的形式都是不同的。归根结底，矿业权重叠区社会网络中不同矿业权人之间关系的主要纽带还在于其对选择合作与非合作所带来的各种利益的考虑。当合作可以带来不确定性的降低和生产成本的减少时，不同矿业权人之间就重叠区资源开采而形成的联营、合作、整合等便具有了现实的可行性；而当不合作带来竞争关系恶化和机会主义行为的出现时，整体采掘市场的生产成本、交易成本便会上升，进而阻碍重叠区矿业权集聚的规模效应的形成。所以，这就有必要通过对产业政策的调整和重叠区内社会网络关系的构建，来消解重叠区内不同矿业权人机会主义行为所带来的风险。

4.3.2 要素配置的门槛效应

门槛效应，亦称“门限效应”，是指当某一系统（或经济模型）某一变量的输入值达到或超过一个特定的数值后，其所对应的输出变量将出现急剧恶化的一种现象。在经济系统中，这种门槛效应的发生，通常是由于某些变量之间存在着较为复杂的非线性关系，当某些变量的变动达到或超过某一阈值区间时，其系统的输出变量将出现剧烈波动的现象。依据基本的经济理论，要素的投入存在着边际递增或边际递减效应。在生产初期，当生产要素的投入总量较少时，单个生产要素投入量的增加会带来边际收益和整体生产效率的增加；而随着该要素投入的继续增加，边际收益和生产效率最终会达到顶点后出现减少或下降，也就是说继续增加要素投入，不但不能达到边际收益改进和促进生产效率提升的结果，反而还会引致生产系统效率和效益的损失。而在生产的中期或后期，由于产业的生产力发展水平已达到一个较高的阶段，市场的价格发现功能能得到充分的发挥，产业的集聚能通过资本市场、要素市场和产品市场，吸附更为广泛的资本集聚、要素集聚和产业集聚，以增强市场的可竞争性水平。这时，厂商或企业为了保持或扩大在该市场的份额，须通过技术革新和创新投入，以增强在市场中的竞争优势，而不被潜在的竞争对手挤出市场。如此一来，随着市场完全竞争性的提升和产业技术水平的进步，技术创新对资本、劳动等要素的替代效应逐渐显现，进而使得初级阶段要素配置的门限区间出现一定程度的改变，表现出技术创新的门槛效应更加显著，而资本、劳动等要素的门槛效应逐渐减弱。因为，技术创新在一定程度上，能对资本、劳动力要素起到替代作用。然而，即使这种技术的替代效应能起到部分替代资本、劳动等要素的作用，但是资本、劳动等要素的投入量也不可能逐渐减少到零，这种要素配置结构的极端变化在生产理论上是不可能存在的。因此，要素配置门槛效应的阈值区间的变动，取决于特定生产力发展阶段不同厂商或企业对其所具有的相对比较优势的运用。从要素的稀缺性来看，当技术、资本、劳动等要素中的某一类或几类要素较为稀缺时，而其他要素相对充足时，这些稀缺要素对其生产效率改进的门槛效应便最为突出，其他要素的变动引致的效率变化则会显得相对弱小。

相对而言，矿业权重叠区要素配置的门槛效应，则是指在资源采掘生产过程中，因不同矿业权人对生产要素的配置结构和配置权重存在着较大差异，且要素配置与生产效率的改进之间存在着复杂的非线性关系，所以，当某类要素的配置比重达到或超越某一阈值区间时，其所对应的生产效率的变动趋势将会出现拐点变化，进而引致边际收益递减的一种现象。基于这一认识，矿业权重叠区不同矿业权人的生产效率将主要受到其要素配置决策的影响，进而引致资源采掘利用效率和生产效率、技术效率、规模效率以及全要素生产率的变化。对于矿业权重叠区的资源采掘生产而言，其要素的配置主要包括劳动、资本、技术和资源产权四个方面。劳动要素，是矿业权人为勘查开采重叠区地下矿藏而投入生产活动中的劳务。资本要素，是矿业权人为有效组织生产而投入特许权获取、井巷开拓、工程设计等方面的必要设备和资金。技术要素，是矿业权人为促进生产效率改进和地下矿藏资源的规模化、集约化利用而采取的特定方法和采掘技术。而资源要素，则是为保障矿业权人对地下矿藏的正常开采而必须投入的土地役权、矿业权（特许权）等要素。通常，矿业权重叠区的矿业权要素，具有竞争性、排他性和冲突性特征，该要素配置的结构和规模，无疑将引致资源采掘生产边际收益的边际变化。排他性意味着重叠区内某一矿业权人享有排除其他矿业权人同时享有同一矿区同一地下矿藏的可能性；而竞争性则强调一种地下矿藏的勘查开采权（矿业权）不能同时赋予不同的人，增加一个人对该矿藏的使用权利就会相应减少其他人对该矿藏开发利用的数量和质量。所以，当矿业权重叠区的矿业权规模不断增长时，随着矿业权要素边际投入的增加，其对整个资源重叠区边际收益和边际生产效率的改进逐渐上升到顶点，随后将出现边际递减效应。如此来看，矿业权集聚度的阈值区间，也成为影响矿业权重叠区边际收益和边际生产效率改进的重要门槛，一个合理的矿业权集聚度区间，可以起到促进市场完全竞争性、技术创新驱动、资源利用效率和矿业权重叠风险消解的作用。

一般而言，影响矿业权重叠区要素配置效率或要素配置调整的制约因素是多方面的，既包括市场性因素，也包括社会性因素和制度性因素。首先，从市场性因素来看，要素价格的波动，会引起矿业权人对具有相对比较优势的要素配置进行调整，进而通过价格变动引起的要素配置结构调整来带动重叠区资源采掘生产效率、全要素生产率的变动。但是，要素市场的价格常常受到市场垄断、信息不对称等因素的影响，而表现出价格扭曲的现象，这就使得要素市场的价格信号不能充分反应要素的供需关系，进而使得要素配置效率偏离最优市场效率状态。按照新古典要素分配理论，在完全竞争条件下，要素相对价格变动对要素配置结构的影响表现为两个方面：一是厂商或企业会更多选择相对价格较低的要素，改变要素配置的结构和比例；二是要素相对价格变动会诱使厂商或企业进行技术革新，产生对高价格要素的替代效应。所以，市场因素是引致重叠区要素配置效率变动的关键因素。其次，从社会性因素来看，矿业权重叠区或资源富集区为促进经济快速发展，解决社会就业和促进社会收入水平增长，倾向于以低成本劳动力供给优势和低生产效率约束，来吸引短期内资源采掘企业集聚和生产要素集聚，认为压低生产成本的真实价值，可以起到促进部门经济快速发展壮大的作用，由此导致资源采掘市场生产效率调节功能缺失的出现。除此之外，区域发展的不平衡以及政治官员仕途晋升的考核压力，使得以粗放生产、低成本价格、低效率约束的资源市场运行在矿业权重叠区不断得以衍生和扩张，最终导致要素市场配置扭曲、生产效率低下。再次，从制度性因素来看，公共规制机构针对矿业权重叠区资源有序开采利用的制度安排，可以通过影响矿业权人的进入成本及所需要素资源的可获得性和获得成本，来影响要素的配置效率。一方面，资源采掘市场的技术政策、准入政策、财税政策、环境政策、产业政策等是否有利于促进矿业权重叠区资源采掘市场竞争力的提升，是决定其要素配置效率的重要因素；另一方面，不同资源富集区对资源经济部门的政策偏向或执行偏差，在一定程度上可能影响要素流动的区域性差异，并最终引致资源采掘市场区域间要素配置效率的失衡。

由于矿业权重叠区的矿业权结构往往存在着战略性、属性、规模、所有制等方面的差异，矿业权人的技术能力、资本实力、劳动安全保障能力也表现出较大的不同。在同一矿业权集聚区，这种矿业权要素的差异实质上反映了矿业权人竞争优势的差异，并最终影响不同矿业权人对生产要素配置效应优化的能力发挥。受制于矿业权人竞争优势或相对比较优势的影响，矿业权重叠区一些不具备技术创新能力的矿业权人会选择加大对资本或劳动力要素的投入，以获得这些具有相对比较优势的要素投入的边际产出效应。但是，这种通过对相对比较优势的要素投入的边际增加以获得边际收益改进的策略，最终会引致资源的错配效应，其所实现的生产效率改进并非是一种帕累托效率的改进，其间存在着部分效率的损失。基于超越对数生产函数理论的分解方法，矿业权重叠区不同矿业权人所能实现的效率改进，可划分为技术效率、规模效率、技术进步三个方面。对于矿业权重叠而言，其所能实现的技术效率，是不同矿业权人对各类生产要素进行投入所能获得的最大产出的一种反映。也就是说，这些矿业权人可以对资本、劳动、技术及矿业权的配置结构和配置比重进行不断的试验，以寻求一种最佳的组合，从而实现该要素组合投入产出的最大化结果，它实质上是对不同要素进行配置组合优化的一种反映。规模效率，则是指矿业权人通过对要素配置结构和配置比重的规模化调整，所能实现的边际收益增长高出要素投入规模增长的程度，即是对要素投入规模扩张的最大可容纳程度的一种反映。也就是说，在前期具有技术效率的要素投入组合，不可能无限度的按比例扩张，因为矿业权重叠区的资源环境承载能力具有一个最大的可容忍度，同时矿业权人对生产管理的精力、能力也是有限的，不可能无限扩大其管理的生产规模，当这一规模扩张到一个顶点时，再继续增加要素投入组合的规模，将会带来生产系统规模效率的下降，引起效率的损失。相对而言，技术进步，则反映了矿业权重叠区资源采掘生产效率随时间变化而出现变动的可能性。当其他要素投入组合不变时，采掘生产效率随时间变化而出现增长，则说明矿业权人的技术革新出现，并由此而带来的是整体生产系统的效率改进和边际收益增长。所以，在衡量矿业权重叠区要素配置的门槛效应时，通过测算不同要素配置结构对技术效率、规模效率、技术进步的影响，有利于对要素配置的规模、比重进行调节，以促进要素配置效率的优化。

通常，当要素配置的结构和比重低于或超过了单一要素配置的门槛区间时，便会引致要素配置的错配效应。从影响机理来看，引致矿业权重叠区要素配置扭曲的原因大致可以分为以下三个方面：（1）矿业权市场内部的不完备性所引致的要素价格的扭曲。当矿业权重叠区矿业权集聚存在要素流动的障碍或产权分割时，要素供给的价格将随之出现扭曲现象。比如，当矿业权重叠区的矿业权交易受到制度和社会等因素的影响，而出现矿业权交易频率和交易价格偏离最优均衡状态时，不同矿业权人之间的产权交易将出现价格扭曲，并引致市场效率的损失。依据新古典经济理论，在要素完全自由流动的前提下，要素价格由市场供求关系决定，一旦资源富集区的矿业权价格较低而资源性收益较高时，生产要素的价格差异将引致矿业投资的流入，诱致矿业权在资源重叠区的集聚，进而使得资本、劳动、矿业权投入比例发生变化，出现要素配置的扭曲现象。（2）资源富集地区对资源产业依赖的“锁定效应”引致的要素配置结构的失衡。资源采掘业是资本密集型产业，同时也是劳动密集型产业，其产业发展对这两类要素的依赖程度较高。所以，当资源富集区的相对比较优势体现在劳动、矿业权要素供给充足，而资本、技术较为稀缺时，这种要素配置的结构就会表现为一种“锁定效应”，从而扭曲资源采掘生产的效率。从市场经济理论来看，为了消除这种要素配置的“锁定效应”，应尽可能地促进要素在市场上的自由流动，以促进区域间要素配置边际产出的均衡。如此来看，矿业权要素的交换，也是实现要素流动、集聚和配置的关键，并且只有在具有相对完全竞争性的矿业权市场，矿业权人之间的产权交换才能实现要素集聚的效率优化，同时促进资源利用带来的社会福利改进。（3）矿业权重叠区要素供给波动和要素承载差异引致的要素配置失衡。要素供给的波动表现在资源采掘业部门在吸附资本、劳动力、技术等要素流入的差异方面，如在矿业权集聚的初级阶段，要素供给流动主要考虑的是收入及就业机会的差异，以及要素流动选择所带来的机会成本。当出现劳动力供给充足、就业机会少现象时，劳动力供给的价格则成为引致劳动要素供给波动的关键因素。其他要素的供给波动与此相同。但是，当矿业权重叠区的资源采掘业部门对该要素的承载力达到可容纳的上限时，要素供给又将出现价格竞争，并进一步引致要素配置结构的失衡。

那么，对于矿业权重叠区的要素配置而言，要想促进要素配置效应的优化，须着重从以下几个方面对要素配置扭曲现象进行修正。（1）要素价格扭曲的修正。要素价格的扭曲，一方面是由于市场功能的缺陷产生的制度性障碍和路径依赖，所导致的要素市场改革滞后于资源品市场的改革，进而形成的价格扭曲。另一方面，是由于矿业权产权制度的缺陷阻碍了矿业权要素市场化改进的进程，矿业权价格发现的功能弱化，而引致的要素配置价格的扭曲。因此，针对矿业权重叠区的矿业权配置而言，公共规制机构应基于市场效率和社会福利改进原则，建立起有助于具有排他性、竞争性要素的自由交换机制，消除阻碍要素集聚、流转、交易的各类障碍，以促进各类生产要素的集聚效率和要素配置结构的优化。（2）要素结构扭曲的修正。对于矿业权重叠区而言，尤其重要的是应该加强对矿业权要素配置扭曲的修正。由于资源富集区对资源产业发展的依赖，以及经济社会对矿产品需求的快速增长，使得公共规制机构加大对资源重叠区矿业权配置的规模，出现矿业权供给规模过大、产能弱小、集聚度不足以及矿业权布局不尽合理等现象，进而引致矿业权要素配置的扭曲。这种要素配置的扭曲，将引起矿业权人之间的恶性竞争和低水平重复建设（如井巷开拓、硐室布设等），最终使得不同矿业权人之间的生产协同受到阻碍，无法形成有利于资源集约节约利用的合理的空间、时序，从而不可避免地造成了资源采掘生产的效率低下、资源浪费和环境退化的风险。（3）要素市场扭曲的修正。要素市场的扭曲，意味着不同经济部门中的要素供给，其所获得的要素边际产出与要素价格的差异不同，进而引致要素在不同经济部门中的非有效配置。依此来看，当矿业权重叠区的资源采掘市场存在要素市场扭曲时，资本或劳动力等要素在资源采掘部门中所能获得的边际产出将显著大于在其他经济部门中的边际产出，进而引致资源采掘部门要素配置的承载过度，并表现出炒卖矿业权、矿业投机、劳动供给过度等现象，并最终引致资源采掘市场要素配置结构的失衡。因此，为了促进要素配置效率的提升，公共规制机构应通过补贴、征税或限制进入等政策安排，对矿业权重叠区的要素配置失衡进行调节，以促进要素在不同市场配置的效率优化。

4.3.3　技术创新的驱动效应

技术创新，是决定矿业权重叠区资源利用率水平与重叠风险消解的关键因素。本书中的技术创新，是从矿产资源勘查开采层面来讲的，是指矿业权重叠区不同矿业权人为促进资源的集约节约利用和生态环境保护，通过对采掘生产所使用到的技术知识、采掘方法、工程方案，以及为提高产出效率而生产出的新技术知识等的运用，以提升生产效率水平、降低环境效率风险的过程。随着人类社会知识经济时代的到来，技术驱动、创新要素对经济活动的作用日益凸显，已成为影响一个国家可持续发展能力提升的重要因素。按照内生经济增长理论的观点，技术创新能起到提高生产率，降低生产成本的作用；技术创新的获得依赖于知识的积累，而生产新知识所需要的固定成本越低，创新厂商用于投资技术研发的激励程度就越高；同时，技术具有非竞争性和部分排他性的特征，非竞争性使得技术可以产生溢出效应，而部分排他性则保证了生产效率的提升依赖于部分厂商对技术创新驱动的投入。由于技术的革新会带来对旧有生产秩序的破坏，增加部分生产能力低下厂商被市场淘汰的风险，并引致整个经济系统动态均衡遭到破坏，也可能带来市场的垄断竞争。在现实社会中，大多数技术创新都是由行业中的领导者带来的，其原因在于这些行业的领导者一般具有较为强大的资本实力，并且也具有进行创新研发的成本优势和技术实力，能够在短期内将技术创新进行转化以提升生产率水平，促进厂商核心竞争力的提升。在矿业权重叠区，由于不同矿业权人的所有制性质、生产规模和资本实力存在着较大的差异，并且不同矿业权所对应的地下矿藏的开采技术不同，使得重叠区不同矿业权人的技术创新活动也表现出这样或那样的差别。另外，由于不同区域之间可能存在区位竞争，使得矿业权人的技术创新投入受到区位约束的影响，并表现出技术创新的空间溢出效应，进而使得技术创新对矿业权重叠风险传导影响过程变得更为复杂。所以，从这层关系来看，区位竞争对技术创新的影响过程及其影响效应变得越来越重要，将区位竞争和技术创新结合起来研究区域技术创新对矿业权重叠风险传导的影响，无疑具有十分重要的现实意义和指导意义。

在矿业权重叠区，对采掘效率影响最大的技术条件因素，主要受到以下几个方面的影响：（1）矿物成分的差异性。由于矿业权重叠区存在着两个或两个以上不同种属或不同权属的矿业权，其所对应的矿业权客体在矿物强度、硬度等方面差异较大，而且有些矿体还可能受到蚀变、错层、断裂等物理化学过程的影响而出现性状的改变，所以对应的资源采掘方法和技术手段的运用也常常表现出较大的差异性。如对于硬度较大的矿物，一般宜采用高速度、高效率的采掘方法，而对于一些酸性岩体，尤其是含有较大量游离的二氧化硅的矿体，在其采掘过程中，容易产生粉尘和气体污染，所以在采掘手段和技术的运用上，宜采用机械化的综合开采技术，以减少对人体所产生的危害。（2）矿体结构的分布性状。在矿业权重叠区，由于成矿条件、矿床地质条件等原因，矿体的分布性状复杂多变，常常出现一个矿体与其他相邻矿体的交叉、侵入、重叠等现象，其品位、厚度、倾角在走向和倾斜方向上也会出现较大变化，这就会给不同类型的矿床开采带来不少困难。并且，在这些地区，地下矿藏的富集程度也常有变化，有时变化幅度较大，如铅锌矿床，可能在重叠区的某些地区富集程度较高，而在另一些地区富集程度较少；除此之外，这些矿藏在地下的分布中，还常常出现夹石，使得矿藏品位出现变化。所以，这就要求矿业权重叠区的不同矿业权人，在采矿过程中必须对不同类型矿床及品位进行分类开采，针对不同的分布特性和地质环境特征来制订相应的采掘方案，采用相应的技术手段和开采方法。(3) 重叠或交叉带矿物岩层稳定性的差异。地下矿藏开采的基本作业是破碎岩石，并采用井巷通道，将破碎的矿物运输出来。所以，在地下储层及围岩部位，应保持科学、合理的支护结构和井巷布局结构。这就需要矿业权重叠或交叉带的矿物岩层应具有较好的强度，从而增加围岩及井巷的稳定性。而这与重叠区资源利用效率的提升而言，可能又存在着矛盾。因为，从矿体岩石的破碎来讲，我们希望岩石的硬度越小越好，这样在对岩石实施破碎时的成本投入便相应减少；而从井巷维护和生产安全来讲，我们又希望交错带或重叠区的岩石稳固性越强越好。所以，在采掘技术的选择上，我们应结合这两方面目标来进行决策，以便于最终确定多、快、好、省的采掘工艺和技术方法。

从技术的复杂性来看，在矿业权重叠区，由于矿产资源在地下的分布性状具有共生性、伴生性、隐匿性、交错性及复杂性特征，且矿体在地质运动的作用下，常常发生形变、位移、风蚀等变化，在现有技术条件下，很难清晰确定不同类型矿床的分布边界，进而使得不同矿业权人在矿业权重叠区的矿藏开采活动出现开采方式、时空顺序的冲突，并引起地下储层的岩移、塌陷、冲击地压等破坏性影响，增加资源回采的难度，引致资源综合利用率水平的下降和环境退化风险。并且，随着矿业权重叠区资源开采深度的增加，水、火、冲击地压等对不同类别矿产资源开采的威胁也愈加严重、愈加突出，地下采矿过程中可能出现的突然、急剧、猛烈的岩体变形能，岩体被抛出、支架损坏、巷道堵塞、顶板冒落等灾害事件对重叠区的安全生产带来了潜在的威胁。因为矿业权重叠区地下矿藏的分布常常具有复杂的地质构造，不同矿体交错、重叠的部分常常出现在矿体断层、褶曲、变异性突出等部位，随着不同矿体的采掘、运输，地质构造应力发生改变，进而引起地压的内部积聚，并引发破坏性事件。所以，在这种复杂的地质环境下，矿业权重叠区资源的有序开采面临着较大的挑战，矿业权人对不同技术手段和采掘方法的运用，须建立在安全、效率和环保三个方面因素考虑的基础之上，本着目标各有侧重的原则，合理划分不同矿藏的开采顺序，并遵循先近后远、先浅后深、先易后难、先富后贫等原则，以促进对地下矿藏的集约节约利用。如对于煤与煤层气重叠的地区，首要的目标应是侧重于不同资源的安全开采，在采煤前应尽可能在短的时间内降低含煤层或围岩中的瓦斯浓度，以保障煤炭矿业权人的安全高效生产；而对于重叠区的煤层气开发而言，必须针对重叠区具体的地质构造条件和含煤层的储层性状，采取多种开采方式并举的立体开发模式，以促进煤层气资源利用率水平的提升。

就采矿技术而言，传统的采矿技术大致可分为两类，一类是按回采对象的不同划分为能源矿藏的开采技术、金属矿藏的开采技术和其他类矿藏的开采技术；另一类是按回采工艺的不同划分为地下开采技术、露天开采技术，以及海底及极地的开采技术。不同类型的开采技术又涉及凿岩技术、井巷施工技术、提升运输技术、回采技术、通风技术以及排水技术等。对于地下固体矿藏而言，通常需要进行岩石的凿岩、爆破工作，由于不同矿业权人的生产能力和技术水平不同，常常对于开采过程中岩石崩落和破碎的处理能力存在较大差异，进而影响资源采掘的生产效率。在井巷施工方面，如何合理设计围岩、防护支柱、运输巷道、施工作业面，也是影响作业区资源采掘效率和安全防护的重要因素。尤其是在矿业权重叠区，合理设计不同矿藏开采井巷的空间层位、采准巷道，将为不同矿业权人的矿井巷道布置和先进采掘装备和技术的运用创造有利条件，为矿业权重叠区资源的综合利用和生产效率的损失创造广阔空间。如，在煤与煤层气重叠区，常用的开采技术和方法有壁式采煤法和柱式采煤法。壁式采煤法通常会按照煤层分布的厚度，来选择不同的开采工艺，当煤层较厚时，一般在开采时须将其分为若干中等厚度的分层来进行开采，即分层长壁式开采法。而根据煤层矿体走向的不同，又可分为沿工作面推进法和沿矿体走向推进法两类，其中倾斜长壁采煤法又可分为向上回采法和向下回采法两类。柱式采煤法，则通常分为房式、房柱式及巷柱式三种类型，前两种方法强调在煤层内开掘出一些煤房，不同煤房之间通过巷道连通，回采工作在各个不同的煤房之间进行，煤房与煤房之间还应设置相应的煤柱以保障地下采矿的安全。而当含煤层较薄时，通常可在采区设置大量的巷道，并将煤层切割成众多的方形煤柱，然后通过巷道来对这些煤柱进行回采，待煤柱回采完后，其顶板任其自由垮落，采煤工作面很少设置防护支柱。所以，依据不同的矿体分布性状、岩层结构及矿物特性，其所采用的技术手段便具有了较大的差异性。

在环境恢复治理技术方面，对废弃物处理、环境恢复治理的技术革新也在一定程度上影响着矿业权重叠风险的传导。首先，从废弃物处理来看，地下采矿过程产生的废物往往有固体废物、液体废物以及气体废物三类。固体废物，就是采矿活动形成的表土和废石，无论是露天开采还是地下开采，都可能产生固体废物。液体废物，则表现为矿床开采所形成的各类化学物废水。对这些废物的处理不当，容易造成地表或地下水体的污染，最终影响到生物、植物的生长。气体废物，则主要表现为采矿、选冶过程中所产生的粉尘、硫化物、二氧化碳等气体为主。其次，从环境恢复治理的角度来看，矿业权重叠区地下资源开采对矿区环境的破坏往往表现为土地破坏、植被减少、生物多样化下降等方面。在表现形式上，土地破坏可分为压占、塌陷和挖损三类，压占，即采矿产生的固体废弃物堆放在地表土地所产生的土地破坏现象，并伴随着景观破坏和矿区环境污染等现象。塌陷，主要是因为地下开采所形成的采空区，在地质应力作用下形成的地表深陷现象，并以地表正常、附加坡度和地裂缝等现象表现出来。挖损，则主要表现为露天采矿所形成的地表土壤被剥离、破坏形成的采空区，当这一采空区未被及时填被时所形成的大坑，给地表环境造成的破坏。植被减少，则表现为采矿活动带来的资源富集区森林、草场的规模削减，或数量、质量的下降等现象。生物多样化下降，是指因采矿活动所引起的水体污染、放射污染或气体污染等事件，最终导致了矿区或周边区域生物种群的减少或消失。由于矿业权重叠区存在着多个不同的矿业权人，资源开采强度的较大，并且不同矿业权人对防控环境退化或环境恢复治理的技术能力不同，使得矿业权重叠区遭遇环境退化事件的风险程度相对较高。所以，无论矿业权重叠区发生哪一种类型的环境退化事件，如何有效进行环境的恢复治理，防止地区环境生产力下降或生态功能的丧失，成为促进矿业权重叠区生态环境保护和可持续发展的重要影响因素。

受开采技术条件的限制，矿业权重叠区的资源开采，不可避免地会产生井巷开拓、防护支柱、矿物运输、空间层位安排等方面的冲突，使得不同矿业权人难以采取科学合理的采矿方法和回采工艺，阻碍了矿产资源综合利用率的提升。除此以外，矿业权重叠还可能使得不同矿体在开采的同时，掺杂了大量的其他矿物或掘进废石，使得矿石贫化率上升，造成资源开采生产效率的降低。为了减少矿业权重叠带来的资源利用效率损失和废弃物对生态环境造成的影响，在开采技术和环境治理技术上，应着重采取以下措施：（1）尽可能准确圈定矿业权重叠区不同矿体之间、矿体与围岩（或夹石）之间的边界划分，提高矿藏勘查的精度，避免无效开拓、采准和切割造成的生产效率损失；（2）在不影响其他矿业权人采掘工程设计的前提下，科学合理设计地下矿藏的开采方案，运用有效的技术手段，对重叠区的资源进行综合开采，减少矿石贫化、矿物损失和环境退化等问题；(3) 尽量选择新的采掘技术和方法，提高资源的回采率水平，降低井巷布置、房柱设计、围岩支护等造成的资源损失、资源浪费现象；(4) 在对不同矿体回采完毕后，采取有效方法，进行采空区监测，为相邻矿业权人的井巷设计、安全生产提供有利的作业环境，避免技术能力不足造成的岩层爆破缺陷，尽量在减少重复性生产投入的前提下，提升产出率水平和重叠矿区的环境美学价值；(5) 采用新的综采技术，尽量减少尾矿的产出率水平，提高重叠区不同矿藏的选矿回收率。从这几点来看，技术条件或技术创新，在一定程度上决定着矿业权重叠区资源利用风险传导的表现形式及其风险程度，如果没有有效的技术驱动，矿业权重叠区所追求的经济、社会和环境等多系统目标的均衡将难以从根本上得以实现。为了减少矿业权重叠带来的效率损失或权益损失，不同矿业权人应积极寻求“低开采、高利用、低排放”的开采技术的创新与变革，以环境可接受的方式尽可能促进不同矿藏的集约节约利用。

从产业经济的角度来看，技术创新是促进矿业权重叠区生产要素优化配置的重要影响因素。技术创新，意味着对矿业权重叠区的资源开采建立了一种新的生产函数，把一种过去未曾使用过的采掘技术和方法作为生产要素和生产条件，纳入生产函数之中，进而起到促进其技术效率、规模效率及全要素生产率提升的作用。在没有创新的情况下，矿业权重叠区的资源开发利用只能处于一种旧有的效率瓶颈之中，资源经济的增长只是数量的增长，而并不表现出资源利用效率的提升和优化。所以，对于矿业权重叠区而言，通过技术创新来减少不同类别资源采掘效率风险的传导，已成为促进矿业权重叠区经济社会可持续发展的重要保障。从技术创新的特性来看，技术创新强调的是对现有采矿技术的革新和新的采掘知识、采掘方法的运用，以满足经济社会对资源利用效率和环境保护的需求。在现实世界中，随着现代采掘技术的发展，一些大能力、高强度的综采设备的出现，使得地下矿藏开采的规模化水平进一步提高，这为矿业权重叠区资源的综合利用和风险防范提供了有利条件。由于不同矿业权人之间技术水平的差异实质上反映了不同采掘企业生产能力的强弱，技术能力与资源利用率水平与外部性消解的能力强弱相辅相成。因而，矿业权重叠风险的消解，在一定程度上依赖于不同矿业权人对技术创新驱动的投入。当不同矿业权人在资源勘查开采生产中体现出以社会需求为导向的价值追求时，无论是矿产品供给，还是生态环境的保护，采掘技术的革新都能够将不同矿物的有效开采和风险防范纳入集约节约利用的重要参考对象，并成为矿产资源生产变革的重要特征。按照发展经济学理论，一个国家或地区要想实现资源经济的现代化，为了促进矿业权人技术能力的提升，公共规制机构应着重于针对技术水平落后、创新驱动不足以及生产管理能力弱小的采掘企业，实施市场准入的资格限制，在技术要件、安全生产、风险防控、新技术运用方面进行引导，以促进矿业权人加强对创新要素的累积和运用，通过技术能力的提升来促进其生产能力、技术水平乃至风险控制能力的提升，减少矿业权重叠区生产效率低下、资源浪费和环境退化等风险的传导。

从技术创新的演化来看，采矿技术的创新是经过选择、淘汰、革新之后剩下来的技术，但并不一定是最优或最满意的技术，是基于特定生产力条件下资源采掘市场供求关系所形成的一种均衡。采矿技术的创新，实质上是一种竞争性技术，强调对成本—收益的分析，通过技术能力的提升，改进生产要素配置的技术效率和规模效率，并最终达到促进总体生产率水平提升的目的。值得注意的是，技术创新在一定程度上，会带来矿业权重叠区产业集聚水平的改变，并最终引起生产效率的变动。依据经济增长理论，生产率增长是要素投入或要素集聚的结果，低生产率意味着生产厂商未能按市场需求的变动而有效配置所投入的各类生产要素，进而引起结构失衡并引致产能过剩和生产效率低下。从集聚的过程来看，随着技术创新带来了矿业权人生产能力的提升，获得资源开采边际收益的能力也随之提升，资本、劳动力等要素逐渐向生产能力高的经济部门集聚，矿业权人之间的生产效率出现结构性提升，但集聚可能对矿业权重叠区资源利用效率的影响形成两种结果：一方面，部分矿业权人技术能力的提升，带来了资本、劳动力要素的集聚，产生“集聚效应”，生产效率进一步提升；另一方面，一些生产能力弱小、资本实力不足的矿业权人，为了在既定的市场竞争环境下获得相应的资源性收益，与实现技术革新的矿业权人展开低效竞争，产生要素的“错配效应”，进而进一步引致生产效率的损失。并且，在现实世界中，这种技术创新对矿业权人生产效率的影响，还受到地理区位因素的影响，而表现出技术创新的“外溢效应”或“阻滞效应”，并且这种影响可能存在着交互性，而并不表现为单向性的影响效应。这样来看，在矿业权重叠区，技术创新对不同矿业权人生产效率的影响结果可能有三种：一是技术创新带动技术水平的提升，并形成产业集聚的“集聚效应”；二是技术创新引致技术能力弱者的低水平竞争，并形成技术革新的“阻滞效应”；三是技术创新推动区域间的模仿与创新，形成技术创新的“溢出效应”。无论技术创新对矿业权重叠区资源利用效率的影响结果向哪种效应演化，其过程都必然受到包括政策因素、市场因素及经济因素等在内的影响。所以，为消解矿业权重叠风险的传导，还需要注重产业政策、税收政策等政策工具的统筹协调，以促进技术创新对生产效率改进积极效应的发挥。

第5章　我国资源富集区矿业权重叠的空间分布及其演变

资源富集，是指一种资源相对丰裕存在的自然状态，是对一个地区自然资源分布特征的一种反映。通常，资源富集指的是矿产资源、水资源、森林资源、海洋资源等不同种类的自然资源在某一区域大量集聚的现象。相对于其他区域的均值而言，资源富集具有人均储量、开采量等指标的优势，而成为该地区的一种相对比较优势。丰裕的自然资源，是一个国家或地区经济社会发展所赖以必需的重要生产要素，关系到国民经济的健康发展、社会可持续性发展，以及为人类生产生活提供必要的物质资料供给。由于自然资源具有稀缺性、有限性，并且一些资源还具有不可再生性特性，所以，为了促进这些不可再生资源的集约节约利用，各个国家和地区都积极关注并致力于资源利用效率的提升和资源利用风险的消解等问题。但是，由于自然资源的开发利用受到了来自制度因素、经济因素、市场因素以及资源产权等因素的影响，而在不同国家、不同制度环境以及不同经济社会环境下，表现出诸多不同类型的效率风险。因此，探讨在特定生产力阶段，资源利用中的效率变动、空间效应及其演变规律，有助于从现状上掌握资源富集区相对比较优势发挥的程度及其效益。目前，对于资源富集与资源环境承载、经济社会协调发展等方面问题的关注已成为学术界关注和研究的热点，尤其是从定量角度评价资源利用与生态退化、经济增长之间关系的成果尤为丰富。但是，从资源产权冲突角度来研究资源利用的效率及其风险的研究则显得较为缺乏。由此，本章将选择以矿业权重叠作为切入点，探讨我国资源富集区资源富集、产业集聚和矿业权重叠的分布特性、空间关联、影响机理及其动态演进等问题，这一研究对于弥补当前研究的不足具有较好的现实意义和借鉴意义。

本章通过对矿业权重叠的测量、分布特征、关键驱动因素及其空间关联效应的研究，对我国资源富集区矿业权重叠的空间分布、空间关联及其影响机理进行分析，论证我国资源富集区矿业权重叠与资源丰裕、矿业权集聚、政策因素及其市场性因素的相关关系，进一步对资源富集区矿业权重叠演进的规律进行验证。资源丰裕与经济社会发展问题，一直以来受到经济学家、管理学家和政策制度者们的广泛关注。自然资源作为社会生产活动的必要投入品，其开发利用的效率可能受到资源禀赋、产权残缺等多种因素的影响而表现出较大的区域差异。作为一种资源禀赋特征，矿业权重叠影响了资源采掘的开采条件和竞争环境，并对资源利用过程、生产效率和环境效率等产生影响，进而表现出矿产资源利用的效率损失和福利损失，表现出“矿业权重叠风险”。若存在矿业权重叠的风险，则可以从其产生的具体途径、空间交互、动态演化及政策创新等角度进行消解，同时为资源富集区可持续发展和矿业权规制的方向与途径提供研究基础与前提。若不存在矿业权重叠，则说明资源富集区的资源采掘过程受到产权冲突影响的风险尚不存在，资源采掘市场的效率演进受到矿业权重叠因素的影响较弱，资源集约节约利用的市场环境较好。本章的贡献在于：（1）通过对矿业权重叠的指标进行测度，并通过空间相关性分析，剖析矿业权重叠的空间分布特性，为后续对矿业权重叠风险的实证研究提供前期研究基础；（2）对矿业权重叠影响机理的探索，分析不同经济社会发展水平下矿业权重叠的空间关联、空间效应，找出影响矿业权重叠变动的关键变量，以准确描述资源富集区矿业权重叠的决定因素。

5.1 资源富集与产业集聚的空间分布

中国，地域空间广大，矿产资源丰富，矿种齐全，堪称资源大国。目前，我国共勘查发现的矿产资源有 172 种，探明储量的矿产资源 159 种，其中 40 多种主要矿产探明储量的潜在经济价值位居世界第三。在已探明的矿产资源中，煤炭、石油、天然气、油页岩、石煤、铀、灶、地热等矿产 10 种，金属矿产 54 种，非金属矿产 92 种，水气矿产 3 种。其中，煤炭资源有 5345 处，探明储量 10025 亿吨，居世界第 3 位；石油资源富集区 32 个，探明储量 181.4 亿吨，居世界第 11 位；天然气储量约 70 万亿立方米，居世界第 21 位。据统计，中国矿产资源总值约占世界矿产总值的 12%，居世界第三位，但是我国人口众多，矿产资源人均占有量较低，仅为世界平均水平的 58%，在世界排名第 53 位；石油、天然气、铁矿石、铜和铝土矿等重要矿产资源的人均储量，分别占世界人均水平的11%、4.5%、42%、18%和7.3%，但各地区资源分布和资源禀赋的差异性较大①。虽然我国矿产资源种类齐全，资源总量位列世界各国的前面，但却存在以下几个方面的突出性问题：一是支柱性矿产（如石油、天然气、富铁矿等）后备储量不足，而储量较多的则是部分用量不大的矿产（如钨、锡、钼等）；二是小矿床多、大型、特大型矿床少；支柱性矿产贫矿和难选冶矿多，富矿少，开采利用难度较大；三是共生性、伴生性矿多，中低品位矿石储量占比较大，开采、选矿成本较高；四是资源分布与生产力布局不匹配，部分地区资源的耗竭强度较大，随意浪费、挥霍资源的行为大量存在。在这些矿产资源的分布中，矿床规模有大有小，呈现出大型矿床少，中小型矿床多的格局。因此，对不同地区资源富集的程度、矿业权集聚水平及其空间分布特征进行分析，有利于我们了解资源富集区资源利用所面临的客观环境，以为政策制定部门的政策创新提供经验性数据。

5.1.1　资源富集与产业集聚水平的测度

在我国，矿产资源富集的地区有以下几类：（1）以煤炭、石油、天然气、煤层气和页岩气等为主体的鄂尔多斯盆地能源资源富集区；（2）以石油、天然气为主的塔里木盆地油气资源富集区；（3）以天然气、页岩气为主体的川渝东北地区资源富集区；（4）以煤炭、铁、钡钛、铜、铅锌、稀土等为主体矿藏的攀西—六盘水资源富集区；（5）以铝、锰资源为主体的桂西资源富集区；（6）以镍钴铜、钨钼及铁钒铬等为主体的甘肃河西资源富集区；（7）以钾盐、镁、锂、硼等为主的柴达木盆地资源富集区。我国位于亚洲的东部、太平洋的西岸，疆域辽阔，高山峻岭大多分布在西部地区，平原、丘陵则主要分布在东部地区，且大陆处于欧亚板块、太平洋板块、印度洋板块的交界处，具有良好的地质构造环境。在漫长的地质成矿过程中，一些资源富集地区的地层发育齐全，岩浆活动强烈，为矿床成矿提供了有利的地质条件，进而使得大量的矿产资源在这些地区生成、成矿，并表现出资源富集的特征。根据对我国各地区自然资源综合勘查的结果，我国自然资源富集程度

---

① 余敬．重要矿产资源可持续供给评价与战略研究［M］．北京：经济日报出版社，2015：62－64.

居全国前10位的，西部地区占了7个。在这些资源富集区，许多矿产资源的分布往往是由多种矿产资源共生形成的，或以一种矿物元素为主多种其他矿物元素伴生而存在的。例如，山西、安徽、四川的煤矿中共生有煤层气、铝土矿、硫铁矿、高岭土矿，内蒙古、湖北的铁矿里有稀土、放射性矿物以及铜、锡等元素，使得地下矿藏通常由多个矿层、多条矿脉或多类矿种组成，进而表现出资源伴生、共生及交叉、重叠分布的特性。由于资源的共生性、伴生性和重叠性，公共规制机构在出让资源采掘许可证的过程中，难免出现矿业权边界划分不清、交叉、重叠的问题，进而表现出“矿业权重叠”现象。由于矿业权重叠问题的存在，这些伴生矿藏的综合利用和开发受到一定程度的影响，使得采掘企业在实际的开发利用过程中，通常会基于技术条件限制、水文地质环境以及矿藏分布特征等考虑，来确定矿层（脉）的可采厚度，并表现出不同的资源采掘利用结果。如有时候采掘企业可能会不得不放弃一部分矿产资源，以避免对其他矿业权人的权利行使造成破坏性影响，而有时候也会因选冶技术或成本约束的限制，不得不丢弃一部分低品位的矿产，并导致资源的浪费。

从分布特征来看，我国经地质勘探查明的大型矿床数约占全国矿床总体规模的8.6%，中小型矿床则约占91%，其中铁、铜、岩金、银、磷矿、石膏、盐矿等矿产的富集程度较高，80%以上的资源赋存在大型或中型矿床之中，具有较好的开发利用条件。从探明储量、矿种数、保有储量及远景储量等方面来看，我国矿产资源在东、中、西三个区域的分布比重约为10.24%、39.31%和50.45%，呈现出西丰东贫的分布特性。如煤炭资源，主要分布在华北和西北地区，以秦岭—淮河一线为界的北方地区，煤炭资源储量占全国总储量的85%，以山西、内蒙古、陕西、河南、安徽、宁夏、新疆、云南和贵州9省区的煤炭资源储量占全国总储量的87.7%，体现出北多南少、西多东少的分布特性。石油、天然气资源，主要分布在东北、华北和西北地区，松辽、华北（渤海湾盆地）、塔里木及准噶尔四大盆地的石油储量占全国石油探明储量的52.6%，四川、鄂尔多斯、塔里木、准噶尔、吐哈、柴达木、松辽、华北以及琼东南、东海盆地、渤海海区等盆地的天然气资源，占全国天然气资源量的81%。铁矿资源，主要分布在辽宁、河北、四川、山西、安徽、云南、内蒙古、山东、湖北等地区，占全国铁矿石保有储量的83.9%，大型和越大型铁矿区有：辽宁鞍山—本溪铁矿区、四川攀枝花—西昌钒钛磁铁矿、冀东—北京铁矿区、河北邯郸—邢台铁矿区、山西灵丘平型关铁矿、山西五台—岚县铁矿区、山东鲁中铁矿区、湖北鄂东铁矿区、江西新余—吉安铁矿区等①。铝土矿资源，主要分布在山西、贵州、河南和广西等地区，其储量占全国总储量的91.1%。硫矿，主要分布在四川、广东、安徽、内蒙古、贵州、云南、山东、河南等地区，占全国总储量的99%②。

从资源探明储量、可采性和经济社会需求等情况来看，资源富集区资源利用的产业布局、矿业权集聚以及资源开采强度，都可能与资源富集区的资源储量、丰裕度及可采性等状况相关，而表现出一定的差异性。一是有些资源富集区矿产资源储量丰富，但是地下矿藏的勘探程度不够，矿业权边界划分不清晰，矿体走向及矿石品位的测量也不够准备，这无疑会增加资源采掘企业采掘生产的不确定性和风险性。二是有些探明储量的地下矿藏，由于矿物成分复杂、矿物共生性、伴生性特征明显，增加了矿体开采的难度和生产成本，同时也会造成不同矿业权人之间的行为冲突和采掘竞争，进而衍生出资源采掘利用的风险。三是一些资源富集区资源环境的承载力容量有限，不能承受高强度、高污染和破坏性的资源采掘方式，即使资源富集，但由于区域条件的限制，使得其资源富集的优势不能转化为经济增长的优势，并影响到该区域内产业布局的优化。根据矿产资源储量分布、矿业权供给规模、经济社会发展水平等情况，可以通过一些指标来综合反映资源富集区不同矿产资源的富集程度和矿业权集聚水平，并运用这些指标来反映资源富集区资源产业发展的竞争优势。具体来看，这些指标包括：(1) 储量占全国总储量的比重（U_1）：$U_1 = RS/RN$，反映资源富集区资源富集的自然禀赋，式中，RS 为国内某种矿产资源的可采储量，RN 为全国该类资源的可采储量；(2) 人均资源量（U_3）：$U_3 = RS/POP$，反映资源富集区人均占有的矿产资源储量，式中，RS 为国内该类矿产资源的可采储量，POP 为该地区总人口数；(3) 资源开采强度（U_4）：$U_4 = RE/RS$，反映资源富集地区矿产资源的开发利用强度，式中，RE 为资源富集区某类矿产资源的开采量，RS 为该地区该类资源的可采储量；(4) 行业集中度（CR_n）：$CR_n = \sum_{i=1}^{n} R_i / \sum_{i=1}^{N} R_i$，式中，$CR_n$ 表示前 n 个规模最大的矿产资源富集区的行业集中度，以此反映该产业的市场集聚程度和市场竞争状况。n 通常取 $n=4$ 或 $n=8$；

① 张进德，张作辰，刘建伟等．我国矿山地质环境调查研究［M］．北京：地质出版社，2009：27.

② 余敬．重要矿产资源可持续供给评价与战略研究［M］．北京：经济日报出版社，2015：62－64.

R_i 代表第 i 个资源富集区矿产资源产业的有效矿业权数、产值、产量、销售额等指标，N 代表全国资源富集区的总数量。CR_n 集中度越高，说明该矿产资源产业的集中度越高，反之，则表明产业集中度越低。（5）产业集聚度（HHI_i）：$HHI_i = \sum_{i=1}^{n}(X_i/X)^2 = \sum_{i=1}^{n}S_i^{\ 2}$，反映资源富集区矿产资源产业的产业集聚程度。式中，HHI_i 为赫芬达尔指数，X_i 代表第 i 个资源富集区矿产资源行业的有效矿业权数或从业人员数，X 为全国的有效矿业权数或从业人员数，n 代表资源富集区总数，S_i 反映第 i 个资源富集区矿产资源产业的市场结构和市场集中度。HHI_i 的数值越大，说明该产业集聚程度越高，当 HHI_i 取最大数值 1 时，表明矿产资源产业的经济活动全部集聚在一个地理单元 i 中；当 HHI_i 取最小数值 $1/n$ 时，表明矿产资源产业在 n 个地理单位（资源富集区）中分布合理。（6）区位熵指数（LQ_{ij}）：$LQ_{ij} = \left(\frac{e_i}{\sum_{i=1}^{n}e_i}\right)\Big/\left(\frac{E_i}{\sum_{i=1}^{n}E_i}\right)$，用以反映资源富集区某类矿产资源产业发展的强度。式中，e_i 代表一个资源富集区内第 i 个矿产资源产业 i 的投资、从业人数或企业数；E_i 代表全部资源富集区第 i 个矿产资源产业 i 的投资、从业人数或企业数；$\sum_{i=1}^{n}e_i$ 代表某一个资源富集区所有不同类别矿产资源产业的投资、从业人数或企业数；$\sum_{i=1}^{n}E_i$ 则代表全部资源富集区所有不同矿产资源产业的投资、从业人数或企业数。熵，即比率的比率，用以表明某个资源富集区中某个矿产资源产业所占有的份额和全部矿产资源经济部门中该产业所占有的份额之比。

相对而言，在上述反映矿产资源产业市场结构和市场竞争程度的三个指标中（CR_n、HHI_i、LQ_{ij}），行业集中度（CR_n）水平，因为考虑到了矿产资源产业在资源富集区分布的规模、从业人数及生产规模等因素，能够较好地反映规模最大的前几个资源富集区矿产资源经济所占市场份额的比重，但对于资源富集区矿产资源产业的市场竞争程度，却无法给出客观的评价，因而往往被用来反映资源富集区矿产资源经济在全国矿产资源经济中的集中化程度。赫芬达尔指数（HHI_i），因为考虑了不同资源富集区矿产资源产业的矿业权规模、资本投入规模或从业人员规模等方面因素的影响，可以准确地反映出所有资源富集区矿产资源产业的市场集聚程度，因而常常被用来反映资源富集区矿产资源产业分布的市场竞争程度。区位熵（LQ_{ij}），因为考虑了不同矿产资源产业在单个资源富集区和全国整体资源富集区所占比重的比值，一方面可以反映出不同资源富集区内某矿产资源产业集聚的状况，另一方面也可以折射出在全国整体资源富集区该矿产资源产业所占的地位，因而常常被用来反映资源富集区不同类别矿产资源产业的竞争优势。在 $LQ>1$ 时，表明该矿产资源产业在资源富集区中集聚程度较高，占有较强的竞争实力和比较优势，在该区域产业集聚中具有较好的产业规模优势；在 $LQ<1$ 时，表明该矿产资源产业在资源富集区中集聚程度较低，处于比较劣势，竞争优势不明显，区域内该矿产资源产业的规模效应较低，产业竞争力程度不高；在 $LQ=1$ 的时候，表明该矿产资源产业在资源富集区中集聚程度处于均势地位，产业竞争力和集聚度水平与其他区域相比势均力敌，产业优势并不显著。

以煤炭资源为例，基于上述测算公式，本书选择以 2007 年国家针对煤与煤层气矿业权重叠而颁发《关于加强煤炭和煤层气资源综合勘查开采管理的通知》为时间节点，划分为改革前和改革后两个阶段，对 2004～2014 年我国资源富集区煤炭资源分布情况与产业集聚情况（分能源矿产资源产业和非能源矿产资源产业两类）进行了测算，所测得的指数结果见表 5－1－表 5－2。

表 5－1　2007 年前后（2004～2014 年）资源富集区煤炭资源富集及开采强度汇总

地区	2007 年前	2007 年后	2007 年前	2007 年后	2007 年前	2007 年后
	储量/全国总储量		人均资源储量		资源开采强度	
北京	0.00168	0.00106	0.0036	0.0012	0.1603	0.0119
天津	0.00090	0.00119	0.0029	0.0019	—	—
河北	0.02158	0.01736	0.0105	0.0058	0.1203	0.0150
山西	0.31710	0.36761	0.3144	0.2488	0.0525	0.0091
内蒙古	0.22784	0.20474	0.3176	0.2025	0.0338	0.0166
辽宁	0.01638	0.01072	0.0129	0.0061	0.1173	0.0156
吉林	0.00493	0.00389	0.0060	0.0036	0.1656	0.0173
黑龙江	0.02324	0.02498	0.0202	0.0164	0.1229	0.0095
上海	—	—	—	—	—	—
江苏	0.00664	0.00416	0.0030	0.0013	0.1275	0.0132
浙江	0.00015	0.00017	0.0001	0.0001	0.0873	—
安徽	0.04374	0.03305	0.0238	0.0133	0.0583	0.0149
福建	0.00129	0.00159	0.0012	0.0010	0.4241	0.0348

续表

地区	2007 年前	2007 年后	2007 年前	2007 年后	2007 年前	2007 年后
	储量/全国总储量		人均资源储量		资源开采强度	
江西	0.00234	0.00134	0.0018	0.0007	0.3289	0.0463
山东	0.03253	0.03036	0.0117	0.0076	0.1297	0.0169
河南	0.03821	0.03433	0.0136	0.0090	0.1476	0.0140
湖北	0.00099	0.00128	0.0006	0.0005	0.3062	0.0186
湖南	0.00613	0.00265	0.0032	0.0010	0.2811	0.0421
广东	0.00057	0.00009	0.0002	0.0000	0.2018	—
广西	0.00256	0.00036	0.0018	0.0002	0.0824	0.0481
海南	0.00027	0.00047	0.0011	0.0013	—	—
重庆	0.00547	0.00723	0.0065	0.0059	0.1988	0.0135
四川	0.01479	0.02135	0.0060	0.0064	0.1651	0.0116
贵州	0.04476	0.04451	0.0399	0.0312	0.0725	0.0152
云南	0.02225	0.02391	0.0166	0.0125	0.0873	0.0077
西藏	0.00003	0.00004	0.0004	0.0004	0.0335	—
陕西	0.08541	0.06537	0.0764	0.0427	0.0537	0.0316
甘肃	0.01485	0.01096	0.0190	0.0105	0.0733	0.0156
青海	0.00598	0.00497	0.0366	0.0209	0.0299	0.0064
宁夏	0.02059	0.01502	0.1149	0.0555	0.0381	0.0189
新疆	0.03680	0.06512	0.0609	0.0677	0.0315	0.0099

资料来源：《中国统计年鉴 2006》《中国统计年鉴 2017》《中国能源统计年鉴 2006》《中国能源统计年鉴 2017》。

表 5-2 2007 年前后（2004~2014 年）资源富集区煤炭资源产业市场集聚情况汇总

地区	2007 年前	2007 年后	2007 年前	2007 年后	2007 年前	2007 年后	2007 年前	2007 年后
	行业集中度（产值）		从业人数区位熵		投资区位熵		企业区位熵	
河北	0.039	0.019	0.043	0.038	9.940	6.826	9.940	13.625
山西	0.253	0.240	0.050	0.052	0.591	—	0.591	1.555
内蒙古	0.117	0.257	0.040	0.056	1.712	0.603	1.712	4.531
辽宁	0.029	0.013	0.044	0.035	9.760	1.068	9.760	13.814
吉林	0.012	0.008	0.013	0.019	7.415	0.783	7.415	10.342
黑龙江	0.043	0.018	0.042	0.024	8.201	3.026	8.201	13.581
江苏	0.013	0.005	0.022	0.014	8.904	1.527	8.904	12.049

续表

地区	2007年前	2007年后	2007年前	2007年后	2007年前	2007年后	2007年前	2007年后
	行业集中度（产值）		从业人数区位熵		投资区位熵		企业区位熵	
安徽	0.039	0.033	0.045	0.022	0.025	—	0.025	0.123
福建	0.008	0.004	0.015	0.018	0.054	—	0.054	0.092
江西	0.012	0.007	0.036	0.066	0.044	—	0.044	0.042
山东	0.064	0.038	0.102	0.036	9.937	1.230	9.937	13.702
河南	0.086	0.037	0.056	0.033	10.200	0.709	10.200	13.850
湖北	0.005	0.003	0.031	0.035	9.827	6.410	9.827	14.529
湖南	0.026	0.014	0.041	0.063	8.856	—	8.856	0.090
广西	0.003	0.002	0.022	0.042	6.164	7.692	6.164	12.711
重庆	0.017	0.010	0.030	0.029	0.685	—	0.685	0.035
四川	0.037	0.020	0.111	0.076	10.022	5.553	10.022	14.604
贵州	0.049	0.048	0.033	0.091	0.069	—	0.069	0.092
云南	0.029	0.012	0.079	0.094	0.467	0.459	0.467	0.028
陕西	0.070	0.135	0.041	0.055	9.093	2.031	9.093	2.011
甘肃	0.017	0.012	0.026	0.036	9.577	1.263	9.577	12.420
青海	0.003	0.005	0.014	0.009	9.589	2.806	9.589	13.021
宁夏	0.012	0.022	0.006	0.006	0.856	—	0.856	0.180
新疆	0.018	0.038	0.056	0.051	8.453	2.904	8.453	14.101

资料来源：《中国能源统计年鉴2006》《中国能源统计年鉴2015》。

从表5-1数据来看，山西、新疆在2007年后，煤炭资源探明储量有所增加，表现出煤炭资源富集程度上升的趋势，人均资源拥有量变动情况不大，但所有煤炭资源富集区域的资源开采强度均呈现出显著的下降。这可能与国家能源消费结构的变化和针对煤炭产业的规制改革有关，自2007年后，国家强化了对生产能力不足的中、小型煤炭企业的融合，在一定程度上削减了煤炭产业的投资规模和供给规模。

从表5-2数据来看，2007年后，内蒙古、陕西、宁夏和新疆地区的煤炭行业市场集中度（产值）出现了明显上升，说明这些区域的煤炭生产和煤炭供给相较于2007年前出现了增长。而从产业集聚的层面来看，绝大多数区域的投资区位熵出现了下降，而从业人数区位熵和企业数区位熵却出现了上升，说明投资集聚相对于从业人数集聚和企业数集聚表现出了效率的提升，煤炭产业投资效率在2007年后有了显著改进。

5.1.2 资源产业集聚的演进及差异

资源富集区矿产资源产业集聚的规律主要表现在供需变动和政策变动两个方面：一方面，良好的经济增长环境是促进资源富集区矿产资源产业集聚的前提，经济增长的规模、速度和价格水平，影响到经济社会对资源品需求的变动，进而引致矿业权市场矿产品供给的变动。中国的矿产资源种类齐全，但人均资源储量水平较低，当矿产品需求出现快速增长时，为了保障矿产品供给，矿业权规制机构通常会加大矿业权许可证的发证规模，以保障在资源采掘技术水平改进存在时滞效应的前提下，能在短期内刺激矿业权市场规模的扩大，以推动矿产品供给规模的增长，进而引致矿产资源产业投资、从业人数等集聚。如果其他条件不变，只考虑矿业权市场规模的影响效应的话，由于矿业权规模的扩大与矿产资源品供给能力的提升是同向变动的关系。因此，当矿业权市场从业人数规模增长时，表现为经济社会对矿产品的需求出现了扩大，经济增长呈现出快速扩张的态势。另一方面，在不同的生产力发展阶段，资源富集区矿产资源产业集聚的变动受到特定生产关系的影响，如产业政策、环境政策、税收政策，以及矿业权规制政策等。当环境约束或产业政策的约束较强时，生产能力低下的矿业权人将被逐出矿业权市场，进而使得矿产资源产业的集聚水平出现变动。除此之外，矿产资源产业的集聚过程和集聚结果还可能会受到地方政府间竞争、管制合谋、规制弱化等外生性因素的影响，进而使得矿业权集聚、生产要素集聚和产业集聚等水平出现差异化变动。从这个意义上说，规制政策的变动是影响矿产资源产业集聚水平变动的外生性因素，经济增长的规模和水平是影响矿产资源产业集聚变动的内生性因素。不同时期，哪一种影响起决定性作用，则与该地区资源禀赋特征、相对比较优势发挥等因素密不可分。因此，在我们建立起资源富集与矿产资源产业集聚水平变动的相关性分析时，这些外在的控制性因素，不可避免地会对其变动过程产生影响。

根据相关性分析，2004～2014年，我国资源富集区经济增长率与矿产资源产业从业人数增长率之间也表现出一定的相关性（见图5－1），但是不能简单地得出经济增长的分布差异会导致区域间矿产资源产业集聚水平差异的结论。因为经验研究表明，很多资源富集的国家或地区，虽然拥有丰富的自然资源，但是其经济增长率和环境生态效率的改进并不显著，并表现出“资源诅咒”效应。这说明，经济增长率与矿产资源丰裕及矿产资源产业集聚之间并不存在直接的相关关系，矿产资源产业集聚是经济增长率的必要条件，而不是充分条件。如果想促进经济社会的可持续增长，使得经济增长趋于平稳、健康的发展，还必须为矿产资源经济的增长提供良好的外生性环境，减少其对经济增长效率损失的影响。

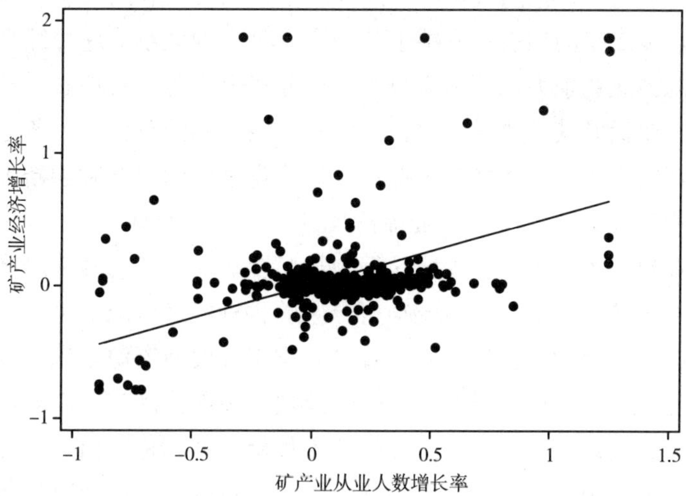

图 5－1 矿产资源产业从业人数增长率与经济增长率的协整关系

资料来源：根据 2004～2014 年统计资料整理。

对于图 5－1 所展示的我国资源富集区经济增长率与矿产资源产业从业人数增长率之间的相关性关系，本书认为，其变动的差异和发展趋势，可能受到了我国矿业权规制部门对资源采掘市场政策调整的影响。在 2004 年前的矿业权规制改革前，区域间发展的不平衡性可能刺激了资源采掘市场生产规模的扩大，并引起从业人数规模的扩大，因为一些经济增长水平较为落后的地区，为了刺激经济增长，促进社会就业，可以在基于矿业权分类分级审批的前提下，尽可能促进矿业权市场的规模扩张，以发挥该地区的相关比较优势，尽快缩小与经济发达地区的经济增长差异。在这种情况下，资源经济部门的竞争力水平和增长差异对资源规制竞争的政策制订形成的约束作用并不显著。此外，其他经济部门对生产要素集聚的吸附作用或排斥作用，可能也会影响到资源富集区矿产资源产业集聚的水平，因为如果其他经济部门的增长性、收益性远远超出于资源经济部门时，其对生产要素的流动将起到“虹吸效应”，进而减少了劳动要素向资源富集区集聚的流动水平。所以，基于图 5 - 1 的变动趋势来看，2004 ~ 2014 年，矿产资源产业从业人数增长率与区域间经济增长率的变动趋势表现出了一定程度的吻合性，但同时也具有一定的差异性，这可能与生产要素的跨区域流动受限有关，这在一定程度上可能也反映了不同资源富集区经济增长多样性水平的差异。

依据产业集聚理论的观点，不同资源富集区资源利用效率和经济增长效率、生态环境效率的均衡，取决于其综合竞争力的大小。这种综合竞争力主要包括资源禀赋竞争力、技术竞争力、产业竞争力等，其核心是产业的竞争力。当然，要提升其产业竞争力，主要有两条不同的路径：一条是通过产业的集聚，促进资源富集区资源采掘企业核心竞争力的提升和创新力，来获取区域资源产业的竞争优势。当资源富集区资源采掘企业的技术水平较低时，这时的产业集聚主要不是各主体间行为相互影响而形成的外部经济效应，而是具有相对比较优势的各要素流动所产生的各种经济效应。因此，要素的比较优势在这一时期的产业集聚中起着主导作用。而当资源采掘企业的技术革新达到一定水平后，矿产资源产业的集聚则更多地体现为从以规模经济为主导的要素集聚向以外部经济为主导的技术集聚转移，进而出现资源采掘市场竞争力的提升。另一条是通过发挥整个资源富集区的资源禀赋优势和单个企业的竞争优势，来获得区域资源产业的竞争优势。这一条路径是我国矿业权市场发展壮大过程中，大多数区域所采用过的战略，但它具有一定的局限性，如受区域资源禀赋和单个资源采掘企业生产能力弱小的影响，难以使得资源富集的禀赋优势转化为经济增长优势和促进资源利用效率提升的竞争优势，并且单个资源采掘企业与同区域内其他资源采掘企业之间竞争关系的强弱、矿产品供给价格竞争及市场占有份额的扩展等，都可能影响到资源产业集聚的过程和结果，并表现出一种竞争的短期均衡。正是因为如此，我国矿业权规制部门，近年来许多的政策调整，也是为了促进单个资源采掘企业生产能力的提升和资源富集区整体产业优势的发挥，并把促进资源富集区矿业权集聚水平作为提升资源富集区资源产业经济竞争力和消解矿业权重叠风险的一个重要手段。

在现实中，很多资源富集区的产业集聚，表现出的是一种“块状经济”现象，即某类资源型企业在地理空间上集聚在一起，但相互之间的协作分工不够，进而阻碍了产业集聚效应的发挥。这是因为资源产业在地理空间上的集聚，并不能直接促进资源采掘企业间的技术溢出，而且区域间资源采掘企业的不合作竞争还可能对区域间的技术创新和技术溢出产生“挤出效应”，使得产业集聚的异质性程度降低。当存在生产要素的价格扭曲时，生产要素在不同区域间的流动和集聚可能出现要素配置扭曲，进而降低产业集聚的外部经济效应。由于特殊的历史和现实原因，我国矿业权市场的改革过程中，存在着很多扭曲现象，如公共规制机构对矿业权出让的无偿划拨、资源税征收水平不足、扭曲的资源品价格和劳动力价格、环境规制弱化等，均加剧了资源富集区产业集聚中的要素错配。这些扭曲的存在，使得我国资源富集区资源产业集聚的竞争力水平与发达国家的资源产业竞争力表现出较大的差距。为了反映不同经济发展水平下我国资源富集区资源产业集聚的动态变化，本书尝试通过变异系数来反映这些变量在不同年份不同截面分布中的组间差异，以衡量区域间的差距是否呈现出收敛或扩散的趋势。变异系数，是测量数据离散趋势的相对指标，是各变异指标与其算术平均数之间的比值，通常用来衡量某一变量在区域间或组间分布的差异化程度，变异系数越大，说明数据的变异程度也越大；反之，则说明数据的变异程度越小。如对于产业集聚度或区位熵（投资区位熵、从业人数区位熵、企业区位数）而言，其变异系数越大，则说明资源富集区矿产资源产业集聚度水平、投资区位熵、从业人数区位熵或企业区位熵等的差异性就越大，区域间的组间差异（相对差异）也就越大。变异系数的测算公式为：

$$CV = \frac{\sigma}{\bar{x}} = \frac{1}{x}\sqrt{\sum_{i=1}^{n}\frac{(x_i - \bar{x})^2}{n}}$$

其中，σ 为样本的标准差。

通过对资源富集区矿产资源产业集聚度、投资区位熵、从业人数区位熵或企业区位熵等变异系数的测算，可以大致反映该资源富集区矿产资源产业市场结构及市场竞争力的差异化程度，为后续考察不同区域内矿业权重叠分布、资源利用效率的空间差异程度及演变规律提供实证分析的参考性依据。本书侧重于从市场集中度、产业集聚度和区位熵的差异化系数以及空间面板数据分析的角度，来解析资源富集区资源禀赋、经济社会发展水平与矿业权重叠的关系，并对矿业权重叠与资源利用效率的空间关联进行分析，对不同的影响因素进行提取，以模拟出不同情景下政策冲击对矿业权重叠风险的影响。因而，在解析矿业权重叠与资源利用效率风险的传导机理时，有必要结合资源富集区某类矿产资源产业的市场结构和市场竞争程度，来剖析内生性因素和外生性因素对矿业权重叠风险传导的影响效应。基于此，对反映煤炭产业市场内生性环境的行业集中度、产业集聚度和区位熵的变异系数进行了测定，测得的结果如图 5－2。

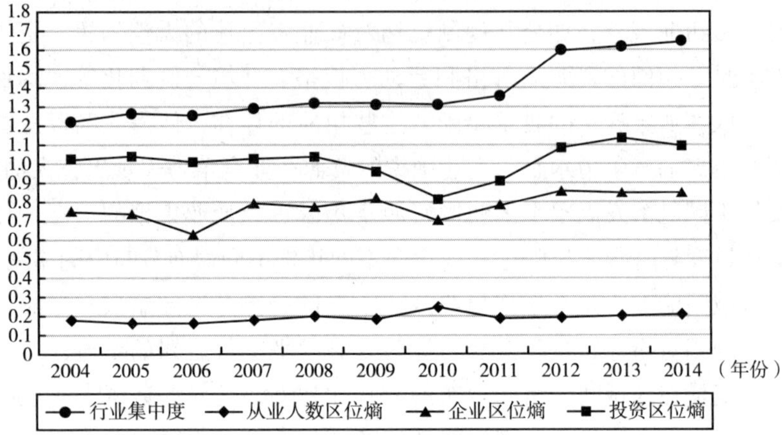

图 5－2　2004～2014 年资源富集区煤炭资源产业主要变量变异系数

从图 5－2 可知，资源富集区煤炭资源产业行业集中度的变异系数在不同时间年份中呈平衡上升变化。自 2011 年起，以煤炭资源产业总产值为表征的行业集中度变异系数出现较快上升，其中 2011 年和 2012 年的变动较为显著，表明这一时期我国资源富集区煤炭资源经济的发展规模和资源产业市场结构相较于以前出现了较大的差异；2004～2011 年前的煤炭产业行业集中度变异系数较为平稳，并未出现较大波动，表明这一段时期煤炭资源产业发展的地区间差异并不明显，这可能与自 2011 年开始的国家环境规制的强化有关，伴随着环境约束强化和煤炭清洁化利用、能源消费结构变动等多种因素的影响，不同资源富集区对煤炭产业发展的依赖程度和产业结构差异开始出现了显著的分化。

另外，从图 5－2 还可以看出，2010 年前资源富集区矿业权集聚程度呈 W 形变化。其中，2004 年为矿业权集聚差异的峰值（0.70），2010～2014 年，矿业权集聚变异系数的变动趋于平稳，表明这一时期，我国矿业权规制机构针对资源富集区的矿业权整合较为平稳，总体差异变动不大。2004～2006 年，矿业权集聚的变异系数显著下降，在一定程度上反映了我国矿业权规制机构对矿业权集聚问题所进行的政策调整，对于减少资源富集区矿业权市场多、小、散、重的规模、提升矿业权集聚水平起到了促进作用，区域间矿业权集聚的差异化程度逐步减小。依据 *HHI* 指数的变动规律，*HHI* 指数在

1/n 和 1 之间变动，*HHI* 越大，表明市场集中程度越高，垄断的可能性也越高，但是，当 *HHI* 指数较低时，市场的竞争程度较强，甚至还会衍生出恶性竞争、非合作博弈竞争等现象。总体上，2004～2008 年，我国资源富集区矿业权市场的竞争程度较为激烈，这可能成为引致资源富集区资源采掘生产中的非合作竞争和资源高强度耗竭、采富弃贫、采主弃副等现象的重要影响因素，并进而引致矿业权重叠风险的传导。

由图 5－2 可知，煤炭产业投资区位熵呈现出倒 V 形上升趋势，其中，2005 年，出现了煤炭产业投资区位熵的拐点，表明 2005～2006 年，我国针对煤炭市场产业投资和生产决策的集聚促进出现了政策效应弱化的问题，区域间的投资集聚差异出现下降、投资同质化竞争现象较为明显。自 2006 年起，煤炭产业投资区位熵的变异系数经历了逐年上升的变化，其中，2009～2011 年，出现了一些先下降后上升的波动，表明这一期间针对煤炭产业投资集聚的调整出现了短暂的减弱，但 2010 年以后煤炭产业的投资集聚水平随即又表现出上升趋势，这说明我国针对资源富集区煤炭产业投资的产业调整继续在强化，产业集聚水平进一步上升，区域间的差异性也表现出较大的差异，不同地区间煤炭产业竞争力的差异进一步显现。随着资源经济的进一步发展，区域间的投资区位熵水平差异也逐步呈现出扩大的趋势，进入 2012 年以来，区域间投资区位熵水平的差异稳步保持在 4.8 以上水平，并达到资源富集区煤炭产业投资区位熵差异的最大值，表明区域间煤炭产业的发展格局已出现了由“同质化竞争”向“异质性竞争”的转变，并且，这也与我国煤炭产业发展现状和能源政策、产业政策的调整预期相符。

对于上述几组变异系数的比较发现，矿业权集聚水平的表征指标在考察期内呈现出先振荡、后趋于平衡的发展变化，在经历了 2004～2009 年的集聚差异波动后，逐步实现了均衡，而区域内煤炭产业的行业集中度和投资区位熵差异水平，总体上表现出上升趋势，这两个变异系数的发展趋势表明，我国资源富集区煤炭产业的行业集中度和投资区位熵的组间差异，随着时间的变化，均出现了趋于扩大的发展态势，但变动的速度均不显著，反映了煤炭产业在不同区域间的发展差异进一步显现。总体上，通过对我国资源富集区煤炭产业集聚水平变异系数的变动分析发现，我国资源富集区煤炭采掘业的发展自 2004～2010 年经历了产能整合、集聚水平提升的变化，大致可分为 2006 年和 2010 年两个时间节点，2006 年以前煤炭产业集聚水平和投资集聚水平的区域差异不大，同质化竞争现象明显，2010 年以后不同资源富集区之间煤炭产业集聚水平和投资集聚的差异化水平趋于上升，表明资源富集区煤炭产业发展的市场环境和政策环境都表现出了较大变化。

5.1.3 资源产业集聚的空间相关性

经济发展水平是影响资源富集区资源产业集聚的关键因素，只有理顺经济发展水平与资源产业集聚的关系，处理好资源经济产业竞争力、投资水平和资源性收益分配等与资源产业集聚的关系，才能实现资源产业集聚与资源富集区可持续发展的均衡。与此同时，资源产业集聚又是资源富集地区经济社会可持续发展的重要约束因素，经济发展水平对资源产业集聚空间分布的影响主要体现在经济增长率、经济产业结构和资源经济依赖度等方面。图 5 - 3 为经济发展水平影响资源产业集聚空间分布的机理。

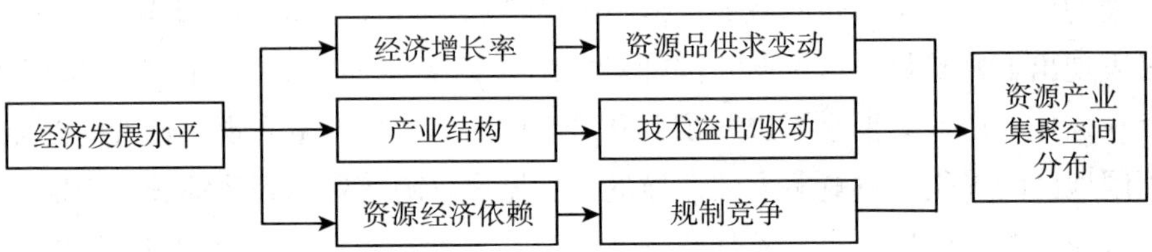

图 5 - 3 经济社会发展水平影响资源产业集聚空间分布机理

空间相关，是一种空间统计方法，是指同一属性的变量在不同空间分布的相关性（Anselin，1988）。如果该属性的相似性在空间上呈现出集聚现象，则说明该变量在不同地理空间上的分布呈现出正的空间相关性；如果该属性的差异性在空间上呈现出集聚现象，则说明该变量在不同地理空间上的分布呈现出负的空间相关性；如果该属性的分布在空间上呈现出随机分布的现象，则说明该变量在不同地理空间上的分布无显著空间相关性。空间相关性的测算可分为全局空间相关性和局部空间相关性，全局空间相关性是对于某一变量在某一样本期内整体分布情况的反映，局部空间相关性则是对某一变量在不同地理空间分布上是否呈现出相似性或相异性的反映。用来度量空间相关性的计算公式为：

全局 Moran's I 指数：

$$I = \frac{\sum_{i=1}^{n}\sum_{j=1}^{n} W_{ij}(X - \bar{X})(X_j - \bar{X})}{S^2 \sum_{i=1}^{n}\sum_{j=1}^{n} W_{ij}}$$

其中，$S^2=\frac{1}{n}\sum_{i=1}^{n}(X_i-\bar{X})^2$，$X=\frac{1}{n}\sum_{i=1}^{n}X_i$，$X_i$ 表示第 i 区域某一要素属性值，n 表示样本个数，W_{ij} 表示空间权重矩阵。Moran's I 指数的取值范围在［-1,1］之内，Moran's I 指数大于0，表示各地区之间呈空间正相关关系，越接近于1说明正相关性越强；Moran's I 指数小于0，表示各地区之间呈空间负相关关系，越接近于-1，说明负相关性越强。Moran's I 指数等于0，表示各地区之间的空间分布不具有相关性。

局部 Moran's I 指数：

$$I_i=\frac{X_i-\bar{X}}{S^2}\sum_{j=1}^{n}W_{ij}(X_j-\bar{X})$$

其中，i 表示某个地区，其他参数指标等同于全局 Moran's I 指数的相关说明。

为了对比分析经济社会发展水平与资源产业集聚空间相关性的动态变化，本书通过 Geoda095i 软件对资源富集区经济增长率、产业结构、资源经济依赖度和矿产资源投资区位熵的全局莫兰指数进行分析，其中，产业结构用第二产业占三次产业总比重来表征，矿产资源投资区位熵用资源富集区煤炭资源产业投资区位熵来代表，各指标考察的年份尽可能保持一致，所测算的全局莫兰指数结果如表5-3和图5-4所示。

表5-3　2004~2014年资源富集区主要经济变量全局 Moran's I 指数汇总

年份	经济增长		产业结构		产业依赖		投资区位熵	
	Moran's I	P值	Moran's I	P值	Moran's I	P值	Moran's I	P值
2004	-0.368	0.000	0.407	0.000	0.136	0.151	0.247	0.026
2005	-0.409	0.000	0.415	0.000	0.204	0.049	0.252	0.025
2006	-0.420	0.000	0.424	0.000	0.359	0.002	0.201	0.064
2007	-0.440	0.000	0.475	0.000	0.346	0.003	0.174	0.100
2008	-0.451	0.000	0.494	0.000	0.244	0.020	0.199	0.066
2009	-0.481	0.000	0.436	0.000	0.150	0.059	0.153	0.137
2010	-0.472	0.000	0.321	0.003	0.290	0.002	0.322	0.005
2011	-0.470	0.000	0.272	0.011	0.406	0.000	0.319	0.005
2012	-0.478	0.000	0.200	0.055	0.373	0.001	0.427	0.000
2013	-0.486	0.000	0.135	0.167	0.341	0.002	0.330	0.004
2014	-0.490	0.000	0.050	0.465	0.238	0.020	0.269	0.017

（1）经济增长率。在样本期内，我国资源富集区经济增长率的 Moran's I 均为负，且都通过了显著性检验，说明资源富集区的经济增长呈现出显著的空间负相关关系，即资源富集区相邻省域之间的经济增长率具有差异性。从图 5－4 的变化幅度来看，2004～2014 年资源富集区经济增长的 Moran's I 指数变化较小，变化范围在－0.37～－0.49 之间，但总体上呈现出差异扩大趋势，说明资源富集区经济增长率区域间差异性出现了平稳扩大。

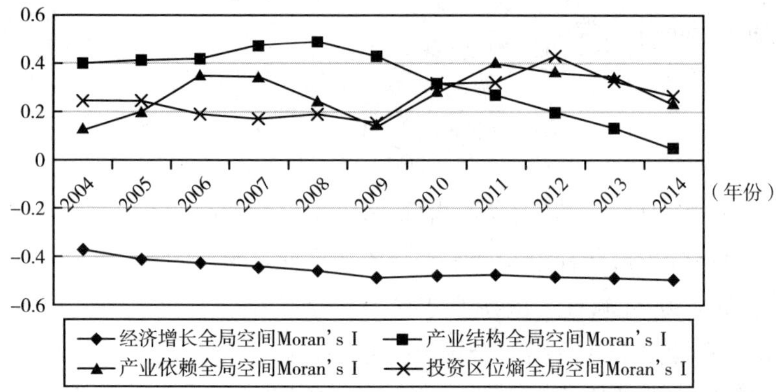

图 5－4　2004～2014 年我国资源富集区主要经济变量全局空间 Moran's I 指数趋势

（2）产业结构。产业结构的 Moran's I 指数在样本期内均在 0.20～0.41 之间变化，且绝大部分年份都通过了显著性检验，说明资源富集区的产业结构在这一段时期内具有显著的空间正相关性。从趋势图来看，资源富集区产业结构的 Moran's I 指数基本保持与经济增长率相同的变化发展趋势。2004～2009 年，产业结构的 Moran's I 指数保持在 0.4 以上，自 2008 年以后开始出现下降，表明资源富集区的产业结构变动呈现出较为显著的相邻关系，这可能与资源富集区产业集聚的竞争与模仿有关。总体上资源富集区的产业结构之间保持着较为稳定的空间自相关性。

（3）产业依赖。产业依赖的全局相关 Moran's I 指数在样本期内均大于零，且绝大多数年份都通过了显著性检验，说明资源经济依赖度呈现出显著的空间正相关关系。2004～2014 年，产业依赖的 Moran's I 指数变动表现出"M"型变动趋势，在 2004～2006 年出现增长，2006～2009 年出现下降，自 2009～2011 年又出现增长，2011 年以后又出现下降。说明这一时期内，我国资源富集区之间存在资源经济依赖的竞争，而且这种产业依赖也表现出了 2006 年、2009 年和 2011 年三个时间点的时间效应，这可能与矿业权规制部门在 2006 年施行的矿业权重叠应对改革有关，而 2009 年和 2011 年所表现出的发展趋势变化，可能与国家产业结构调整和环境规制约束的强化有关。

（4）产业投资区位熵。如图 5 - 4 所示，煤炭产业投资区位熵的 Moran's I 指数在样本期内波动较为明显，2004 ~ 2009 年，Moran's I 指数呈下降趋势，保持在 0. 15 ~ 0. 25 之间的水平，而在 2009 ~ 2012 年开始出现了较大幅度的上升，说明这一时期内煤炭产业投资的区域相似性呈现出相关性增强的趋势，而 2012 ~ 2014 年又开始出现较大幅度下降。这可能与国家为应对环境退化而日益增强的环境规制有关。环境约束的强化，制约了煤炭产业投资的区域间竞争与模仿，煤炭产业的要素配置效率可能出现结构性提升，这与产业依赖的全局相关 Moran's I 指数变动趋势相似，说明针对资源富集区经济社会可持续发展的产业政策调整对资源产业的产业布局和生产要素配置起到了显著的调节作用。

为了反映主要年份经济发展水平与煤炭产业投资区位熵的空间分布情况，本书选择 2004 年、2009 年、2014 年为三个阶段的代表，以检验资源富集区经济发展水平与资源产业集聚的时空关系。

从分布情况来看，资源富集区经济增长率表现出了不同的集聚模式，多数省份的经济增长率在样本期内的三个代表阶段显示不显著，经济增长率呈现出“高—高”相邻的省份大致出现在山西、湖北、湖南、广西、四川、重庆等省、自治区，说明资源富集区经济增长率较高的地区主要集中于中西部地区，山西省在 2004 年表现为“高—高”集聚状态，但 2009 年以后开始转变为“不相关”集聚态势，说明其与陕西、河南、河北、山东、内蒙古等地区的经济增长率的差异性并不显著。重庆在 2009 年和 2014 年都表现为“高—高”态势，说明重庆经济增长对毗邻地区的带动作用明显。2014 年，内蒙古、吉林、辽宁等省经济增长水平表现出“低—低”态势，说明这一时期这些地区的经济增长水平较低，区域间经济增长差异没有出现显著改变。其次，资源富集区的产业集聚也呈现出较为明显的空间相关性。2004 年“高—高”相邻的地区分布在广西壮族自治区，而 2009 年“高—高”相邻的区域扩大到贵州省，2014 年继续扩大到云南、湖南、江西省三个地区，说明随着时间的推移，资源富集区产业集聚的差异出现了一定程度的调整，产业集聚“高—高”相邻的地区在稳步增加。相对而言，“低—低”相邻区域，自 2004 年的陕西、甘肃、青海三个省区逐渐减少到吉林一个省区，说明资源产业集聚的低端同质化竞争现象有所减弱；其他大多数区域的产业集聚空间相关性，则表现出不相关的特征，说明这些区域间资源产业集聚的差异性并不显著，资源产业的异质性水平并不明显。总体来看，2004～2014年，煤炭产业投资区位熵的分布呈现出了明显的空间相关性特征。

5.2 矿业权重叠的由来及空间相关分析

矿业权重叠，是一种发生在资源富集区不同权属矿业权发生平面交叉或不同权种矿业权发生立体投影重叠的矿业权配置现象，常常表现为“矿中矿”（如煤中气）、“矿下矿”（如上煤下油）、“矿挨矿”（如金属矿挨非金属矿）等交叉重叠问题。矿业权重叠是我国自然资源管理中普遍存在的一个现实问题。一份由国务院应急办、国家能源局2013年共同完成的调研报告显示，截至2012年底，仅山西境内矿业权重叠200个（次），面积3529平方公里，云南煤层气矿业权1372平方公里，基本与煤炭矿业权重叠。在山西吕梁，位于河东煤田中部的三交矿区，由于区内发育有石炭系太原组和二叠系山西组煤系地层，煤质以焦煤为主，含气量较高，曾是我国煤层气与煤炭矿权重叠最为严重的地区之一。如中石油在三交煤层气区块面积为462平方千米，与煤炭企业重叠的就有357平方千米，重叠率达77%，其中与煤炭采矿权重叠59个，面积237平方千米；与煤炭探矿权重叠3个，面积120平方千米。在这些重叠矿业权中，重叠类型又常常表现出多边重叠、多层重叠、侵入重叠、伴生共生重叠等特征。矿业权重叠不仅扰乱了正常的资源开采时序和规模，同时也抑制了资源综合利用率水平的提高，对不同资源的开发利用和相关产业的发展，都产生了不利的影响①。那么，我国资源富集区的矿业权重叠问题究竟是如何出现的？其影响机理如何？矿业权重叠的空间分布及其风险传导有什么样的特征？对这些问题的回答，已成为促进我国资源富集区可持续发展的重要问题。因此，着重探讨我国矿业权重叠的由来、影响机理及其空间分布特征，以及矿业权重叠与资源利用效率的空间关联效应等，对于我国资源富集区矿业权重叠风险的消解及其规制政策安排的调整，具有十分重要的现实意义和指导意义。

---

① 王忠，田家华，偈俐. 矿业权重叠引致了煤炭产业技术效率损失吗？[J]. 中国人口资源与环境，2018（3）：147－156.

5.2.1 矿业权重叠的由来及影响机理

在我国，资源富集区矿业权重叠问题的出现，并不是凭空产生的，也绝非是矿业权规制审批的主观创造物，它是“根源于阶段性的生产力发展水平”的，是由经济社会的特定发展方式所决定的。在过去，我国矿产资源法对矿业权的排他性没有作出明确规定，只在对探矿权和采矿权的审批发证工作中，坚持范围排他和矿种排他相结合的一般原则，不允许对金属矿产、非金属矿产等同类矿产内部以及油气、煤、地下水等相同矿种内部在同一范围内重复发证。但是，在实际操作中，对于金属矿产、非金属矿产等非同类或油气、煤、地下水等非同种矿产之间不影响他人探矿权、采矿权的原则下，在已设立探矿权、采矿权的范围内是允许设立不损害原采矿权人或原探矿权人权益的探矿权或采矿权的。矿业权规制机构对矿业权的审批，一般采用以范围排他为主，在操作中结合实际情况考虑矿种排他的处理办法，并没有引起矿业权纠纷。例如，可在大面积的油田或煤田范围内批准地下水、建筑用砂、石、黏土及其他金属、非金属矿产的探矿权或采矿权。对于不同矿种或不同类别矿产的采矿权设置一般采取签订双方协议的方式，例如山东淄博矿务局，上面由洪山、王村矿开采铝土矿，下面由淄博矿务局开采煤矿，双方签订协议已经开采了十多年，相安无事。相对而言，一般矿业权重叠纠纷的发生大多是由于相同矿种或金属矿产、非金属矿产等同类矿产的无证开采、越界开采，或是由于不同级别的发证机关重复发证所造成的。过去，我国对矿业权的赋权采取单一行政审批制，而现在则实行行政审批与市场出让相结合的“双轨”制模式。在传统的单一行政审批阶段，矿权设置采取“优先登记、无偿取得”模式；在“双轨”制阶段，对无风险和低风险的矿产勘查，除另有规定外，一律以招标、拍卖、挂牌的方式出让探矿权、采矿权；对高风险的矿产勘查，则按照申请在先的原则，采用登记审批的方式出让探矿权、采矿权。由于历史、技术等方面的原因，我国资源富集区矿业权市场的格局呈现出现多、小、散、重等问题还较为普遍，有的矿权只有零点几平方千米，大的有上百平方公里，同时矿业权的炒卖、投机行为盛行，圈而不采、采富弃贫等现象也时有发生。

矿业权重叠的影响因素很多，其中一个较为重要的因素是管理制度造成的。首先，矿产资源管理体制中管理部门间的权限存在部分重叠，容易引致矿业权规制机构在矿业权出让中的竞争。如国土资源部2005年颁发的《关于规范勘查许可证采矿许可证权限有关问题的通知》规定，煤炭勘查区块面积大于30平方公里的勘查项目，由国土资源部颁发勘查许可证，其余授权给省级人民政府国土资源主管部门颁发勘查许可证；煤储量1亿吨、其中焦煤储量5000万吨以上的，由国土资源部颁发采矿许可证，其余授权省级人民政府国土资源部门颁发采矿许可证。但实际操作中，有些地区的国土资源主管部门将大中型储量规模的矿产地化大为小，分割出让，进而衍生出矿权重叠、交叉等现象。其次，由于体制的原因，以往在矿产资源勘探许可证或采矿许可证的审批中，并未对与其共生和伴生的资源进行综合勘探或综合评价，然则这些共生、伴生资源的审批主体可能并不是同一级政府部门，这就造成了在同一矿区不同矿种，因审批人不同而产生的矿权重叠、交叉等问题，因为各自的审批时限和审批范围并不一致甚至极有可能产生交叉。并且，在事权的分配上，县级以下国土资源管理部门负有对矿山企业进行属地化监管的责任和义务，省以下国土资源管理部门的很多职责、权限都下放到相应级别的国土资源部门，原以为这样可以提高矿业权规制的积极性，增加其资源性收益，并利用其对地方矿业权市场情况的熟悉程度来加强其监管力度，但在实践中，地方国土资源主管部门容易受到地方政府发展战略的影响，出现矿业权审批出让过程中的规制弱化，表现出急功近利、牺牲环境，以及矿业权多、小、散、重等现象。最后，在国家实行财税分税制改革后，一些资源富集区为了维护本地区的利益或为了扶持本地区经济的发展，容易衍生出与中央部委或其他相邻区域地方政府的规制竞争，对本地的矿山企业争先赋予矿业权产权（如“划大为小”），或依行政区划边界来划分矿体自然延伸至其他相邻区域的矿业权，进而造成矿业权边界的交叉、重叠等问题；甚至对明显的矿业权重叠、越界开采等行为表示默认，进而进一步加剧了矿业权重叠风险的传导。

矿业权重叠也受到矿业权勘查、标界技术层面因素的影响。从管理的方式方法上看，由于我国矿业权登记数据库的管理存在基本信息不全或与许可证内容不符、更新滞后等问题，而且由于不同的地区和时期采用的坐标系和高程基准不同，探矿权和采矿权的拐点坐标、面积以及相关的基本数据不全面、不准确、不一致，矿业权登记的坐标位置与矿业权实际位置有误差，造成探矿权和采矿权、采矿权和采矿权、探矿权和探矿权之间存在偏差、错误、交叉、重叠等现象。因此，在实际行使矿业权尤其是采矿权时超越了许可范围的情况时有发生，包括超越平面矿区范围或勘查区块范围和空间的标高，即常说的“越界勘查和越界开采”。后来，我国对于矿权的新设、变更，统一使用1980西安坐标系测算的拐点坐标，测量手段则统一使用GPS手段，采矿权的高程，采用1985年国家高程基准。同时，加强信息化矿业权管理，实现联网运营全国四级矿业权信息数据库和登记管理信息系统，及时更新反馈矿业权信息。直到2007年以前，全国部、省、市、县四级矿业权审批登记管理机关矿业权审批信息系统，一直未实现全部联网运行，这一定程度上也造成了矿业权标界信息的模糊，为不同区域间的矿业权交叉、重叠提供了现实的制度环境。再则，各地矿业权登记管理信息化建设水平不一，各级登记管理机关矿业权登记数据库处于相对分离状态，造成矿业权信息不能及时反馈和汇总。尤其是一些偏远贫困地区，其信息化管理严重不足，矿业权信息根本没有登记数据库。这就容易造成不同级别所核发的矿业权证存在范围交叉、重叠的现象。由于我国各类矿产资源具有贫、小、杂等特点，地下矿藏中共生、伴生矿多，单一矿藏少，这种情况加大了资源开发利用管理的难度，对矿业权勘查、标界管理提出了较高的要求，这一特点与西方国家矿业大国的资源分布特性有着较大的差异。如此一来，当资源富集区的矿业权配置同时遭遇到资源分布的复杂性与矿业权勘查、标界技术的困难时，矿业权规制机构往往就难以避免出现矿业权标界不清的现象，进而使得资源富集区的矿业权配置出现交叉或重叠等问题具有了现实操作的可能性。

矿业权重叠的形成也受到经济发展规律及国家宏观经济形势的影响。从内生性环境来看，从20世纪90年代至20世纪前十年，我国处于快速工业化的发展进程之中，经济社会对矿产资源品的消耗出现了快速、持续的增长，但是，资源消费的快速增长，同时也伴随着资源产出率和资源利用率低下的问题，表现出资源高强度耗竭、粗放利用、矿业权重叠、产能低效、环境退化等特征。这些问题的出现，一方面与我国经济社会发展的产业结构和粗放式的发展模式有关；另一方面，也与我国对自然资源利用管理的制度缺陷有关。在矿业权规制安排方面，我国对一些具有战略价值的矿藏，实行中央部委直接管理的制度安排，而对一些战略价值较小的矿藏，则实行省级以下地方政府分级管理的规制安排。这就造成了在同一资源富集区不同埋深的地下矿藏可能出现不同的产权规制主体，进而使得矿业权的产权属性具有较大的差异性。例如，战略性矿藏，通常由中央部委通过协议、拍卖等途径出让给中央管理的国有大型企业，这些企业通常也具有较强的资本、技术实力，并且这些战略性矿藏所能实现的资源性税收收益通常归属于国家；非战略性矿藏，则通常按矿藏储量的规模大小，划分给省级政府或省级以下市级、县级政府管理，所实现的资源性税收收益归属于地方政府。如此一来，当战略性矿藏与非战略性矿藏在不同埋深环境下出现上下立体投影重叠时，囿于信息不充分、政府规制竞争等原因，往往就难以避免不同权属矿业权人之间的权利冲突和竞争，并引致资源采掘过程中的非合作博弈，扰乱正常的开采时序、空间安排，并带来资源利用效率的风险。以山西为例，这个省2.8万平方公里的煤层气矿权被两家中央煤层气开发企业登记（中联煤层气公司、中石油煤层气公司），约占全省含煤面积的60%以上，几乎覆盖了全省所有煤炭规划矿区，这就使得一些地方性煤炭采掘企业的煤炭矿业权，与煤层气企业的煤层气矿业权出现大面积的交叉、重叠现象，且这种现象十分普遍，如赵庄井田、长平井田、胡底井田、郑庄井田等范围内的部分区域煤层气矿业权与地方性煤炭企业矿业权的重叠。在这一时期，由于煤炭是我国主导的消费能源，经济社会对煤炭消费需求的快速增长，使得山西的部分煤炭矿业权人表现出争采、抢采、掠夺性开采等行为，并在应对与煤层气矿业权重叠问题时，表现了不合作博弈竞争，使得矿业权重叠的风险进一步演化、外溢，并引致资源利用效率的损失和环境退化、生态多样性下降等效率损失。

为解决资源富集区矿业权多、小、散、重对资源利用低效所造成的影响，自2006年起，我国原国土资源部开始加强对中小矿业权人的整合，矿业权市场的出让规模开始出现拐点，此后各地也相继推出了矿产资源开发整合方案，力图提高矿业权市场的集中度，提升其规模化水平，这正好与图5-2所展示的资源产业行业集中度的变异系数提升的发展趋势吻合。据统计资料表明，2006年全年出让探矿权3182个，比2005年下降47%；出让采矿权34555个，比2005年下降1%。到2008年，全年出让探矿权2529个，出让采矿权24052个，探矿权和采矿权出让总价款分别达到34.3亿元和148.8亿元，平均每个探矿权135.6万元、每个采矿权61.9万元；2011年，我国共出让非油气探矿权1344个，同比减少41.2%；出让价款20.56亿元，同比减少2.9%。出让采矿权5951个，同比减少26.9%；出让价款219.85亿元，同比增长121.5%。同年，在内蒙古，实施资源整合的煤矿区230处，减少煤炭及各类非煤矿业权1800多个，其中，煤炭采矿权由原来的1300多个减少到600多个，采矿权平均年生产能力由原来的不足9万吨提高到82.55万吨，采区回采率平均水平也达到70%以上，比整合前提高了近20%[①]。截至2012年我国保留的煤矿约15000处，平均单矿（井）规模仅24万吨，且30万吨以下小型煤矿约12000处，约占全国煤矿总数的80%，而产量只占不到全国总量的20%，这些小煤矿普遍管理水平低下、技术装备落后、安全保障程度低，成为困扰行业健康发展的痼疾，长期得不到解决，尤其是在西南部分省、市更加集中和突出。山西自整合以来，矿业权整合率达38%，全省60个主要产煤县不再保留年生产能力不足9万吨的煤矿，31个非主要产煤县不再保留产能不足3万吨的煤矿，矿业权集中度得到显著提高。

2008年，我国全年登记采矿权97118个，登记面积30.9万平方公里，共收取采矿权使用费1.3亿元。其中，采矿权延续11270个，面积8.8万平方公里，收取采矿权使用费1925.8万元，平均每平方公里使用费218.8元[②]。按照1998年我国颁布的《矿产资源勘查区块登记管理办法》规定，探矿权使用费第一至第三勘查年度，每平方公里每年缴费100元，从第四个勘查年度起，每平方公里每年增加100元，但最高不超过每平方公里每年500元。同年颁布的《矿产资源开采登记管理办法》第9条规定，采矿权使用费按矿区范围的面积每平方公里每年缴费1000元。值得注意的是，截至2008年，在全国约15万个探矿权采矿权中，有偿取得的不到一半。矿业权无偿取得和有偿使用“双轨”并行，使国家权益流失严重，加上探矿权采矿权使用费缴纳标准低，降低了探矿权采矿权人的准入门槛，一定程度上助长了“跑马圈矿”现象，同时，也加剧了资源富集区矿业权重叠风险的传导和外溢。2007年4月，国土资源部下发《关于加强煤炭和煤层气资源综合勘查开采管理》的通知，要求在煤层气富集地区，划定并公告特定的煤层气勘查、开采区域，煤层气勘查、开采结束前，不设置煤炭矿业权。并且，国土资源部为创新矿权管理机制，完善煤炭、煤层气开采管理制度，特在全国选择了13个煤层气矿区作为“首批煤层气国家规划矿区”，山西晋城、阳泉、潞安、西山、乡宁五个矿区在列，还包括陕西韩城、安徽淮南、新疆阜康、贵州盘县、河南焦作、云南老圭等地。根据机制创新要求，国家尝试建立煤炭开采与煤层气的开采协调机制，包括抽采率、抽采量强制性规定，“先采气、后采煤”强制性措施，以及“煤层气

① 根据《中国矿业年鉴2006》数据整理。

② 根据《中国矿业年鉴2008》整理。

矿权区三年投入不到位强制退出”等政策措施。除此之外，还尝试建立煤层气探矿权与采矿权分阶段授权出让制度，在取得煤层气探矿权但未获得国家储量管理部门核准的煤层气储量之前，不登记煤层气采矿权；在获得煤层气储量核准后，将煤层气采矿权“挂牌”出让等办法。在尚未设置煤炭采矿权的地区，面对煤炭与煤层气伴生存在的问题，应充分考虑煤炭、煤层气采矿权的整合，将煤炭和煤层气的采矿权“打包”审批出让，实现“采气采煤一体化”。

5.2.2 矿业权重叠的动态演进

在实践中，由于我国资源富集区地层结构、矿体自然构造等方面的原因，不同种属或不同权属矿业权常常会表现出矿业权客体（矿体）上下立体投影重叠，或平面交叉重叠的现象，并诱发矿业权人之间的权利冲突和行为竞争，进而使得资源富集区的资源利用效率受到影响。从矿种来看，我国资源富集区发生矿业权重叠最为典型的代表是：煤炭、石油、天然气、铀矿、煤层气等之间所出现的两个或两个以上矿业权重叠的现象，这几类矿业权发生交叉重叠的数量约占全国矿业权重叠总规模的78%。从区域来看，发生矿业权重叠最为典型的区域为山西三交地区和鄂尔多斯盆地所在区域。如在山西三交地区，发生煤与煤层气矿业权重叠的面积达3447.6平方公里，重叠率达78%；在鄂尔多斯盆地，煤与煤层气矿业权重叠面积达43180.94平方公里，占矿业权总面积的15.39%，占盆地总面积的17.67%，重叠率达87%。鄂尔多斯盆地横跨陕、甘、宁、蒙、晋五省区，共辖22个城市、93个县，主体面积约25万平方公里。在鄂尔多斯盆地，石油约占全国15%，在大型沉积盆地中位居全国第三；天然气、煤炭以及煤层气总资源量，分别占全国的29%、35%和37.2%，居全国之首。在这一区域，陕西省和内蒙古自治区发生矿业权交叉、重叠的比重分别达到43.30%和38.16%。从矿种分布情况来看，与煤矿矿业权发生重叠的比重占矿业权重叠总数的87.07%，与石油天然气、铝土矿、岩盐等矿种发生矿业权重叠的比重分别达到5.92%、1.87%和1.79%。从矿权属性来看，发生探矿权与探矿权交叉重叠的面积最大，占重叠部面积的70.85%，但重叠的矿业权数相对最少，占31.31%；发生采矿权与探矿权交叉重叠的矿业权个数最多，占78.82%，但重叠的面积不大，约占34.39%；发生采矿权与采矿权交叉重叠的面积最少，占6.46%，重叠的矿业权数却占41.43%①。

在鄂尔多斯盆地，多种能源矿产之间的共生、伴生关系是造成矿业权重叠的客观因素。盆地中多种能源矿藏富集存在的形式主要体现为：油中气、上气下油、油中铀、煤中铀、煤中气、煤中油，以及煤、石油、天然气及铀独立富集等形式。盆地内油气聚集的总体特征是“半盆油，满盆气”“南油北气、上油下气”，油气资源交叉重叠分布的面积广，层系多，分布性状复杂。由于矿业权重叠增加了资源富集区矿业权边界的不确定性，使得不同矿业权人在资源采掘生产过程中容易出现非合作竞争关系，进而影响到整个区域不同种类资源的综合利用。在现实中，矿业权重叠区中不同矿业权人之间为开采重叠区的标的物矿藏，而不得不与其他矿业权人之间展开谈判或交易，这无疑也相应增加了矿业权人的生产成本。如，山西潞安矿业集团屯留矿为获得22平方公里的煤炭开采权，不得不向与其煤炭矿业权形成重叠关系的煤层气矿业权人支付每平方公里6万元、总计120多万元的“矿业权转让费”，以获得重叠区内特定标的物矿藏的开发利用权。再如，山西晋城市兰花集团的煤矿井面积有约100平方公里与煤层气矿业权重叠，考虑到煤层气对煤炭开采形成的生产风险，不得不以吨煤15元的标准作为“资源费”补偿给煤层气矿业权人以获得“煤层气抽采权”，但对于煤炭矿业权人而言，抽采煤层气项目并不是其主营业务，也不能保证其能采取合理的施工方案，对相互伴生的煤层气进行综合开采利用，进而导致对伴生性、共生性资源的低效利用或浪费。造成这一突出现实问题的根源则在于现行矿业权管理体制的缺陷，国家对煤层气资源开采实行一级管理，煤层气矿业权的登记和许可证发放，由国土资源部统一管理；而对于煤炭矿业权，国家则按矿井规模分别由部、省两级国土部门登记管理。同时，由于对不同种属矿业权人的约束不够，导致一些具有重叠特征的矿业权人“低成本跑马圈地”却“占而不探”“占而不采”等现象的出现，进而制约了资源富集区不同类别资源的综合开发利用。

作为中国“矿业权有形市场”的一个典型特征，矿业权重叠已成为制约我国资源富集区资源利用效率和生态环境效率的重要影响因素。据统计，截至2012年12月，我国矿产资源富集区矿权重叠总数达到10070个，占问题

① 罗世兴，沙景华，吕古贤．鄂尔多斯盆地矿区重叠问题探析［J］．中国矿业，2012（8）：201－204.

矿业权总数的9.31%，而中西部资源富集区矿业权的重叠现象则表现得尤为突出。矿业权重叠不仅影响到资源富集区不同类别矿产资源勘查开采的时空布局、利用强度，更严重阻碍不同矿业权人权益的有效实现，对资源环境、经济增长、矿业安全等领域也具有间接的风险传导性。因此，加强从单一要素到多元要素、从静态到动态的系统研究，厘清矿业权重叠的系统性风险、作用机理和动态特征，构建和完善消解风险的规制机制，已成为我国矿业权管理和矿业规制中的重点和难点。如何消解矿业权重叠的风险，已成为社会和政策制定部门广泛关注的问题。从经验判断来说，中国资源富集区矿业权重叠风险不仅会引致资源采掘生产效率、环境效率和社会福利效率等效率的损失，而且还可能会引致区域间围绕矿业权重叠而展开的竞争与冲突，形成不同区域间的“模仿效应”和“溢出效应”。模仿效应，可能表现为其他区域的矿业权人表现出与该区域矿业权人相同形式、相同强度、相同规模等方面的决策模仿，以稳定其所占有的资源品市场份额；溢出效应，则可能表现为某一资源富集区对矿业权重叠的规制弱化，引致其他资源富集区规制弱化的趋同，以平衡不同区域间规制强度差异而导致的资源经济部门竞争力的差异，即将规制的弱化或强化溢出到其他区域，并引起其他区域相同的行为表现。因此，本节尝试着对我国资源富集区矿业权重叠的规模、强度等变量按截面单位来进行重新构造，并借助空间可视化图谱的分析，来描述矿业权重叠变化的规律。

在矿业权“上下投影重叠”或“平面交叉重叠”为标准进行分类，设置虚拟变量 D=1（重叠地区）和 D=0（无重叠地区）；另一类是基于资源富集区实际存在矿业权“上下投影重叠”或“平面交叉重叠”地区的越界开采行为的发生率（越界开采件数占地区非法开采件数的比重）来作为矿业权重叠的代理变量，以区分不同区域矿业权重叠对资源采掘生产过程实际产生的影响程度的差异。为了描述不同区域矿业权重叠动态变化的演进规律，本书选择矿业权重叠区越界开采行为发生率作为矿业权重叠的代理变量，以2004~2014年为样本区间，来分析矿业权重叠发生率的演变规律。资源富集区越界开采件数指标可根据历年《中国国土资源年鉴》统计数据整理和计算得到。具体统计数据如表5-3所示。

从表5-4可知，比较资源富集区矿业权重叠的发生率发现，2004~2008年，我国资源富集区大多数区域的矿业权重叠发生率均呈现出上升趋势，自2009年以后，除山西、内蒙古、吉林、黑龙江、安徽、湖南、贵州、云南、甘肃、青海、宁夏、新疆等地区还大增长外，其他区域矿业重叠发生率所有减缓。在一些煤炭资源富集的地区，如山西、陕西、河南等地区矿业权重叠发生率呈现出下降趋势，这可能与国家自2007年开始的为解决煤层气和煤炭资源矿权重叠问题而进行的政策调整有关。2007年4月17日，我国国土资源部下发的《关于加强煤炭和煤层气资源综合勘查开采管理的通知》（国土资发〔2007〕96号）规定：一是在煤层气矿业权区内已设置煤炭采矿权，造成煤层气无法开采的矿业权重叠区，采用核减煤层气矿业权面积的方法解决重叠；二是对存在大面积煤炭后备资源的煤炭采矿权，要求煤炭、煤层气两类企业，统筹编制开发方案，先采气、后采煤，合作共赢，科学保护、合理利用两种资源；三是在96号文下发之前，煤炭和煤层气矿业权发生重叠且未签订协议的，由双方协商开展合作或签订安全生产协议，按照“先采气、后采煤”的原则，对煤炭、煤层气进行综合勘查、开采；在96号文下发后6个月内，双方无法签订合作协议的，国土资源管理部门按照有关规定和根据勘查开采实物工作量已投入等情况进行调解。同意调解的，扣除重叠部分的区块，并由当事人一方对被扣除区块一方已投入部分进行补偿；调解不成的，由国土资源部门按照采煤采气一体化、采气采煤相互兼顾的原则，支持煤炭国家规划矿区内的煤炭生产企业综合勘查开采煤层气资源。

表5-4　　2004～2014年资源富集区矿业权重叠发生率汇总

地区	年份										
	2004	2005	2006	2007	2008	2009	2010	2011	2012	2013	2014
河北	0.14	0.22	0.16	0.10	0.16	0.15	0.07	0.12	0.09	0.10	0.10
山西	0.27	0.10	0.18	0.17	0.30	0.07	0.16	0.15	0.10	0.13	0.11
内蒙古	0.04	0.08	0.34	0.07	0.06	0.07	0.06	0.22	0.10	0.16	0.13
辽宁	0.24	0.28	0.25	0.24	0.16	0.10	0.06	0.07	0.20	0.13	0.17
吉林	0.23	0.14	0.11	0.11	0.14	0.14	0.27	0.11	0.20	0.15	0.17
黑龙江	0.17	0.41	0.42	0.32	0.36	0.25	0.45	0.43	0.55	0.49	0.52
江苏	0.11	0.18	0.21	0.17	0.28	0.00	0.00	0.27	0.08	0.18	0.13
安徽	0.10	0.15	0.25	0.22	0.42	0.49	0.67	0.71	0.62	0.66	0.64
福建	0.03	0.02	0.07	0.22	0.08	0.08	0.04	0.02	0.03	0.03	0.03
江西	0.12	0.19	0.26	0.27	0.23	0.27	0.23	0.21	0.23	0.22	0.23
山东	0.08	0.09	0.10	0.06	0.06	0.07	0.21	0.17	0.07	0.12	0.09
河南	0.26	0.21	0.14	0.12	0.19	0.19	0.10	0.20	0.14	0.17	0.16

续表

地区	年份										
	2004	2005	2006	2007	2008	2009	2010	2011	2012	2013	2014
湖北	0.10	0.13	0.14	0.21	0.24	0.38	0.31	0.23	0.20	0.21	0.20
湖南	0.34	0.43	0.31	0.50	0.35	0.37	0.53	0.54	0.57	0.55	0.56
广西	0.02	0.02	0.08	0.01	0.02	0.04	0.05	0.07	0.10	0.08	0.09
重庆	0.05	0.06	0.20	0.34	0.53	0.42	0.70	0.75	0.40	0.58	0.49
四川	0.20	0.18	0.30	0.22	0.38	0.28	0.36	0.43	0.41	0.42	0.41
贵州	0.10	0.25	0.10	0.16	0.20	0.08	0.22	0.27	0.15	0.21	0.18
云南	0.02	0.02	0.01	0.03	0.04	0.15	0.07	0.27	0.33	0.30	0.32
陕西	0.22	0.23	0.14	0.27	0.33	0.21	0.12	0.14	0.10	0.12	0.11
甘肃	0.02	0.03	0.07	0.04	0.07	0.01	0.00	0.11	0.26	0.19	0.22
青海	0.13	0.00	0.08	0.38	0.00	0.00	0.04	0.08	0.53	0.30	0.42
宁夏	0.20	0.17	0.02	0.04	0.05	0.09	0.14	0.13	0.13	0.13	0.13
新疆	0.15	0.13	0.04	0.06	0.05	0.15	0.09	0.18	0.11	0.14	0.12

资料来源：历年《中国国土资源年鉴》。

为了清晰地反映我国资源富集区不同区域矿业权重叠分布的历史演变，本书把2004～2014年矿业权重叠的发生率进行表述。以直观描述资源富集区矿业权重叠的规模、空间分布特征及其演变规律，并为后续建立面板回归模型，来分析矿业权重叠与采掘业生产效率、环境效率等之间的动态关系提供一些实证分析的基础。从相关年份矿业权重叠的空间可视化图谱。

资源富集区出现矿业权重叠"高—高"相邻特征的年份主要表现在2007～2011年，且矿业权重叠"高—高"相邻的地区也主要表现在湖北、重庆、江西、贵州四个省份，即意味着当这些地区矿业权重叠发生率高时，其毗邻地区矿业权重叠的发生率也相应较高。出现矿业权重叠"低—低"相邻特征的区域2005～2010年主要表现在新疆地区，自2010～2014年矿业权重叠表现出"低—低"相邻特征的地区出现了变化，并主要表现在内蒙古、山西、河北三个地区。出现矿业权重叠"低—高"特征的时空分布特征为：2004年新疆、2005年重庆、2006年吉林、2011年湖北、2013年和2014年湖北与贵州。事实上，资源富集区矿业权重叠的演进与中国宏观经济环境是分不开的。随着经济社会的快速发展，社会对矿产资源品需求的增长促进了资源富集区矿业权人越界开采行为的发生率；尤其当资源产权边界不清晰或存在矿业权边界交叉、重叠现象时，不同矿业权人在短期逐利动机的影响下，表现出与其他矿业权人争夺重叠区域地下矿藏的行为。并且，基于新经济地理理论的观点，这种基于逐利动机而形成的争夺效应，还可能外溢到与其相邻的空间地理单位，并表现出一定的空间效应，形成资源富集区矿业权重叠风险的“溢出效应”。

值得说明的是，当我们以矿业权重叠的虚拟变量 $D=1$（重叠地区）和 $D=0$（无重叠地区）来构造矿业权重叠规模 LISA 集聚图谱时，因所有年份的空间分布特征均相同，但不能有效描述矿业权重叠动态变化的空间分布特征。因此，我们在后续的研究中，仍然借助矿业权重叠区矿业权人实际越界行为发生率作为矿业权重叠发生率的代理变量，来建构计量分析模型，以分析矿业权重叠的空间分布特征，及其与其他影响因素之间的空间关联效应。

另外，在测算资源富集区经济增长、产业结构、产业依赖及投资区位熵的全局空间相关 Moran's I 指数时，运用地理空间距离倒数作为空间权重矩阵，除个别年份 Moran's I 指数的 p 值不显著外，其他绝大多数年份均通过了显著性检验；而矿业权重叠发生率（矿业权重叠区实际越界行为发生率）的全局空间相关 Moran's I 指数呈现出一定的空间相异性，且部分年份 Moran's I 指数的 p 值具有较好的显著性水平，但同时也有相当一部分年份的 Moran's I 指数的 p 值并不显著。这说明矿业权重叠发生率的空间分布在一定程度上表现出了空间相关性特征，但其与影响因素之间的空间关联效应是否存在，还需作进一步探讨。

5.2.3　矿业权重叠的局部自相关

为了在上述矿业权重叠发生率全局空间相关 Moran's I 指数测定的基础上，对矿业权重叠发生率的局部自相关性作进一步分析，以探讨其空间分布的基本特征，本节接下来对矿业权重叠发生率的局部自相关问题进行研究。局部自相关分析，旨在结合全局自相关性测度的基础上，通过对局部空间自相关性的分析，来考查一个空间单元与其毗邻区域的空间分布关系。局部自相关可用于探测矿业权重叠发生率的高值聚集区和低值聚集区，是对全局自相关分析的一种补充。因为，全局自相关统计是基于局部自相关 Moran's I 指数的平均值来作出的，如果某些局部统计的分布不均衡，则会出现一些总体被少数很大的值所控制，因而全局自相关 Moran's I 指数显示会具有一定的欺骗性。并且，空间权重矩阵选择的差异，也会导致空间相关 Moran's I 指数测定的差异。因此，基于从地理空间权重距离矩阵和社会经济距离权重矩阵的角度，来进行矿业权重叠问题的空间分析，我们有必要结合几种不同的空间权重矩阵来分别考察矿业权重叠发生率的总体分布情况和局部分布特征，以检验哪一种空间权重的影响最为显著。本节结合前述空间自相关莫兰指数的测算方法，计算得到的 2004 ~ 2014 年我国资源富集区矿业权重叠局部空间相关 Moran's I 指数变动趋势，显示出我国资源富集区矿业权重叠存在一定程度的局部空间自相关性。相关结果见图 5 – 5 所示。

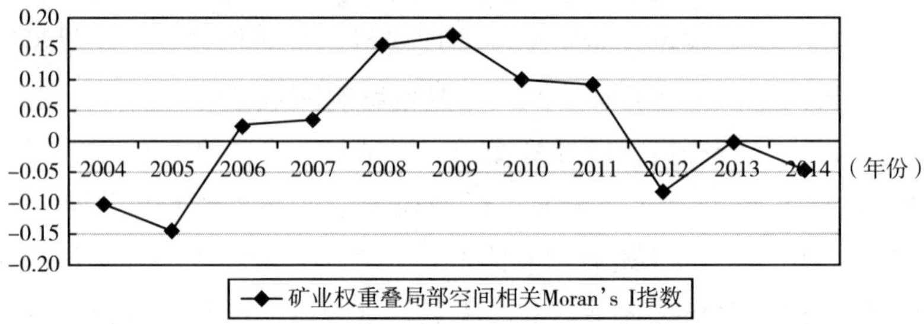

图 5 – 5　2004 ~ 2014 年我国资源富集区矿业权重叠比重的全局空间相关 Moran's I 指数

从结果来看，除了 2004 ~ 2005 年我国资源富集区矿业权重叠发生率表现出负相关外，其余年份的矿业权重叠比重都表现出空间正相关性。这可能是因为这一时期我国矿产资源主管部门针对资源富集区资源采掘市场进行的治理整顿，在不同区域的试点和政策执行存在偏差，导致我国资源富集区矿业权重叠比率表现出高低集聚特征。随后各地区间针对矿业权重叠及资源利用效率考核的政策执行出现空间联动，使得我国资源富集区矿业权重叠发生率表现出空间正相关性。自 2009 年以后，我国资源富集区矿业权重叠的政策调整进入稳步发展阶段，其对不同区域矿业权人的约束效应趋于一致，其发生矿业权重叠或矿业权产权冲突的数量和比重的空间相关性也相对比较稳定。

从图 5 – 5 来看，我国资源富集区矿业权重叠局部空间自相关 Moran's I 指数的变化幅度较大。根据图所反映出的矿业权重叠局部空间 Moran's I 指数的变化情况，大致可以将其空间相关性的动态变化分为以下几个阶段。第一阶段：2004 ~ 2005 年，Moran's I < 0，区域内矿业权重叠发生率呈现出负相关关系，即资源富集区之间的矿业权重叠呈现出异质化竞争格局。第二阶段：2005 ~ 2009 年，矿业权重叠 Moran's I 指数表现出稳步上升趋势，并于 2009

年达到最大，说明这一时期资源富集区内不同区域之间矿业权重叠的正相关特征正在增强，空间相似性程度逐渐增大。第三阶段：2009～2012 年，矿业权重叠 Moran's I 指数开始出现逐年下降，说明这一阶段资源富集区内不同区域之间矿业权重叠的空间负相关性在增强，并以表现出“低—高”或“高—低”的集聚态势。第四阶段，2012～2014 年，矿业权重叠 Moran's I 指数先增后降，且值在负值与正值之间波动，说明这一时期矿业权重叠的变动较小，自相关性和差异性特征并不显著。总体上，2006～2011 年矿业权重叠发生率的 Moran's I >0，区域内的矿业权重叠呈现出正相关关系，说明资源富集区之间的矿业权重叠呈现出同质化竞争格局，矿业权重叠存在毗邻区域间的溢出效应。2009 年的 Moran's I 最大，表明 2009 年资源富集区矿业权重叠空间分布的自相关性最强，空间差异程度最小。

为了描述典型年份矿业权重叠的局部空间相关 Moran's I 指数的分布情况，这里展示出 2008 年我国资源富集区矿业权重叠的 Moran's I 指数散点图，如图 5－6 所示。通过图 5－6 可以看出，有部分地区呈现了“高—高”集聚状态和“低—低”集聚状态，但数量较少，其余大多数地区均在 0 值周围波动，一部分地区分布在纵坐标 0 值以下，还有一部分地区分布在纵坐标 0 值以上，说明大多数地区矿业权重叠接近于区域的平均水平，但其毗邻地区的矿业权重叠比较低，不同区域间矿业权重叠表现出部分程度的空间相关性。

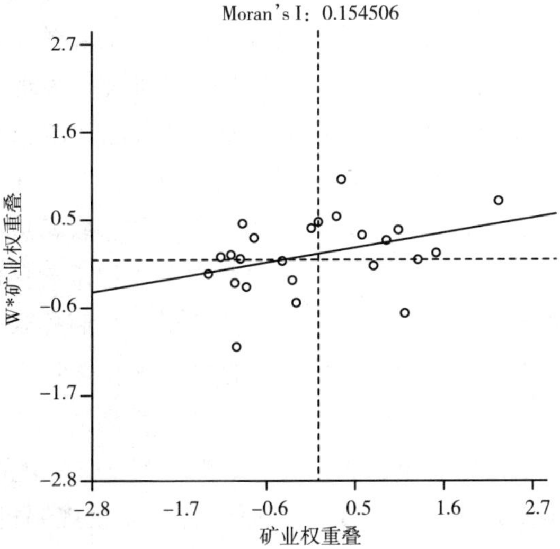

图 5－6　2008 年我国资源富集区矿业权重叠比重的局部空间相关 Moran's I 指数散点图

基于全局空间相关和局部空间相关的分析结果，2004~2014年我国资源富集区矿业权重叠的空间自相关性总体上表现出先上升后下降的趋势，虽然部分年份波动较大，但最终都逐渐趋于稳定，表明资源富集区矿业权重叠规制的一个事实：加强重叠矿区不同种类矿产资源的综合勘查、开采，有效降低了矿业权重叠的发生率，对于减少矿业权重叠区不同矿业权人之间的非合作博弈与权利冲突起到了有效的促进作用，也间接表明加强重叠矿业权的整合、联营、合作，以及注重加强对重叠矿区资源采掘利用的环境约束、产业效率约束，有助于减少资源富集区不同矿业权人之间越界开采、采掘竞争的行为发生率。从图5-6可以看出，矿业权重叠的分布存在高值点区域和低值点区域，在空间分布上表现出集聚性。在样本期内，资源富集区矿业权重叠的高值点区域分布较为分散，主要集中出现在山西、陕西、内蒙古等区域，这些区域煤炭、石油、天然气等资源丰富，矿业权市场集中化程度高，但是产业投资的集聚度水平较低，资源产业所占GDP比重较高，地方政府对资源经济的依赖程度相对较高，对矿业权重叠区的生产效率约束和环境规制约束不足，以至矿业权重叠在这些区域内的存在规模较大。新疆、贵州等省区为矿业权重叠的低值点分布区域，这可能与这些区域整体的经济发展水平、产业结构有关。由于河南、安徽、江苏、湖北、湖南、广西等省区展示出空间不相关的特征，表明这些区域在矿业权重叠、资源产业依赖方面，与毗邻区域的相关性不显著。从"极化效应"与"扩散效应"的角度来看，这些不相关区域在矿业权重叠引致的竞争溢出效应也不显著，资源采掘市场的竞争格局趋于平稳。由2004~2014年资源富集区矿业权重叠LISA分布发现，表现出"高—高"集聚的区域数量趋于减少，原因可能在于，随着国家自2007年以来实行的矿业权重叠规制政策（《关于加强煤炭和煤层气资源综合勘查开采管理的通知》）促进了矿业权重叠区不同矿业权人之间的生产协作、联营或矿业权的并购整合，使资源富集区劳动、资本和技术等要素向矿业权重叠区的流动，在一定程度上受到了产业政策和环境规制政策等的约束，从而导致不同重叠区矿业权重叠比重出现了下降，区域与区域之间的差异越来越小。

总的来说，从上述全局空间相关Moran's I指数和局部空间相关Moran's I指数的空间分布特征可以看出，我国资源富集区矿业权重叠的空间分布结构，在大多数时期基本呈现出正相关关系，而随着矿业权规制机构的政策调整，资源富集区矿业权重叠的空间结构相关性逐渐减弱，甚至出现了微弱的负相关性。因此，要促进资源富集区矿业权重叠风险的消解，首先应促进矿业权重叠区不同矿业权人之间的分工与协作，减少对重叠区地下矿藏展开同质化竞争，进而使得非合作博弈的效率风险外溢到毗邻区域，并带来矿业权重叠全局空间相关 Moran's I 指数的上升。除此之外，还应着力促进资源富集区经济增长方式的多样化和矿业权人之间技术革新的合作，以减少资源富集区不同区域间所可能出现的矿业权人之间的异质性竞争格局，避免过度竞争对资源富集区资源利用效率形成的负面影响。通常，经济发展水平较高的地区，其经济增长的多样性也较高，其对绿色矿业发展所具有的溢出效应也较高，反之，经济发展产较低或产业结构对资源经济的依赖程度较高，都可能使得资源富集区矿业权重叠规格和重叠比重发生改变。依此来看，要改变矿业权重叠的比重或比率，必须强调对产业布局的调整，以促进资源富集区的技术创新和经济增长多样性，增强不同矿业权人的资源采掘能力和技术创新竞争力，进而依托技术驱动、产业效率提升，实现矿业权重叠风险的消解。除此之外，还要尽可能防止资源富集区矿业权重叠空间分布呈现“高—高”集聚状态的区域陷入“公地悲剧”之中，政策上宜选择一些矿业权重叠空间分布由“高—高”到“高—低”转变的区域作为示范，利用资源富集区中资源采掘业地位和影响力较强的区域带动矿业权重叠比重较高的区域，通过建立区域产业联盟，加强区域间矿业权市场的分工与合作，进而避免过度竞争和竞争效应溢出，促进矿业权重叠风险的消解。

5.3　经济社会发展与矿业权重叠的空间关联

基于前述研究，资源富集区矿业权重叠的形成受到了多种因素的影响，本节将参考以往学者的研究，主要从市场因素、经济因素和制度因素三个方面来探讨矿业权重叠的关键驱动力及其与矿业权重叠之间的空间关联问题。不过，并非是这些关键驱动力本身影响到了矿业权重叠风险的传导，而是这些驱动力因素在不同区域间所表现出的差异，对矿业权重叠的发生率、范围、程度等产生着影响。因此，在不同的经济社会发展阶段，资源富集区因关键驱动力的区域性差异，使得矿业权重叠的发生率和行为矫正程度也不同，并且其动态演进的发展趋势也可能呈现出不均衡的特征。在生产力发展的中高级阶段，资源富集区资源经济部门的发展受到环境保护、技术替代等因素的影响，并表现出由量变到质变的转变，其矿业权重叠风险发生的范围、程度也相较于生产力初级阶段而会出现减弱趋势。因此，这里需要通过对这些关键驱动因素的提取，分析其对矿业权重叠的影响，并通过计量模型分析来实证检验矿业权重叠与这些影响因素之间的相关关系，对于解决资源富集区矿业权重叠风险的传导问题无疑具有十分重要的现实意义和指导意义。

5.3.1 矿业权重叠关键驱动力分析

从长期来看，产业政策、技术驱动政策和财税政策是资源富集区矿业权重叠及其风险传导的重要影响因素。产业政策决定着资源富集区资源产业布局的规模、结构和效率，技术驱动影响到矿业权重叠区地下矿藏开采利用的生产效率和绿色全要素生产率的提升；技术驱动政策，则通过影响矿业权重叠区不同矿业权人之间对技术创新要素的积累和技术创新的投入，来对重叠区资源采掘利用效率和生产效率的促进起到调节作用；财税政策，则决定着矿业权市场的投资、要素配置及其收益分配等，对矿业权市场的进入与退出起到调节作用，同时也对矿业权人的生产决策起到激励作用。从宏观层面来说，一个国家或地区宏观经济发展水平是影响资源富集区矿业权配置和矿业权市场结构与效率的外生性因素，经济快速发展带来的资源品需求提升，自然会导致资源富集区资源品生产供给规模的扩大和产业结构的变化，进而影响该地区资源产业部门在国民经济中的比重。这种作用过程可以简述为：矿业权市场的配置结构和发展规模，影响到国家或地区宏观经济发展中的生产资料的供给与配置，进而影响资源富集区矿业权配置的规模和产权结构形态，引致矿业权人之间竞争关系的变化，最终导致矿业权重叠及其重叠风险的产生。从财税政策与矿业权重叠风险的关系来看，针对资源富集区资源采掘活动而征收的资源税税种、税基和税率，对该类资源品生产、供给和矿业权人的投资、收益等起到调节作用，资源税征收水平高低决定着矿业权人对资源品采掘生产的集约节约化利用的程度，而集约节约利用反过来又对矿业权人的技术投入和生产要素配置起到调节作用。资源税政策也正是通过对市场价格信号的运用对矿业权人的生产成本、投资收益进行平衡，解决矿业权人资源采掘生产所带来的环境退化成本、资源品浪费破坏成本、其他权利人权益损害等，因成本信息不对称而产生的市场价格信号失真，进而引致的矿业权人对资源的掠夺性开采、耗竭性开采、破坏性开采或浪费性开采等行为，对资源富集区资源综合利用效率及生态环境效率所形成的负面影响。

按照新古典主义经济理论学派的观点，资源富集区资源利用的效率损失可大致归结为两个方面的原因：一是制度设计的缺陷，使得资源产权残缺所带来的租值耗散问题，在矿业权人、公共规制机构以及其他权利人之间不断演化、发展，并最终带来资源利用效率的损失和相关权益人之间的权益侵害；二是市场化机制的不足，使得矿业权市场或资源采掘市场合理的生产决策受到影响，出现资源错配，并引致资源采掘市场不完全竞争性的增强，并最终加剧了资源富集区资源采掘利用中的过度竞争、非合作竞争等现象。自1986年中国开始实行矿产资源有偿化利用制度改革以来，中国资源富集地区的矿业权出让、资源耗竭、经济增长乃至财政收入增收等，都与国家对矿业权市场发展的培育、促进和规制密不可分。然而，和资源贫乏地区相比，资源富集地区往往由于地理位置的区域劣势使得一些生产要素的集聚受到阻碍，并造成资源富集区经济增长方式的单一化，进而进一步强化了资源富集区对资源产业经济的依赖程度。因此，在提取矿业权重叠的关键驱动因素时，一方面要着眼于市场化机制的缺陷，并立足于资源富集区不同区域间的市场异质性、技术差异性等可能对矿业权重叠比重及其发展演变的影响；另一方面要着眼于矿业权规制安排的缺陷，剖析不同政策工具对矿业权重叠比重及动态演化的影响。截至目前学术界针对资源富集区经济社会可持续发展的研究，主要集中于税收政策、要素配置、规制竞争或政府竞争等对资源富集区域经济社会发展的影响方，其关注的问题也主要包括资源环境承载力、“资源诅咒”效应、资源产业竞争力、资源性收益分配、贫富减缓等方面，但对于矿业权重叠与上述这些问题的关联效应则缺乏必要的研究，并且，这些问题与矿业权重叠之间的关系更接近于前面是因、后面是果的关系，而并不能证明其是引致矿业权重叠变动的关键因素。因此，我们有必要从矿业权重叠的外生性环境和内生性环境的角度出发，来剖析引致矿业权重叠变动的关键驱动力问题。

由于事物的发展总是诸多影响因素共同作用的结果，而推动这些事物发展的因素，则可分为内因和外因两类。基于前述分析，引致资源富集区矿业权重叠的关键影响因素也表现在这两个方面，一是外生性因素，包括矿业权规制分级分类管理所引致的规制竞争，进而引致矿业权出让中的道德风险和逆向选择问题，即不同层级的矿业权规制机构通过对具有资源重叠性特征的地下矿藏，按储量、管理权限等进行的策略性行为，使得矿业权的边界范围出现交叉、重叠现象；并且由于地下矿藏勘查、标界技术的不足，进而引致地下矿藏矿业权设置的模糊与边界不清问题。二是内生性因素，即宏观经济社会的发展，对矿产资源品需求的增长，使得各级矿业权规制机构加大了对矿业权许可证的发证规模和速度，进而使得同一资源富集区出现不同权属矿业权或不同种属矿业权之间的交叉、重叠现象，并可能引致区域间的过度竞争。简单来说，即是因为经济社会对矿产资源品需求的增长带动了矿业权市场供给规模的扩大，以及资源富集区矿业权重叠现象的出现。对于我国资源富集区的经济社会发展而言，矿业权重叠与区域经济增长、就业促进、贫困减缓、环境保护以及资源利用效率等之间都可能存在直接或间接的联系。但从因果关系来看，矿业权重叠与区域经济增长之间可能存在着相互影响的关系，即经济增长对资源经济的依赖可能引致矿业权重叠比重的上升，同时矿业权重叠又可能引致资源富集区经济增长的“诅咒效应”；但是，矿业权重叠与就业促进、贫困减缓、环境保护及资源利用效率之间，可能表现出更为显著的单向影响关系，即矿业权重叠是引致后续几个方面问题的必要条件，而并非充分条件。因为，矿业权重叠与资源富集区的就业促进、贫困减缓及环境保护、生产效率等之间是个体与整体的关系，矿业权重叠的影响更多地表现在引致了区域资源采掘市场的不完全竞争，以及整体竞争优势的下降，并使重叠的风险向其他领域转化。然而，建立前者与后续几个经济社会发展结果之间的因果关系，是非常困难的，因为后续经济发展结果的变动，可能与前者之间仅存在微弱的相关关系，而不仅仅是由矿业权重叠引致的。因此，这里需要提取出引致资源富集区矿业权重叠变动的关键驱动因素，以为后续矿业权规制政策的调整提供理论参考。

基于前述研究以及数据可得性考虑，本节将引致矿业权重叠的内生性因素和外生性因素作为影响矿业权重叠变动的关键驱动力因素，主要分为政府规制竞争、市场需求变动、资源依赖性以及资源丰裕四个方面。政府规制竞争，主要体现在不同资源富集区地方政府基于争夺资源性收益而与中央部委和其他层级政府之间展开的矿业权赋权竞争、资源税竞争、环境规制竞争等方面，竞争的偏向性将不可避免地引起矿业权重叠问题的出现。市场需求变动，则主要体现在宏观经济的波动带来的经济社会对矿产资源品需求的变动，并最终引致资源富集区矿业权重叠发生率和重叠规模的变动。资源依赖性，主要是指资源富集区因产业结构的异质性，使得经济增长方式单一的区域表现出对矿产资源经济的高度依赖，进而弱化了对矿业权市场的结构优化和行为约束，使得矿业权交叉、重叠问题不断生成和演化。资源丰裕，则是从自然资源禀赋特征的角度来界定矿业权重叠的发生率、重叠范围以及矿业权重叠的程度。从根源上说，资源富集区矿业权重叠的发生是与我国经济社会发展的阶段性和特殊性相关的。虽然我国矿产资源法对矿业权设置的排他性坚持范围排他和矿种排他相结合的一般原则，不允许对金属矿产、非金属矿产等同类矿产内部以及油气、煤、地下水等相同矿种内部在同一范围内重复发证。但是，在实际操作中，对于金属矿产、非金属矿产等非同类或油气、煤、地下水等非同种矿产之间不影响他人探矿权、采矿权的原则下，在已设立探矿权、采矿权的范围内是允许设立不损害原采矿权人或原探矿权人权益的探矿权或采矿权的。所以，当经济社会对矿产品需求的变动引致供给变动时，上述这些因素的差异性，便使得矿业权重叠的发生具有了一个客观的基础，并最终引致矿业权重叠发生率和重叠程度的变动。

5.3.2　关键驱动力与矿业权重叠空间关联的实证检验

由于矿业权重叠的空间异质性体现出了资源富集区不同区域观察样本之间的差异，各解释变量对不同区域的影响与总体的影响存在着一定的差异，这种差异反映了不同影响要素对不同区域矿业权重叠比重影响的差异性，进而揭示出资源富集区矿业权重叠的关键影响因素也存在着一定的差异性。这也就是说，随着经济社会发展的发展，资源富集区矿业权重叠的空间分布演化，也将随着资源富集区经济增长、需求变动、资源依赖和规制竞争而表现出一定的变动。当这些关键驱动因素的组间变异性缩小时，同时也可能将影响资源富集区间矿业权重叠差异的缩小，进而表现出矿业权重叠规模和重叠发生率发生由“高”到“低”的转变。因此，在前述对矿业权重叠的内生性影响因素和外生性影响因素进行剖析的基础上，本节将根据研究的需要和影响因素数据的可得性及可测量性，选取部分变量作为解释变量，来对影响资源富集区矿业权重叠动态变化的关键驱动因素进行解析。在变量选择上，我们选择以资源税征收水平来反映矿业权市场规制竞争，选择二次产业结构比重来反映地区经济发展水平，选择资源采掘企业的投资区位熵来反映资源禀赋特征，并以资源税占地区财政收入比重作为产业依赖的代理变量。本节将利用 2004 ~ 2014 年的面板数据和部分年份的截面数据，分别进行普通最小二乘法、空间滞后模型和空间误差模型的实证检验，这对于解析我国资源富集区矿业权重叠的动态演化规律无疑具有十分重要的指导意义和借鉴意义。

（1）我们对关键驱动力与矿业权重叠的发生率之间进行面板数据模型的分析。面板数据模型，由于既考虑到了截面数据，也考虑到了时间数据，能够较好地反映考查变量间的动态变化性特征，其中截面数据重点在于反映个体的微观变化，时间数据重点反映宏观变化。相对于时间序列数据而言，面板数据也具有更多信息、更多自由度和更少共线性的数据优势，减少了模型估计结果偏误的可能性。当我们对样本期内的面板数据进行建模时，既可以考查变量的个体效应，也可以考查不同截面间的固定效应，并对内生性变量进行处理，或对相关变量的门槛效应进行估计，因而在分析相关变量的线性或非线性关系时，具有较好的解释性和适用性。在使用面板数据进行模型估计时，由于数据包括了截面、时间和变量三个方面的信息，如果在模型选择时模型设定不合适，将会引致模型估计结果的偏差甚至错误，而不能客观反映各变量之间的相互关系。基于面板数据模型的特点，其模型选择大致可以分为三类：固定效应模型、随机效应模型和混合效应模型。固定效应模型，是指在处理不同截面或不同时期的数据时，模型通过添加虚拟变量来估计回归参数，使得模型估计的截距随截面或时期而各不相同的。根据反映静态面板数据状态的不同，可以将固定效应模型分为个体固定效应模型、时间固定效应模型和时间个体固定效应模型三类。如以个体固定效应模型来说，其反应的是对于不同的个体拥有不同的截距项的模型估计，依此类推，时间固定和时间个体都固定的模型，反映的也是对于不同时期或不同时期不同个体的截距项都不同的模型估计。相对而言，随机效应模型，则是对模型估计结果的随机误差项进行分解，以描绘解释变量与被解释变量之间的关系。随机效应模型和固定效应模型，相当于把固定效应模型中的截距项视为两个随机误差分量，一个是截面随机误差项，另一个是时间随机误差项。所以，依对随机项处理的不同，随机效应模型又可分为截面随机、时期随机和混合随机三类。

既然我国资源富集区的矿业权重叠存在显著的空间自相关性，那么，采用空间计量模型来分析矿业权重叠与其影响因素之间的空间关联效应则显得尤为必要。空间计量模型主要研究空间自相关性和空间差异性两种空间效应，这两种效应分别对应着两种基本的回归模型：空间滞后模型（Spatial Lag Model，SLM）和空间误差模型（Spatial Error Model，SEM）。空间滞后模型的形式为 $Y=\rho WY+X'\beta+\varepsilon$，空间误差模型的形式为 $Y=X'\beta+\varepsilon$，$u=\theta Wu+\varepsilon$，即 $Y=X'\beta+(I-W)^{-1}\varepsilon$，其中，$Y$ 是被解释变量，X 表示解释变量，β 代表解释变量的估计系数，ρ、θ 分别是空间滞后回归系数和空间误差自相关系数，主要用于衡量观察值之间的空间相互作用程度。W 表示空间权重矩阵，I 表示单位时间矩阵，ε 为随机噪声。当我们在进行空间模型设计时，如果既要考虑其空间滞后的影响，也要考虑空间误差的影响，那我们就需要在模型估计时，对这两种模型进行嵌套，进而可将其扩展为空间杜宾模型（Spatial Durbin Model，SDM）。空间杜宾模型的标准形式为 $Y=\rho WX'+X'\beta+\mu$，$\mu=\lambda Wu+\varepsilon$，其中相关符号代表的含义同前所述。值得说明的是，在资源富集区的发展竞争框架下形成的矿业权重叠空间关系不仅包括地理临近上的空间关系，还包含经济发展水平相近的地区之间的竞争与溢出关系，这是因为经济水平更“近”的毗邻地区，可能在矿业权重叠问题上的相互影响更为显著。为此，本节在空间权重的设定上，为了考虑不同因素对矿业权重叠发生的影响，分别设置地理空间邻接矩阵、距离空间权重矩阵和经济距离空间权重矩阵三种空间权重矩阵，以解析矿业权重叠可能表现出的空间分布规律。具体的空间权重设置方法如下：

第一，空间邻接矩阵。基于 Tingbergen（1962）、Anselin（2003）等人的研究，简单的二进制空间邻接矩阵可基于区域 i 和区域 j 之间相关的空间信息，来设置空间邻接矩阵。当两个地区有共同的边界时用 1 表示其相邻，否则以 0 表示不相邻。权重矩阵中对角线上的元素 w_{ij} 被设定为 0。具体形式如下：

$$W_{ij}=\begin{cases}1, & \text{当区域 } i \text{ 和区域 } j \text{ 相邻接}\\ 0, & \end{cases}$$

为了减少或消除区域间的外生影响，矩阵被标准化（$w_{ij}^{*}=w_{ij}/\sum_{k=1}^{n}w_{ij}$），使得行元素之和为 1。但是，空间邻接矩阵不仅仅局限于一阶邻接矩阵，也可以使用更高阶的邻接矩阵，即，邻接的邻接空间权重矩阵。当使用时空数据并假设随着时间推移产生空间溢出效应时，这种类型的空间邻接矩阵将非常有用，在这种情况下，所考查变量的随机冲击或初始值不仅会影响到其毗邻地区，而且还可能随着时间的推移而影响到其毗邻地区的相邻地区。当然，这种空间影响效应存在着随距离扩展而出现的衰减效应。因此，为了直观反映空间邻接关系可能对矿业权重叠发生率产生的影响，采用简单的一阶空间邻接矩阵。

第二，地理空间权重矩阵。地理空间权重矩阵的设置是基于“有限距离法”。设 d_{ij} 为两个空间单元之间的欧氏距离，d_{max} 为最大空间相关距离（人为设定的常数），如果 $d_{ij}<d_{max}$，则对应的空间权重赋值为 1，否则赋值为 0。另外，空间权重矩阵 W 对角线上的元素 $w_{ij}=0$。具体形式如下：

$$W_{ij}=\begin{cases}1, & i\neq j;d_{ij}\neq d_{max}\\ 0, & i=j;d_{ij}>d_{max}\end{cases}$$

其中，i，j 分别代表第 i 个地区和第 j 个地区。

$$W_{ij}=\begin{cases}\dfrac{1}{|z_i-z_j|}, & i\neq j\\ 0, & \end{cases}$$

为了使矩阵运算更为合理，我们在进行空间模型分析前，需要将空间权重矩阵 W 进行标准化，使得权重矩阵中每行的和为 1。

第三，经济距离空间权重矩阵。以地理区位差异反映的矿业权重叠发生率的空间分布关系及其差异的空间变化，仅仅表征了地理邻近特征地其产生的影响，是相对粗糙的。不同资源富集区矿业权重叠发生率的变动，除了地理信息外，还必然受到其他多种非地理邻近因素的综合影响，如经济增长水平、产业依赖、产业投资集聚度等。因此，为了全面客观地反映矿业权重叠发生率动态变化的空间分布规律，这里需要从经济距离空间权重矩阵的角度来建构不同类别的空间权重。鉴于不同资源富集区经济发展水平存在着显著的空间相关性的事实，如经济发展水平较高的地区对经济发展水平较低的地区将会产生更强的空间影响，由此，我们建立新的经济空间权重矩阵。为了考虑资源富集区经济因素对矿业权重叠的影响，本书分别根据区域间人均 GDP 水平、产业结构、资源依赖度三个指标来设定经济距离空间权重矩阵，以反映不同地区之间经济变量之间的距离。设 Z 表示我们要考察的经济变量，Z_i、Z_j 分别表示地区 i、地区 j 相对应的经济变量，依据“经济距离”的思想，经济空间权重矩阵中地区 i 和地区 j 之间的权数为：具体形式如下：

$$W_{ij}=\begin{cases}\dfrac{1}{|z_i-z_j|}, & i\neq j\\ 0, & \end{cases}$$

其中，i，j 分别代表第 i 个地区和第 j 个地区。

（2）在考虑空间因素对矿业权重叠发生率的影响时，我们需要对中国资源富集区 2004～2014 年矿业权重叠发生率进行空间相关性检验，所采用的方法为局部空间自相关 Moran's I 指数方法，具体方法同前所述。然后，我们基于不同的空间权重矩阵，对中国资源富集区矿业权重叠发生率是否存在空间相关性，进行实证检验，所选择的模型为嵌套了空间滞后模型和空间误差模型的空间杜宾误差模型（SDEM），计算得到的结果如表 5-5～表 5-7 所示。

表 5-5　　矿业权重叠发生率影响因素估计与检验（无空间权重）

自变量	模型（1）	模型（2）	模型（3）	模型（4）
	FE	FE	FE	FE
投资区位熵	-0.059 (-1.308)	-0.063 * (-1.738)	-0.066 * (-1.894)	-0.073 * (-2.065)
资源税征收水平		-3.600 *** (-3.773)	-3.459 *** (-3.378)	-2.968 *** (-4.094)
产业依赖			0.767 (0.816)	0.873 (0.924)
第二产业比重				0.007 (1.395)
常数项	0.263 *** (5.289)	0.320 *** (6.694)	0.306 *** (5.411)	-0.047 (-0.209)
N	264	264	264	264
R^2	0.019	0.159	0.163	0.208
F	1.71	4.34	5.996	4.656

注：*、** 和 *** 分别表示 10%、5% 和 1% 水平上显著，括号内为 t 统计量。

表 5-6　矿业权重叠发生率影响因素估计与检验（经济距离空间权重矩阵）

自变量	模型（1）	模型（2）	模型（3）	模型（4）
	SDEM（FE）	SDEM（FE）	SDEM（FE）	SDEM（FE）
投资区位熵	-0.053089 * (-1.917049)	-0.066203 ** (-2.439640)	-0.063780 ** (-2.271985)	-0.077166 *** (-2.789214)
资源税征收水平		-2.999316 *** (-3.554840)	-3.082654 *** (-3.616678)	-3.084651 *** (-3.692584)
产业依赖			-0.053001 (-0.065770)	0.255273 (0.322082)

续表

自变量	模型（1）	模型（2）	模型（3）	模型（4）
	SDEM（FE）	SDEM（FE）	SDEM（FE）	SDEM（FE）
第二产业比重				0.006720*** （3.061324）
W*投资区位熵	-0.237973 （-1.431409）	-0.263134 （-1.571286）	-0.225055 （-1.291178）	-0.203634 （-1.202228）
W*资源税征收水平		6.411154 （0.594093）	1.213446 （0.097065）	-0.148797 （-0.012032）
W*产业依赖			-9.165054 （-0.973198）	-4.174943 （-0.928324）
W*第二产业比重				-7.488225 （-0.776381）
W*矿业权重叠发生率	-0.484685*** （-2.608953）	-0.424453** （-2.280640）	-0.337168* （-1.815116）	-0.276295* （-1.537248）
N	264	264	264	264
R^2	0.6528	0.6741	0.6738	0.6905
Log-likelihood	254.64738	263.51278	264.18726	271.62839

注：*、**和***分别表示10%、5%和1%水平上显著，括号内为t统计量。

从表5-5的结果来看，当不采用空间权重进行计算时，普通最小二乘法估计得出的结果显示，模型（2）、模型（3）和模型（4）反映出投资区位熵与资源税征收水平与矿业权重叠发生率之间均呈现出显著的负相关关系，其影响系数大约为-0.073和-2.968，说明当投资区位熵或资源税征收水平出现上升时，矿业权重叠的发生率将得到一定程度的减缓。

当我们运用经济距离空间权重进行估计时，这两者的回归系数并未出现较大变化，其值围绕无空间权重回归结构上下微弱变动（见表5-7）。但是，表5-6还显示出第二产业比重与矿业权重叠发生率呈显著正相关关系，其影响系数约为0.00672，并且，表5-6中的模型（1）至模型（4）均显示出矿业权重叠存在着空间滞后效应，其值约在［-0.27-0.48］之间波动，即某一地区矿业权重叠与其毗邻地区矿业权重叠之间存在着显著的空间负相关关系，不同资源富集区矿业权重叠存在着较为明显的空间差异，并且其空间分布特征也体现出了经济距离空间的影响，即地区间经济发展差异越大，不同地区矿业权重叠发生率的空间差异也越大。

表5－7 矿业权重叠发生率影响因素估计与检验（空间邻接权重矩阵）

自变量	模型（1）	模型（2）	模型（3）	模型（4）
	SDEM（FE）	SDEM（FE）	SDEM（FE）	SDEM（FE）
投资区位熵	－0.044814* （－1.716492）	－0.052152** （－2.066699）	－0.052458** （－2.032083）	－0.061102** （－2.334307）
资源税征收水平		－2.306526*** （－2.834997）	－2.311337*** （－2.834811）	－2.387243*** （－2.896964）
产业依赖			0.017596 （0.020836）	0.272060 （0.318847）
第二产业比重				0.004946** （2.077215）
W*投资区位熵	0.206019*** （2.972523）	0.188171*** （2.812351）	0.186563*** （2.740732）	0.142745** （2.014639）
W*资源税征收水平		－5.069443*** （－2.833789）	－5.055949*** （－2.826130）	－3.874514** （－2.075898）
W*产业依赖			0.193965 （0.116967）	－0.082689 （－0.049872）
W*第二产业比重				0.001101 （0.211434）
W*矿业权重叠发生率	0.248427*** （0.001529）	0.127206 （1.531690）	0.130270 （1.570397）	0.126058 （1.510368）
N	264	264	264	264
R^2	0.6533	0.6792	0.6792	0.6852
Log-likelihood	256.1779	267.85976	267.87264	270.33519

注：*、**和***分别表示10%、5%和1%水平上显著，括号内为t统计量。

为了进一步解析地理相邻关系和地理空间距离权重对矿业权重叠发生率的影响，我们继续选择二阶制的空间邻接矩阵和基于地理距离倒数的空间权重矩阵来进行分析。从表5－7可知，当以空间邻接矩阵作为空间权重矩阵时，投资区位熵、资源税征收水平和第二产业比重的影响系数和显著性水平相较于无空间权重和采取经济距离空间权重矩阵得出的结果，并未表现出较大的差异，只是在原值的上下波动，说明空间权重矩阵的选择并不直接对矿业权重叠发生率基本趋势产生影响。表5－7还进一步反映出了解释变量的空间效应，即投资区位熵和资源税征收水平，对毗邻地区的矿业权重叠发生率的影响系数分别为0.14和-3.87，且都通过了5%的显著性水平检验。说明邻近地区的资源产业投资集聚和资源税征收竞争是影响本地区矿业权重叠发生率变动的重要因素。但是，表5-7并没有揭示出矿业权重叠存在的空间滞后效应，即W*误差项的影响系数并不显著。

表5-8　矿业权重叠发生率影响因素估计与检验（地理距离倒数空间权重矩阵）

自变量	模型（1）	模型（2）	模型（3）	模型（4）
	SDEM（FE）	SDEM（FE）	SDEM（FE）	SDEM（FE）
投资区位熵	-0.037909 （-1.416631）	-0.044361* （-1.728087）	-0.046377* （-1.775273）	-0.057431** （-2.198522）
资源税征收水平		-2.739226*** （-3.329734）	-2.749887*** （-3.347827）	-2.772620*** （-3.387157）
第二产业比重			0.001918* （1.706523）	0.006330* （2.555208）
产业依赖			0.007029 （0.008329）	0.215316 （0.257968）
W*投资区位熵	0.032950 （0.571412）	0.031733 （0.578123）	0.011576 （0.200530）	0.000942 （0.016387）
W*资源税征收水平		-5.815708*** （-2.842420）	-6.176659*** （-2.989116）	-4.593972** （-2.147701）
W*第二产业比重			-0.000515 （-0.223377）	0.000375 （0.076151）
W*产业依赖			1.258947 （1.045645）	1.176619 （0.992121）
W*矿业权重叠发生率	0.111188 （1.263709）	-0.007958 （-0.087274）	-0.015345 （-0.168115）	0.002856 （0.031348）
N	264	264	264	264
R^2	0.6323	0.6670	0.6689	0.6798
Log-likelihood	250.23739	263.53171	264.31142	268.7186

注：*、**和***分别表示10%、5%和1%水平上显著，括号内为t统计量。

（3）我们继续选择以地理距离倒数作为空间权重矩阵，来分析矿业权重叠发生率的空间分布特征。结果如表5-8所示。从表5-8可知，投资区位熵、资源税征收水平、第二产业比重，以及资源税征收水平的空间滞后，对矿业权重叠的影响程度和系数符号，与无空间权重和采用经济距离空间权重矩阵时的结果相似，只是回归系数在表5-5和5-6的基础上，有轻微的变化，但并不影响其影响的发展趋势。但是，表5-8也没有展示出矿业权重叠存在着误差项的空间滞后效应，即某一地区矿业权重叠的发生率，与毗邻地区矿业权重叠发生率之间的空间滞后效应并不显著。

总的来看，当考虑了空间权重矩阵时，模型回归结果的拟合优度相较于无空间权重的线性回归结果有了较大改善。表5-5中模型（4）的 R^2 为0.204，而无论是经济距离空间权重矩阵、空间邻接矩阵，还是地理距离倒数空间权重矩阵，模型得到的拟合优度均显著上升到0.63以上，且各模型计算得出的log-likelihood也较合理，主要解释变量的影响系数、符号也与无空间权重回归的结果一致，只是影响系数的程度有细微的差异，说明空间模型设计合理，结论可靠，同时也反映出了矿业权重叠受到了毗邻地区资源税征收竞争和投资集聚竞争的空间滞后效应的影响。

5.3.3　矿业权重叠的空间差异及其收敛性

许多文献研究表明，资源利用效率的地区差异，可能随着某些驱动因素的变动而表现出一定的收敛性，即资源利用效率的区域差异随时间出现了缩小。经济社会中出现绝对收敛的现象很难出现，而往往表现出随一些条件因素的变动而表现出效率的变动。基于此，本节着重从矿业权重叠发生率的空间差异出发，对影响矿业权重叠发生率区域差异的空间条件收敛问题作进一步探讨。基于前述研究，矿业权重叠的主要原因，一方面在于我国对矿产资源产权实行按分级分类的管理办法，这就使得不同种属的矿业权或不同权属的矿业权在实行管理过程中，因缺乏沟通或存在规制竞争等，进而出现矿业权边界划分不清的问题，并产生矿业权交叉、重叠现象；另一方面在于我国矿产资源的分布具有共伴生矿床多、单一矿床少的特点，矿业权规制机构在出让矿业权过程中，或由于技术勘查的难度和成本投入等方面原因，出现的矿业权边界划分不清和矿业权交叉、重叠等现象。但是，从动态的角度看，矿业权重叠发生率的变动，实质上又受到包括投资集聚、资源税征收水平、产业结构以及产业依赖等因素的影响，并且，矿业权重叠发生率的空间差异及其收敛性也可能存在空间交互效应。因此，本节基于前述研究的结果，对矿业权重叠的空间收敛性问题作进一步探讨。

矿业权重叠发生率地区差异的收敛性，一般可分为绝对收敛和条件收敛。绝对收敛是指每个资源富集区的矿业权重叠发生率都会随着时间的推移而达到相同的水平；而条件收敛则表示每个资源富集区都在朝着各自的稳态水平趋近，但这个稳态水平依赖于各地区自身的特征，因此其矿业权重叠的收敛率会出现差异。绝对收敛的情况在现实世界中是很难存在的，因而考虑到资源富集区资源丰裕度、产业集聚度以及矿业权规制水平等对矿业权重叠发生率的影响，并结合其空间差异特征，本书借鉴 Yu 和 Lee（2009）、余永泽（2015）以及 Elhorst（2010）等人的研究成果，设置如下矿业权重叠发生率动态空间收敛分析模型：

空间滞后动态面板估计模型：

$$d(\ln A_{it}) = \ln A_{it} - \ln A_{it-q} = \lambda W(\ln A_{it} - \ln A_{it-q}) + \gamma \ln A_{it-q} + \beta X_{it} + \varepsilon_{it}$$

空间误差动态面板估计模型：

$$d(\ln A_{it}) = \ln A_{it} - \ln A_{it-q} = \gamma \ln A_{it-q} + \beta X_{it} + \upsilon_{it}, \upsilon_{it} = \lambda W\varphi_{it} + \varepsilon_{it}$$

其中，φ_{it}、ε_{it}为误差项，A_{it}代表矿业权重叠发生率，X_{it}为其他控制变量，t 和 p 分别代表两个不同的时期，$\gamma<0$ 意味着收敛。为了比较空间条件收敛和无空间权重条件收敛的差异性，这里先采用固定效应模型对条件收敛进行估计，得到的结果如表 5 - 9 所示。

表 5 - 9　矿业权重叠发生率条件收敛估计与检验（无空间权重）

自变量	模型（1）	模型（2）	模型（3）	模型（4）
	FE	FE	FE	FE
矿业权重叠 t - p 期	-0.249*** (-5.299)	-0.280*** (-5.639)	-0.280*** (-5.444)	-0.299*** (-7.134)
投资区位熵	-0.007 (-0.849)	-0.011 (-1.115)	-0.013 (-1.454)	-0.017* (-1.749)
资源税征收水平		-0.823*** (-3.621)	-0.731*** (-3.074)	-0.623** (-2.394)
产业依赖			0.499 (1.365)	0.537 (1.562)
第二产业比重				0.003** (2.091)

续表

自变量	模型（1）	模型（2）	模型（3）	模型（4）
	FE	FE	FE	FE
常数项	0.061 *** (5.415)	0.082 *** (4.566)	0.073 *** (4.822)	-0.046 (-0.779)
N	264	264	264	264
R^2	0.277	0.305	0.313	0.337
F	16.981	12.290	8.788	14.235

注：*、** 和 *** 分别表示 10%、5% 和 1% 水平上显著，括号内为 t 统计量。

从表 5-9 可知，不考虑空间权重时，矿业权重叠的末期与 t-p 期之间存在着显著的负相关关系，说明矿业权重叠存在着条件收敛特征。并且，投资区位熵和资源税征收水平的影响系数分别为 -0.017 和 -0.623，且分别通过了 10% 和 5% 的显著性水平检验，说明投资区位熵和资源税征收水平的提升，有助于矿业权重叠发生率的下降。但是，第二产业比重与矿业权重叠之间表现出正的相关关系，影响系数为 0.003，且通过了 5% 的显著性水平检验，说明资源富集区第二产业比重的提升并不会显著促进矿业权重叠发生率的下降。这可能与资源富集区之间的同质性竞争和技术溢出受阻有关。总体上来看，投资区位熵和资源税征收水平的变动，是影响矿业权重叠收敛的条件变量。

接下来，考虑空间权重对矿业权重叠发生率空间收敛的影响。基于前述 2004~2014 年的面板数据及空间权重矩阵，运用 Matlab 软件计算并得到的矿业权重叠空间收敛的估计结果如表 5-10 至表 5-12 所示。

表 5-10 矿业权重叠发生率条件收敛估计与检验（经济距离空间权重矩阵）

自变量	模型（1）	模型（2）	模型（3）	模型（4）
	SDEM（FE）	SDEM（FE）	SDEM（FE）	SDEM（FE）
矿业权重叠 t-p 期	-0.284591 *** (-10.034925)	-0.299768 *** (-10.306161)	-0.317678 *** (-10.708832)	-0.313180 *** (-10.511897)
投资区位熵	-0.009633 (-0.811272)	-0.014320 (-1.196289)	-0.019133 (-1.600312)	-0.020800 * (-1.678674)
资源税征收水平		-0.805864 ** (-2.114866)	-0.828464 ** (-2.202336)	-0.868219 ** (-2.308548)

续表

自变量	模型（1）	模型（2）	模型（3）	模型（4）
	SDEM（FE）	SDEM（FE）	SDEM（FE）	SDEM（FE）
第二产业比重			0.002265** (2.298242)	0.002375** (2.408851)
产业依赖			0.499 (1.365)	0.355517 (1.029586)
W*矿业权重叠t-p期	-0.304714 (-1.516733)	-0.314620 (-1.292915)	-0.229272 (-0.792776)	-0.077890 (-0.250232)
W*投资区位熵	-0.072731 (-1.010370)	-0.087092 (-1.198691)	-0.085655 (-1.189166)	-0.078464 (-1.051499)
W*资源税征收水平		-0.088670 (-0.015672)	0.699411 (0.125043)	-1.145503 (-0.199182)
W*第二产业比重			-0.005091 (-0.392665)	-0.005857 (-0.450446)
W*产业依赖				-4.174943 (-0.928324)
W*矿业权重叠发生率	-0.395684** (-2.119992)	-0.407752** (-2.188429)	-0.410892** (-2.208617)	-0.311186* (-1.680631)
N	264	264	264	264
R^2	0.3791	0.3931	0.4099	0.4130
Log-likelihood	483.01692	485.85406	489.5244	491.09488

注：*、** 和 *** 分别表示10%、5%和1%水平上显著，括号内为t统计量。

表5-11　矿业权重叠发生率条件收敛估计与检验（空间邻接权重矩阵）

自变量	模型（1）	模型（2）	模型（3）	模型（4）
	SDEM（FE）	SDEM（FE）	SDEM（FE）	SDEM（FE）
矿业权重叠t-p期	-0.2961161*** (-10.570047)	-0.310848*** (-10.963248)	-0.316976*** (-11.009813)	-0.313932*** (-10.912010)
投资区位熵	-0.008071 (-0.717071)	-0.009858 (-0.880486)	-0.010551 (-0.920784)	-0.012793 (-1.099441)
资源税征收水平		-0.538128 (-2.114866)	-0.633681** (-1.741096)	-0.666120* (-1.834664)

续表

自变量	模型（1）	模型（2）	模型（3）	模型（4）
	SDEM（FE）	SDEM（FE）	SDEM（FE）	SDEM（FE）
第二产业比重		（-1.494696）	0.001144 （1.083487）	0.002375** （2.408851）
产业依赖				0.331520 （0.894129）
W*矿业权重叠t-p期	0.143130** （2.286774）	0.071291 （1.030683）	0.093910 （1.307677）	0.102444 （1.415142）
W*投资区位熵	0.088430*** （2.877221）	0.084326*** （2.776759）	0.077304** （2.459087）	0.070768** （2.233460）
W*资源税征收水平		-1.497670 （-0.015672）	-1.157447 （-1.313282）	-1.075687 （-1.221861）
W*第二产业比重			-0.002073 （-0.881432）	-0.002336 （-0.990673）
W*产业依赖				0.422044 （0.577673）
W*矿业权重叠发生率	0.092817 （1.101406）	0.058012 （0.680190）	0.067754 （0.795055）	0.052672 （0.614062）
N	264	264	264	264
R^2	0.3763	0.3931	0.3996	0.4049
Log-likelihood	484.49455	488.23252	489.64105	490.83906

注：*、**和***分别表示10%、5%和1%水平上显著，括号内为t统计量。

表5-12　矿业权重叠发生率条件收敛估计与检验（地理距离倒数空间权重矩阵）

自变量	模型（1）	模型（2）	模型（3）	模型（4）
	SDEM（FE）	SDEM（FE）	SDEM（FE）	SDEM（FE）
矿业权重叠t-p期	-0.270370*** （-9.833503）	-0.293695*** （-10.409371）	-0.306722*** （-10.642807）	-0.305405*** （-10.667390）
投资区位熵	-0.003333 （-0.292855）	-0.006040 （-0.534489）	-0.009825 （-0.857615）	-0.012340 （-1.065093）
资源税征收水平		-0.719798* （-1.952355）	-0.764760** （-2.079417）	-0.779523** （-2.133969）

续表

自变量	模型（1）	模型（2）	模型（3）	模型（4）
	SDEM（FE）	SDEM（FE）	SDEM（FE）	SDEM（FE）
第二产业比重			0.001918* (1.706523)	0.001907* (1.707636)
产业依赖				0.245802 (0.671010)
W*矿业权重叠 t-p期	0.019203 (0.369728)	-0.033590 (-0.618504)	-0.016748 (-0.289294)	-0.013243 (-0.228141)
W*投资区位熵	0.020945 (0.862597)	0.022034 (0.923424)	0.020598 (0.858159)	0.007503 (0.300102)
W*资源税征收水平		-1.667277** (-1.824743)	-1.240924 (-1.325353)	-1.433697 (-1.527396)
W*第二产业比重			-0.000515 (-0.223377)	-0.000939 (-0.406325)
W*产业依赖				0.707338 (1.364633)
W*矿业权重叠发生率	0.110180 (1.258132)	0.070531 (0.796415)	0.090992 (1.033766)	0.061236 (0.689479)
N	264	264	264	264
R^2	0.3489	0.3714	0.3825	0.3919
Log-likelihood	479.03187	483.81464	486.09999	488.18105

注：*、**和***分别表示10%、5%和1%水平上显著，括号内为t统计量。

从表5-10的结果来看，当选择经济距离权重矩阵时，矿业权重叠t-p期、投资区位熵、资源税征收水平，以及第二产业比重，对矿业权重叠条件收敛的影响，与无空间权重时的条件收敛估计结果相似，且相关变量影响系数的符号相同，并具有5%及1%的显著性水平，且拟合优度也有了显著改进，说明运用空间经济距离权重矩阵的模型设计合理。值得说明的是，表5-9反映出矿业权重叠收敛存在着显著的空间滞后效应，W*误差项的影响系数为-0.31，并具有10%的显著性水平，说明毗邻地区的矿业权重叠条件收敛与本地区的矿业权重叠条件收敛存在空间负相关性，即毗邻地区的收敛率越高，本地的收敛率可能越低，表现为一种“高—低”或“低—高”的集聚态势。

从表5－11的结果来看，当引入空间邻接矩阵进行计算时，矿业权重叠t－p期、资源税征收水平，以及第二产业比重，对矿业权重叠条件收敛的影响，与表5－8和表5－9的结果相似，只是相关变量影响系数的值出现了细微的变化。但是，表5－11的结果，并没有直接反映出投资区位熵对矿业权重叠空间收敛的影响，而是以W*投资区位熵的形式，表现出了其对矿业权重叠误差项的影响，其影响系数为0.07，并通过了5%的显著性水平检验，这进一步说明，资源采掘业的投资集聚，可能存在区域竞争，并通过区域间的模仿与溢出效应，影响到其毗邻地区矿业权重叠发生率的变动。即毗邻地区矿业投资集聚水平越高，越有利于促进本地区矿业权重叠发生率的收敛，这可能与我国中央政府对各级地方政府的绩效考核有关，不同地区间的政府竞争或治理竞争，促进了毗邻地区间的相互模仿、学习和对标，进而使得矿业权重叠的条件表现出一定的空间相似性。

最后，从表5－12的结果来看，当选择地理距离倒数空间权重矩阵时，矿业权重叠t－p期、资源税征收水平，以及第二产业比重，对矿业权重叠条件收敛的影响，与表5－9、表5－10和表5－11的结果也很相似，差别的地方也表现在相关变量影响系数的值的细微变化。但是，相对于经济距离权重矩阵和空间邻接矩阵，地理距离倒数空间权重矩阵得到的模型拟合优度有所下降，且资源采掘业投资区位熵对矿业权重叠空间条件收敛的影响并不显著，且矿业权重叠误差项的空间滞后效应也不明显。说明地理距离倒数空间权重矩阵并没有很好地反映出矿业权重叠空间差异所受到的影响。这也正好与前文所述的矿业权重叠关键驱动力的分析相吻合，并反映出了资源富集区经济发展水平对矿业权重叠所形成的空间效应。

第6章 我国资源富集区矿业权重叠风险传导的实证研究：2004～2014年

资源富集区矿业权重叠发生率的时空分布、空间差异及其收敛性的分析，虽然初步揭示了我国资源富集区矿业权重叠发生的程度、范围及其动态变动性，但仍存在不足。首先，从生产过程来看，矿业权重叠对资源利用效率产生了怎样的影响？矿业权重叠区不同矿业权人的生产决策，哪些因素对矿业权重叠风险的传导起到了刺激作用，而哪些因素又会对其形成抑制作用？矿业权重叠与不同矿业权人的要素配置、采掘竞争之间的关系是否存在空间关联？以及如何建立起这些影响因素之间的联系，以检验矿业权重叠风险传导的影响机理和影响程度。对这些问题的回答，已成为检验矿业权重叠风险传导范围及程度的重要问题。其次，从生产结果来看，矿业权重叠对资源富集区经济社会的可持续发展产生了怎样的影响？矿业权重叠引致的耕地破坏、森林植被面积减少、生物多样性下降等生态效率的损失，怎样进行科学有效的测度，并建立起矿业权重叠与生态环境效率损失之间的模型验证，这是本章需要解决的难点所在。因为，受限于权威部门统计数据的缺乏，对因矿业权重叠而引致的生物多样性下降的损失，难以作出科学、准确的测算。最后，资源富集区矿业权重叠与区域经济发展水平之间是否存在相关性？矿业权重叠的风险是否会外溢至区域经济发展水平方面？如果可以，我们该建立怎样的模型，以验证它们之间可能存在的交互关系。

基于此，本章将尝试采用超越对数生产函数模型，将矿业权重叠发生率作为解释性变量，通过2004～2014年的面板数据分析，实证考虑矿业权重叠对具有典型代表意义的资源产业全要素生产率的影响，以及对生态效率和经济效率的影响，为本书欲解决的矿业权规制政策的创新提供实证依据。本章的主要贡献在于：（1）综合运用超越对数生产函数、非参数法（DEA法）等方法，对 2004 ~2014 年我国资源富集区典型具有典型代表性的资源产业（煤炭产业）的全要素生产率、技术效率进行了测度，并结合面板线性与非线性回归模型，对矿业权重叠与其全要素生产率变化之间的关系进行实证检验。（2）通过矿业权重叠引致的土地耕地破坏、森林植被减少等数据，测算了矿业权重叠引致的资源富集区矿产资源产业的全要素生态效率，并同样采用面板回归模型，对矿业权重叠与资源富集区矿产资源产业全要素生产率动态变化的演进规律进行研究。（3）通过泰尔指数法，对我国资源富集区城乡收入差距进行了测算，并以测算的结果作为资源富集区"贫困程度"的指标，与矿业权重叠及其他控制变量建立起回归模型，以检验矿业权重叠与资源富集区贫困减缓之间的关系。对这三个方面风险的实证检验，可为检视我国资源产业政策、矿业权规制政策的政策效果，提供一些可供借鉴的思路。

6.1　矿业权重叠对全要素生产率的影响

全要素生产率（Total Factor Productivity，TFP），是西方经济学和产业经济学中一个比较重要的概念，是指对一个生产单元产量与全部要素投入量的比值。该指标是由美国经济学家索洛在 1957 年提出的。早在 20 世纪 20 年代，美国经济学家道格拉斯（P. Douglas）和数学家柯布（C. W. Cobb）便合作提出了生产函数理论，并对生产率在经济增长中的作用进行定量研究。1957 年时，索洛（R. M. Solow，1957）通过推导生产函数，发现不能完全用资本和劳动等要素投入来解释经济增长，除去劳动、资本、土地等要素投入后的"增长余值"，即为全要素生产率。按照索洛的理论，在仅存在资本和劳动两种生产要素投入，并满足希克斯中性技术进步[①]的前提下，技术进步引致总产出水平的变动率可表示为产出增长率中扣除资本和劳动要素贡献后的余额，而这个"余额"实际上涵盖了任何可能导致生产函数发生变动的因素，即"全要素生产率"。依前文所述，矿业权重叠无疑增加了地下矿藏资源产权边界的不确定性，使得资源最佳利用的假设条件难以成立，进而必然影响到不同矿业权人对资源采掘生产的组织与管理，并影响到全要素生产率

① 希克斯中性技术进步，即指不改变资本和劳动边际产量比率条件下的技术进步，也指不会造成劳动和资本相互替代条件下的技术进步。

的变动。因此，本节将着重从“索洛余值”的角度，来检验矿业权重叠与资源富集资源采掘业全要素生产率变动之间的关系。

6.1.1 全要素生产率的测度与变量处理

本节重点关心的问题是：第一，矿业权重叠是否会引致矿产资源采掘业全要素生产率的损失？进而将矿业权重叠的风险传导至资源采掘业效率的改善方面。第二，中国资源富集区资源采掘业在2004~2014年这个阶段，全要素生产率出现了怎样的变动？是哪些因素带来的这些变动？为解答上述这两个问题，我们首先需要对资源富集区资源采掘业的全要素生产率进行科学测度，以获得客观、准确的数据。自从索洛提出“增长余值”以来，学术界便对不同行业的全要素生产率测度进行了研究，并形成了两类主要的方面：一类是非参数方法，如数据包络分析法（DEA）和Malmquist指数法；另一类是参数方法，如随机前沿分析法（SFA）。在这三种方法中，DEA方法和Malmquist指数法运用得最多，但这两种方法却存在着固有的缺陷，DEA方法无法反映生产过程对生产效率的影响，而Malmquist指数法无法估计技术进步的变动，且当存在投入过度或产出不足时，这种方法还会高估生产者效率，难以保证估算结果的准确性和可靠性。相对而言，SFA方法是基于经典的经济理论来构建生产函数（如C—D生产函数、CES生产函数），然后通过计量模型来估计生产函数的参数，这类方法的优点在于它能反映内生性因素和外生性因素对生产过程的影响，估算的结果也具有较高的准确性和可靠性。因此，基于参数法和非参数法对数据估算结果的可靠性和准确性等方面优缺点的考虑，本书将主要选择采用SFA参数法来对矿业权重叠区资源采掘业的全要素生产率进行估算和建模。

为了研究的需要，本节选择以煤炭产业为代表，在测度资源富集区煤炭产业全要素生产率的基础上，通过构建面板数据模型，来检验矿业权重叠与煤炭产业全要素生产率的动态关系。事实上，我国矿业权重叠问题的典型例子，主要也以山西、陕西、内蒙古等区域煤炭矿业权与油气矿业权发生重叠问题为代表，选择从煤炭产业入手，来探讨煤炭矿业权重叠对煤炭采掘业全要素生产率的影响，能够使得对该问题的研究立足于一个具体的产业形态和特定的经济社会环境，并且对其他类型矿藏的矿业权重叠风险的探讨也能够提供有益的借鉴。同时，目前也有相关研究探讨了地下煤炭矿藏分布特性对其采掘效率所可能产生的影响，如，国外方面，Kulshreshtha（2002）认为煤炭采掘生产效率水平取决于采掘作业体系是露天开采还是地下开采，从资源耗竭角度看，自然资源的地层特征是影响其采掘成本及其生产效率的关键因素①。Stoker（2005）通过对美国煤炭采掘业生产效率的研究也认为，煤矿的矿脉结构、储量、可采性、开采条件（露天、地下）等，都是解释煤炭生产率的重要因素②。同样，Xoes（2008）对西班牙煤炭采掘业生产效率与资源耗竭的关系进行的研究，也认为资源储量水平对企业采掘成本形成了影响，同时技术进步也受到了资源耗竭水平的影响，因此在考察“索罗余值”时，应考虑资源耗竭对生产效率所产生的影响③。Devi（2013）对印度地下煤矿的生产效率进行了研究，认为企业生产周期、劳动力配置、机械设备使用、巷道布局，以及矿柱设计等都可能影响到煤炭采掘企业的生产率水平④。因此，这里选择以煤炭产业为代表，来研究矿业权重叠对煤炭资源采掘业全要素生产率的影响，无疑对于解释矿业权重叠与资源富集区资源产业全要素生产率的关系具有较好的借鉴意义。

（1）在资源采掘领域，一个重要的典型事实是，不同地区不同采掘企业间的生产效率存在很大的持久的差异。然而，在中国资源富集区，资源采掘业的全要素生产率的区域差异分布却表现出一些不同的特征：地区间的资源禀赋差异较大，并且，矿业权重叠区不同矿业权人之间对生产要素配置的生产决策也具有持久性的差异。2004 ~2014 年，资源采掘业的生产决策，受到资源税政策、环境政策、信贷政策等因素的影响，而表现出较大的异质性，进而使得全要素生产率的变动也呈现出动态性。在全要素生产率的影响机理方面，现有文献形成的结论主要集中在两个方面：一是生产过程的影响，如采掘企业的技术水平、管理创新、要素投入的质量等；二是外部环境的影响，如对资源采掘过程的环境约束、需求波动和税收激励等方面。如果资源采掘企业的内部环境和外部环境都有利于技术进步、技术效率提升和规模效率的

① Kulshreshtha, M. & K, P. Jyoti. Study of efficiency and productivity growth in opencast and underground coal mining in India: a DEA analysis [J]. Energy Economics, 2002, 24 (5): 439 -453.

② Stoker, T. M., E. R. Berndt, A. D. Ellerman & S. M. Schennach. Panel data analysis of U. S. coal productivity [J]. Journal of Econometrics, 2005, 127 (2): 131 -164.

③ Xose Anton Rodriguez, Carlos Arias. The effects of resource depletion on Coal mining productivity, Energy Economics, 2008, 30 (2): 397 ~408.

④ Devi, P. M., Mamtesh, S. & Prasun S. Productivity improvement in underground coal mines-A case study [J]. Journal of Sustainable Mining, 2013, 12 (3): 48 -53.

提升，那么该产业的全要素生产率必然也会得到优化和提升，并进而使得资源富集区全要素生产率的区域差异出现逐渐收敛的趋势。那么，在中国资源富集区的资源产业发展过程中，资源采掘业全要素生产率的动态变动具有哪些特征，并且矿业权重叠以及生产过程和外部环境对资源采掘业全要素生产率的变动产生了哪些影响，各影响因素之间呈现出怎样的交互关系，则是本书需要重点探讨的问题。

在全要素生产率的测度上，由于传统的非参数法（DEA 法和 Malmquist 指数法）无法有效反映技术进步对全要素生产率的影响。因此，本书在全要素生产率的测度方法上，借鉴 Battese（1995）、陈诗一（2009）、王克强（2013）、李谷成（2014）、李兰冰（2015）等人的成果，采用超越对数生产函数法（SFA 法）来测度煤炭采掘业的全要素生产率。同时，考虑到 2004 ~ 2014 年中国煤炭采掘业全要素生产率（TFP）的动态变化可能还受到了包括资源税政策、环境政策等因素的影响，将这些政策因素作为外生变量引入生产函数，并引入时间变量，构建的中国煤炭采掘业超越对数生产函数模型如下①：

$$\begin{aligned}\ln Y_i = {} & \beta_0 + \beta_t T + 1/2\beta_{tt} T^2 + \beta_K \ln(K) + \beta_L \ln(L) + \beta_{KL} \ln(K)\ln(L) \\ & + 1/2 \cdot \beta_{KK} \ln^2(K) + 1/2 \cdot \beta_{LL} \ln^2(L) + \beta_{tK} T\ln(K) \\ & + \beta_{tL} T\ln(L) + \beta_{Z1} Z1 + \beta_{Z2} Z2\end{aligned} \tag{6-1}$$

其中，T、K、L 分别代表时间、资本和劳动力变量，$Z1$ 代表样本期内影响资源采掘业发展的资源税政策变量，$Z2$ 代表矿业权重叠变量。

资本投入的产出弹性为：

$$\eta_K = \beta_K + \beta_{KL}\ln(L) + 2\beta_{KK}\ln(K) + \beta_{tK} T \tag{6-2}$$

劳动投入的产出弹性为：

$$\eta_L = \beta_L + \beta_{KL}\ln(K) + 2\beta_{LL}\ln(L) + \beta_{tL} T \tag{6-3}$$

借鉴王克强（2013）的做法②，可以将 TFP 分解为三个部分：技术效率（TE）、规模效率（SE）和技术进步（TP）。

---

① 王忠，揭俐．矿业权重叠对我国煤炭产业全要素生产率的非线性影响［J］．中南财经政法大学学报，2017，224（5）：59 - 68.

② 王克强，武英涛，刘红梅．中国能源开采业全要素生产率的测度框架与实证研究［J］．经济研究，2013（6）．

技术效率（TE），反映每一种投入水平的最大产出，如果处于生产边界上，则此时的生产效率便是技术有效的。结合 Timothy（2008）对（TE）的定义①：

$$TE_{it}=\frac{\exp(\beta x_{it}+v_{it}-\mu_{it})}{\exp(\beta x_{it}+v_{it})}=\exp(-\mu_{it}) \tag{6-4}$$

其中，μ_{it}表示无效率项，其值介于0和1之间，当$\mu_{it}=0$时，存在完全的技术效率，TE值为1；反之，存在完全的技术无效率，TE值无限接近于0。

规模效率（SE），反映处于生产边界上最优投入产出的比例。

$$SE_{it}=(\eta-1)\sum_{i}\frac{\eta_i}{\eta}x_{it} \tag{6-5}$$

其中，η_i为资本和劳动投入的产出弹性，$\eta=\sum_{i-1}^{2}\eta_i$为规模弹性。

技术进步（TP），反映生产效率随时间变化而出现的变动。对式（6-1）中对数形式的生产函数对时间趋势t求导，得到：

$$TP_{it}=\frac{\partial \ln Y}{\partial t}=\beta_t+2\beta_{tt}T+\beta_{tk}\ln(K)+\beta_{tl}\ln(L) \tag{6-6}$$

结合式（6-1）~式（6-6），那么可得到考虑时间效应的TFP的估计表达式如下：

$$TFP\cong TE_{it}+SE_{it}+TP_{it}=\exp(-\mu_{it})+(\eta-1)\sum_{i}\frac{\eta_i}{\eta}x_{it}+\beta_t+2\beta_{tt}T+\beta_{tk}\ln(K)+\beta_{tl}\ln(L) \tag{6-7}$$

（2）在变量选取上，主要的变量及数据处理方式如下②：

①煤炭采掘业生产总值（GDP）。以2004年为基期，对煤炭采掘业生产总值进行平减。计算方法为，以煤炭的累计产成品总值除以以2004年为基期的各省（直辖市、自治区）GDP平减指数得到。数据来源于《中国能源数据

① ［澳］蒂莫西·J. 科埃利等著，王忠玉译．效率与生产率分析引论（第二版）［M］．北京：中国人民大学出版社，2008.

② 王忠，揭俐．矿业权重叠对我国煤炭产业全要素生产率的非线性影响［J］．中南财经政法大学学报，2017，224（5）：59-68.

库》和《世界宏观经济数据库》。

②资本存量（K）。运用永续盘存法估算得到煤炭采掘业的固定资本存量。由于中国统计部门没有公布资本存量的数据，因此确定煤炭采掘业资本存量是本书的重点。计算公式为：

$$K_{it} = K_{it-1}(1 - \delta_{it}) + I_{it} \tag{6-8}$$

式（6-8）中，i 代表地区；t 为第 t 年；K_{it} 为经价格指数平减后的第 i 个地区煤炭采掘业第 t 年的资本存量；平减指数用 2004～2013 年各省煤炭采掘业固定资产投资价格指数代替，缺少的 2014 年用中国商品价格指数代替；I_{it} 为第 i 个市第 t 年的投资，δ_{it} 为折旧率。

考虑到资源采掘业资本折旧的特殊性，张军（2004）设定的具有通用性的 9.6% 的折旧率并不适用于采掘业。因此，借鉴单豪杰（2008）的做法，将煤炭采掘业的资本折旧年限分别设置为 25 年，残值率为 4%，基于公式 $d_t = (1-\delta)^t$，计算得到煤炭采掘业的折旧率为 12.08%。但由于煤炭采掘业的资本存量 K_{it} 没有现成的原始数据，借鉴柯善咨（2012）的处理方法来估算初始资本存量①，计算公式为：

$$K_{i0} = I_{i0}\left(\frac{1+g}{g+\delta}\right) \tag{6-9}$$

I_{i0} 是地区 i 初始年份的不变价投资，g 为不变价投资 I_{it} 的平均增长率，δ 为资本的折旧率，根据上述方法，可得到以 2004 年为基期的煤炭采掘业固定资本存量。

③劳动投入（L）。在衡量劳动投入时，以劳动时间作为变量可能比劳动人数能更好地度量劳动要素的作用，但在现行统计资料中很难获得这方面的数据。因此，本书采用各省份煤炭采掘业历年从业人员数作为劳动投入量指标，数据来自《中国国土资源统计年鉴》。

④政策变量（$Z1$）。以煤炭采掘业资源税收入占地区资源税总收入比重作为资源税改革的指标，反映资源税政策对煤炭生产的激励程度，数据来源于《中国财政统计年鉴》和《中国能源统计年鉴》。

⑤产权因素变量（$Z2$），以煤炭采掘地区实际存在煤炭与石油、天然气等能源矿产矿业权“上下投影重叠”和“平面交叉重叠”区域的越界开采行

---

① 柯善咨. 1996－2009 年中国城市固定资本存量估算［J］. 统计研究，2012（7）.

为发生率，作为反映矿业权重叠比重的指标。该指标可根据历年《中国国土资源年鉴》统计数据整理和计算得到。

本节以2004～2014年为样本区间，数据主要来源于历年的《中国矿业年鉴》《中国国土资源年鉴》《中国能源统计年鉴》《中国环境统计年鉴》以及相关年份的《中国统计年鉴》。由于北京、天津、上海、浙江、广东、海南、西藏7个地区不属于煤炭资源富集的地区，同时也缺乏相关的数据，为保持数据的完整性和统一性，本节最后确定的研究样本为剔除了上述7个地区后的24个地区样本。所测得的煤炭产业全要素生产率结果如表6－1所示。

表6－1　　2004～2014年资源富集区煤炭产业全要素生产率测度结果

地区	年份										
	2004	2005	2006	2007	2008	2009	2010	2011	2012	2013	2014
河北	0.98	0.89	0.85	0.85	0.82	0.80	0.73	0.72	0.64	0.69	0.68
山西	0.95	0.99	0.96	0.93	0.91	0.88	0.84	0.87	0.88	0.88	0.87
内蒙古	0.89	0.79	0.75	0.72	0.68	0.65	0.63	0.61	0.58	0.62	0.62
辽宁	0.76	0.68	0.64	0.66	0.56	0.57	0.47	0.45	0.48	0.40	0.54
吉林	0.71	0.76	0.41	0.41	0.32	0.32	0.29	0.24	0.22	0.30	0.40
黑龙江	0.67	0.59	0.53	0.52	0.47	0.46	0.32	0.37	0.33	0.33	0.38
江苏	0.75	0.70	0.64	0.66	0.66	0.66	0.93	0.85	0.79	0.81	0.87
安徽	0.63	0.55	0.49	0.47	0.42	0.39	0.45	0.08	0.32	0.33	0.35
福建	0.50	0.40	0.50	0.67	0.57	0.46	0.52	0.91	0.37	0.26	0.23
江西	0.59	0.55	0.43	0.50	0.39	0.39	0.45	0.95	0.24	0.29	0.45
山东	0.98	0.93	0.93	0.95	0.92	0.92	0.93	0.95	0.91	0.98	0.92
河南	0.80	0.69	0.66	0.62	0.58	0.52	0.43	0.45	0.48	0.49	0.49
湖北	0.65	0.39	0.86	0.50	0.38	0.50	0.57	0.59	0.19	0.35	0.43
湖南	0.62	0.57	0.45	0.36	0.25	0.24	0.26	0.14	0.14	0.13	0.16
广西	0.64	0.49	0.68	0.47	0.80	0.50	0.95	0.72	0.60	0.22	0.30
重庆	0.50	0.39	0.34	0.31	0.20	0.28	0.24	0.27	0.24	0.22	0.31
四川	0.57	0.49	0.40	0.36	0.32	0.31	0.25	0.17	0.19	0.27	0.25
贵州	0.61	0.53	0.47	0.46	0.32	0.34	0.27	0.21	0.25	0.22	0.28
云南	0.43	0.27	0.38	0.30	0.17	0.30	0.20	0.27	0.15	0.09	0.23

续表

地区	年份										
	2004	2005	2006	2007	2008	2009	2010	2011	2012	2013	2014
陕西	0.69	0.67	0.51	0.49	0.40	0.31	0.26	0.19	0.18	0.19	0.21
甘肃	0.72	0.58	0.67	0.54	0.52	0.38	0.36	0.35	0.17	0.18	0.19
青海	0.84	0.80	0.81	0.70	0.58	0.60	0.20	0.84	0.24	0.29	0.40
宁夏	0.90	0.78	0.77	0.71	0.70	0.65	0.63	0.62	0.55	0.53	0.52
新疆	0.57	0.54	0.40	0.36	0.37	0.19	0.19	0.23	0.15	0.12	0.08

资料来源：根据式（6-1）计算得到。

从表6-1可知，2004~2014年，我国煤炭资源富集区煤炭采掘业全要素生产率绝大多数地区出现了逐年下降的趋势，部分地区在2012~2014年出现了缓慢上升，如辽宁、吉林、湖北、云南、陕西、青海等地区。这可能与我国针对煤炭产业的产业政策调整有关，自2012年以来，国家为应对气候变化，加强了对高能源、高污染产业发展的限制，以减少对煤炭资源的消耗，进而使得煤炭资源富集区的煤炭产业出现了产能压缩、产量削减、产业转型等变化，并引致煤炭产业资本投资、技术投入等要素集聚的减少，最终引致了煤炭产业全要素生产率的下降。

6.1.2 矿业权重叠对煤炭产业全要素生产率的线性与非线性影响

从理论上讲，矿业权重叠对煤炭产业全要素生产率的影响，可能存在非线性关系。因为，矿业权人对煤炭产业的要素投入受到税收、环境约束、技术驱动等因素的影响，而多种因素之间的影响也可能存在交互性、空间性等特征，使得不同矿业权人在资源采掘过程中面临着不同水平的生产成本和不完全竞争性，并带来生产要素配置效应的差异，进而使得矿业权重叠对煤炭采掘生产过程的影响也表现出一定的差异性。众多的研究表明，合理的资源税征收水平能起到控制资源开采速度、改变资源利用方式和资源利用效率的作用，同时也能使不同矿业权人对生产要素的配置形成不同的要素配置结构，进而形成不同的资源利用效率结果。低生产率水平意味着矿业权人对生产要素的配置，未能按照成本与效益原则，最优化配置不同类别的生产要素，进而引致生产要素配置的低效和生产过程的低效。从构成来看，这种低效可能来自技术低效、规模低效和技术进步低效三个方面，即全要素生产率的三个组成部分①。另外，矿业权重叠扰乱了不同矿业权人之间正常的资源开采时序，使得部分矿业权人忽略了不同矿种开采的经济效益和社会效益。当储量大、品位高的矿体与储量小、品位低的矿体发生重叠时，部分矿业权人还可能表现出争采、抢采、漏采等行为，并引致矿山开采投入规模和产出效益的低效。另外，在不同的经济发展阶段，不同的资源税水平、环境规制水平，会使资源采掘业出现产业集聚和要素配置水平的差异，进而使得资源采掘业全要素生产率水平经历一个非线性变动的过程。基于此，提出以下假设：

假设1：矿业权重叠增加了地下矿藏开采的难度和生产成本，不利于资源重叠区不同矿业权人之间资源采掘工程的设计，也不利于不同类型资源采掘时间、空间顺序的协同，对资源采掘业全要素生产率的提升可能形成阻碍。并且，矿业权重叠引致的不完全竞争，可能通过要素配置扭曲引致资源采掘业全要素生产率的低下，当矿业权重叠比重增加时，全要素生产率受到的损失也会增大。因此，预期矿业权重叠与资源采掘业全要素生产率之间存在着负相关关系。

假设2：在不同的生产力阶段和环境约束条件下，资源税征收水平、产业集聚对矿业权重叠与资源采掘业全要素生产率之间关系的影响可能存在门槛效应，且这种效应会出现由负面到正面的非线性变化。当资源税征收水平和产业集聚水平较低时，重叠区的采掘人对要素配置的次优决策可能引致全要素生产率的下降；而当资源税征收水平和产业集聚水平较高时，重叠区的采掘人基于成本收益的考虑，将加强对生产要素配置的优化，进而形成对生产率和全要素生产率的促进作用。因而，预期矿业权重叠对资源采掘业全要素生产率的影响存在门槛效应。

因此，为了检验上述假设是否成立，拟基于2004～2014年的面板数据，采用面板线性回归模型和面板非线性回归模型，以检验矿业权重叠与资源采掘业全要素生产率之间可能存在的线性关系或非线性影响关系，模型分别设定如下：

（1）面板线性回归模型。为考察矿业权重叠对煤炭产业全要素生产率的影响，设置生产能力、要素配置扭曲、产业集聚、第二产业比重、煤炭资源

---

① 王忠，揭俐．矿业权重叠对我国煤炭产业全要素生产率的非线性影响［J］．中南财经政法大学学报，2017，224（5）：59－68.

税占地方财政收入比重和煤炭资源税占煤炭产成品收入比重七个控制变量，建立一般线性回归模型如下：

$$\ln TFP_{it} = \beta_0 + \beta_1 \ln MO_{it} + \beta_3 \ln X_{it} + u_{it} + v_{it} \tag{6-10}$$

式（6-10）中，下标代表相应的区域和时间；$\ln TFP_{it}$代表煤炭产业全要素生产率；$\ln MO_{it}$代表矿业权重叠比重；$\ln X_{it}$代表其他控制变量，如生产能力、产业集聚、要素配置扭曲等；u_{it}代表个体效应；v_{it}代表白噪声。在模型估计前，应对是否采用混合 OLS 估计、固定效应模型和随机效应模型进行检验，以选择合适的模型估计方法，提高估计的有效性。

（2）面板门槛回归模型。在现实中，决定矿业权重叠对煤炭产业全要素生产率边际影响程度的因素很多，例如，当资源税征收水平较低时，重叠区拥有不同技术能力的采掘企业可能展开“采掘竞争”，加快对资源的“掠夺性开采”，进而抑制投资驱动向创新驱动的转变，并引致产业全要素生产率的低下。因此，矿业权重叠对煤炭产业全要素生产率的影响可能存在复杂的非线性关系，如边际影响在门槛变量的阈值区间内出现拐点，表现出边际作用增强或减弱的发展趋势。

为了检验这种非线性关系在矿业权重叠对煤炭产业全要素生产率的边际影响中是否存在，借鉴 Hansen（1996）提出的门槛效应模型来进行实证检验，模型设定如下：

$$\ln\Delta TFP_{it} = \alpha_1 + \lambda_1 \ln MO_{it} I(\mathrm{Rev}l_{it} \leqslant \gamma) + \lambda_2 \ln MO_{it} I(\mathrm{Rev}l_{it} > \gamma) + \theta_1 \ln X_{it} + \varepsilon_{it} \tag{6-11}$$

式（6-11）中，$I(\cdot)$为指示函数；$\mathrm{Rev}l_{it}$为门槛变量，表示煤炭资源税的征收比重；γ是门槛值；ε_{it}为白噪声；其他变量所表示的内涵与前文界定相同。当$\lambda_1 \neq \lambda_2$时，说明存在着门槛效应。在估计出门槛值后，通过 Hansen 给出的经验公式$LR(\gamma) > -2\ln(1-\sqrt{1-\alpha})$（$\alpha$为显著性水平），可进一步检验该门槛值的置信区间。当显著性水平α取值 0.05 时，LR值为 7.35，其置信区间即为LR值低于 7.35 所对应的区间。如果存在多重门槛值，上式还可作进一步的拓展。

在变量选择上，全要素生产率（TFP）的值以前述测度的结果为表征，煤炭资源税征收水平以煤炭采掘业资源税收入占地区资源税收入的比重为代表。由于我国自 2014 年 12 月开始实行煤炭资源税的从价计征改革，改革前按从量计量的办法，计税标准为0.3～5元/吨，这里统一按1.5元/吨来测算不同地区煤炭开采所征收的资源税总额，虽不太精确，但并不影响结果的讨论。产业集聚度，以第5章5.1节所测度的煤炭产业投资区位熵为代表，以此反映煤炭产业投资的集聚水平。能源消费强度，以单位GDP的能源消费量来表示。

模型测度的结果如表6－2和表6－3所示。

表6－2　　　　面板线性回归模型的结果与检验

自变量	被解释变量（煤炭产业全要素生产率）					
	模型（1）固定效应	模型（2）固定效应	模型（3）固定效应	模型（4）固定效应	模型（5）固定效应	模型（6）固定效应
矿业权重叠	－0.606*** （－4.281）	－0.450*** （－3.006）	－0.478*** （－3.166）	－0.472*** （－3.129）	－0.466*** （－3.084）	－0.558*** （－3.728）
投资区位熵	－0.117* （－1.829）	－0.066 （－1.007）	－0.088 （－1.302）	－0.09 （－1.339）	－0.086 （－1.272）	－0.164** （－2.383）
生产能力	－0.001** （－2.027）	－0.001* （－1.944）	－0.002** （－2.156）	－0.001** （－2.044）	－0.002** （－2.176）	－0.002*** （－3.140）
要素配置扭曲	0.01 （0.337）	0.001 （0.035）	0.003 （0.087）	0.001 （0.033）	0.002 （0.078）	0.018 （0.624）
能源消费强度		0.349*** －2.762	0.358*** （2.84）	0.248 （1.573）	0.302* （1.762）	0.511*** （2.873）
第二产业比重			0.007 （1.343）	0.007 （1.38）	0.008 （1.503）	0.017*** （2.923）
煤炭资源税占产成品收入比重				0.300 （1.168）	0.477 （1.413）	0.317 （0.995）
煤炭资源税占地方财政收入比重					－20.332 （－0.809）	－23.551 （－0.972）
环境治理强度						－0.011 （－0.474）
常数项	0.860*** －8.587	0.576*** －4.044	0.257 （0.931）	0.265 （0.96）	0.226 （0.807）	－0.238 （－0.675）
N	194	194	194	194	194	194
R^2	0.147	0.184	0.193	0.200	0.203	0.311
F	7.134	7.46	6.548	5.82	5.163	7.082

注：*、**和***分别表示10%、5%和1%水平上显著，括号内为t统计量。

表 6-3　　面板非线性回归模型的结果与检验

门槛变量 核心解释变量 解释变量	矿业权重叠比重	
	产业集聚	资源税征收水平
	模型（7）	模型（8）
矿业权重叠	-0.429*** (-4.06)	0.264 (1.41)
投资区位熵	0.0326 (0.38)	-0.188*** (-5.18)
生产能力	-0.0338 (-0.94)	-0.0873* (-2.45)
要素配置扭曲	0.123*** (4.97)	0.130*** (4.33)
能源消费强度	0.558*** (2.98)	0.288 (1.23)
第二产业比重	0.679*** (3.40)	0.578** (2.79)
煤炭资源税占地方财政收入比重	-0.181* (-2.97)	-0.245*** (-5.12)
煤炭资源税占产成品收入比重	0.0653** (0.15)	0.0260** (0.43)
环境治理强度	0.0074 (0.44)	-0.0166 (-0.87)
矿业权重叠 * 核心解释变量	-0.279***(-3.41) $\gamma \leq 0.22$ -0.0 (0.00) $0.22 < \gamma \leq 0.516$ -0.188*(-2.26) $\gamma > 0.516$	-0.0767*(1.99) $\gamma \leq 0.268$ 0.176***(4.11) $0.268 < \gamma \leq 0.628$ 0.336***(5.98) $\gamma > 0.628$
常数项	-2.107** (-2.67)	-1.629 (-1.72)
N	158	152
R^2	0.807	0.768
F	38.26	32.58

注：*、** 和 *** 分别表示 10%、5% 和 1% 水平上显著，括号内为 t 统计量。

从表 6-2 反映的面板线性回归结果来看，矿业权重叠、生产能力与煤炭产业全要素生产率之间存在着显著的负相关关系，其影响系数分别约为

-0.47和-0.002，并分别具有1%和5%的显著性水平，且相关统计检验也较为显著，假设1成立。相对而言，投资区位熵（产业集聚）对煤炭产业全要素生产率的影响也呈负相关关系。只是当加入了要素配置扭曲、能源消费强度、第二产业比重以及煤炭资源税占产成品收入比重和煤炭资源税占地方财政收入比重后，其影响系数的显著性水平出现了下降，当剔除这些控制变量后，其影响系数为-0.001，并具有5%的显著性水平，说明煤炭产业的集聚水平较低，也是引致煤炭产业全要素生产率下降的重要原因。

从表6-3反映的面板非线性回归结果来看，矿业权重叠与资源采掘业全要素生产率之间存在着复杂的非线性关系，而并非简单的线性关系。模型（7）显示当以矿业权重叠作为门槛变量，以产业集聚作为依赖变量（核心解释变量）时，面板非线性回归模型的拟合优度达到了0.807，F统计量也很合理，模型拟合的结果明显优于面板线性回归模型的结果，并且其他控制变量的显著性水平也得到了显著提升。说明面板非线性回归模型的结果优于面板线性回归模型的结果，矿业权重叠与煤炭产业全要素生产率变动之间呈显著的非线性关系。因为经济系统的各要素之间存在着交互影响关系，而全要素生产率的提升又受到来自生产能力、要素配置、生产协同、税收政策、环境政策等变量的综合影响，单纯考虑矿业权重叠对资源采掘业全要素生产率的影响并不能全面反映各影响因素之间的交互关系，所以综合考虑内生性因素和外生性因素的叠加影响，有助于解释经济系统各变量之间的交互影响关系。

具体来看，矿业权重叠对煤炭采掘业全要素生产率的影响系数为-0.429，并且具有1%的显著性水平，说明矿业权重叠比重每上升1个单位，煤炭采掘业全要素生产率将下降0.429个单位，矿业权重叠是引致煤炭产业全要素效率损失的重要原因。其次，从矿业权重叠与依赖变量（产业集聚）的形成的交叉变量来看，当矿业权重叠比重小于0.22时，交叉变量对全要素生产率的影响为-0.279，并具有1%的显著性水平；当矿业权重叠比重处于［0.22,0.516］区间时，交叉变量对全要素生产率的影响没有被有效估计出来。而当重叠比重高于0.516时，交叉变量的影响系数变为-0.188，并具有10%的显著性水平。说明矿业权重叠对煤炭产业全要素生产率的影响，同时也受到了产业集聚水平的影响，并存在门槛效应，假设2成立。并且，当考虑门槛变量的影响后，交叉变量对煤炭产业全要素生产率的影响存在边际递减效应。

在模型（7）中，煤炭资源税占地方财政收入比重对煤炭产业全要素生产率的影响系数为 -0.181，并具有 10% 的显著性水平，说明煤炭产出越多，煤炭产业全要素生产率越高，这说明煤炭产业存在着规模效应。除此之外，要素配置扭曲和能源消费强度对煤炭产业全要素生产率的影响具有显著的正相关关系，说明煤炭采掘业的要素配置扭曲效应并不明显，其并不会造成煤炭产业全要素生产率的下降，并且以单位 GDP 的能源消耗量为代表的能源消费强度，对煤炭产业全要素生产率的影响表现出显著的正向促进关系，这可能与煤炭在我国能源消费结构中占据主导地位有关，市场需求量越大，越有助于促进采掘企业通过规模化管理以提升其全要素生产率水平。

从模型（8）的结果来看，当以矿业权重叠作为门槛变量，资源税征收水平作为依赖变量（核心解释变量）时，矿业权重叠与煤炭产业全要素生产率的关系变得不显著，但是矿业权重叠与煤炭资源税征收水平（煤炭资源税占产成品收入比重）的交叉变量，与煤炭产业全要素生产率之间具有显著的负相关关系，当矿业权重叠比重小于 0.268 时，交叉变量对煤炭产业全要素生产率的影响系数为 -0.0767，并具有 10% 的显著性水平，当矿业权比重处于［0.268,0.628］区间时，交叉变量对煤炭全要素生产率的影响系数变为 0.176，并具有 1% 的显著性水平。说明随着资源税征收水平的上升，矿业权重叠与煤炭资源税征收水平的交叉变量对煤炭全要素生产率的影响出现了拐点，并促进了全要素生产率的改进。这一点也可以从煤炭资源税占产成品收入比重的影响系数得出，其影响系数为 0.026，并具有 5% 的显著性水平。说明煤炭资源税征收水平越高，煤炭产业全要素生产率越高。但是，煤炭资源税占地方财政收入比重对煤炭产业全要素生产率的影响为 -0.245，并具有 1% 的显著性水平，说明地区对煤炭产业的依赖程度越高，越不利于煤炭产业全要素生产率的提升，表现出一定程度的“资源诅咒”效应。

6.1.3 矿业权重叠对煤炭产业全要素生产率的空间效应

中国矿业权市场改革与发展的实践告诉我们，中国资源富集区资源产业的发展具有鲜明的阶段性特征，研究资源富集区资源产业全要素生产率的变动趋势，有必要检验时间效应对矿业权重叠与煤炭产业全要素生产率之间相互关系的影响，以准确掌握不同生产力阶段中国资源富集区资源产业生产效率的演化过程。在研究这一问题之前，我们假设不同阶段的资源产业发展是并不是相互独立的，因为从改革发展的历程来看，不同阶段的资源经济发展之间存在着较高的相互关联性以及区域间的模仿性，并且在现行的资源管理体制下，不同区域之间就经济发展、产业结构的调适，具有区域间的竞争性，进而使得资源产业的全要素生产率变动具有较大的差异性。因此，运用线性或非线性的回归方程来分析不同阶段资源产业全要素生产率的演变问题可能会因为忽略不同阶段、不同区域资源产业发展的内生性因素和外生性因素之间的相互关联性，而产生模型估计的偏误。相对而言，前述面板线性和非线性回归模型的估计结果，显然并未考虑到不同阶段、不同地区之间资源产业发展的空间异质性和空间依赖性，进而使得模型估计难以反映区域间的相互作用关系，对矿业权重叠与煤炭产业全要素生产率之间关系的解析是不全面的。因此，我们有必要通过空间计量模型来解析矿业权重叠与煤炭产业全要素生产率变动之间的相互关系。

从发展历程来看，我国矿业权市场的规制也经历了从无到有的过程，在1949～1978年，国家针对矿产资源开发实行无偿开采、计划分配的管理模式，在1978～1986年，国家开始尝试建立针对矿产资源的有偿使用制度，1986～1996年开始建立矿业权有形市场制度；自1996年之后，针对矿业权市场发展中存在的外部性、价格信号失真等问题，陆续又出现了一些政策规范，以加强对资源采掘市场的效率促进和市场完善。在这一发展过程中，由于各个地区都有着独特的资源禀赋、产业优势、地理位置、经济结构及管理的差异等因素，因而各个地区也必然有着独特的经济和产业发展模式，即彼此之间存在着空间异质性。并且，随着国家针对资源富集地区产业规模、矿业权整合、矿业权重叠规制、环境治理以及产业结构等政策安排的调整，不同地区之间在资源产业要素投入、技术革新、创新要素集聚、环境治理、产能整合等方面表现出的差异和交互影响也将会越来越大。根据我国资源富集区2004～2014年煤炭产业全要素生产率的测度结果，采用以资源税收入占地区财政收入比重作为经济变量，来构造经济距离权重矩阵，并运用空间滞后模型来检验矿业权重叠对煤炭产业全要素生产率影响的空间效应。相关估计结果如表6－4所示。

表 6-4　　　　全要素生产率空间杜宾模型的结果与检验

自变量	被解释变量（煤炭产业全要素生产率）					
	空间杜宾模型（空间时间固定效应）					
	模型（1）	模型（2）	模型（3）	模型（4）	模型（5）	模型（6）
矿业权重叠	-0.877* (-1.766)	-0.057 (-0.941)	-0.060 (-0.994)	-0.053 (-0.882)	-0.053 (-0.903)	-0.946 (-1.329)
投资区位熵	0.169 (1.286)	0.801*** (2.798)	0.778*** (2.691)	0.774*** (2.673)	0.758** (2.504)	0.756** (2.514)
生产能力	0.046 (0.431)	0.046 (0.454)	0.051 (0.501)	0.060 (0.593)	0.052 (0.524)	0.062 (0.614)
要素配置扭曲	0.041 (0.543)	0.041 (0.573)	0.039 (0.554)	0.043 (0.606)	0.039 (0.558)	0.047 (0.680)
能源消费强度		-0.450 (-0.543)	-0.501 (-0.601)	-0.034 (-0.039)	0.607 (0.674)	1.235 (1.275)
第二产业比重			0.9263 (0.796)	0.590 (0.508)	0.696 (0.601)	1.058 (0.906)
煤炭资源税占产成品收入比重				-0.528* (-1.717)	-0.679* (-1.752)	-0.808 (-2.048)
煤炭资源税占地方财政收入比重					0.194 (0.636)	0.261 (0.848)
环境治理强度						0.000 (1.30)
W*矿业权重叠	-3.628 (-0.881)	0.254 (0.543)	0.242 (0.513)	0.281 (0.602)	0.363 (0.783)	12.571 (1.570)
W*投资区位熵	1.345 (1.272)	2.055 (0.921)	2.099 (0.915)	0.666 (0.262)	0.050 (0.019)	1.389 (0.512)
W*生产能力	0.005 (0.011)	-0.014 (-0.031)	-0.007 (-0.014)	0.276 (0.520)	0.220 (0.417)	0.672 (1.127)
W*要素配置扭曲	0.172 (0.333)	0.018 (0.035)	0.008 (0.013)	0.024 (0.041)	-0.844 (-1.198)	-0.918 (-1.311)
W*能源消费强度		10.648 (0.714)	11.040 (0.627)	17.954 (1.007)	56.197* (2.248)	74.450*** (2.806)
W*第二产业比重			1.484 (0.080)	-6.720 (-0.356)	21.118 (0.952)	23.556 (1.079)

续表

自变量	被解释变量（煤炭产业全要素生产率）					
	空间杜宾模型（空间时间固定效应）					
	模型（1）	模型（2）	模型（3）	模型（4）	模型（5）	模型（6）
W*煤炭资源税占产成品收入比重				3.949 (1.219)	15.493** (2.260)	19.695*** (2.553)
W*煤炭资源税占地方财政收入比重					-8.588* (-1.926)	-10.291** (-2.297)
W*环境治理强度						0.000** (1.799)
W*全要素生产率	-0.685*** (-3.942)	-0.664*** (-3.794)	-0.672*** (-3.854)	-0.598*** (-3.364)	-0.599*** (-3.408)	-0.569*** (-3222)
N	264	264	264	264	264	264
R^2	0.108	0.215	0.217	0.231	0.247	0.261
Log likelihood	-391.93	-374.87	-374.54	-371.59	-368.80	-366.10

注：*、**和***分别表示10%、5%和1%水平上显著，括号内为t统计量。

从表6-4的结果来看，当运用空间时间固定效应模型时，投资区位熵对煤炭产业全要素生产率具有显著性的正向影响，影响系数约为0.76～0.8之间，并具有1%的显著性水平，说明投资集聚水平越高，煤炭产业全要素生产率也越高，反映了资源富集区煤炭产业存在着产业集聚的规模效应。从空间滞后效应来看，W*全要素生产率的影响系数约为［-0.69，-0.6］之间，并具有1%的显著性水平，说明资源富集区煤炭产业全要素生产率存在着显著的空间负相关性，即某个地区的煤炭产业全要素生产率的提高将会对相邻地区的煤炭产业全要素生产率产生负面影响，不同区域之间产业效率的正向溢出受到抑制，存在着非合作竞争现象。另外，矿业权重叠、生产能力、要素配置扭曲、能源消费强度、资源税征收水平和环境治理强度变量都没有通过显著性检验，原因可能在于空间固定效应反映的是资源富集区经济结构、资源依赖等因素对煤炭产业全要素生产率的影响，而时间固定效应反映的是经济周期、需求波动等对煤炭产业全要素生产率的影响，而这些影响很有可能具有时滞性特点，所以模型估计的结果并不显著。

为了进一步检验矿业权重叠对煤炭产业生产效率所可能产生的空间效应，我们继续对矿业权重叠与煤炭产业技术效率损失之间的关系进行空间效应检验，相关模型估计结果如表6-5所示。

表 6-5 技术效率损失空间杜宾模型的结果与检验

自变量	被解释变量（煤炭产业技术效率损失） 空间杜宾模型（空间时间固定效应）					
	模型（1）	模型（2）	模型（3）	模型（4）	模型（5）	模型（6）
矿业权重叠	0.404*** (3.858)	0.427*** (4.567)	0.390*** (4.720)	0.300*** (4.847)	0.301*** (4.707)	0.322*** (5.396)
投资区位熵	-0.026 (-0.959)	-0.006 (-0.278)	-0.034 (-1.567)	-0.011 (-0.703)	-0.156 (-0.814)	-0.011 (-0.604)
生产能力	0.002 (0.115)	-0.008 (-0.431)	-0.003 (-0.216)	-0.007 (-0.567)	-0.008 (-0.602)	-0.007 (-0.622)
要素配置扭曲	-0.027* (-1.723)	-0.022 (-1.598)	-0.016 (-1.297)	-0.007 (-0.795)	-0.007 (-0.803)	-0.008 (-0.934)
能源消费强度		-0.368*** (-7.247)	-0.339*** (-7.546)	-0.366*** (10.722)	-0.359*** (-10.46)	-0.285*** (-8.27)
第二产业比重			-0.958*** (-7.350)	-0.668*** (-6.717)	-0.643*** (-6.278)	-0.654*** (-6.854)
煤炭资源税占产成品收入比重				-0.105*** (-13.360)	-0.108*** (-8.010)	-0.105*** (-8.376)
煤炭资源税占地方财政收入比重					0.002 (0.152)	0.002 (0.111)
环境治理强度						-0.000002*** (-6.27)
W*矿业权重叠	2.648*** (3.008)	1.962** (2.374)	0.572** (0.761)	-0.158 (-0.205)	-0.046 (-0.059)	0.383 (0.441)
W*投资区位熵	-0.759*** (-3.271)	-0.652*** (-3.115)	0.049 (0.164)	-0.182 (-0.591)	-0.163 (-0.528)	-0.071 (-0.243)
W*生产能力	0.000 (0.004)	-0.007 (-0.082)	-0.022 (-0.261)	-0.035 (-0.546)	-0.049 (-0.769)	-0.047 (-0.738)
W*要素配置扭曲	-0.099 (-0.908)	-0.044 (-0.429)	-0.080 (-0.856)	-0.040 (-0.560)	-0.073 (-0.973)	-0.090 (-1.251)
W*能源消费强度		1.408 (0.953)	2.309 (1.477)	-0.451 (-0.277)	0.070 (0.042)	0.992 (0.608)
W*第二产业比重			2.016 (1.298)	1.993 (1.589)	2.902** (2.068)	2.651** (1.964)

续表

自变量	被解释变量（煤炭产业技术效率损失）					
	空间杜宾模型（空间时间固定效应）					
	模型（1）	模型（2）	模型（3）	模型（4）	模型（5）	模型（6）
W* 煤炭资源税占产成品收入比重				0.021 (0.119)	0.4209 (0.912)	0.098 (0.449)
W* 煤炭资源税占地方财政收入比重					-0.430 (-1.316)	-0.444 (-1.327)
W* 环境治理强度						0.000004 (-1.323)
W* 技术效率损失	-0.443** (-2.457)	-0.521*** (-2.927)	-0.307* (-1.665)	-0.257 (-1.403)	-0.254 (-1.392)	-0.217 (-1.201)
N	264	264	264	264	264	264
R^2	0.177	0.344	0.504	0.725	0.727	0.764
Log likelihood	21.20	50.66	88.55	166.57	167.73	186.96

注：*、** 和 *** 分别表示10%、5%和1%水平上显著，括号内为t统计量。

从表6-5的结果来看，矿业权重叠对煤炭产业技术效率损失之间存在着显著的正相关关系，影响系数为［0.30,0.47］之间，并具有1%的显著性水平，说明矿业权重叠比重越高，煤炭产业技术效率损失越多。并且，当考虑经济距离权重的影响时，W* 矿业权重叠对煤炭产业技术效率损失的影响，模型（1）、模型（2）和模型（3）也表现出了显著的正相关关系，影响系数处于［0.57,2.65］之间，说明相邻地区间的矿业权重叠对毗邻地区煤炭产业技术效率损失形成正向影响，即某一地区矿业权重叠比重越高，相邻地区煤炭产业技术效率损失的程度也越大，这可能与地区间存在非合作竞争有关，非合作竞争通过采掘竞争引致了其他地区矿业权人对生产要素配置的扭曲，以在短期内寻求资源品收益的最大化，进而造成生产要素配置的技术效率的损失。能源消费强度和第二产业比重，与煤炭产业技术效率损失之间表现出显著的负相关关系，并都具有1%的显著性水平，其影响系数分别约处于［-0.37，-0.28］、［-0.96，-0.64］之间，说明能源消费强度和第二产业比重，煤炭产业技术效率损失越低，煤炭产业技术效率越高。这可能与煤炭需求增长促进了煤炭产业规模效应、第二产业比重提升促进了资源产业技术的进步有关。除此之外，煤炭资源税占产成品收入比重与煤炭产业技术效率损失之间也表现出显著的负相关关系，影响系数约为［-0.11，-0.10］之间，说明煤炭资源税征收水平越高，煤炭产业的技术效率损失越低，煤炭产业生产要素配置的技术效率越高。这与当前国家针对煤炭产业的资源税从价计征改革的政策目标相符。另外，模型（1）、模型（2）和模型（3）也反映出了技术效率损失的空间滞后效应，W^*技术效率损失的影响系数约为［-0.52，-0.31］之间，且具有1%的显著性水平，说明煤炭产业技术效率损失存在地区间的空间异质性，即某一地区煤炭产业技术效率越高，相邻地区煤炭产业技术效率越低，这再一次反映出资源富集区不同区域间可能存在非合作竞争、技术溢出效应不足等问题。

6.2 矿业权重叠对环境退化的影响

在矿业权重叠区，不合理的资源采掘方式，特别是争采、抢采、盗采和过度开采是导致区域内生态环境退化的直接社会因素。从资源开采的角度来看，矿业权重叠区矿体分布的地质特性决定了矿藏开采和环境保护的难易程度。不同的矿体走向、倾角、倾向，以及埋深，与围岩、侵入岩体的空间位置、褶皱、断裂构造等因素，决定着矿业权重叠区不同矿床资源采掘的工程设计。如开采倾斜矿床且矿体厚度不大时，可采用沿矿脉走向布置巷道，这样对地下储层的破坏程度最小；而当矿体厚度很大时，可采用垂直走向布置巷道，以减少对其他矿层开拓所可能带来的储层采空和塌陷现象。当围岩不够稳固时，宜采用后退式回采，由矿井边界向主井方向开采，以减少矿层冒落所诱发的生产安全风险；当围岩很稳固时，则可采用前进式回采，由主井向井田边界方向开采，以尽可能采尽地下储层中的矿藏，减少资源漏采和资源浪费。另外，当有相邻的不同矿体同时存在时，矿体倾角小于或等于围岩移动角时，宜采用从上至下的开采顺序；而当矿体倾角大于围岩移动角、相邻矿体又很近时，应根据矿体之间分割层的厚度、围岩的稳固性等来选择开采顺序和开采方式，一般是从上至下的开采顺序，以减少矿体塌陷、沉降等带来的环境风险。矿业权重叠区不合理的开采行为或过量开采，都会引起自然环境和生态系统的破坏。因此，为了更好地消解矿业权重叠对矿山开采造成的环境负效应，我们有必要对矿业权重叠与环境退化之间的关系进行研究，以进一步检验矿业权重叠所引致的资源利用风险。结合前文所建立的面板回归模型和空间面板回归模型，本节将对着重对矿业权重叠与环境退化的效应进行解析。

6.2.1 环境退化的测度及变量选择

资源开采引致的环境退化，是指矿藏开采过程及其停止后对矿区及其周边环境所造成的破坏和影响。一般来说，资源开采引致的环境退化效应的影响范围要大于矿区开采的活动范围，具有外溢性特征，且影响的效应会持续较长时间，进而表现出影响的滞后性特性。通常，矿产资源开采对环境的影响主要表现在对景观破坏、环境破坏和生物破坏等方面。景观破坏是指对地表覆盖物、地形、地貌带来的破坏；环境破坏，则涉及对土壤环境、水体环境、大气环境等的破坏；生物破坏，则表现为对植被、水生物、动植物等生物圈的破坏。矿业权重叠，由于增加了资源富集区地下矿藏开采的不完全竞争性和资源开采强度，使得不同矿业权人针对资源开采与环境保护表现出一定的竞争性。而当不同矿业权人的资源活动活动遭遇到环境规制弱化和环境成本内化不足时，矿业权重叠引致的环境负效应将会显著增加，并加剧环境退化的风险。总体来看，矿业权重叠引致的环境退化主要表现为以下几个方面：

一是矿体沉降和储层塌陷。通常，资源富集区规模宏大的资源采掘工程，可能会诱发一些动力地质灾害，如冲击地压、地震、瓦斯突出等现象。在重叠区，随着某一种矿藏的大量开采，最终会引起大量采空区，并造成地面或其他矿体的沉降，从而增加其他矿体的开采难度。当不同品位和不同丰度的矿体在地层以下出现交叉重叠时，不同采掘企业为了降低生产成本，往往采取不同的方式来处理采空区问题，如果相互之间缺乏沟通和协商，不同矿业权人对地下矿体开采强度和采区治理的差异，无疑将增加矿体沉降和储层破坏的风险。

二是土地占用和耕地破坏。由于资源赋存的原因，地下矿藏中的夹石以及地下储层部分顶、底板会随着矿体同时被开采出来，再加上为了布置采场、开拓巷道而产生的废石、矸石等固体废弃物，在矿山开采的过程，随着地下矿藏的剥离过程而逐步提升至地表。随着资源开采工程的推进，矿山开采剥离的废石和废土量逐渐增多，进而在地表形成一个废石堆积场，并造成对地表土地的占用。另外，随着地下矿藏剥离的进一步深入，如果不注重对采空区的填充、加固，随着采空区面积的加大，最终势必将引致采空区塌陷、耕地受损等现象。

三是植被减少和水土流失。地下矿藏开采前，有的地表表面具有良好的植被覆盖，有的表面本身是裸露的岩石，当矿山开始开采之后，一些地表的植被、景观随之被破坏，并直接改变了原地形地貌，使得原地表的抗侵蚀能力下降。同时，资源开采对地下水资源也会产生长期影响，如果矿山企业在矿藏开采过程中，不注重地表环境的保护，不及时治理补偿，最后势必会造成矿区水循环的破坏，并造成矿区水资源枯竭，形成大范围的水土流失、植被减少等风险。

四是水体污染和生物多样性下降。在资源富集地区，矿体剥离过程中产生的各种废弃物会对周边区域的空气和水体产生污染，有的还会产生有害物质，并且这些有害物质还会随着雨水的淋溶而进入临近的土壤、水体，影响到周边农业、生物种群以及居民生活的安全。由于不同矿藏的开采工艺不同，有的需要运用采掘机械进行综合开采，有的需要运用特殊的压裂设备对地下矿层进行水力压裂并填充特定的物质，有的矿体剥离出来后在地表形成酸性物质或碱性物质，引起地表水体或地下水体的污染，并最终引致该区域生物种群多样性的下降。

如果我们从经济学角度来考察矿业权重叠引致的环境退化效应，不难发现，环境退化的形成是与矿业权重叠区不同矿业权人的外部性损害行为息息相关的，因而它又可称作为环境负外部性。根据福利经济学派的外部性理论，环境负外部性是指行为人对环境造成的损害并没有支付任何形式的代价或费用，从而使得其获得的收益与成本支付并不相等的现象。在环境退化的测度方面，学术界通常采用生态效率来反映经济活动与环境破坏之间的相互关系。而对于生态效率的测度，学术界至今却尚无定论，其难点在于怎样确定合理的权重来反映不同的环境压力，并且这些权重和指标能够较为客观准确地反映生态环境的效率状况。在测度方法上，学术界最为常见的是基于 DEA 的生态效率测度法，而该方法不需要进行生产函数的假设，而是通过非参数的线性规划求解，以获得不同决策单元之间的相对效率。这种方法，当遭遇数据奇异值、经济波动或多个变量求解时，不可避免地会导致生态效率测度结果的差异和失真。目前，学术界直接测度矿山开采带来的环境效率的退化效应的研究并不多见，且形成的测度方法也不统一。如，有的文献通过构造生态效率的评价指标体系（如植被覆盖率、水体污染、空气污染、地形地貌、土地侵蚀等），并通过专家评估法来确定各指标的影响权重，最后来计算矿山开采的生态效率（钱金平，2001）；有的文献则直接选用DEA方法来测度采掘业的生态效率，选用的投入指标有资本、劳动等要素投入，产出指标则有三废污染物排放量、经济产出等变量（吴超，杨树旺，2018）。但在DEA的产出指标方面，很难客观准确地衡量资源采掘活动产生的污染物排放量。因而，这种方法在资源采掘的生态效率测度方面具有指标的牵强性和方法的不科学性等缺点。因此，为了真实客观反映矿山开采活动对环境退化产生的影响，并考虑到数据的可获得性和准确性，本书将选择资源富集区矿山开采活动所占用的土地和耕地破坏面积作为代理变量，以此反映资源采掘活动对区域环境造成的影响。相关数据来源于《中国国土资源年鉴》。基于前述对矿业权重叠与环境退化关系的分析，本书预期其影响系数为正，即矿业权重叠比重越高，环境退化越严重。

6.2.2　矿业权重叠与环境退化风险的检验

经济社会中，引致环境退化的原因是多方面的，尤其对于矿业权重叠与环境退化的关系而言，其影响的机理和风险传导过程也是各不相同的。在正常情况下，资源富集区的资源环境具有一定的承载能力，能随着时间的推移而实现环境退化的自我恢复，如水体的净化、空气的净化、植被的恢复等。但是，由于资源采掘过程具有特殊性，随着地下矿藏的逐渐剥离，地下采空区的沉降、塌陷、储层位移等，在漫长的地质运动过程中，生态环境是需要很长时间才能得以修复的。从这一点来看，资源采掘活动引致的环境退化风险，具有影响过程的长期性和滞后性特点。在现实中，引致资源富集区环境退化的显著性因素大致可分为两类：一类是内生性因素，如资源采掘市场的产业集聚水平、生产能力、要素错配、产权清晰程度，以及经济社会对资源品的需求波动、资源富集区贫困水平等；另一类是外生性因素，如针对资源采掘过程和采掘后的环境规制强度、资源税政策、生产监管、进出壁垒等。这些因素对矿业权重叠区不同矿业权人的采掘工程的设计、采掘技术的运用、分工与协作以及环境保护的治理投入等都会产生影响，并最终使矿业权重叠区环境退化风险的传导过程受到影响。从现有理论来看，资源采掘与环境保护的一般规律是：成本约束、环境约束和技术约束的强度与环境退化风险之间存在着负向关系，成本约束、环境约束和技术约束越高，资源采掘过程中对环境破坏的影响越小，技术驱动带来的环境效率改进也越显著。而一旦影响环境退化的内生性环境和外生性环境发生变动时，就很有可能导致资源采掘利用过程中的环境退化加剧，进而使得环境负外部性风险进一步演化和溢出。

如果按照资源最佳开采的霍特林法则，不可再生性资源的最佳利用应遵循以下原则：一是设计清晰有效的资源产权机制，以驱散产权残缺所形成的“经济租”，并使资源采掘利用过程中收益与成本支付的价格信号充分发挥作用，以调节不同采掘人因生产要素配置、采掘技术投入、生产能力不足所可能引致的效率损失问题（包括生产效率和环境效率）。二是资源价格的增长率必须等于社会贴现率，以避免资源性产品价格的短期波动可能刺激资源采掘人对地下矿藏资源的掠夺性开采和耗竭性开采，并进而导致对地下矿藏和矿区环境所产生的破坏。只有这样，资源采掘人才会对资源开发利用与保护不会表现出偏好选择的差异。三是应针对资源采掘过程建立起必要的外部性内化机制，以使资源采掘人的资源采掘活动造成的环境退化成本能真正反映到资源性收益之中，这就需要通过资源税的税收机制、环境恢复治理的保证金制度、补偿制度、假定税制度等来避免资源采掘过程中的“掠夺效应”和“环境退化效应”。在我国资源富集区，由于不同地区地下矿藏所处的地理位置不同，矿区内的地形地貌、地下水环境、矿体结构、生物种群等生态条件各不相同，再加上矿业权重叠引致的资源采掘工程设计方案也各不相同，因此在资源采掘过程中，对地下矿层、地下水、地表地貌、生物种群等的破坏程度也不相同。如在我国资源富集的中西部地区，矿区多处于高原、山区和丘陵地区，水资源缺乏，地表植被丰富，资源大规模采掘形成的采空区、塌陷区等现象较为常见，且还伴随着地裂缝、地表积水、水土流失、地表土层沙漠化等问题。并且，随着采空区塌陷和地表自然沉降，造成耕地、地表、地貌、地上附作物等的破坏，并引致农产品减产、农业受困、农民减收等问题，并最终引致资源富集区生态系统、经济系统和社会系统的失衡。

为了检验矿业权重叠与环境退化之间的关系，借鉴式（6－11）所构建的回归模型，通过将内生性变量和外生性变量共同纳入面板线性回归模型，来实证检验矿业权重叠与环境退化风险之间的相关关系。模型估计的结果如表6－6所示。

表6-6　　环境退化面板线性回归模型的结果与检验

自变量	被解释变量（耕地破坏率）					
	模型（1）	模型（2）	模型（3）	模型（4）	模型（5）	模型（6）
矿业权重叠	2.273*** (3.801)	2.245*** (3.721)	1.534** (2.534)	1.320** (2.146)	1.129* (1.898)	1.042* (1.694)
投资区位熵	0.455** (2.478)	0.441** (2.349)	0.454** (2.518)	0.547*** (2.92)	0.455** (2.496)	0.443** (2.41)
生产能力	0.529** (2.467)	0.522** (2.424)	0.653*** (3.118)	0.744*** (3.461)	0.852*** (4.076)	0.795*** (3.419)
要素配置扭曲	0.395*** (3.718)	0.392*** (3.663)	0.158 (1.345)	0.124 (1.047)	0.029 (0.251)	0.028 (0.239)
第二产业比重		0.432 (0.383)	0.688 (0.634)	0.192 (0.172)	-0.129 (-0.119)	0.092 (0.08)
煤炭资源税占产成品收入比重			-0.54*** (-4.079)	-0.078 (-0.260)	-0.125 (-0.431)	-0.118 (-0.407)
煤炭资源税占地方财政收入比重				-0.634* (-1.720)	-0.489 (-1.372)	-0.36 (-0.850)
环境治理强度					0.360*** (3.897)	0.358*** (3.862)
城乡收入差距						-0.227 (-0.566)
N	264	264	264	264	264	264
R^2	0.263	0.263	0.324	0.334	0.385	0.386
F	16.753	13.371	14.847	13.283	14.413	12.799

注：*、** 和 *** 分别表示10%、5%和1%水平上显著，括号内为t统计量。

从表6-6的结果来看，在模型（1）中，仅包括了矿业权重叠、投资区位熵、生产能力和要素配置扭曲四个变量，结果显示这四个变量对环境退化的影响系数均为正。矿业权重叠和要素配置扭曲的影响系数分别为2.27和0.39，并都具有1%的显著性水平，说明矿业权重叠和要素配置扭曲是引致资源采掘区环境退化的关键因素，矿业权重叠比重越高，环境退化的程度越高。并且，资源采掘过程中的要素配置扭曲，抑制了要素配置技术效率的改进，进而引致环境退化风险的升高。除此之外，投资区位熵和生产能力对环境退化的影响系数也显著为正，这说明资源富集区的产业集聚水平和矿业权人生产能力不足，并且这种不足加剧了环境退化风险的传导。当我们逐步添加第二产业比重、煤炭资源税占产成品收入比重、煤炭资源税占地方财政收入比重以及城乡收入差距作为解释变量时，模型回归的结果显示这些变量与环境退化风险之间的相关性并不显著。而具有模型（3）得出煤炭资源税占产成品收入比重与环境退化之间呈显著负相关关系，影响系数为 -0.54，并具有1%的显著性水平，模型拟合优度为0.324，说明了资源税征收水平越高，环境退化风险越低，这也资源税从价计征改革的政策预期相符。另外，模型（5）和模型（6）反映了环境治理强度与环境退化风险之间呈显著正相关关系，影响系数约为0.36，并具有1%的显著性水平，说明环境规制强度与环境退化风险之间存在正相关关系，这可能与环境规制的强度不足有关，既在环境规制强度不足的前提下，环境规制强度的提升，并不能直接减少矿业权重叠区环境退化的效率损失。另外，当我们在模型中加入城乡收入差距作为贫困指标，来检验资源富集区贫困效应与环境退化之间关系时，模型估计的结果显著这种影响关系并不显著。这可能与面板线性回归模型无法解释不同经济阶段不同经济因素对环境效率的影响作用有关，我们将在下一节引入空间时间固定效应模型，来对这两者之间的关系再作进一步检验。

6.2.3 矿业权重叠对环境退化的空间效应

20世纪80年代以来，以克鲁格曼（Krugman P.）为代表的新经济地理学派，以不完全竞争理论为基础，提出了经济活动的空间集聚效应问题。按其理论，资源产业集聚会随着规模效应递增而出现空间的迁移，进而表现出空间集聚效应特征。在新经济地理学的分析框架中，通常会考虑地区异质性和产业异质性对地区经济活动所产生的影响，即只要内生性环境和外生性环境有利于规模效应的改进，该地区就会表现出经济活动的空间集聚效应。那么，对于资源富集区而言，矿业权重叠对资源富集区环境退化的影响是否也存在着空间效应？影响环境退化的内生性因素和外生性因素，对环境退化的影响是否也会表现出空间效应？通过对这些问题的研究，可以更好地为矿业权重叠风险消解提供经验借鉴。我们不妨假设资源富集区不同地区之间会采掘环境规制的弱化，来获取生产要素向资源采掘业的集聚，以促进区域资源经济规模的提升，并表现出一定的空间差异。由于我国资源富集区的资源禀赋、自然环境、产业结构和社会经济发展水平存在着较大的差距，一个地区的生态环境退化便可能会影响到毗邻地区生态环境的变化，进而产生空间溢出效应。但是从目前的研究成果来看，学术界却鲜有从空间效应角度来研究区域环境效率的研究，而从矿业权重叠的角度来研究资源采掘过程和采掘后环境退化的空间效应问题的成果更是空白。在实践中，尽管矿业权规制机构针对资源采掘利用过程中和利用后环境退化的政策安排不断得以完善，但是在不同的发展阶段，不同地区环境治理的强度可能表现出区域差异性，进而使得矿业权重叠引致的环境退化问题也具有空间差异性特征。基于此，本节将尝试着对矿业权重叠与环境退化之间的空间相关关系展开探讨，以解析我国资源富集区矿业权重叠风险传导可能表现出的空间差异性，以为矿业权重叠风险的消解提供一些可供参考的实证依据。

与前文面板线性回归模型的分析不同，本节试图通过构建空间面板回归模型，来检验矿业权重叠，以及其他内生性因素和外生性因素对资源富集区环境退化所可能产生的影响。所采取的空间权重为基于资源税收入占地区财政收入比重的距离而建立的空间矩阵权重，以考察经济因素对资源富集区资源采掘过程中和采掘后环境退化效应的影响。与前文类似的地方在于，我们试图选择与面板线性回归模型相同的内生性变量和外生性变量，以对比两类模型之间可能存在的差异。我们假定资源富集区的环境退化可能受到空间时间效应的影响，而表现出区域差异和时间差异，因而在空间面板回归模型的构造上，采用空间时间固定效应模型，以解析解释变量、因变量及其相邻关系所带来的影响。通过前文分析可知，矿业权重叠是引致资源富集区环境退化的关键原因，除此之外，投资集聚、生产能力以及环境治理强度等对环境退化的影响也至关重要。基于资源富集区不同地区之间矿业权人生产能力、要素配置扭曲、技术溢出等可能存在地理空间效应，因而表现出区域间的竞争效应和模仿效应，进而表现出一定的空间差异。

因此，为了检验这些因素与环境退化之间是否存在空间效应，本节仍然选择以 2004 ~2014 年为样本区间，数据来源与前文变量选择的数据来源相同。为了保持模型分析的统一性和可比性，选择从矿业权重叠、生产能力、投资决策、要素配置、资源税征收水平以及环境治理强度等层面，来探讨矿业权重叠与环境退化之间的空间相关关系。所选择的地区也与前文分析的地区相同，分别为剔除了北京、天津、上海、浙江、广东、海南、西藏等 7 个地区后的 24 个资源富集地区。空间模型估计的结果如表 6 -7 所示。

表 6－7　　环境退化空间杜宾模型的结果与检验

自变量	被解释变量（耕地破坏率）					
	空间杜宾模型（空间时间固定效应）					
	模型（1）	模型（2）	模型（3）	模型（4）	模型（5）	模型（6）
矿业权重叠	2.284*** (4.513)	2.287*** (4.522)	2.639*** (5.289)	2.643*** (5.276)	2.389*** (4.865)	2.109*** (4.544)
投资区位熵	0.093 (0.623)	0.084 (0.552)	0.169 (1.040)	0.176 (1.078)	0.096 (0.599)	0.466*** (2.797)
生产能力	−0.012 (−0.112)	−0.013 (−0.122)	−0.020 (−0.191)	−0.029 (−0.280)	0.010 (0.101)	0.104 (0.108)
要素配置扭曲	0.079 (0.993)	0.077 (0.969)	0.105 (1.340)	0.105 (1.348)	0.079 (1.048)	0.068 (0.952)
第二产业比重		0.070 (0.855)	−0.173 (−0.217)	−0.119 (−0.148)	0.134 (0.171)	−1.314* (−1.683)
煤炭资源税占产成品收入比重			−0.280*** (−3.215)	−0.269 (−1.476)	−0.078 (−0.430)	0.252 (0.108)
煤炭资源税占地方财政收入比重				−0.039 (−0.208)	−0.202 (−1.066)	−0.208 (−0.936)
环境治理强度					0.335*** (3.728)	0.346*** (4.095)
城乡收入差距						−0.699*** (−5.712)
W*矿业权重叠	13.373*** (2.849)	13.406*** (2.856)	4.460 (0.830)	6.344 (1.154)	8.949* (1.652)	9.120* (1.789)
W*投资区位熵	2.558*** (3.414)	2.028 (1.551)	−2.351 (−1.342)	1.163 (0.385)	2.658 (0.902)	5.110* (1.716)
W*生产能力	0.559 (0.554)	0.533 (0.529)	1.013 (1.026)	0.403 (0.373)	1.577 (1.384)	1.529 (1.426)
W*要素配置扭曲	−1.014 (−1.308)	−1.045 (−1.341)	0.322 (0.382)	0.333 (0.396)	−0.143 (−0.172)	−0.191 (−0.245)
W*第二产业比重		−3.182 (−0.425)	−7.123 (−0.971)	−4.759 (−0.628)	−5.457 (−0.695)	−9.632 (−1.286)
W*煤炭资源税占产成品收入比重			−2.609*** (−4.389)	−1.556 (−1.502)	−0.277 (−0.260)	0.773 (0.755)

续表

自变量	被解释变量（耕地破坏率）					
	空间杜宾模型（空间时间固定效应）					
	模型（1）	模型（2）	模型（3）	模型（4）	模型（5）	模型（6）
W*煤炭资源税占地方财政收入比重				-3.777 (-1.427)	-6.546** (-2.275)	-6.408** (-2.359)
W*环境治理强度					2.539*** (2.808)	2.708*** (3.119)
W*城乡收入差距						-10.508** (-2.109)
W*耕地破坏率	-0.742** (-4.565)	-0.750*** (-4.060)	-0.424** (-2.535)	-0.375** (-2.281)	-0.325** (-2.054)	-0.397** (-2.468)
N	264	264	264	264	264	264
R^2	0.458	0.459	0.489	0.493	0.522	0.578
Log likelihood	-416.88	-416.91	-402.32	-400.68	-390.02	-376.92

注：*、** 和 *** 分别表示10%、5%和1%水平上显著，括号内为t统计量。

从表6-7的结果来看，与表6.6结果类似，矿业权重叠对环境退化的影响程度约为［2.1,2.64］之间，并具有1%的显著性水平，说明矿业权重叠是引致资源富集区环境退化的关键因素。当考虑空间权重的影响时，W*矿业权重叠的影响系数约为［8.9,13.4］之间，并且模型（1）、模型（2）、模型（5）和模型（6）均通过了1%和10%的显著性检验，说明矿业权重叠对环境退化的影响存在空间效应，即某一地区矿业权重叠比重越高，其毗邻地区的环境退化程度越高，这可能与矿业权重叠区存在资源采掘竞争和掠夺性开采有关。当考虑环境退化的空间滞后效显著性水平，说明资源富集区的环境退化存在空间异质性，即某一地区环境退化程度越高，其毗邻地区的环境退化程度越低，表现出“高—低”集聚特征。表6-7显示的环境治理强度与环境退化空间效应之间仍呈现出显著正相关关系，且影响系数约为0.34，并具有1%的显著性水平，与表6-6的结果类似，说明环境应时，W*耕地破坏率对环境退化的影响系数为［-0.75，-0.32］之间，并具有5%的治理强度与矿业权重叠区环境退化之间表现出显著的正相关关系，仍然说明当前环境治理强度可能存在不足，进而使得环境治理投入的加大，并不能有效减少矿业权重叠区环境退化引起的效率损失。除此以外，当考虑投资区位熵、生产能力、要素配置扭曲、第二产业比重，以及煤炭资源税征收水平对环境退化的影响时，多数空间时间固定效应模型的估计结果显示这些变量的估计系数均不显著，而有别于表 6.6 中所反映出的结果。这可能与本节选择的以资源税征收比重占财政收入比重的距离作为空间权重有关，因为这一空间权重着重反映了资源依赖对各解释变量和被解释变量的影响，而出现了估计结果显著性的偏差。另外，模型（6）显示当考虑资源富集区的贫困水平对环境退化风险的影响时，其影响系数为 -0.699，并具有 1% 的显著性水平，说明资源富集区的贫困水平是影响环境退化的重要原因。即，城乡收入差距越大，资源富集区环境退化风险越小。而当考虑了空间权重时，W* 城乡收入差距对环境退化的影响 -10.508，并具有 5% 的显著性水平，说明某一地区城乡收入差距越大，毗邻地区的环境退化越小。这可能与资源富集区资源经济发展促进了区域贫困减缓有关，即资源经济规模的扩大有助于区域贫困减缓，但随着资源经济规模的扩大，该地区及其毗邻地区的环境退化也越严重。

6.3 矿业权重叠对贫困效应的影响

矿业权重叠是否会引致资源富集区的贫困效应，这是本书试图解释的一个重要问题。如果矿业权重叠与资源富集区贫困效应之间存在显著性的关系，那么前者对后者的传导机理是什么？怎样解释矿业权重叠与区域贫困效应之间的关系？这是本书需要重点回答的问题。首先，从致贫机理来看，贫困通常是指某一地区因产业结构、要素配置、资源禀赋以及管理制度等原因，造成不同群体、地区或行业间收入分配差距的拉大，进而造成部分人群无法利用自身拥有的资源来获得足够的、生活赖以必需的收入的现象。对于资源富集区而言，矿业权重叠与区域贫困效应的关系，实际上是对“资源诅咒”效应的一种反映，旨在描述因矿业权重叠而引致的资源产业经济发展格局与区域贫困效应之间的影响关系。长期以来，由于学术界对于资源开发利用与区域贫困效应的研究，关注点主要集中在资源丰裕与经济增长、收入差距、环境退化等关系的探讨和实证检验方面，其研究的路径大致可分为两条：一是探讨资源丰裕与经济增长的关系，以检验某一区域是否存在“资源诅咒”效应；二是探讨资源丰裕与产业集聚、收益分配的关系，以检验资源富集区的可持续发展程度。对于矿业权重叠是否会引致区域贫困效应的加剧？以及矿业权重叠是否会与“富饶中的贫困”存在着内在联系，则缺乏理论的探讨和实证检验。有鉴于此，本节试图通过对资源富集区贫困效应的测度，然后构造面板回归模型，来实证检验中国资源富集区矿业权重叠与区域贫困效应之间是否存在传导效应。

6.3.1　矿业权重叠引致贫困效应的传导机理

矿业权重叠是否会对资源经济增长与区域贫困产生影响，是解析我国资源富集区致贫原因及精准扶贫战略的一个重要问题。党的十八届五中全会提出，要大力创新扶贫举措，坚持以创新、协调、绿色、开放、共享五大理念，做好定点扶贫工作。2016年3月，我国《国民经济和社会发展“十三五”规划纲要》提出，要根据致贫原因和脱贫需要，对贫困人口实行分类精准扶持，完善资源开发收益分享机制，使贫困地区更多分享开发收益。在此基础上，原国土资源部《国土资源“十三五”规划纲要》指出，要坚持资源开发与扶贫相结合，支持贫困地区依托资源优势，合理安排油气、铀矿、煤炭、煤层气等资源开发的空间、时序，促进多矿种资源的有序开采和综合利用，促进经济社会、城乡区域协调发展。现实中，一些资源富集且矿业权重叠现象普遍的中西部地区，虽然拥有丰富的矿产资源，但是其经济发展却十分滞后，社会贫困问题较为突出。例如，截至2014年底，陕西省贫困人口约350万，贫困发生率约为9.3%；山西省贫困人口329万，贫困发生率约为9%。其中，一些个别地方，贫困现象更为严重，如截至2014年底，陕西榆林市贫困人口50.5万，贫困发生率约15%；山西吕梁市贫困人口61万，占山西全省贫困人口的1/5以上，贫困发生率约为17%，而吕梁市交口县贫困人口2.23万，贫困发生率28.3%。这些数据的背后，却是这些地区富含丰富的煤、铁、铝、煤层气、硫等矿产，且普遍存在着多种矿矿业权的重叠现象，“富饶中的贫困”现象在这些地区广泛存在。那么，在这些地区的致贫原因中，是否存在矿业权重叠的因素？如果存在，矿业权重叠与区域贫困效应之间存在怎样的关联关系？与之相对应的是，矿业权重叠与区域贫困之间的传导机理是什么？这既是一个具有重要理论价值，又有现实政策含义的问题。

从学理上来讲，矿业权重叠对资源富集区贫困效应的影响，可能主要是通过竞争力、寻租、税收偏离和收益移转等途径来对区域贫困产生影响。

其传导机理主要表现在以下几个方面：（1）矿业权重叠引致的产权残缺，造成了资源采掘竞争的“公共租金”地带，在产权边界不清、产权存在交叉重叠现象时，矿业权人对生产要素的配置处于一种次优状态，进而阻碍了产业竞争力的提升，抑制了资源性收入在不同采掘企业和不同劳动者之间的均衡分配。（2）不同层级的规制部门在实行矿业权管理职责时，出现的“逆向选择”和“道德风险”，使得一些盈利前景好、战略价值大的矿业权集中在少数国有矿山企业或集体、个体私营企业手中，并没有造福于当地的人民群众，资源性收益分配的差距由此而产生。并且，在矿业权重叠区，不同所有制性质的矿业权人，对技术创新的投入、要素配置的优化、生产能力的提升等方面存在着较大差异性，竞争能力强的矿业权人可以通过技术驱动获得超额边际收益，而能力弱小的矿业权人则只能通过资本驱动或劳动驱动以获得相对较低的边际收益，进而阻碍了资源性收益分配的帕累托效率改进。（3）受制于地方政府对资源依赖的影响，矿业权重叠区的地方政府之间可能诱发针对资源性税收收入的“逐底竞争”。由于矿业权重叠区往往赋存有两种或两种以上的矿产资源，当某一种矿产资源开采所获得的资源性税收收入归属于中央或其他层级政府时（如石油、天然气的资源税归属于中央财政，煤炭税主要归属于省级政府），这时就出现了资源性税收收入分配的失衡，进而降低了资源所在地实行收入再分配的能力，不利于资源所在地的福利改进。当出现“逐底竞争”时，矿业权重叠区的地方政府可能会表现出对有利于地方性资源税收入增长的资源采掘活动的偏向性，进而又引致不同所有制矿山企业之间收入分配的差距。（4）矿业权重叠区的不同矿业权人，可能来自域内，也可能来自域外。当矿业权人来自域外时，其采掘活动所获得的资源性收益最终将出现转移，使得资源所在地获得的资源性收益减少，进而进一步影响了资源所在地的经济发展，并最终引致区域贫困效应的发生。

除此之外，矿业权重叠还可能通过异质性的要素配置结构和外部性的行为结果，对资源富集区的贫困效应产生影响。首先，矿业权重叠，作为一种资源产权的配置形态，在一定程度上决定了资源富集区不同矿业权人之间的竞争格局和创新要素的累积状态。资源采掘业是资本密集型产业，是劳动力密集程度高的经济部分，不同的要素配置结构也会带来劳动者收入分配差距的扩大。当矿业权重叠区不同矿业权人之间的资本能力、技术水平和创新驱动等具有较大差异时，不同矿业权人对生产要素配置的结构也千差万别，进而形成一种效率次优的产业结构形态。在这种产业结构中，当某一区域的资本和技术（熟练）工人都较为稀缺时，就需要从资源所在地之外引入资本劳动力，而当地的劳动者可得到的多数职位都无须特别技术，进而又使得当地劳动者的劳动增收并不显著。其次，矿业权重叠区由于不同种类地下矿藏的储量、品位具有较大差异性，进而可能形成某种资源产业规模独大，其他资源产业规模弱小的异质性产业结构。如果不同种类的资源品价格存在定价机制的差异（如煤炭价格实行市场定价，石油、天然气价格实行政府定价），那么，这种异质性的产业结构将会带来企业增收、劳动者增收和财政增收的差异，进而引致收入分配的差距。再则，矿业权重叠引致的不完全竞争，可能诱发不同矿业权人针对某些地下矿藏的掠夺性开采，忽略生态保护和资源利用效率。如果对资源开采的外部性行为缺乏监管，最终出现的结果可能是部分矿山企业获得了资源性收益，而把环境退化、资源浪费的成本留给资源所在地，增加地方对环境恢复治理的成本投入，进而引致收益分配和成本支付的失衡，并阻碍地方社会群体福利的改进，引致区域贫困效应的发生。

总体而言，矿业权重叠引致的产权残缺、不完全竞争、权力寻租、要素配置扭曲、非合作博弈等，可能事实上阻碍了资源富集区经济增长“涓滴效应”的发生，进而引致区域贫困效应的扩大。因为，一方面，矿业权重叠引致的产权残缺，对资源采掘生产效率形成负面影响（前述研究已经论证），在此情况下，如果不同层级政府对矿业权配置存在竞争或分割，那么地区间的竞争则可能进一步降低资源经济的生产效率和产权效率，“资源之咒”现象便很有可能发生。另一方面，如果矿业权重叠区的寻租收益大于资源采掘企业的创新收益，那么，矿业权重叠区的不同矿业权人之间则很容易诱发矿业权管理的寻租、行贿等非生产性劳动，形成资源要素的错配，进而降低区域经济增长“涓滴效应”的产生。如果外生性的政策因素、制度因素，也配合了这种资源管理的寻租、腐败活动，则会进一步对矿业权重叠的致贫效应起到传导作用。除此之外，由于矿业权的分级分类管理，使得具有不具战略价值的矿业权在中央企业、地方企业、集体、个体以及私营、外资企业之间进行分配，由于资源产权配置的不合理，可能诱发资源性收入更易被部分矿业权人所获取。

6.3.2 矿业权重叠对资源采掘业收入差距的影响

矿业权重叠对资源采掘业收入差距（贫困效应）的影响，可能存在着多种渠道，但主要的影响渠道表现在以下方面：(1) 矿业权重叠，引致了资源富集区不同矿业权人及不同地区政府之间的竞争，进而影响到资源采掘业生产效率的提升。然而，由于不同矿业权人生产能力的差异，以及不同地区产业集聚水平的差异，矿业权重叠区生产效率改进对资源采掘业不同所有制性质企业的收入增长、劳动者收入增长的促进效应存在着显著差异，进而引致行业间收入差距的扩大。所以，这里就涉及对矿业权重叠、产业集聚、政府竞争（资源税征收水平）等因素的考察和检验。(2) 由于国家对矿业权规制管理体制实行分级分类的管理体制，不同种类、不同战略价值、不同储量规模的矿业权审批出让权限在中央部委、省级政府、市级政府乃至县级政府的矿业权主管部门之间进行分割，这就造成了在实际操作过程中可能存在的矿业权赋权竞争，如有的省级政府将储量规模超过 1 亿吨或矿体自然延伸至其他行政区域的矿业权（规模超过 1 亿吨的煤炭矿业权应归属于原国土资源部管辖）进行分割，划大为小，进行出让，进而加剧了资源富集区矿业权的重叠现象。除此之外，在实践过程中，还存在一些具有战略意义的矿藏，其矿业权管理权归属于国家部委，且其产生的资源性税收收入，也归属于中央财政。这样，就会造成矿业权重叠区政府间针对资源税而产生的“逐底竞争”，资源税归属于中央财政的地下矿藏，其矿业权通常也归属于中央所属国有企业，其获得资源性收入增长的能力优于地方性企业或集体、私营性企业，进而导致不同所有制性质企业收益差距的扩大，引致资源采掘业行业间的贫困效应。

为了解析矿业权重叠是否引致了资源采掘业不同所有制企业之间的收入差距，本书尝试通过对资源采掘业不同所有制企业之间的收入差距进行测度，然后构造其与矿业权重叠及相关影响因素之间的面板回归模型，以此来检验这些影响因素之间的相互关系。在影响因素的选择上，我们将关键因素分为内生性因素和外生性因素两个方面。从内生性因素来看，资源富集区的经济结构、贫困水平是影响资源采掘业收入差距的关键因素，它决定着该地区对资源经济的依赖程度、资本集聚水平，以及劳动、技术等其他要素的集聚水平，进而影响到不同采掘业生产效率的改进，并最终影响到资源采掘业不同所有制性质企业间的收入差距。相对而言，矿业权产权结构（矿业权重叠）、资源税征收水平、寻租活动等则构成了重要的外生性因素。矿业权产权结构决定着地方政府干预矿业权市场的能力大小，重叠发生率高的地方，地方政府间针对资源经济增长的竞争程度越高，进而会对资源产业的竞争能力和创新驱动能力形成影响。当地方政府寻求对生产能力弱小、环境破坏严重的采掘企业的保护时，通过创新驱动以提升企业盈利水平、劳动者收入水平、经济增长多样性的可能性降低，进而阻碍行业间、地区间收入差距的缩小，不利于地区贫困效应的消减。

基于此，我们将这些因素纳入一个统一的分析框架之中，用矿业权重叠、资源采掘业投资区位熵（集聚水平）、第二产业比重（经济结构）、资源税征收产（政府竞争）、矿产业占 GDP 比重（资源依赖）、城乡收入差距来建立资源采掘业收入差距（贫困效应）的计量模型。模型设定如下：

$$P_{it} = \alpha_i + \beta_1 Co_{it} + \beta_2 Il_{it} + \beta_3 Gs_{it} + \beta_4 Rl_{it} + \beta_5 Gm_{it} + \beta_6 Pc_{it} + \varepsilon_{it} \quad (6-12)$$

式（6-12）中，$i=1, 2, \cdots$；n 代表地区；$t=1, 2, \cdots$；T 是时间趋势项；P_{it}代表资源采掘业的贫困水平，用资源采掘业不同所有制企业的收入差距来表示；Co_{it}表示矿业权重叠发生率；Il_{it}代表矿业权重叠区资源采掘业投资集聚水平；Gs_{it}表示资源富集区经济结构，用第二产业占三次产业比重来表示；Rl_{it}表示资源税征收水平，用资源产业资源税收入占资源产出品总值比重来表示；Gm_{it}表示资源产业 GDP 占地区 GDP 比重，以此反映地区对资源依赖的程度；Pc_{it}表示资源富集区贫困水平，用城乡收入差距来表示；ε_{it}是其他随机因素。

本书所使用的数据主要涉及资源采掘业收入差距、城乡收入差距、矿业权重叠发生率、资源采掘业投资集聚水平、二次产业比重、资源税征收水平、资源依赖等。为了使研究对象更具针对性，仍然选择以煤炭采掘业为代表，来检验煤炭采掘业矿业权重叠与煤炭采掘业收入差距之间的关系。核心解释变量界定如下：

（1）贫困水平。学术界用于测度贫困水平的通用指标有基尼系数、泰尔指数和恩格尔系数等。由于恩格尔系数不能反映消费结构和消费水平的差异，其对贫困的反映不足以体现真实客观性；而基尼系数的测度需要对地区收入进行抽样分组，对数据要求很高，现有统计年鉴数据难以满足要求[①]。因此，基于数据可得性考虑，本书采用泰尔指数法，来分别测度资源富集区资源采掘业的收入差距和城乡收入差距，以此代表两类不同性质的贫困水平。前者反映资源富集区城镇与乡村地区的收入差距，后者反映不同所有制性质的矿

① 王忠．矿业权集聚、经济增长与区域贫困减缓，中国人口·资源与环境［J］．2017（2）：117 - 125.

山企业劳动者收入的差距。其计算公式为：

$$T = T_1 + T_2 \tag{6-13}$$

$$T_1 = \sum_{i=1}^{n} (I_i \times \log(I_i/P_i)) \quad (i,j = 1,2,\cdots,n) \tag{6-14}$$

$$T_2 = \sum_{i=1}^{n} I_i \sum_{j=1}^{n} (I_{ij} \times \log(I_{ij}/P_{ij})) \quad (i,j = 1,2,\cdots,n) \tag{6-15}$$

其中，T、T_1、T_2 分别表示区域总体差距、区域间差异和区域内差异，i 表示地区，j 表示分类（城乡、部门），I_{ij}代表地区 i 第 j 类收入占地区总收入的份额，I_i 表示地区 i 第 j 类收入占全国总收入的比重，P_{ij}是地区 i 第 j 类人口数量（或劳动者）占地区总体人口数量（或劳动者）的比重，P_i 表示地区 i 第 j 类人口数量（或劳动者）占全国总体人口数量（或劳动者）的比重。如果收入份额与人口份额相等，则对数中的真数（即份额比）为 1，对数值为 0，T 值也就为 0，表明地区之间没有任何差异。如果份额比大于 1，表明该地区发达，相应的对数值大于 0；如果份额比小于 1，表明该地区落后，相应的对数值小于 0。所以，T 值越小，反映收入的差异水平越小；反之，则越大。

（2）矿业权重叠发生率。以资源富集区实际存在矿业权“上下投影重叠”或“平面交叉重叠”地区的越界开采行为发生率作为代替（越界开采件数占地区非法开采件数的比重）。该指标可根据历年《中国国土资源年鉴》统计数据整理得到。由于矿业权重叠会引致资源采掘业生产效率低下，进而阻碍资源采掘业竞争能力和要素配置技术效率的提升，不利于采掘业企业增收和劳动增收。因此，我们预期矿业权重叠发生率与资源采掘业贫困水平之间呈正相关关系，即矿业权重叠发生率越高，资源采掘业收入差距越大。

（3）资源采掘业投资集聚水平。以资源富集区资源采掘企业投资区位熵来代替，以此反映不同区域资源采掘业投资水平。计算公式同前所述。为使研究对象具有针对性，本书选择以煤炭采掘业为代表，来计算煤炭采掘业的投资集聚水平。相关数据来源于《中国能源统计年鉴》。依前所述，在“拥挤效应”到来之前，投资区位熵越高，资源采掘业的生产效率和要素配置技术效率越高，因而部分采掘企业所获得的边际收益越高，越不利于资源采掘业收入差距的缩小。因而，本研究预期投资区位熵与资源采掘业收入差距之间呈正相关关系。即投资集聚水平越高，采掘业技术水平差异越大，采掘业行业收入差距越大。

（4）二次产业比重。以资源富集区第二产业生产总值占三次产业GDP总值的比值来表示，以此反映资源富集区的经济结构和经济发展水平。相关数据来源于历年的《中国统计年鉴》。由于二次产业比重越高，制造业对采掘业的技术溢出效应可能越强，进而使得采掘业的技术驱动能力越强，并对资源采掘业盈利能力和劳动增收效应越强。因此，预期二次产业比重与资源采掘业收入差距之间呈正相关关系。

（5）资源税征收水平。以资源富集区煤炭产业资源税征收总额占产成品收入比重来表示，以此反映资源富集区煤炭产业的资源税征收水平。由于我国自2014年12月开始实行煤炭资源税的从价计征改革，改革前煤炭资源税采取从量计征的标准（0.3～5元/吨）。因此，为了便于计算，统一按1.5元/吨的标准来计算不同地区煤炭资源税征收总额，虽不太精确，但不影响结果的讨论。相关数据来源于历年的《中国能源统计年鉴》。由于资源税征收水平可以反映资源采掘市场的价格信号，资源税征收水平越低，资源采掘人越不节约资源，因而造成资源浪费、生产低效等问题，不利于采掘企业竞争能力和盈利能力的提升。因此，本书预期资源税征收水平与资源采掘业收入差距之间呈负相关关系。

（6）资源依赖。以资源富集区资源税收入占地方财政收入比重来表示，以此反映地方财政对资源性税收收入的依赖程度。资源依赖程度越高，说明地方财政收入来源单一，地区经济增长的多样性较低，不利于区域劳动增收和企业增收，进而引致地区贫困效应的加剧。另外，资源依赖程度越高，资源产业的发展越有可能对制造业产生“挤出效应”，制造业对资源采掘业的技术溢出不够，因而进一步带来资源采掘业收入差距的扩大。因此，本书预期资源依赖与资源采掘业收入差距之间呈正相关关系。即，资源依赖越高，资源采掘业收入差距越大。相关数据来源于《中国统计年鉴》和《中国国土资源年鉴》。

由于《中国国土资源年鉴》《中国能源统计年鉴》缺少“北京、天津、上海、浙江、广东、海南、西藏”共7个地区煤炭产业的相关数据，为了保持数据的完整性和统一性，本书依然采用剔除了上述7个地区之后的24个地区作为研究样本。样本期跨度为2004～2014年。相关变量描述性统计如表6－8所示。

表 6 - 8　　主要变量的统计描述

	变量	均值	标准差	最小值	中间值	最大值
煤炭产业	资源采掘业收入差距	-1.75	0.84	-5.16	-1.58	-0.4
	城乡收入差距	-2.04	1.42	-7.94	-1.84	0.54
	Ln（矿业权重叠发生率）	-1.75	0.90	-4.69	-1.63	-0.26
	Ln（投资区位熵）	0.01	0.74	-3.49	0.28	1.07
	Ln（二次产业比重）	3.9	0.11	3.61	3.91	4.12
	Ln（资源税征收水平）	-2.4	1.15	-5.22	-2.36	0.9
	Ln（资源依赖）	-6.62	1.35	-10.08	-6.47	-3.56

注：观测样本数 264 个，其中越界开采观测样本数 264 个。

在模型估计前，对相关数据进行标准化处理，并选择 F 检验、Hausman 检验来检验模型选择问题。得出的结论是该样本期的主要解释变量之间不存在单位根、异方差问题，并且 F 检验和 Hausman 检验拒绝了不存在固定效应的原假设。模型估计结果如表 6 - 9 所示。

表 6 - 9　　资源采掘业收入差距面板线性回归模型的结果与检验

自变量	被解释变量（煤炭采掘业收入差距）					
	模型（1）	模型（2）	模型（3）	模型（4）	模型（5）	模型（6）
矿业权重叠	1.349*** (2.687)	1.323** (2.249)	1.165** (1.979)	0.544 (0.889)	0.505 (0.799)	0.402 (0.616)
投资区位熵		0.442*** (2.794)	0.352** (2.156)	0.218 (1.318)	0.216 (1.297)	0.218 (1.308)
第二产业比重			2.278** (2.037)	2.334** (2.132)	2.376** (2.140)	2.441** (2.187)
资源税征收水平				-0.351*** (-3.053)	-0.333** (-2.446)	-0.24 (-1.222)
资源依赖					0.368 (0.253)	0.119 (0.079)
城乡收入差距						-0.228 (-0.651)
常数项	-2.355*** (-17.648)	-2.320*** (-15.212)	-11.18*** (-2.569)	-12.11*** (-2.836)	-12.62*** (-2.677)	-12.76*** (-2.702)

续表

自变量	被解释变量（煤炭采掘业收入差距）					
	模型（1）	模型（2）	模型（3）	模型（4）	模型（5）	模型（6）
N	264	264	264	264	264	264
R^2	0.029	0.067	0.087	0.129	0.129	0.131
F	7.221	6.959	6.098	7.101	5.666	4.778

注：*、** 和 *** 分别表示 10%、5% 和 1% 水平上显著，括号内为 t 统计量。

从表 6-9 的结果来看，模型（1）~模型（6）所得到的拟合优度并不高，说明模型估计效果并不好。具体来看，模型（1）、模型（2）、模型（3）得到的结果显示，矿业权重叠与资源采掘业收入差距之间的影响系数约为［1.16，1.35］之间，并具有 5% ~1% 的显著性水平，说明矿业权重叠是引致资源采掘业不同所有制企业间收入差距的重要原因，矿业权重叠发生率越高，资源采掘业的收入差距越大。其次，投资区位熵与资源采掘业收入差距也呈正相关关系，影响系数约为［0.35，0.44］之间，并具有 5% 和 1% 的显著性水平，说明投资集聚带来了资源采掘业技术效率的差异，进而使得不同采掘企业技术驱动带来的收入增长效应明显，并进一步扩大了不同采掘企业间的收入差距。

模型（3）、模型（4）、模型（5）和模型（6）显示了第二产业比重与资源采掘业收入之间也呈正相关关系，影响系数约为［2.28，2.37］之间，并具有 5% 的显著性水平，说明第二产业比重越高，资源采掘业的收入差距越大，这可能与资源采掘业不同所有制企业的技术能力和生产能力的差异有关，制造业越发达，对资本、技术实力强的采掘业形成的技术溢出效应越明显，进而使得不同所有制企业盈利能力和劳动者增收能力差异进一步扩大，最终引致不同所有制企业间收入差距的扩大。总体来看，模型（1）~模型（6）中各变量影响系数的符号与前文的理论预期相符，进而印证了本书对矿业权重叠等相关变量与资源采掘业收入差距之间传导机理的正确性。

为了进一步改进模型估计的效果，我们在面板线性回归模型的基础上，考虑对原数据添加空间权重，以检验主要解释变量与资源采掘业收入差距之间是否存在空间效应。依据产业经济理论，劳动力密集程度高的经济部门，其经济增长对贫困减缓的效果较为显著。资源采掘业属于资本密集型产业，在不同国家，由于采掘技术水平差异较大，其劳动密集程度也会表现出较大差异，进而使得矿业权重叠区不同矿业权人的要素配置水平对收入差距的影响程度不一。事实上，在我国，由于资源富集区不同地区之间都有着独特的地理位置、资源禀赋、社会文化、产业结构、技术水平以及资本市场等因素，因而各个地区也必然有着独特的经济和社会发展模式，即彼此之间存在着一定的空间异质性。然而，随着我国能源供给侧改革和产业结构的调整，资源富集区不同地区之间资源经济发展水平的差异程度也不断显现，使得资源采掘业收入水平的差异也出现调整。因此，从经济上我们资源富集区资源采掘业不同所有制企业之间的收入差距可能存在着空间相关性。因为，我国资源富集区资源采掘业之间可能在供给侧改革和产业结构调整中，表现出区域间的模仿与竞争，尤其是当存在矿业权重叠问题时，矿业权重叠引致了不同矿业权人之间资源采掘活动的不完全竞争，并在资源税征收水平、环境约束差异等外生性因素的影响下，逐步衍生为非合作竞争，进而使得不同矿业权人在实际的资源采掘活动中表现出“掠夺性开采”“技术创新不足”“产业低端竞争”等现象，最终在资源采掘收入差距的分布上表现出一定的空间依赖性和异质性。因此，我们有必要对资源采掘业收入差距是否存在空间效应进行检验，参考前文所构建的空间面板回归模型，本书选择资源税收入占地区财政收入比重来计算空间经济距离权重矩阵，并选择空间杜宾模型对资源采掘业收入差距的空间效应进行估计。空间面板回归模型估计的结果如表 6－10 所示。

表 6－10　　资源采掘业收入差距空间杜宾模型的结果与检验

自变量	被解释变量（煤炭采掘业收入差距）					
	空间杜宾模型（空间时间固定）					
	模型（1）	模型（2）	模型（3）	模型（4）	模型（5）	模型（6）
矿业权重叠	0.029 (0.551)	0.044 (0.853)	0.029 (0.576)	0.024 (0.482)	0.032 (0.651)	0.032 (0.649)
投资区位熵		0.824*** (3.354)	0.726*** (3.033)	0.476** (1.971)	0.449* (1.867)	0.449* (1.835)
第二产业比重			3.319*** (3.484)	3.558*** (3.807)	3.547*** (3.748)	3.543*** (3.682)
资源税征收水平				0.842*** (3.579)	0.867*** (3.675)	0.871*** (3.682)
资源依赖					−0.879 (−0.640)	−0.892 (−0.648)

续表

自变量	被解释变量（煤炭采掘业收入差距）					
	空间杜宾模型（空间时间固定）					
	模型（1）	模型（2）	模型（3）	模型（4）	模型（5）	模型（6）
城乡收入差距						-0.040 (-0.098)
W * 矿业权重叠	-0.017 (-0.051)	0.154 (0.428)	0.203 (0.565)	0.090 (0.251)	0.551 (1.277)	0.538 (1.231)
W * 投资区位熵		-0.865 (-0.533)	-0.432 (-0.276)	-2.316 (-1.366)	-3.387 * (-1.885)	-3.375 * (-1.876)
W * 第二产业比重			-15.752 (-1.439)	-16.270 (-1.534)	-21.78 ** (-1.965)	-23.053 * (-1.732)
W * 资源税征收水平				6.492 *** (2.601)	10.07 *** (3.168)	10.06 *** (3.160)
W * 资源依赖					-61.312 * (-1.870)	-62.090 * (-1.881)
W * 城乡收入差距						0.165 (0.118)
W * 资源采掘业收入差距	-0.589 ** (-3.242)	-0.53 *** (-2.919)	-0.388 ** (-2.149)	-0.415 ** (-2.334)	-0.417 ** (-2.41)	-0.424 ** (-2.43)
N	264	264	264	264	264	264
R^2	0.610	0.623	0.652	0.671	0.675	0.675
Log likelihood	-345.38	-338.39	-328.79	-321.72	-319.93	-319.93

注：*、** 和 *** 分别表示 10%、5% 和 1% 水平上显著，括号内为 t 统计量。

从 6-10 的结果来看，模型（1）~模型（6）所反映的空间杜宾模型的回归结果，拟合优度明显优于前述面板线性回归模型的估计结果，且有相对较多的变量表现出了较高的显著性水平，说明空间面板回归模型构造合理，模型较好地反映了资源采掘业收入差距的空间效应。具体来看，矿业权重叠对资源采掘业收入差距的影响仍然不显著，与前述面板线性回归结果相似，说明矿业权重叠并不是引致资源采掘业收入差距的原因，这与前述理论分析存在一定的偏差。这可能与模型选用的空间权重有关，因为资源税收入占地方财政收入比重着重于反映了资源富集区资源经济可能存在的区域竞争，而这种对资源依赖的经济竞争是否影响到矿业权重叠与资源采掘业收入差距的变动，效果并不显著。投资区位熵对资源采掘业收入差距的影响系数为［0.45,0.82］之间，并具有10%～1%的显著性水平，说明投资区位熵越高，资源采掘业收入差距越大，这与前述理论预期相符。当考虑空间权重时，模型（5）和模型（6）反映了W*投资区位熵对资源采掘业收入差距的影响，系数约为－3.38，并具有10%的显著性水平，说明投资区位熵对资源采掘业收入差距的影响存在空间异质性，即某地区资源采掘业投资集聚水平越高，其毗邻地区资源采掘业的收入差距越小，这可能与资本要素流动的“吸附效应”有关，即投资效率高的地区吸附了更多的资本要素，而毗邻地区的资本集聚更多的与技术效率低的采掘企业相关联。

从其他影响因素来看，第二产业比重与资源采掘业收入差距之间的影响系数约为0.85，并具有1%的显著性水平，且模型（5）和模型（6）还反映出加了空间权重的第二产业比重与资源采掘业收入差距之显著的负相关关系，影响系数约为－21.8，且具有5%和10%的显著性水平，说明地区之间存在着技术溢出效应，第二产业比重越高，对资源采掘业企业的技术溢出越强，资源采掘企业的技术水平差异越大，进而使得资源采掘业行业间的收入差距越大。并且，某地第二产业比重越高，其毗邻地区资源采掘业收入差异越小。其次，资源税征收水平与资源采掘业收入差距之间存显著正相关关系，影响系数约为［0.84,0.87］之间，当考虑空间权重的影响时，W*资源税征收对资源采掘业收入差距的影响也显著为正，影响系数约为［6.5,10.1］之间，并且都具有1%的显著性水平，说明资源税征收水平越高，资源采掘业收入差距越大。这可能与资源税征收水平对资源采掘业的技术创新具有调节作用有关，资源税征收水平越高，资源采掘企业的成本压力越大，越有动力通过技术革新提高生产效率，以获得更多的边际收益，进而促进了企业盈利能力和劳动者收入的增长。再则，模型（5）和模型（6）反映出资源依赖对资源采掘业收入差距的影响并不显著，但是当考虑了空间权重时，W*资源依赖对资源采掘业收入差距的影响表现出显著负相关关系，影响系数约为－61.3，具有10%的显著性水平，说明某地资源依赖程度越高，其毗邻地区资源采掘业收入差距越低。这可能与资源主管部门针对资源产业的技术约束、环境约束和效率约束有关，资源依赖程度越高的地区，这三大约束的作用越弱，进而使得资源采掘企业的生产能力、技术水平差异越大，越不利于其收入差距的缩小。另外，城乡收入差距与资源采掘业的收入差距之间并无显著性影响，说明区域贫困并不会影响到资源采掘业的行业贫困。这可能与影响关系的倒置有关，即资源产业贫困是区域贫困的重要组成部分，而并非是由果及因的倒置关系。最后，W^*资源采掘业收入差距对资源采掘业收入差距的影响系数约为-0.42，且具有5%的显著性水平，说明资源采掘业收入差距存在着显著的空间异质性特征，即某地资源采掘业收入差距越高，其毗邻地区资源采掘业的收入差距越小，这可能资源采掘业之间存在非合作竞争、地区间的资源采掘技术溢出不显著有关。

6.3.3 矿业权重叠对城乡收入差距的影响

从经济增长理论可知，收入差距的产生主要受制于区域生产要素的资源配置，要素错配可能是引致行业收入差距乃至地区收入差距的重要原因。贫困的变化可以分解为两个层面，一是在假定经济增长不变的情况下，由于收入分配差距而带来经济体不平等的增加从而导致贫困的变化；另一层面是假定收入分配不发生变动时，经济增长的变化或单一产业结构对贫困的影响。如果对贫困问题的研究不进行路径分析和贫困影响因素的分解，则难以制定缓解贫困的有效措施。按产业经济理论，发展第二产业和第三产业有利于经济增长和居民收入的增长，但各产业部门的发展并不意味着一定会同时最大程度促进居民收入增长，达到减贫效应。资源采掘业，属于资本密集型产业，其特点就是总体产值大但资本收益过于集中，利润分配不够充分，同样资金比例下，容纳劳动力数量少，工资收入分配低，进而可能引致资源采掘业收入差距的扩大。另外，自然资源开发利用常常还会通过投资、集聚、腐败等途径，对区域经济发展形成阻碍作用，进而引发“资源诅咒”效应。一方面，丰裕的自然资源使得资源采掘和资源品初级加工业的边际生产率和边际收益大幅提升，从而引致生产要素从制造业部门向资源采掘业转移，进而造成制造业部门的萎缩，不利于企业盈利和劳动者收入的增长。另一方面是资源富集区对资源产业经济的过度依赖，抑制了技术创新和人力资本积累，使得地区产业竞争力提升受阻，进而引致与其他经济部门或地区的收入差距的拉大。总的来说，现有研究缺少对资源富集地贫困定义，对资源富集区贫困问题缺乏深入的分析，难以说明区域贫困的发生规模、发生深度及其形成原因，部分研究仅从主观视角进行判断，缺少实证数据的支撑。

很多文献研究表明，资源富集区而言，贫困效应的发生，可能与以下几方面的原因相关：一是资源富集区资源产业经济的发展未使该区域大多数群体受益，资源性收益的分配出现了失衡，进而引致地区贫困发生率的上升。二是资源富集区的产业集聚对生产要素和经济活动产生吸附作用，进而对其他产业部门生产要素的配置产生“挤出效应”，并使得产业结构出现失衡，资源经济规模不断增长，而其他部门经济的规模出现萎缩，引致劳动就业减少和企业盈利能力的下降，最终导致行业收入差距或城乡收入差距的扩大，使得区域贫困现象加剧。三是资源富集区的资源采掘活动造成了生态环境的破坏（如耕地破坏、水土流失、植被减少、生物种群多样性下降等），使得区域内其他经济部门的产业增收能力出现下降，并抑制了其他高附加值产业的流入，最终引致区域宏观经济增长乏力，进而加剧区域贫困现象的广度和深度。四是资源富集区资源管理体制可能存在的腐败和寻租行为，引致资源性收益的非生产性分配，并可能造成矿业权（矿产资源开采权）的无效率分配，最终引致收入分配差距的扩大和贫困现象的加剧。因此，要实证检验矿业权重叠与区域贫困的影响关系，首先需要建立起一个矿业权重叠与贫困或贫困效应相关的分析框架，并从贫困致贫机理的角度出发，重视理论基础的准确性和关联性，进而为定量研究两者间的关系提供方法工具。

矿业权重叠对区域城乡收入差距的影响，可能主要是通过引致产业结构单一、挤出效应和分配效应等因素来影响区域间收入差距的变动。依据经济增长理论，经济增长的“涓滴效应”会使贫困者减少，增加其劳动收入，但“涓滴效应”的发生必须要有一个前提，即部门经济的发展对其他经济部门产生的正向的溢出效应，使得各个经济部门的技术效率、生产效率、边际收益能力都得到提升。在实践中，由于地区间资源禀赋、社会文化、产业结构、技术水平等存在的差异，使得不同地区间经济增长的“涓滴效应”可能受阻，进而加剧了区域间城乡收入的差距。对于资源采掘业而言，在矿产品价格定价机制和价格波动的情况下，矿业权重叠会引致不同矿业权人对生产要素配置的次优决策，进而形成不同的投资集聚水平和要素错配效应。当粗放式的生产方式和低效的产业集聚规模受到地方政府的政策支持时，便会对其他制造业的要素流入和产业发展形成挤出效应，不利于该区域经济增长方式的多样化，进而诱发区域经济结构单一，增长方式单一，最终引致区域贫困效应的加剧，并拉大了城乡之间、行业之间的收入差距，并不利于劳动者收入差距的缩小。因此，我们这里有必要对矿业权重叠与区域贫困效应之间的关系进行检验，所涉及的影响变量主要包括：矿业权重叠、产业投资集聚水平（投资区位熵）、经济结构（增长多样性）、资源采掘业贫困水平（资源采掘业收入差距）。当这些因素的影响效应出现叠加时，可能使得资源富集区贫困效应的发展程度进一步加剧，并引致经济社会发展的失衡。因此，我们有必要从实证角度来检验这些影响因素，尤其是矿业权重叠与资源富集区贫困效应之间的影响关系，以此来解析矿业权重叠引致区域整体贫困效应的传导机理。

矿业权重叠区资源经济的发展，是否会惠及该地区贫困效应的减缓，主要受到影响"涓滴效应"发生的诸多内生性因素和外生性因素的影响。贫困，在某种程度上是对收入差距的一种反映。从贫困效应的分解中可以看出，经济增长与收入分配是影响贫困的两条主要路径。经济增长可以带来区域经济总量的增加，然而收入分配的差异可能会使得经济增长难以惠及区域内贫困人口，从而无法体现经济增长的"涓滴效应"，出现增长性贫困。所以，贫困效应的发生可能受到来自内生性因素和外生性因素的共同影响。从内生性因素的角度来看，生产要素的自由流动、要素配置、市场约束、资源品价格、市场需求等，决定了资源采掘业生产效率和企业盈利能力的改进。当这些内生性环境影响到矿业权重叠区资源采掘企业对技术创新驱动、资本驱动和劳动力驱动的策略选择时，就会带来资源采掘业企业核心竞争能力的差异扩大，并进一步引致资源采掘业收入差距的扩大，出现资源产业的行业贫困现象，并成为引致区域贫困效应加剧的一个重要组成部分。从外生性因素的角度来看，如果资源性税费政策无法有效对矿业权重叠区不同矿业权人的资源性收入实施调节，就不可避免地引致企业间、地区间、矿区间资源性收入的分配不均，并引致企业间、区域间收入差距的扩大。并且，随着资源采掘业超额收益的增长，资本、劳动、技术等要素进一步向资源采掘业流入，引致资源采掘业独大，进而挤出其他经济部门的要素流入，不利于经济增长方式的多样化，最终将逐渐引致区域贫困效应的加剧。

为了实证检验矿业权重叠对资源富集区城乡收入差距的影响，本书沿袭前述对矿业权重叠与资源采掘业收入差距影响的实证分析的思路，通过构建面板线性回归模型和面板空间回归模型，来检验矿业权重叠及其他内生性和外生性影响因素对资源富集区地区贫困效应的相关关系。相关变量的说明如下：（1）资源富集区贫困水平（城乡收入差距），用泰尔指数计算得到的资源富集区城镇和乡村人口收入的差距来表示，以此反映不同经济结构对区域收入差异水平的影响。（2）矿业权重叠，与前文相同，采用存在矿业权"上下立体投影重叠"和"平面交叉重叠"现象的资源富集区矿业权越界开采案件数占地区非法采矿案件数的比重来表示，以此反映地区矿业权重叠发生率的程度。(3) 投资区位熵，用资源采掘业资本投资份额占全国资源采掘业投资份额的比重来表示，以此反映该地区资源采掘业投资集聚水平和要素配置水平。(3) 第二产业比重，采用第二产业占三次产业比重来表示，代表该地区经济发展水平。(4) 资源税征收水平，以资源采掘业资源性税收收入占资源产出品生产总值的比重，以此反映地区间对资源采掘的约束水平。(5) 资源依赖，以资源税收入占地区财政收入比重来表示，以此反映地方财政对资源经济的依赖程度。(6) 资源采掘业收入差距，以前文所测度的资源采掘业不同所有制企业之间的收入差距作为代表，以此反映资源采掘业的贫困水平。模型估计结果如表 6 - 11 所示。

表 6 - 11　　　　城乡收入差距面板线性回归模型的结果与检验

自变量	被解释变量（城乡收入差距）					
	模型（1）	模型（2）	模型（3）	模型（4）	模型（5）	模型（6）
矿业权重叠	-1.355 *** (-7.620)	-1.347 *** (-6.578)	-1.380 *** (-6.692)	-0.568 *** (-4.345)	-0.453 *** (-3.467)	-0.448 *** (-3.418)
投资区位熵		-0.153 *** (-2.780)	-0.172 *** (-3.015)	0.002 (0.067)	0.01 (0.286)	0.012 (0.345)
第二产业比重			0.483 (1.234)	0.410 * (1.753)	0.286 (1.245)	0.309 (1.328)
资源税征收水平				0.459 *** (18.685)	0.404 *** (14.398)	0.401 *** (14.043)
资源依赖					-1.090 *** (-3.633)	-1.087 *** (-3.615)
资源采掘业收入差距						-0.01 (-0.651)
N	264	264	264	264	264	264
R^2	0.195	0.218	0.224	0.725	0.743	0.743
F	58.066	27.072	18.605	126.402	110.187	91.616

注：*、** 和 *** 分别表示 10%、5% 和 1% 水平上显著，括号内为 t 统计量。

从表 6 - 11 的结果来看，模型（5）和模型（6）反映的模型拟合优度达到 0.74，且多个变量的影响系数具有较高显著性水平，F 检验统计量也较为合理，反映了模型估计不存在异方差现象，说明模型估计效果较好。具体来看，模型（5）和模型（6）反映出矿业权重叠对资源富集区城乡收入差距的影响系数约为 -0.45，并具有 1% 的显著性水平，并且模型（1）~模型（4）也反映出矿业权重叠对城乡收入差距具有显著的负相关关系，说明矿业权重叠是引致资源富集区城乡收入差距的重要原因，矿业权重叠发生率每增高 1 个单位，资源富集区的城乡收入差距缩小 0.45 个单位。这可能与两个方面的原因有关：一是矿业权重叠引致地方政府竞争有关，即矿业权重叠比重越高的地方，地方政府对资源性税收收入的竞争越强，随着地方政府获得的资源性税收收入不断增长，地方用于促进社会收入再分配的财政支付转移资金增多，促进了区域社会收入分配差距的缩小。二是矿业权重叠比重较大的地区，国家产业主管部门和矿业权主管部门的规制约束，限制了资本、技术等要素的流入，对矿业权市场的进入形成壁垒效应，进而弱化了资源采掘业对其他经济部门生产要素流入“挤出效应”的发挥，最终避免了资源富集区资源经济部门独大的局面，并有效促进了资源富集区经济增长方式的多样化，避免了“资源诅咒”效应的发生，从而也就减缓了区域间贫困效应和城乡收入差距的扩大。

从其他影响因素来看，资源税征收水平与资源富集区城乡收入差距之间呈显著性正相关关系，影响系数约为［0.40,0.46］之间，并具有 1% 的显著性水平，说明资源税征收水平越高，资源富集区城乡收入差距越高。这可能与资源富集区资源税征收水平未能有效调节矿业权人资源性收益有关，即资源税未能真实反映资源品的价值，矿业权人获得的超额收益未能得到有效调节，进而引致了资源性收益分配的失衡。随着资源性企业（或矿业权人）获得的边际收益越多，越不利于区域间贫困效应的减缓。另外，资源依赖与资源富集区城乡收入差距之间呈显著的负相关关系，影响系数约为 -1.09，并具有 1% 的显著性水平。说明资源富集区对资源经济的依赖程度越高，该地区城乡收入差距越小。这也可能与两方面原因有关，即：一方面，地方政府对资源经济的依赖程度越高，说明资源采掘业经济在地区经济中所占的比重越高，地方财政从资源采掘业经济中获得的收益也越多，越有利于地方政府开展对社会福利的转移支付，促进了地区贫困效应的减缓；另一方面，资源依赖程度越高，资源采掘业经济的发展规模越大，社会为资源经济发展提供配套服务的产业发展规模也较高，资源富集区的“资源诅咒效应”受到了抑制，进而促进了社会就业和劳动者收入的增长。其次，当我们添加资源产业收入差距作为解释变量时，模型（6）反映的结果显著资源产业收入差距对资源富集区的整体贫困效应的影响并不显著。说明资源产业的贫困，并不直接影响到区域间贫困效应的加剧。这可能与面板线性回归模型无法估计出经济因素对相关解释变量的影响有关。对于这一影响因素与区域城乡收入差距之间究竟有无相关关系，本书将继续选择从空间模型的角度加以检验。

所以，为了进一步检验资源富集区经济因素对区域贫困效应是否存在空间效应，继续沿用前文所构造的空间杜宾模型，来对表6－11中各解释变量与因变量之间的空间效应进行检验。相关变量说明同前所述。在空间权重的选择上，这里继续沿用前述研究中所采用的以资源税收入占地方财政收入的比重作为经济变量，来构造经济距离空间权重矩阵，并对权重矩阵进行行和单位化处理。空间面板回归模型的估计结果如表6－12所示。

表6－12　城乡收入差距空间杜宾模型的结果与检验

自变量	被解释变量（城乡收入差距）					
	空间杜宾模型（空间时间固定）					
	模型（1）	模型（2）	模型（3）	模型（4）	模型（5）	模型（6）
矿业权重叠	－0.075*** （－2.739）	－0.076*** （－2.909）	－0.079*** （－3.114）	－0.093*** （－3.695）	－0.067*** （－2.627）	－0.060** （－2.398）
投资区位熵		0.339*** （5.275）	0.324*** （5.123）	0.221*** （3.264）	0.357*** （4.708）	0.340*** （4.586）
第二产业比重			－0.626* （－1.784）	－0.727** （－2.073）	－0.899** （－2.543）	－0.560 （－1.572）
资源税征收水平				0.146*** （3.693）	0.107*** （2.691）	0.114*** （2.832）
资源依赖					－0.460*** （－3.651）	－0.465*** （－3.539）
资源采掘业收入差距						－0.002 （－0.063）
W*矿业权重叠	－0.249 （－1.461）	－0.074 （－0.381）	－0.386* （－1.941）	－0.385** （－1.965）	－0.236 （－1.164）	0.109 （0.492）
W*投资区位熵		－1.478*** （－2.744）	0.088 （0.122）	－0.061 （－0.079）	－0.193 （－0.231）	1.043 （1.203）
W*第二产业比重			12.407*** （3.554）	13.059*** （3.701）	15.029*** （3.480）	22.995*** （5.171）

续表

自变量	被解释变量（城乡收入差距）					
	空间杜宾模型（空间时间固定）					
	模型（1）	模型（2）	模型（3）	模型（4）	模型（5）	模型（6）
W*资源税征收水平				0.282 (0.498)	-0.140 (-0.243)	-0.275 (-0.485)
W*资源依赖					-7.479* (-1.647)	-19.43*** (-3.503)
W*资源采掘业收入差距						-1.670*** (-4.171)
W*城乡收入差距	-1.309*** (-15.733)	-0.956*** (-7.371)	-0.609*** (-4.476)	-0.601*** (-4.473)	-0.685*** (-5.210)	-0.309*** (-2.665)
N	264	264	264	264	264	264
R^2	0.585	0.630	0.651	0.670	0.689	0.705
Log likelihood	-278.06	-235.28	-206.21	-199.08	-197.07	-173.23

注：*、**和***分别表示10%、5%和1%水平上显著，括号内为t统计量。

从表6-12的结果来看，模型（1）~模型（6）均反映出矿业权重叠与资源富集区城乡收入差距之间呈显著负相关关系，同表6.11中反映的面板线性回归结果类似。具体来看，矿业权重叠与资源富集区城乡收入差距的影响系数约为[-0.075,-0.06]之间，并具有1%的显著性水平，说明矿业权重叠比重越高，资源富集区城乡收入差距越小。可能的原因与前文相同。当加入了空间权重时，W*矿业权重叠与资源富集区城乡收入差距的影响，只有模型（3）和模型（4）反映出其影响呈显著性负相关关系，其影响系数约为-0.38，并具有5%和10%的显著性水平，说明矿业权重叠对资源富集区城乡收入差距的影响存在空间异质性特征，即某地区矿业权重叠比重越高，毗邻地区的城乡收入差距越小。其次，从投资集聚水平来看，投资区位熵对资源富集区城乡收入差距的影响呈显著的正相关关系，影响系数约为[0.22,0.36]之间，并具有1%的显著性水平，说明投资区位熵越高，区域城乡收入差距越大，这可能与资源采掘业投资存在要素错配有关，要素错配导致资源采掘业竞争力表现出差异化的特征，并进而引致资源采掘业收入差距的扩大。并且，由于资源富集区资源丰裕形成了资源产业规模较大的格局，要素错配进一步强化了要素向资源采掘业流入的扭曲效应，进而对其他产业生产要素流入产生“挤出效应”，最终引致资源富集区贫困效应的加剧。

从其他影响因素来看，模型（3）、模型（4）和模型（5）反映出第二产业比重与资源富集区城乡收入差距之间呈显著的负相关关系，影响系数约为［-0.90，-0.63］之间，并具有5%和1%的显著性水平，说明第二产业比重越高，区域的收入差距越小。这可能与第二产业对采掘业和其他产业产生了技术溢出效应有关，即在当前生产力阶段，第二产业比重越高，越有利于不同地区的贫困效应减缓。当加入了空间权重后，W*第二产业比重对资源富集区城乡收入差距的影响呈现出显著的正相关关系，影响系数约为［12.4，23.0］之间，并具有1%的显著性水平，说明第二产业比重对资源富集区城乡收入差距的影响存在空间效应，即某一地区第二产业比重越高，其毗邻地区城乡收入的差距也越大。这可能与地区间经济增长的“涓滴效应”受阻有关，即经济增长的溢出效应并不显著，可能对毗邻地区的要素配置和经济增长形成了“吸附效应”和“极化效应”，进而加剧了毗邻地区收入差距的扩大。其次，模型（5）和模型（6）反映出资源税征收水平与资源富集区城乡收入差距之间呈现出显著的正相关关系，影响系数约为［0.11，0.15］之间，并具有1%的显著性水平。说明资源税征收越多，资源富集区的城乡收入差距越大，这可能与资源税征收水平无法有效发挥价格调节作用有关，资源税从量计征不能有效调节资源采掘人对不同品位、丰度矿藏开采而获得的超额收入，进而加剧了地区间资源性收益分配的失衡，不利于城乡收入差距的缩小。但是，当考虑了空间权重的影响时，W*资源税征收水平对资源富集区城乡收入差距的影响变得不显著，说明地区间资源税征收水平对毗邻地区城乡收入差距的影响不存在空间异质性。

另外，从资源依赖来看，模型（5）和模型（6）反映出资源依赖与资源富集区城乡收入差距之间呈显著的负相关关系，影响系数约为-0.46，并具有1%的显著性水平。并且，当加入了空间权重后，W*资源依赖对资源富集区城乡收入差距的影响也具有显著的负相关关系，影响系数约为［-19.43，-7.48］之间，并具有1%和10%的显著性水平，与表6.11面板线性回归模型的估计结果相似。说明资源依赖程度越高，当地和毗邻地区的城乡收入差距越小。这可能与两方面原因有关：一方面，资源依赖程度越高，说明资源经济在当地经济增长中所占的比重越高，资源经济规模越大，与资源经济相关的配套产业规模也越大，从而促进了相关产业的劳动就业和劳动增收，进而形成资源采掘对其他产业的溢出效应，有利于区域贫困的减缓。另一方面，资源依赖程度越高，地方政府从资源采掘业中所获得的资源性收益越多，地方政府用于社会再分配的转移支付能力也越强，社会保障程度越高，进而促进了资源富集区不同地区之间城乡收入差距的缩小和贫困效应减缓。再则，当我们着重考查资源采掘业收入差距是否对资源富集区城乡收入差距产生影响时，发现模型（6）反映出，资源采掘业收入差距与资源富集区城乡收入差距之间并没有显著的影响关系，但是当考虑了空间权重时，W*资源采掘业收入差距对资源富集区城乡收入差距之间的影响系数为-1.67，并具有1%的显著性水平，说明某地资源采掘业收入差距越大，其毗邻地区的城乡收入差距也越大。这可能与资源采掘业存在地区间的“吸附效应”有关，即某地资源采掘业收入差距越大，说明部分采掘企业获得的边际收益大于其他采掘企业所获得的收益，进而加剧了生产要素向该地区竞争能力强的采掘企业的流动，引致毗邻地区生产要素的外流，并使得毗邻地区经济增长多样性下降，出现了城乡收入差距的扩大和贫困效应的加剧。最后，当考虑资源富集区城乡收入差距的空间滞后效应时，模型（1）~模型（6）显示W*城乡收入差距对毗邻地区城乡收入差距的影响系数约为［-1.31，-0.31］之间，并都具有1%的显著性水平，说明资源富集区的城乡收入差距存在空间异质性特征，即某地城乡收入差距越大，其毗邻地区的城乡收入差距越小。这也可能与资源富集区经济增长的“涓滴效应”受阻有关，即地区间经济增长的带动效应并不明显，甚至还可能表现出了经济增长的“极化效应”，进而引致毗邻地区贫困效应的加剧和城乡收入差距的扩大。

第7章　我国资源富集区矿业权重叠风险消解的规制对策研究

回到本书绪论提出的问题，矿业权重叠对资源利用效率产生了怎样的影响？矿业权重叠如何通过技术效应、环境效应和分配效应引致了矿业权重叠风险的传导？以及怎样的政策安排能有效消解矿业权重叠的风险传导。我们在设计矿业权重叠风险消解规制政策时，主要的政策目标在于：如何实现政府、矿业权市场、矿业权人以及相关权益主体之间的良性互动，消解产权残缺引致的租值耗散风险，并通过促进矿业权重叠区资源采掘市场的信息充分性和完全竞争性，使价格信号在不同矿业权人的生产决策中进到有效的调节作用，以促进资源富集区经济社会的可持续发展。矿业权重叠风险消解的具体目标主要表现为三个方面：一是加强对资源富集区共生性、伴生性矿藏的矿业权管理，进一步对多边重叠、多层重叠、侵入重叠等现象进行矿业权产权边界的划分，明晰矿业权客体范围，并对相邻地区不同矿业权人之间的非合作竞争进行调节，以维系资源采掘市场的竞争秩序。二是注重对矿业权重叠区矿业权市场的产业集聚水平、要素错配、生产决策等进行调节，通过技术驱动促进矿业权重叠区资源采掘效率的提升，实现对地下矿藏资源的集约节约利用，并防止矿业权重叠对生态环境退化所可能造成的影响，促进资源富集区经济社会的可持续发展。三是加强政策创新，促进资源税政策、环境政策、资源性收益分配政策等的调整，避免矿业权重叠通过不完全竞争、寻租、挤出效应等引致的资源采掘业收入差距和资源富集区城乡收入差距的扩大，并避免地方政府在矿业权重叠规制上表现出的“逐底竞争”现象。

在实践中，矿业权重叠风险消解的规制应对，还需着重解决矿业权重叠所引致的法权冲突（如邻接权、占先权）、矿脉自然延伸、偷采、漏采、越界开采、合作性开采等问题。在市场经济条件下，矿业权重叠区资源开发利用的管理是以矿产资源开发利用为对象的一种基本职能，它包含着矿业权规制部门对具有共生性、伴生性等特征的地下矿藏开发利用的产权管理、市场管理、经济管理和社会管理等方面。在任何国家，矿业权市场的规制与风险消解都是政府自然资源管理的重要组成部分，对促进经济社会可持续发展和维护矿产资源相关权益人的权益起着重要的调节作用。矿业权重叠区地下矿藏的开发利用管理应以一定的经济合理性、技术可行性为前提，将矿业权重叠区资源开发利用的经济效益、社会效益、资源效益和环境效益结合起来，实现资源的合理配置和优化利用。矿业权重叠风险消解规制的目标是双重的，一方面它必须以维护矿产资源国家所有者的权益和全社会经济利益、社会利益和生态利益的均衡为前提；另一方面它也必须维护矿业权重叠区不同矿业权人的合法权益，促进矿业市场公平有序竞争。由于我国矿业权市场的分级分类管理及其规制创新，在相当程度上是内生于中国市场化进程与不同层级规制主体之间博弈互动的结果，它更主要是多种经济和政治因素综合作用的结果。因此，本章将在前述理论分析与实证分析的基础上，结合矿业权规制的政策目标，对矿业权重叠区风险消解及其规制创新提出一些可供借鉴的政策建议。

7.1　矿业权规制：如何消解矿业权重叠引致的产权残缺

矿业权市场是由若干相互作用、相互依赖的要素共同组成的，它以实现对矿业权的优化配置和矿产资源的高效利用为目标。矿业权市场的产权配置、资源耗竭、外部性消除以及技术效率的实现等之间存在着一定的动态关系，并构成一个相互影响的内生性环境。对矿业权市场的规制，则是借用一个具有外生性的“政府之手”来消除市场外部效应、优化资源配置，并最大化其产出水平的公共治理活动，以实现矿业权市场的效率、效益及公平等价值目标。在当今世界上，大多数国家对矿产资源都实行国家所有的制度安排，矿业权由所有权派生而出，具有私权的特性，对矿业权的规制既体现出一种公法关系，同时也包含对私法关系的运用，这种复杂的关系使得矿业权市场具有了不完全竞争性的特点，这种不完全竞争性是解决特定阶段因产权重叠而引致的产权残缺、过度竞争、资源掠夺、生产低效、环境退化及贫困效应等社会与经济问题的理论基础。我们在考虑矿业权重叠风险消解及其规制创新时需要考虑的一个问题在于：我国自然资源的初始产权结构和分级分类管理的制度安排应该如何优化，才能有助于避免矿业权重叠所引致的产权残缺？以及如何实现矿业权规制的创新才能有利于矿业权重叠风险的消解等问题。因此，本节将从矿业权的产权安排、政府竞争与政策安排的优化等层面，来提出一些对策建议。

7.1.1 产权安排的调整

一般而言，资源性产品财产权（矿业权）的确立是该问题的起点，由财产权派生出来的对这些物品的占有、处分、经营以及收益等权利，及该权利所指向的市场化行为等则构成了矿业权规制的主要内容。产权与规制是引致效率变动的关键性因素，所以，矿业权重叠的规制重点应放在诸如产权安排、政府架构、政策设计以及自由市场机制等技术性因素方面。由于我国矿业权市场是在既缺少资源产权，又缺少自由市场的基础上发展起来的。在 1949～1978 年，我国实行计划经济体制，对矿产资源开发利用的审批管理实行无偿划拨的管理机制，这一时期缺乏对矿业权概念及其市场功能的认识。自 1978～1986 年，国家开始尝试对矿产资源实行有偿使用制度，并针对矿产资源的开发利用实行资源税征收管理，以实现矿产资源国家所有者的权益。自 1986～1996 年，国家通过《民法通则》（1986）和《矿产资源法》（1986）确立了矿业权有形市场机制，实行矿产资源所有权和矿产资源开采权（矿业权）、勘探权（矿业权）的分离，以促进矿产资源开发利用的效率，并开始对不同类别的矿业权实行分级分类管理。自 1996 年以后，国家通过行政性法规、部门规章等形式，逐渐加强对矿业权市场的管理，以进一步促进矿业权市场效率的发挥。但在矿业权有形市场的建立和发展过程中，由于受到生产力发展阶段的限制，资源富集区矿业权市场表现出多、小、散、重等特征，矿业权交叉、重叠、边界不清、产权冲突等问题较为突出，限制了矿业权市场的功能发挥，并成为引致资源采掘利用效率低下、生产粗放、环境退化、寻租等问题的重要原因。因此，解决矿业权重叠引致的产权残缺、效率损失等问题，我们有必要将规制的重点放在对矿业权重叠区矿业权产权边界的重新调整方面，以促进矿业权产权排他性的提升，进而消解产权残缺带来的效率风险。

由于矿业权重叠区矿业权产权的设置具有多样性、偏好差异及地质分布性状的复杂性等特性，其矿业权产权可以作出差异化的调整。宏观意义上的矿业权产权一般是通过国家法律、行政法规、部门规章等而形成的对特定地下矿藏勘查、开发利用的产权。微观意义上来讲，矿业权的产权安排意味着不同矿业权人对地下特定区域、特定矿种矿藏的财产权或经济性收益权。矿业权产权安排的形式，通常包括私有产权、俱乐部产权、共有产权，以及国有产权等。因而，矿业权重叠区矿业权产权调整的关键在于对矿业权重叠区矿业权边界、范围及客体指向性的规范与调整。矿业权重叠区矿业权产权安排的基本职能和要求在于，一是把矿业权产权边界予以清晰划分，确定其产权的边界和权利范围。但是，由于交易成本的存在，并不是任何情况下矿业权产权的界定越清晰越好，反而有时一定程度上的模糊产权或共有产权，能有助于降低矿业权产权赋权的交易成本和监督成本，并表现出更高的产权。另外，对于矿业权重叠区具有共生性、伴生性等特性的地下矿藏的矿业权，把权利界定给谁、什么时候界定，以及权利界定的范围大小等，无疑对矿业权重叠区矿业权产权的排他性问题具有十分重要的影响。因而，对于矿业权重叠区而言，其产权配置的效率取决于不同矿业权人是否能通过矿业权产权安排而实现资源采掘利用效率的帕累托改进。通常来讲，矿业权重叠区矿业权产权的配置应遵循产权安排效用最大化的原则，并促进市场机制在矿业权配置中所起到的关键性作用。另外，由于矿业权的产权安排在一定程度上决定着资源富集区资源采掘利用的效率、公平及效益问题，因而矿业权重叠区矿业权产权的配置也应以遵循该条件为前提。对于矿业权产权安排调整的依据而言，有的学者认为应注重矿业权配置的效率，有的学者则认为应着重于矿业权配置的公平，以促进不同矿业权人之间的有序竞争。因而，对于矿业权重叠区矿业权产权安排的调整，应以遵循矿业权配置的效率与公平为原则，并尽可能避免产权配置不合理所导致的矿业权重叠风险问题。

对于矿业权重叠而言，现在重要的问题是什么样的产权结构最有利于提升矿业权的排他性？我们在审视矿业权重叠引起的产权残缺及其资源利用效率问题时认为，我国资源富集区矿业权重叠问题的形成及其发展，实质上是对特定生产力阶段对资源产业经济发展而形成的生产关系的一种反映。矿业权，作为一种基于公权规制而形成的具有准私权特性的资源产权，其主要目的在于促进矿产资源集约节约利用的效率，并保护产权人（矿业权人）财产权权益不受侵犯，以促进经济社会的可持续发展。对于矿业权而言，产权过于分散或过于集中都可能导致资源利用的低效，其产权结构的设计应以资源配置的效率和公平为价值导向，避免因矿业权配置不合理而导致的矿产资源国家所有者权益损失、矿业权人产权冲突及矿区群体或其他社会主体权益损失的现象。所以，我们在进行矿业权产权结构的设计时，应首先考虑哪种形态的权力架构、政府间关系对于矿业权规制是成本最优的；其次，应考虑矿业权产权的结构性、排他性及产权行使的效率性。一方面，矿业权产权的结构安排应根据宏观经济环境、市场环境及行政生态环境等因素的变化而作出调整，以确定特定生产力阶段矿业权市场矿业权出让的种类、规模、时序、集中度水平，以及矿业权市场的技术要件等。另一方面，矿业权产权的排他性，应按矿物成矿特点、地质分布性状、地理空间范围、矿体自然延伸特性等对地下矿藏进行合理有效的划分，以确立矿业权产权的排他性。通常，在实践中可按照“范围排他”和“矿种排他”来确立矿业权的排他性。但是，对于一些因共生性、伴生性、矿体自然延伸等因素而难以清晰划分其产权边界范围的，应按照矿业权产权客体单个属性被置于更容易影响其产出净价值的一方的控制之下，以避免产权边界不清、交叉重叠所可能引致的更大范围的产权残缺现象。

“矿种排他”和“范围排他”，在实践中往往会遭遇冲突，而给矿业权规制部门的产权安排带来困难。因为，地下矿藏的分布往往具有复杂的地质特性，尤其是随着资源勘查开采深度的推进，一些深部地下矿藏逐渐被发现，并且这些深部矿藏往往还会表现出一些流动性，如地球深部的石油、页岩气、页岩油等矿藏。为了开采这些深部的地下矿藏，矿业权规制部门在设置其矿业权时，便会出现与上部矿业权发生上下立体投影重叠的现象。通常来讲，只要这些不同类别、不同深度的矿业权在行使过程中不影响其他矿业权人权利的行使，便不会衍生出矿业权重叠的风险，这类性质的矿业权重叠是无风险或风险较小的。并且，在实际中，我国对于金属矿产、非金属矿产等非同类或油气、煤、地下水等非同种矿产，在不影响他人探矿权、采矿权的原则下，在已设立探矿权、采矿权的范围内是允许设立不损害原采矿权人或原探矿权人权益的探矿权或采矿权的。例如，一些地区在大面积的油田或煤田范围内批准地下水、建筑用砂、石、黏土及其他金属、非金属矿产的探矿权或采矿权。但是，由于一些地下矿藏在资源采掘过程中可能表现出一定的流动性，如天然气、石油等资源，可能因资源开采而向邻近区域流动，进而使得其产权边界的界定难度进一步增加。对于这一类具有流动性的地下矿藏，其矿业权设置，原则上首先应按矿体走向和矿脉自然延伸的地质特征，采取“矿种排他”的方式来设置其矿业权，并尽可能避免对同一矿体的矿业权设置进行分割，化大为小，进而表现出矿业权设置的多、小、散、重现象；其次应遵循单个矿业权客体的净产出最大或边际收益最优为原则，以解决“矿种排他”可能遭遇的与其他类别矿业权边界交叉或范围重叠的现象。因为，随着地下矿产资源勘查开发向深部推进，在同一矿区范围内可能也会出现对其他类别矿藏开采的需要，进而引起不同种类的矿业权可能出现上下立体投影重叠或平面交叉、侵入重叠等现象。当发生这些现象时，矿业权规制部门应综合考虑发生矿业权边界交叉或范围重叠的不同矿业权客体的稀缺性、战略性和边际收益性等因素，来最终确定“矿种排他”和“范围排他”的优先顺序，以消解可能出现的矿业权重叠风险。

在实践中，矿业权重叠区矿业权排他性的调整还应考虑到稀缺性、交易成本和矿业权监督成本等因素的影响。首先，对于地下矿藏而言，矿藏本身的稀缺程度对于其产权的安排会产生重要的影响。一般来说，越是稀缺的资源（如石油、页岩油、天然气、稀土），越容易建立起具有完全排他性的私有产权。但是，对于一些不具有稀缺性（如沙石、黏土），或具有共生性、伴生性的地下矿藏（如煤与煤层气），建立共有产权可能更有利于资源的综合开发利用。因为，当这种资源不具有稀缺性时，确立这种资源产权所获得的边际收益往往小于确立它的交易费用，并且确立了这种资源产权之后，对其产权行使的监督成本也相对较高。因而，确立对这类资源的共有产权实际上具有成本与收益性的特点。但是，当某种资源变得稀缺时，确立这种资源产权的收益就会超过界定其产权的边际成本，这种资源的私有产权就不可避免。因此，对于矿业权重叠区而言，当稀缺性矿藏与非稀缺性矿藏存在共生、伴生关系时，矿业权规制主管部门应遵循界定其矿业权客体所带来的边际收益应优于其边际成本的原则来决定其产权的边界及权利范围。一般来说，界定不动产产权的交易费用相对较低，且获得的边际收益也相对较大，对这部分产权较容易确立其排他性的私有产权。但是，对于具有流动性的地下矿藏，其排他性私有产权的界定则困难得多，并且这些资源常常处于事实上的共有产权状态，进而表现出矿业权重叠现象。从上述分析来看，资源富集区矿业权重叠的产权调整可能受到来自两个方面因素的影响：一是资源富集区某些矿藏不具有稀缺性，对其矿业权产权边界的界定不具有成本效益性，因而可以在不同深度范围内设置具有上下立体投影重叠特征的不同类别矿业权；二是某些矿藏在地壳运动过程中具有流动性、共生性、伴生性等特征，增加了确定其产权边界和产权范围的难度和交易成本，进而表现出矿业权设置的交叉、重叠等现象，对于这类矿藏，应遵循可实现的边际收益优于边际成本为原则，来设置其矿业权的私有产权或共有产权。

7.1.2 政府竞争的弱化

如果要消解矿业权重叠所引致的产权残缺、寻租、资源利用低效、环境退化等风险，就必须考虑矿业权重叠产生的制度成因，并且要深究不同层级政府及其主管部委在管理实践中，产生了什么形式的竞争，以及这种竞争为什么会存在，并且竞争对矿业权重叠风险的传导起到了怎样的影响作用。按照制度经济学派的观点，政府竞争是矿业权规制制度形成的决定性力量。政府有广义和狭义之分，广义的政府包括行政机构、立法机构和执法机制，狭义的政府则仅仅指行政机构。为了使研究的对象更具有针对性，我们这里取其狭义的概念，将矿业权规制中的政府竞争，定义为在一定区域内对矿业权市场行使行政管理职能的行政组织。矿业权规制中的政府竞争，其实质体现为对矿业权规制权力划分与利益分配所形成的竞争关系。一般而言，权力划分被视为一种外生性的因素，它影响矿业权产权结构的形成。由于现代国家大都实行宪政分权的政治体制，各层级政府对矿业权的规制赋权体现出了一种委托—代理的关系，其效率受到彼此间分工与协作关系的影响，但很难避免“道德风险”问题的产生。矿业权重叠，在一定程度上取决于矿业权规制权力划分所形成的权、责关系。当权责关系不清晰或存在竞争、冲突时，矿业权产权的边界划分、排他性、技术要件等则受到一定程度的削弱。对于实行自然资源国家所有的现代国家，矿业权市场的产权安排取决于政府对矿业权赋权的政治过程，除此之外，其产权结构的有效性则与社会、政治、经济等环境之间表现出一定的相关性和权变性。在矿业权规制方面，规制部门的权力架构对矿业权产权结构的设计具有一定的影响作用，权力的运行应得到恰到好处的监督与激励，并避免矿业权赋权管理及矿业权市场管理出现“逆向选择”与“道德风险”问题。所以，限制政府间的规制竞争，清晰划定各自的权力边界，以形成一个有利于矿业权市场技术效率增长的政府架构，是消解规制风险的关键。

矿业权规制竞争的形式、层次和维度，是影响矿业权重叠风险传导范围、程度及类型的关键性因素。从字面意义来理解，矿业权规制中的政府竞争，可以表现为中央与地方之间、地方政府之间、矿业权主管部门之间，以及矿业权主管部门与地方政府之间的竞争等形式。从形式上看，矿业权规制中的政府竞争可表现为权力竞争、职责竞争与利益竞争三个方面，即不同规制主体针对矿业权规制权力划分、责任推定与资源性收益分配，而形成的纵向竞争与横向竞争。通常，这种权力竞争、职责竞争与利益竞争关系，以矿业权规制的法律制度、政策安排以及行政执行机制等形式出来，进而表现为行政性立法竞争、政策竞争、政策执行竞争等形式。从层次来看，由于我国对矿业权管理实行分级分类的管理制度，地方矿业权主管部门既是地方政府的组成部门，接受地方人民政府的管理，同时也受上级矿业权主管部门的领导和管理，体现出“双重领导”的特性。因而，我们在考查资源富集区矿业权重叠及其政府竞争时，则主要涉及地方政府与中央政府、地方政府与地方政府，以及主管矿业权规制的中央部委与地方政府之间“条”与“块”的竞争关系等。从维度来看，针对矿业权重叠而引致的产权残缺及其效率风险，则主要表现为税收竞争、环境规制竞争、产业竞争及经济增长竞争等方面。当资源富集区不同区域之间针对矿业权市场而形成的规制安排与效率、效益目标表现出非对称性、失衡性特征时，就会造成矿业权重叠区资源采掘利用中的“抢采、盗采、漏采、掠夺性开采、越界开采、采富弃贫、采主弃副”等现象，并加剧矿业权重叠风险的传导。因此，为了消解矿业权重叠所引致的资源利用风险，我们应着重从政府竞争的形式、层次及维度三个方面进行调节，以促进资源富集区经济社会的可持续发展。

矿业权规制竞争的过程，是相关规制主体在基于矿业权市场信息非充分的基础上，对其规制行为不断修正偏好、不断调整行为方式的过程。在实践中，矿业权市场信息非充分的问题普遍存在。首先，由于一级市场矿业权出让的不规范，对出让价格的评估过低，不能如实反映矿业权的真实价格，资源取得成本低廉所引致的矿业权价格价格信息非充分，成为引致矿业权产权集中度低、重叠、资源浪费和过度耗竭的重要原因。其次，我国矿业权二级市场的交易机制中存在的信息非充分，造成了两种现象：一是非法炒卖、倒卖矿权的现象较为严重，有些小型矿山的矿业权被转让多次后被一些生产技术落后的实际采掘人获得，为了快速盈利，不免衍生出私挖滥采、越界偷采、安全事故频发等问题，外部性损害较大；二是一些国有矿山企业利用信息不对称的优势而表现出来的“道德风险”问题，即将品位高、储量大的资源划分成若干小块资源，以经济可采性低为由，通过二级市场的交换机制私下转让给新成立的矿业权人，造成国有资产的流失，并引致资源利用低效、矿业权重叠风险外溢等问题。究其根源，一方面，现有的政策工具并未对资源储量及其运用情况形成有效的监管，信息的非充分问题未得到有效解决；另一方面，对因市场波动或违法转让矿权所获得的收益，由于价格机制的信息非充分，无法有效调节资源采掘过程中形成的超额收益，对矿业权人外部性成本的还原、内化机制不足，进而引致矿业权重叠风险的演化、外溢，并加剧矿业权重叠风险的传导。因此，为矫正政府竞争对资源利用效率、矿业权重叠风险传导所造成的扭曲，一方面应规范矿业权市场的赋权过程，让矿业权产权信息、矿业权客体信息、储量信息、地质分布信息等信息进一步明晰、充分，并建立起矿业权出让、矿业权评估、矿业权价款、矿业权流转等信息的公开、分享机制。另一方面应建立起矿业权重叠区资源采掘贫化率、回采率、综合开采率、越界开采、外部性行为等信息的监督、分享机制。

基于前述实证研究的结果，资源富集区不同地方之间的资源税征收水平的竞争、环境规制的竞争，以及矿业权市场的产业集聚水平等是加剧矿业权重叠风险传导的关键原因。从资源税征收水平竞争的角度来看，资源富集区矿业权重叠风险的传导可能受到政府对资源性税收收入竞争的影响，政府对资源性税收收入依赖程度越高，矿业权重叠引致的采掘业全要素生产率损失、区域贫困、环境退化的风险越高。并且，当资源富集区经济增长结构较为单一时，不同地区为了吸引矿业投资、获得更多资源性税收收入而展开的竞争，如减征资源性税费、降低矿业权市场技术准入门槛、忽略产能不足对地区经济增长的负面影响、放任矿业权重叠区不同矿业权人之间的不完全竞争，都可能引致矿业权市场秩序的破坏，并加剧矿业权重叠风险的传导。从环境规制竞争的角度来看，当矿业权重叠区的环境约束降低时，不同矿业权人采取集约、高效利用地下矿藏的动力减弱，进而引致矿业权重叠区的环境退化风险，并引致耕地破坏、农业生产力下降、贫困效应加剧等问题。随着时间的推移，环境退化风险进一步向制造业、服务业溢出，进而阻碍生产要素向这些经济部门的流入，经济增长多样性程度降低，矿业权重叠区陷入环境退化、经济增长受阻、产业竞争力下降和社会福利改进不足等问题。从产业集聚水平来看，矿业权重叠区基于对资源性收益的考虑，可能弱化对产业技术革新、准入门槛、生产能力、效率监管等方面的规制，进而引致矿业权重叠区资源采掘利用效率的低下。并且，基于前述门槛效应的实证结果，产业集聚对资源采掘效率的影响存在非线性影响，应综合考虑资源税征收水平、环境规制强度、资源依赖等对产业集聚与矿业权重叠风险的影响，并且这些因素共同构成了政府竞争的主要内容。因此，为消解矿业权重叠风险的传导，应着重于对不同地方政府之间对矿业权配置、生产要素流动、技术准入、环境约束、资源税征收水平等竞争的调节，以形成一个有利于资源利用效率优化和矿业权重叠风险消解的外生性环境。

结合我国《能源生产和消费革命战略（2016－2030）》的要求，资源富集区矿业权重叠风险的消解，应着重于避免地方政府之间可能存在的“底层竞争”对矿业权重叠风险的影响。矿业权重叠不仅增加了资源采掘的难度，同时也增加了资源采掘市场不完全竞争性。矿业权规制中存在的政府竞争，使得资源采掘市场的外生性环境的不确定性和不完全竞争性进一步加剧，进而使得矿业权重叠风险向资源利用效率、环境退化、区域贫困等方面传导。因此，为弱化政府竞争对矿业权重叠风险的影响，一方面，要加强对矿业权分级分类管理制度的优化调整，避免地方保护和市场分割造成的矿业权重叠问题，并建立清晰的权责机制和绩效考核制度，使地方政府基于对资源性收益获取而展开的竞争逐渐弱化，提升地方政府对矿业权市场监督的能力。在管理权限上，国土资源管理部门须坚持以宏观管理与行政规制并行不悖的原则，不同级别国土资源部门对矿业权的审批、发证工作应有更为详尽的分级分类办法。另一方面，要强化对矿业权重叠区不同矿业权人外部性行为、产业集聚水平、环境破坏、资源浪费等现象的社会性规制，并着眼于创造平等、有效、无差别的矿业权市场环境（如资源税水平、环境约束、技术门槛），促使创新要素的流入，通过技术驱动提升矿业权重叠区资源采掘企业的竞争力。再则，对于矿业权重叠区的矿业权规制而言，矿业权规制部门还应强化对效率低下、生产能力不足的矿业权人的退出机制，可采取市场化和非市场化两种手段。市场化手段包括流转、交易、兼并整合等，非市场化手段则包括对矿业权的注销、吊销、矿业权人之间的合作协议等。通常，非市场化手段相当于国际贸易中的“配额”制度，它是对矿业权重叠区不同矿业权人之间权利、义务关系的部分限制，或者是基于矿业权人之间“自由意志”表达而形成的一种合作契约。政府规制竞争的弱化，无疑将有助于形成一个有利的市场环境和制度环境，以促进市场化手段和非市场化手段的综合运用，以形成一个信息充分、竞争完全的矿业权市场，最终达到消解矿业权重叠风险的目的。

7.1.3 政策安排的创新

矿业权重叠风险规制的政策创新大致可分为两个层面，即经济性政策和社会性政策。各类政策工具的设计、应用及其效应，均受到包括政府竞争、经济环境、社会偏好、生产力发展水平等诸多因素的影响，这些因素既有内生性的，也有外生性的，它们的存在增强了矿业权重叠区资源采掘竞争的不确定性，进而使得政策效应表现出了一定程度的动态变化性特征。由于生产成本、外部性及个体理性偏好的存在，市场机制并不能有效解决资源利用的效率和风险问题，从而需要通过规制政策的设计来加以修正。例如，资源税、矿产资源使用费、进入管制、技术性要件、产权垄断等均是政府规制可以选择的有效手段。首先，针对矿业权重叠而进行的价格修正，可以起到调节不同矿业权人采掘行为和生产决策的作用。从这一点来看，资源的低价或无偿使用、环境退化成本的信号失真，是造成矿业权重叠区环境退化、资源利用低效、效率损失的真正原因。因而，规制政策的设计起点应首先考虑如何有效对资源品的价格进行修正，使其真实反映出矿业权重叠区地下矿藏及生态环境的价值，其政策选择既包括税、费、补贴等在内的经济性工具；也包括进入管制、技术性壁垒等在内的社会性工具；除此以外，还可能包括对矿业权价格评估、资源回采率监控等在内的辅助性工具。其次，产权市场的内化机制是消解矿业权重叠区外部性的有效途径。新古典经济理论和产权制度理论都倡导建立一个可内化外在性损失的产权交易机制，这种机制的建立有利于具有不同技术水平的矿业权人之间实现权利的兼并、联营或整合，有利于提高资源回采率水平，这对于矿业权重叠区整体福利来讲是一种帕累托效率的改进。对于矿业权重叠区而言，政策上必须考虑哪些人可以获得资源、发生重叠时谁具有占先权、哪些人利用资源可能产生的外部性更大，以及与此对应的产权内化机制及最终的效率损失之间存在着怎样的关系。所以，我们需要着重从经济性政策和社会性政策等方面来展开矿业权重叠风险规制的政策创新研究。

矿业权规制政策的好坏，关键要看矿业权政策是否能实现矿产资源利用中的效率与公平，顺应经济社会的发展趋势。党的十八大报告指出："要建立资源利用收益共享机制，将资源消耗、环境损害、生态效益纳入经济社会发展的评价体系。"从十八届三中全会《中共中央关于全面深化改革若干重大问题的决定》来看，推动资源利用方式根本转变已成为党和政府的一项基本任务和职责。矿业权重叠风险规制的政策安排应设计一种机制，让矿业权重叠区的不同矿业权人之间能形成一种有序的资源开发利用时序，通过资源税、产业集聚、技术要件、环境约束、效率监管等来确保矿业权重叠区地下矿藏的集约节约利用和生态环境保护，从而促进资源富集区经济社会的可持续发展。另一方面，中央政府还需要建立一种清晰的权责机制，以保障地方政府按照委托人的意愿行事，这种安排可以大体实现政府间博弈关系的均衡。我国是一个矿业大国，但矿业法律制度还不尽完善，要把所有的矿业活动都通过法律的形式确定下来，现阶段既不可能，也没必要，实际上也很难做到。尤其是对于矿业权重叠问题的规制安排而言，从法律层面上进行规制立法，事实上是不具有立法的一般性和抽象性基础的。因此，在应对矿业权重叠问题时，针对共性的传导机制进行规制政策的创新与调整，可以起到丰富矿业权规制政策安排的作用。首先，应尽快制定和完善矿业权分级分类管理制度，明晰不同层级规制部门的管理权限、权力位阶、权责任关系等，做到依法行政、规范审批，以矫正矿业权规制中可能存在的道德风险或逆向选择问题。其次，针对矿业权重叠的规制安排，重要的是要使用以市场为基础的方法（如“避让者获偿”“占先者购买”“保证金”等），来建构以经济性规制为主、社会性规制为辅的政策供给，深化资源性产品的定价机制和资源税费机制改革，建立起反映市场供求关系和资源稀缺程度、体现生态价值和代际补偿的资源有偿使用制度和生态补偿制度，促进矿业权重叠区地下矿藏的综合利用。

从经济性政策来看，经济性政策工具的设计与使用，主要是为了对矿业权市场的采掘行为进行调节，利用价格机制来确定矿业权所涵盖的对矿产资源的支配、占有、收益、处分以及经营等权利的边界问题。这里将分析的视角主要放在矿业权市场的税费政策之上，这是因为，自1994年中国实行财政分税制改革以来，各级地方政府、中央政府以及矿业权人之间实质上形成了一种博弈关系。我国于1982年开始对资源进行有偿使用，1993年经国务院正式颁布《中华人民共和国资源税暂行条例》，2011年颁布《资源税暂行条例实施细则》，经历这几个阶段，总体上大致确立了我国的资源税制度。按此制度，我国对矿产资源征收的相关税费包括两大类：第一类是资源税，即按照《暂行条例》规范的各类资源品的税收；第二类是资源管理的相关税费，包括资源补偿费、探矿权使用费、采矿权使用费、国家出资勘探形成的探矿权价款和采矿权价款、对石油开采企业征收的石油特别收益金、部分地方政府征收的基金（如山西省征收的煤炭可持续发展基金）。其中，资源补偿费和资源税所占的比重较大，实际上已具有西方国家“权利金”的性质，但其在保护资源、合理利用资源方面却没能发挥积极有效的作用，而且两种税费的并存，给资源产业的发展也带来了不少问题。对于中国这样的单一制国家而言，地方政府在税制的设计以及财政收支管理方面，没有多少谈判能力，对资源利用所征收的资源税、费收入通常享有一定的分成（如，除油气等战略资源的资源税归属于中央财政之外，其他类矿产资源的资源税收入归属于地方财政；矿产资源补偿费实行中央和地方五五分成，少数民族地区按四六分成），这样一种资源性收益分配的激励效应使得地方政府具有了扩大本地资源税税源，而弱化对矿业权重叠区外部性行为实施监管的动能，况且我国对规模储量大或战略价值大的矿业权的赋权一般由省级以上资源主管部门管理，而对其实际采掘行为的监管却又实行属地化管理原则，这种权责不对等的博弈机制凸显了矿业权重叠区地方政府作出“逆向选择”的可能性。

现实社会中，资源税的征收是引致矿业权重叠区资源回采率低、采富弃贫等资源浪费或储量破坏问题的关键。从税制的设计上来看，开征资源税的目的除了部分体现资源所有者的权益之外，更主要是为了调节由于资源条件差异所造成的资源级差收益，提高资源的使用效率。而我国对资源税的征收，有较多类型的资源税课税标准是按实际采掘量来确定的，税率实行浮动定额税率。其税制的设计并没有考虑到不同矿区资源丰度、开采难度以及不同矿业权人的生产能力等情况，进而造成了矿业权重叠区不同矿业权人边际成本和边际收益的不平衡，最终引致矿业权重叠区资源掠夺性开采、耗竭性开采和破坏性开采等行为的发生。我们知道，相对于厂商理性而言，其生产的均衡点在于边际收益等于边际成本之处，资源丰度的下降和开采难度的加大都会不同程度地带来边际生产成本的上涨，这也就不难理解为何“采富弃贫”“采大弃小”“吃空心”等资源浪费现象普遍存在。从另一方面看，我国矿产资源具有禀赋差、共伴生成分复杂、生产成本高等特点，目前我国矿产资源的平均回采率仅为30%，一些乡镇煤矿仅为10%，共生、伴生矿的利用率仅为20%左右，矿产品的总回收率只有约30%，而国外较发达国家一般都在50%以上。我国铜、铅、锌伴生金属冶炼的回收率仅为50%左右，发达国家的平均水平都在80%以上。这种差异实质上也反映了税制政策的不同。例如，西方国家对资源利用所征收的税费总体上采用累进税制，当企业利润高时，税收征收率及征收额就增加；当企业盈利减少时，则减少；另外，对于回收利用低品位矿藏、低产油井、高含水油井等生产难度高的企业免于征收税费。这种措施不仅有利于减少企业的负担，同时也有利于鼓励企业加强资源的回收利用。相对而言，我国对资源税的征收并不实行累进税制，如我国的矿产资源税按矿山企业的销售量固定征收，不管盈利情况，每吨原矿的征收额大致在0.2～60元。所以，如何切实有效地提高矿业权重叠区地下矿藏的回采率水平？其有效措施还在于对类似于“资源税”这样的经济性政策工具的再设计和再优化。

从社会性政策来看，社会性政策工具的设计与应用，旨在对资源利用过程中的外部性损失进行消解，解决信息不对称、分配失衡等问题，并尽可能使社会福利减损的风险最小化。在西方发达国家，由于矿业开发生产力水平较高，资源利用的法律制度较为完善，因而在现阶段资源保护已不是最主要的问题，保护的重点已转移到了控制资源品消费的增长、鼓励重复利用、研究替代品以及改善周边环境等问题上。而在我国，矿业权规制的重点仍在于如何控制资源采掘过程中的损失、浪费，以及对环境的破坏和对其他产权主体的侵犯等方面。尤其是对于矿业权重叠区而言，不同资源的开发利用与保护、效率低下、权益损害补偿、资源性收益分配、环境成本信号失真等问题，都与矿业权重叠区社会性规制政策安排密切相关。另外，最优外部性水平是矿业权市场社会性规制的目标所在，它可选用的政策工具包括许可证的可交易机制、技术的限制性标准、信息的共享与披露等方面。通常，在西方国家的规制中，政策制订者们往往偏爱诸如限额、进入管制、技术标准、禁止性措施以及许可证的可交易化等政策工具，它们都可起到消除外部性的作用。一般来说，矿业权重叠增加了资源采掘市场的不完全竞争性，并可能造成矿业权人生产要素配置的扭曲，并引致外部性问题。如果消除外部性的成本较高，可能会导致不同矿业权人选择一个低效率水平的生产决策，那么此时矿业权重叠区资源采掘利用效率就可能存在损失，并阻碍帕累托效率的改进，这有待于加强对矿业权重叠区资源采掘利用过程和生产决策的社会性监管来实现，而且这种机制应能将成本信息反映到矿业权重叠风险的社会性规制之中。除此之外，不具备技术要件和效率优化能力的矿业权人，可通过自由博弈、讨价还价来实现对具有重叠性特征的矿业权实行交换，以解决矿业权重叠所引致的产权分散、资源争夺、效率损失、技术不足、安全事故频发和环境外部性溢出等带来的社会性问题。

7.2 产业规制：如何促进矿业权重叠区资源集约节约利用

产业规制，是指为实现经济社会发展的目标，政府规制部门对某些类特定产业的发展、运行及其相关行为主体的行为进行直接或间接的干预、调节和规范的活动。对于矿业权重叠风险的产业规制而言，其规制的目标在于通过对矿业权重叠区资源采掘业的产业结构优化、技术革新和生产效率提升，以促进矿业权重叠区资源采掘业和区域经济社会的可持续发展。对矿业权重叠区资源采掘业竞争力提升的影响机理进行研究，并针对存在的问题提出相应的规制对策，无疑对于促进我国资源富集区矿业权重叠风险的消解具有十分重要的现实意义和指导意义。矿业权重叠区的产业规制，涉及的范围重点包括产业结构规制和产业过程规制两类。产业结构规制，以资源采掘业产业结构调整为主线，通过对矿业权配置、矿业权集聚水平、采掘业经济比重、资源性收益分配等调节，来达到资源采掘业产业结构优化、采掘市场竞争完备的目的。产业过程规制，则以资源采掘业的生产过程、要素配置、技术驱动、效率提升、环境约束等调整，来达到资源采掘业生产效率提升、资源集约节约利用和生态环境保护的目的。矿业权重叠区的产业规制，着重于以矿产资源法和资源环境保护法的价值取向、基本原则和管理规范为基础，体现矿产资源开发利用的效率、秩序与正义的价值要求。在西方国家的产业规制中，规制政策制订者们往往偏爱诸如限额、进入管制、技术标准、禁止性措施以及许可证的可交易化等政策工具，以达到促进产业效率提升和外部性消解的目的。因此，本节将对矿业权重叠区的产业结构、产业过程、技术驱动及其环境约束等问题进行研究，以为矿业权重叠风险的消解提出一些可供借鉴的政策建议。

7.2.1 产业集聚的优化

矿业权重叠区的产业集聚，是指资源采掘业的矿业权、生产要素及部分的经济活动在特定的矿业权重叠区空间范围内集中的过程。依据新经济地理理论的观点，矿业权重叠区的产业集聚其实是不同资源采掘业产业特征在激烈的空间竞争条件下的一种产业关联效应的体现。对于矿业权重叠区而言，资源采掘业的产业集聚表现为因地下矿藏资源勘查开发利用而形成的生产要素、技术创新、产业关联等形式的空间关联和空间集聚，是资源采掘业产业竞争力的重要来源和集中体现。矿业权重叠区产业集聚过程受到矿业权重叠区产业竞争态势与区域发展政策调整的影响。宏观方面，整个地区乃至整个国家经济社会的协调发展，对矿业权重叠区资源采掘业产业结构、产业集聚起着重要的影响，具体包括资源品需求、生产要素、产业支撑、采掘市场竞争力和矿业权市场结构等方面因素，它们共同构成了影响矿业权重叠区资源采掘业竞争力的关键因素。微观方面，则需要在矿业权重叠区内打破不同地方之间的产业保护、同质化竞争格局，协调优化矿业权重叠区资源采掘业的区域空间安排，以形成各具特色、功能互补和各具优势、分工协作的区域发展格局。例如，在当前，煤炭是我国的主体能源，我国以煤为主的消费结构在短期内还不会得到根本改变，煤炭产业在国民经济全局中占有着重要的战略地位。同时，煤层气作为新兴的能源资源，对煤炭的社会消费能起到重要的替代和补充作用。促进两者的产业发展是国家经济战略规划部门（如发展改革委员会）的重要职责，但任何一项经济战略，都必定落实到对相应矿产资源的行政审批出让之中，赋权的规模、大小、速度等是矿权重叠与否及有效运行的重要影响因素。为促进煤与煤层气矿业权重叠区资源的综合有效利用，矿业权规制部门与地方政府、发改委及相关煤炭、煤层气企业需保持充分沟通，反复协调，统一规划，形成合理有效的资源产业结构，以满足社会经济发展的需要。

如何提升矿业权重叠区资源采掘业产业集聚的竞争力水平？哪些因素对矿业权重叠区产业集聚的竞争力具有显著性影响？回答这些问题，不仅有利于矿业权重叠区产业集聚竞争力提升的理论指导，同时也有利于矿业权重叠风险消解的规制创新。通常来讲，影响矿业权重叠区资源采掘业产业集聚水平的因素有产业分工、产业关联、产业协作和产业内的交流合作等。产业分工，是指矿业权重叠区不同矿业权人就地下矿藏资源开发利用的时序、空间安排，以及采掘巷道、安全支护、运输通道设计、矿井布局等所形成的生产流程、生产阶段的划分安排。产业分工的专业化和秩序化，有利于促进矿业权重叠区不同种类地下矿藏的集约节约利用，以减少资源浪费、重复投资及过度竞争等对生产效率所造成的影响。并且，有效的产业分工，还有利于矿业权重叠区不同资源采掘企业竞争优势的提升和采掘技术革新的投入，以消解矿业权重叠对环境退化和劳动增收所带来的效率损失。产业关联，则强调矿业权重叠区不同矿业权人或不同资源采掘业之间是否具有相关性，以促进资源采掘业空间集群效应的形成，进而形成不同资源采掘业之间的技术溢出效应，通过一种资源产业的发展来带动另一种资源产业的优化升级和效率促进。自2000年以来，随着我国经济社会的快速发展，我国资源富集区一些地方政府出现片面追求经济增长，忽视矿业权规制管理的问题，对矿业权重叠区的产业集聚、矿业权整合出现急功近利的现象，对很多矿业权重叠问题的处理采取由行政干预的方式加以调节，这在一定程度上虽然有利于矿业权市场集中度的提升，但却忽略了资源采掘市场产业集聚效应的发挥，也不利于矿业权重叠区地下矿藏的集约、有序利用。从产业规制的角度来说，任何一次的矿业权整合调整，都应当视为对矿业权重叠区资源采掘业产业集聚竞争力水平优化的过程，其目的在于促进不同资源产业间的分工、协作，以最大化重叠区地下矿藏资源开发利用的经济效益、生态效益和社会效益。

产业协作和产业内的交流合作，则强调矿业权重叠区不同矿业权人之间不完全竞争关系的重塑，以消除矿业权重叠所引致的“拥挤外部性”问题。这是因为，当矿业权重叠区存在多个不同种属或不同权属矿业权时，不同矿业权人之间可能因缺乏协调、生产要素集中而出现多个矿业权人之间的同质化竞争和要素错配效应，并引致资源采掘利用效率的损失问题。并且，当不同区域之间存在空间竞争效应时，这种拥挤外部性可能向其他区域溢出，进而形成区域间的保护主义和市场分割现象，并进一步引致生产要素配置的扭曲和资源采掘利用效率的损失。因此，为促进矿业权重叠区资源采掘业之间的协作、分工和产业关联，中央政府应从分级分类规制层面解决地区间的保护、竞争与分割局面，通过矿业权准入机制、双边或多边协议、利益补偿机制等，来实现区域间和矿业权人之间的沟通、协调、协作等。值得注意的是，在我国《煤层气开发利用“十二五”规划》中，国家明确提出了要“创新协调开发机制”，即建立完善煤层气和煤炭共同勘探、合作开发、合理避让、资料共享制度，以解决煤与煤层气矿业权重叠可能引致的非合作竞争和生产冲突问题。按照规划要求，在煤与煤层气矿业权重叠区，新设的探矿权必须对煤层气、煤炭资源综合勘查、评价和储量进行认定，煤层气产业发展必须以规模化开发为基础，规模化开发煤或煤层气资源，不具备地面开发能力的煤炭矿业权人，必须采取合作方式进行开发，并倡导煤炭企业和煤层气企业建立开发方案互审、项目进展通报、地质资料的共享、协调机制。除此之外，规划还要求煤炭远景区开发区实行“先采气后采煤”，新设煤层气矿业权优先配置给有实力的企业。煤炭生产区实行“先抽后采”“采煤采气一体化”。已设置煤层气矿业权但未设置煤炭矿业权，根据煤炭建设规划五年内需要建设的，按照煤层气开发服务于煤炭开发的原则，调整煤层气矿业权范围，保证煤炭开采需要。因此，从理论分析与政策规范的要求来看，未来应对矿业权重叠风险的问题，重点在于推动不同资源采掘企业间的产业协作、交流与合作机制的建立和完善。

依前述实证研究的结果，矿业权重叠区产业集聚（投资区位熵）水平与该区域资源采掘业全要素生产率、环境退化与区域贫困之间存在着显著的影响关系。结果显示，当集聚水平越高时，资源采掘业的全要素生产率越高，环境退化和区域贫困的致弱效应越低。这说明当前我国矿业权重叠区的产业集聚水平表现出集聚水平不高的问题。因此，为了促进矿业权重叠区资源采掘利用效率和经济社会可持续发展的改进，矿业权规制主管部门及地方政府治理应围绕如何促进资源采掘业的投资集聚水平、矿业权集聚水平以及企业或从业人员的集聚水平，以推动不同矿业权人对生产要素的配置进行优化，促进生产投资规模效率、技术效率及其全要素生产率的提升。由于资源采掘业是资本密集型和劳动密集型产业，其产业集聚效率的形成更多来源于资本投资效率和劳动生产效率的提升。但是，当资源采掘业出现技术革新时，技术驱动对资源采掘业生产效率的促进效应将会显著增强，进而使得资源采掘业出现由粗放型增长向集约型增长方式的转变。前文实证研究的结论对矿业权重叠区产业集聚效率优化可以起到的启示有：首先，资源采掘业产业集聚水平的提升对矿业权重叠风险的消解起到了积极的作用，因此，应该对矿业权重叠区不同矿业权人之间的资本、劳动、技术等生产要素的投入进行调节，以协调不同区域、不同矿业权人的资源采掘生产活动，以要素配置效率的优化带动矿业权重叠区产业集聚水平的提升。其次，我国资源采掘市场作为资本密集型、劳动密集型的产业，并未出现资本集聚、劳动集聚或矿业权集聚对资源采掘生产效率产生促进效应的格局，说明我国资源采掘市场存在资本集聚、劳动集聚及矿业权集聚水平不足的问题，矿业权集聚和要素集聚不足抑制了产业集聚效应的形成，尤其是矿业权重叠区这种现象更为显著。最后，我国矿业权重叠区资源采掘市场的竞争力和竞争完备性也存在不足的问题，以技术创新驱动对矿业权重叠风险消解的支持作用并不显著。因此，产业规制部门应着重加强对矿业权重叠区矿业权集聚水平、不同资源采掘企业的要素集聚水平加以调节，并可通过矿业权配额、进入壁垒、谈判、出售、接受政府规制、退出等机制的建立，以促进矿业权重叠区资源采掘业产业集聚效率的优化。

矿业权重叠区产业集聚水平的优化，还受到区域资源采掘业不完全竞争的影响。在矿业权重叠区产业集聚的过程中，生产力低下阶段由于资源采掘市场进入的壁垒低，矿业权结构呈现出多、小、散、重的现象，采掘市场竞争激烈，矿业权重叠使得在该区域的资源采掘生产成本上升，进而降低了单个矿业权人单位产出与投入的比价，其获得“索洛剩余”的可能性降低，并出现资本、要素集聚对资源采掘业全要素生产率促进的不足。在这样的趋势下，部分劳动资本低的矿业权人在生产成本上升、索洛剩余减少的情况下，势必存在对矿业权重叠区不同品位矿藏的选择性开采行为，并出现采富弃贫、采主弃副、掠夺性开采等现象。如果矿业权规制部门加强对资源采掘企业这种采富弃贫、采主弃副等资源生产率低效行为的监管，那么就会促使部分矿业权人加强对资本、劳动等生产要素配置效率的优化，甚至出现部分矿业权人利用技术创新驱动以获取更多索洛剩余的现象。当矿业权重叠区不同矿业权人之间的要素配置效率、技术水平呈现出差异化后，其必然带来矿业权重叠区资源采掘企业竞争能力的差异化体现。随着采掘企业竞争力差异化体现和索洛剩余的递增，在产业规制部门一定的技术壁垒、效率监管等规制下，其他矿业权人又会受到激励，以对技术创新、要素配置优化等加以改进，进而出现区域产业集聚水平的整体优化。2012 年 9 月，原国土资源部发布的《煤炭资源合理开发利用“三率”指标要求（试行)》要求，我国井工煤矿中，薄煤层、中厚煤层和厚煤层的采区回采率分别不得低于 85%、80% 和 75%；对于采用水力采煤技术的井工煤矿，薄煤层、中厚煤层和厚煤层的采区回采率分别不得低于 80%、75% 和 70%。露天煤矿中，薄煤层、中厚煤层和厚煤层的采区回采率分不得低于 85%、90% 和 95%。这一政策规定，事实上对于促进煤炭资源富集区产业集聚效率的优化起到了重要的调节作用。所以，矿业权重叠区产业集聚水平的优化，在一定程度上需要依赖于产业规制部门对不同矿业权人或资源采掘企业进行效率监管，并通过市场化手段和非市场化手段的综合运用，来加强对矿业权重叠区不同矿业权人生产决策、生产过程、行为结果等信息的监督、分享，以促进资源采掘业产业集聚水平的优化和矿业权重叠风险的消解。

7.2.2 环境规制的强化

依据表 6－6 和表 6－7 的实证结果，我国矿业权重叠区环境规制强度与该区域环境退化效应效率损失之间呈现出显著的正相关关系，而与矿业权重叠区资源采掘业损失效率损失之间表现出一定的负相关关系。这说明我国矿业权重叠区环境规制强度存在规制不足的现象，即随着环境治理投入的增加，矿业权重叠区环境退化的风险并未出现显著改善，甚至表现出同向波动的关系，显示出矿业权重叠区的环境规制强度依然存在进一步改进和优化的空间。从管理学层面来看，矿业权重叠区环境退化风险的消解取决于以下三类问题的解决：一是合理的规制强度，以促进资源采掘利用与环境保护的均衡，在有效开发地下矿藏的过程中解决资源浪费、环境破坏、边界侵权等外部性问题；二是维系资源采掘市场的有序竞争，减少不完全竞争和非合作竞争对地下矿藏开采带来的效率损失和环境负效应问题；三是通过技术驱动促进矿业权人生产能力的提升和采掘技术水平的改进，以减少资源采掘过程中和采掘后环境破坏的强度和范围。当然，这三个方面的措施在实践中是很难能做到帕累托效率最优的。因为，矿业权重叠区面临着复杂的地质分布环境和经济社会环境，不同矿业权人的资源采掘能力、技术能力和风险防控能力也具有较大的差异性。并且，由于资源富集区不同区域之间的资源禀赋、贫困水平、财政税收压力等具有较大差异性，使得不同地区针对资源采掘利用中的环境治理强度和政策执行效果也表现出较大的不同，进而使得资源富集区的环境退化风险的表现程度具有较大差异。对于矿业权重叠区而言，重要的问题在于什么样的环境规制工具和规制强度对环境效率的改进是最有利的？按前所述，内生性环境和外生性环境的变化都可能导致矿业权重叠区资源利用过程中的环境退化，内生性和外生性市场机制的设计应以资源配置效率和生态环境效益的改进为价值导向，但矿业权重叠的产权机制对资源采掘利用的环境退化具有一定的风险传导效应，矿业权重叠的外部性问题应得到恰到好处的监督与激励。所以，我们应综合探讨矿业权重叠区环境规制工具的选择及其政策效应问题，以为资源富集区矿业权重叠风险的消解提供有力的政策依据。

从环境规制的政策工具选择来看，有的学者将环境规制的类型分为命令—控制型环境规制、基于市场激励型的环境规制和自愿型的环境规制等类型。对于矿业权重叠区而言，命令—控制型的环境规制强调以行政命令的方式要求矿业权重叠区不同矿山企业遵守相应的技术标准和绩效标题，以对矿业权市场不同矿业权人的生产技术、环境退化控制能力和环境退化事实结果进行限制，减少矿业权人生产能力低下及技术能力不足对重叠矿业环境退化造成的负面影响。市场激励型环境规制，则强调借助市场信号以引导不同矿业权人的生产行为和环境退化防控行为，激励环境退化者降低对环境破坏的影响，或使矿业权重叠区整体环境退化的状况趋于受控或优化。通常，市场激励型的环境规制政策包括环境税、排污费、使用者税、补贴、可交易许可证和押金—退款政策等类型。前三者体现了对环境退化施害方环境成本的还原，以实现边际收益与边际成本的均衡。补贴则是对不具备相应生产能力和技术标准的采掘企业进行的财政补贴，以促进其对技术革新、创新驱动的投入，改进生产作业方式并减少对矿业权重叠区地下矿藏采掘利用过程造成的环境退化影响。可交易许可证，则强调矿业权规制机构或环境规制机构应界定矿业权重叠区不同矿业权人针对该区域地质环境、生态环境及自然影响等所享有的可容忍的环境退化权利。包括环境破坏的程度、范围及其环境价值损失的大小等方面，并允许不同矿业权人对这种环境破坏权可进行市场交易来实现矿业权重叠区环境退化影响的最优配置的政策。主要的分配方式包括环境退化权的拍卖和无偿分配。押金—退款政策，则以假定矿业权重叠区不同矿业权人的活动对该矿区环境存在一定的负外部性影响，如储层破坏、耕地破坏、水土流失、土地塌陷等，并对其征收一定数额的押金，当矿业权重叠区地下矿藏被采掘、运输到指定的地点时，如果矿业权人后期可以自我证明其实施了必要的技术和资本投入，以消除对此类环境退化风险的影响，再基于对该区域环境退化影响程度、范围及责任大小等进行认定的基础上，将押金全部或部分返还给相应的矿业权人。此项政策有利于不同矿业权人对其资源采掘利用的生产决策及环境保护措施进行自我监控，以消解其采掘行为对环境退化造成的负面影响。

从命令—控制型工具来看，矿业权重叠风险规制的政策工具重点体现在两个方面，一是界定技术标准、形成技术壁垒，二是制定绩效标准、减少环境退化损失。首先，技术驱动有利于提升矿业权重叠区不同矿业权人对地下矿藏的集约节约利用效率，减少资源浪费和环境美学价值的损失。矿业权规制主管部门应着重于对矿业权重叠区不同资源采掘企业技术革新的政策扶持、补贴和产业结构的调整，以促进矿业权重叠区资源采掘市场竞争的充分性，消除技术能力差异对市场竞争充分造成的非公平竞争、恶意竞争、破坏性竞争、掠夺性采掘竞争等现象。其次，加强对矿业权重叠区不同矿业权人资源采掘利用效率的监管，有助于消除矿业权人粗放式生产行为对资源利用效率和生态效率所造成的破坏。一方面，矿业权规制部门应充分发挥矿业权重叠区不同矿业权人、矿区群众、社会公众、中介组织、新闻媒体等主体的监督作用，以对矿业权重叠区地下矿藏采掘过程中不同矿业权人的回采率、综合利用率、开采率、环境破坏率等信息的公开、分享与监管，以建立信息透明、监督充分、追责有效的制度安排。另一方面，矿业权规制部门、环境规制部门应着重于加强对矿业权重叠区不同矿业权人资源开采利用率水平、环境破坏、非法开采、破坏性开采等行为的监管与处罚，还原环境退化和资源浪费所带来的外部性成本，以促进不同矿业权人对其生产决策和采掘工程方案进行优化，最小化资源利用效率的损失。因此，为消解矿业权重叠风险，矿业权规制部门应着重于对矿业权重叠区不同矿业权人资源开采过程和行为结果的信息披露，以增强不同矿业权人的环境意识、效率意识和节约意识，使矿业权人加强对技术创新的投入，以减少资源采掘过程对生产效率、环境退化造成的影响。除了信息披露政策外，规制部门还可采取矿业权吊销、法律追责、技术创新资助、技术项目支持、环境技术奖励、假定税、环境保证金返还等政策，以为矿业权重叠风险的消解创造一个有利的政策环境。

从实践来看，我国目前尚未形成专门针对矿业权重叠区资源集约节约利用的技术标准政策，既有的绩效标准、非法采矿责任追究制度也仅限于抽象层面，并不能对矿业权重叠风险的消解形成有效的约束作用。如在“三率”考核方面（开采回采率、选矿回收率和综合利用率），依据《矿产资源法》第29条和《矿产资源监督管理暂行办法》第23条的规定，开采矿产资源，必须采取合理的开采顺序、开采方法和选矿工艺。开采回采率、采矿贫化率和选矿回收率长期达不到设计要求，造成资源破坏损失的，应当追究有关人员的责任，或者由地质矿产主管部门责令其限期改正，并可处以相当于矿石损失50%以下的罚款，情节严重的，应当责令停产整顿或者吊销采矿许可证。2012年9月，国土资源部发布了《煤炭资源合理开发利用“三率”指标要求（试行）》，这是国土资源部首次发布的第一个矿种的指标要求。按照要求，我国井工煤矿中，薄煤层、中厚煤层和厚煤层的采区回采率分别不得低于85%、80%和75%；对于采用水力采煤技术的井工煤矿，薄煤层、中厚煤层和厚煤层的采区回采率分别不得低于80%、75%和70%。露天煤矿中，薄煤层、中厚煤层和厚煤层的采区回采率分不得低于85%、90%和95%。当前的问题是，虽然现在从部门规章上已经有了明确要求，但由于在现行体制下，我们大多只能依靠生产部门自我监督的办法，一些地方资源规制部门限于资源性财政收益的考虑，同时也顾及矿山企业投入大、生产周期长等因素，对“三率”考核不达标的矿山企业较少使用“停产整顿”或“吊销采矿许可证”等强制性措施，而常常出现以经济性处罚作为代替，出现“以罚代管”“三率”考核实效甚微等问题。在非法采矿责任追究方面，2003 年 5 月 16 日，最高人民法院审判委员会通过的《中华人民共和国最高人民法院关于审理非法采矿、破坏性采矿刑事案件具体应用法律若干问题的解释》第 2 条指出，超越采矿许可证规定的矿区范围开采矿产资源的，按“未取得采矿许可证擅自采矿”罪定罪处罚，造成矿产资源破坏的价值数额在 5 万元以上的，属于刑法第 343 条第 1 款规定的“造成矿产资源破坏”；数额在 30 万元以上的，属于刑法第 343 条第 1 款规定的“造成矿产资源严重破坏”的情形。越界开采的责任认定关键取决于矿业权人是否存在主观错误。因此，从技术标准、绩效标准的角度来看，矿业权规制中的命令—控制型政策工具仍有待于创新，并加强对政策执行的优化，以促进矿业权重叠风险的消解。

从市场激励型工具来看，我国目前采取的资源税、矿产资源补偿费、环境治理保证金等政策，对矿业权重叠区环境退化的改进仍然有进一步提升的空间。首先，资源税，从税制的设计上来看，开征资源税的目的除了部分体现资源所有者的权益之外，更主要是为了调节由于资源条件差异所造成的资源级差收益，并提高资源利用效率，减少对环境退化的影响。而我国对资源税的征收，过去的课税标准主要是按实际采掘量来确定的，税率实行浮动定额税率。其税制的设计并没有考虑到不同矿区资源丰度、开采难度以及不同矿业权人的生产能力等情况，这些因素实际上对企业的边际成本和边际收益都产生着显著影响。我们知道，相对于矿业权人理性而言，其生产的均衡点在于边际收益等于边际成本之处，资源丰度的下降和开采难度的加大都会不同程度地带来边际生产成本的上涨，这也就不难理解为何“采富弃贫”“采大弃小”“吃空心”和“破坏性开采”等现象普遍存在。从另一方面看，我国矿产资源具有禀赋差、共伴生成分复杂、生产成本高等特点，目前我国矿产资源的平均回采率仅为 30%，一些乡镇煤矿仅为 10%，共生、伴生矿的利用率仅为 20% 左右，矿产品的总回收率只有约 30%，这就使得资源税对矿业权人环境治理的投入和技术革新并不显著，进而成为引致环境退化的关键原因。其次，从矿产资源补偿费的角度来看，根据我国《矿产资源补偿费征收管理规定》，补偿费按照矿产品销售收入的 0.5% ~4% 计征，而国际上多数矿产资源权利金费率都在 2% ~8%。并且，在实际操作中，我国矿产资源补偿费是在矿产品销售后征收，其收费办法规定按矿产回采率系数（等于核定开采回采率除以实际开采回采率）计征矿产资源补偿费，试图以此促进矿山企业提高采矿回收率，以合理利用矿产资源，但在实际执行中，一方面核定开采回采率由矿山企业自己申报，致使一些企业的核定开采率、回采率过低，另一方面，实际开采回采率也是由矿山企业填报，这就使得矿产资源补偿费很难起到促进环境改善的作用。因此，我们须着重于对资源税、矿产资源补偿费征收政策进行重塑，以促进不同矿业权人加强对地下矿藏的集约、节约和优化利用。

从自愿型规制工具来看，我国在《煤层气开发利用“十二五”规划》中，已明确提出要“创新协调开发机制”，即建立完善煤与煤层气重叠区两种资源的共同勘探、合作开发、合理避让、资料共享等制度。在煤与煤层气重叠区，新设探矿权必须对煤层气、煤炭资源综合勘查、评价和储量进行认定。煤层气产业发展应以规模化开发为基础，应当规模化开发的煤层气资源，不具备地面开发能力的煤炭矿业权人，须采取合作方式进行开发。煤炭企业和煤层气企业要加强合作，建立开发方案互审、项目进展通报、地质资料共享的协调开发机制。现在关键的问题是，应如何促进不同矿业权人之间的分工与协作，并采取标准化的协议范本来解决矿业权重叠区不同矿业权的排他性问题。标准化协议范本的达成，通常可采取政府协调、不同矿业权人共同协商、达成合作契约或规制仲裁等形式，以形成矿业权重叠区不同矿业权人共同遵守的生产行为准则。标准化协议范本具有排他性效力，以排除其他矿业权人非法使用、干扰或妨害某一方矿业权行使的情形。其排他性效力主要体现在以下几个方面：（1）矿业权重叠区地下特定矿种的专营、联营制度；（2）矿业权人采掘权、收益权之间的排他性效力，包括采掘工作面的合理避障、避险、共用、用后移交、成本补偿、风险分摊以及难分割矿产品的收益分配等，如果这些权利重合，权利主体又不是同一主体时，两方之间就会发生冲突。在此情况下，协议范本的排他性效力应体现“保护在先权利”为原则。如果甲矿业权人巷道设计、井下作业在先，采掘工作面作业权在先的矿业权人应优于采掘工作面布设在后的矿业权人布井设计权，除非获得在先矿业权人的许可，否则，在后相关权利应当予以撤销。重叠矿权标准工作协议在行使过程中，其客体还可能与在先或在后的“砂、石、黏土”及“土地使用权”等权利客体之间存在交叉、重叠，这些权利之间也会产生排他性问题，处理类似冲突的规则仍然是保护在先、合理避障、兼顾利用平衡等原则。基于前文理论诠释对权利救济的相关分析，在标准工作协议仍无法解决未预料中的权利冲突、无意侵害时，赔偿损失则成为保障矿业权重叠区矿业权排他性效力实现的有效救济措施，以体现一种债权请求权的行使，权利行政之目的是为使侵权行为造成的损害获得合理的经济性补偿。因此，在本质上，重叠矿权的优化处理方案其实是一种基于双方共同意愿表示的合作契约，它是适应商品交换关系需要而衍生出来的一种协同开采协议。

7.2.3 技术驱动的促进

依前文所述，矿业权重叠风险重点表现为技术效率损失和环境退化风险两个方面。因而，消解矿业权重叠风险的技术应对，则主要体现为两个方面，一是共生性伴生性资源集约节约利用的关键技术，如致密性气藏集约化开发技术、重叠矿藏定向井防偏技术、低品位矿藏再利用技术、油气矿矿藏压裂技术、重叠矿藏井巷原位共用换管技术、脉状矿体残留矿柱回采技术、伴生性矿藏互层矿开采与配矿技术等。二是矿业权重叠区环境退化的风险防控与减损技术，如矿藏重叠区微生物修复技术、重叠区地质灾害智能识别控制技术、重叠矿层采空区充填技术、复杂难采重叠区矿柱综合开采技术、废石就地回填技术、中厚矿体无矿柱连续高效开采技术等。一般来说，矿产资源综合开发利用的过程，可以理解为是对矿产资源的综合勘查、综合开采和综合利用。综合勘查是对矿物类型、性状、储量及共生、伴生等情况作出的勘查与评价；综合开采是对储存于地壳中的矿体进行开采、剥离，并从地下运输到地表的过程；综合利用是对采出的矿石或其他矿物进行选矿加工和冶炼，以提取各种有价值成分和元素的过程。从技术的角度看，矿产资源开发利用过程是一种技术投入的过程，它是对一定经济合理条件下的勘查技术、采矿技术、选矿和冶炼技术的综合运用，以达到成本最低、资源开发利用效率最优的技术经济目标。通常，评价矿山开采技术有效性的指标包括减少矿石贫化率、降低开采成本、提高生产效率和减少生态破坏四个方面。减少矿石贫化率，要求尽量采用智能化技术、数据化技术及资源综合开采技术，以减少矿业权重叠区地下矿藏开采过程中造成的矿石损失、环境破坏，使矿藏资源最大限度地得以开发利用；降低生产成本，要求在采矿过程中尽量减少人力、物力和财力的消耗，提高矿山开采的经济效益；提高生产效率，意味着资源采掘企业应尽可能采用先进技术，发挥技术对资本、劳动等要素配置的替代效应，以减少无效投资和生产要素错配带来的生产低效，避免不完全竞争带来的效率损失。减少生态破坏，则要求矿山开采尽可能减少地质塌陷、储层破坏、水体污染、有害气体排放、耕地破坏、水土流失等生态风险。

在技术的选择与运用方面，通常要综合运用测量、井巷掘进、安全支护、采掘、运输、提升、通风、排水、充填、顶板管理、尾矿处理、灾害防治等技术，以促进矿业权重叠区地下矿藏的综合利用，并提高矿产资源的综合利用率水平。在矿业权重叠区，由于矿产资源的分布性状复杂，不同矿体发生边界交错、多层重叠的现象较为普遍，并时常伴有断层、褶皱、岩脉切入以及断层破碎等地质构造现象[①]，给重叠区的资源综合利用造成很大困难。重叠区中不同矿床矿体的走向、品位、倾斜方向也时常出现改变，如铅锌矿床中，可能某些地区铅矿的品位比较高，而另一些地区锌矿的品位比较高。这就要求矿业权重叠区不同采掘企业应按不同矿体的实际性状（品位、矿种、厚度、倾角）来合理划分采区和开采时序，避免矿体破坏造成的资源浪费和资源生产率低下问题。在加强矿产资源开发利用管理时，应秉承“综合利用、防止浪费、保护生态、和谐发展”的理念，把经济效益、社会效益和环境效益结合起来，促进矿业可持续发展。具体来讲，应遵循以下原则：（1）合理选择和综合使用各种有效手段，对矿床进行综合开采。要根据矿产资源分布的地质条件、产出性状、共生关系、市场需求、采选冶条件、价格关系等，合理制订矿产资源开发利用计划，实现资源的可持续利用和资源、经济与环境的和谐发展。（2）按照技术可行、经济合理的原则，明确划分矿业权人开采边界，确定矿产资源开发利用的先后顺序，循序渐进，对不符合技术条件的矿产资源开采行为进行限制，达到维护矿产资源国家所有者权益和矿业权人合法权益的目的。（3）注重对矿产资源开发利用过程的全过程管理，对井巷布局、安全防护及资源综合利用率等建立信息公开制度，通过对矿产资源开发利用过程信息的分享，实现资源的优化配置，最大限度地提高矿产资源开发利用的经济效益。

根据矿床的赋存条件，矿床开采方式一般可分为地下开采、露天开采、地下与露天开采和特殊开采四类。设计合理的开采方式，往往取决于很多方面因素，如矿体埋深、伴生性、共生性、矿体结构、矿体产状、空间分布、矿脉走向等。通常，露天开采是对直接裸露于地表的矿体采取剥离的方式进行的采掘过程，具有生产成本低、劳动效率高、资源采出率高、作业空间不受限制等优点。地下开采，是对于埋藏深度较大的矿床，采取从地表掘进一

---

① 陈国山．采矿概论［M］．北京：冶金工业出版社，2008：6.

系列巷道通达矿体，再采取支护、采准、剥离、提升、运输、移转等方式进行的采掘过程。相较于露天开采而言，地下开采的生产成本高、不确定性多、作业空间受限，且容易发生生产安全事故。地下与露天联合开采，适用于矿体延伸较深、覆盖层不厚的矿床，对于这类矿体，早期一般采用露天开采方式进行地表矿体的剥离，随着地表矿石剥采比大于合理的剥采比之后，露天开采逐渐转为地下开采，沿矿体走向依次开掘井巷对地下矿体进行开采。特殊开采，是随着易采、易选的矿产资源储量越来越少，加上生态环境约束的日益趋紧，矿山企业不得不采取一些特殊的开采方式，来对品位低、赋存条件特殊、性状复杂、环境负效应显著以及开采技术难度大的矿体进行的开采，如溶解开采（如钾盐的开采），即是通过向矿体中注入特殊溶剂，通过化学溶解、析出、热力和动力转换等，将该矿藏从固态转化为气态或液态形式，然后再加以回收利用，以达到降低成本、提高采收效率的目的。矿产资源开发利用，可以为经济社会提供生产资料和生活资料，直接为工农业提供原材料和肥料。但矿产资源开发利用同时也会破坏自然生态环境，造成耕地破坏、水土流失、植被消失，某些矿产资源的开采还会使埋藏于地下的许多对人类及其他生物有害的物质暴露出来，危害生物种群的生存，如金矿开采冶炼中的砷，铅锌矿开采中的镉等①。从保护生物多样性和生态环境的角度出发，矿产资源开发利用管理必须注重对环境的保护，走绿色矿业的发展之路。

矿业权重叠区矿体及围岩的组成、形态、产状、断层、裂隙及矿体的发育程度等，既影响井巷布置、硐室设计、巷道长度、井下运输、矿物提升、围岩倾角等采矿工程的施工方案，又影响相邻矿体夹石层厚度、围岩稳固性、充填工艺、上盘下盘开采顺序等采掘流程。通常，采掘企业在设计矿业权重叠区的矿山工程时，应主要考虑以下几方面因素：

（1）预留安全隔离矿柱。为减少矿业权重叠区安全作业风险，不同矿业权应在不同采区之间预留 20 ~ 80 米的境界隔离矿柱，以保证不同矿体开采时相互不受影响。同时，为减少隔离矿柱带来的损失，应尽可能考虑不同矿体间围岩的稳固性，利用围岩作为边界矿柱；或者也可以利用品位较低的矿体、贫矿带、薄矿带等作为井巷边界。

（2）注重矿体联合开采。为了有效开采矿业权重叠区的不同矿体，采掘

---

① 关凤峻，杨福田．矿产资源综合开发利用评价理论与方法［M］．北京：地震出版社，1992：265.

企业应协作进行井下开拓工作，以便不同矿山企业能最大限度地共享矿山基本建设工程，如硐室、巷道、供水供电设施、充填系统等。这些系统不一定要求每一个矿山企业都重新设计一套，有些设施是可以共享使用的。例如，供水系统、充填系统在某些具有相似采掘流程的企业是可共享使用的。

（3）合理确定开采时序。在确定矿业权重叠区不同矿体开采时序时，有时需要考虑不同矿种开采的经济效益和社会效益。当储量大、品位高的矿体与储量小、品位低的矿体发生重叠时，应注重矿山开采的投入规模和产出效益，合理设定各自矿体的开采时序。在设计开采方案时，既要考虑经济社会对该矿产需求的紧迫程度，也要考虑资源利用的投入与产出关系，优先具有较高经济效益和社会效益的资源开采。

（4）注重保护生态环境。矿业权重叠区的资源开采往往会造成储层破坏、水源污染、废物排放、噪声污染等生态事件，进而影响其他矿业权人的正常作业生产。同时，重叠区不同矿业权人的不合理的采矿活动也会加剧地质环境的恶化，引发地质灾害，甚至引起地表塌陷、植被破坏等问题。这就要求重叠矿区矿业权人应合理安排矿山工程，以减少矿山开采对生态环境的破坏。

对于矿业权重叠风险的消解来说，技术驱动能起到矫正要素配置扭曲、减少生产效率损失和环境退化风险、提升重叠区矿藏资源综合利用率水平的作用。长期以来，由于我国矿业权市场产业集聚水平不高、生产能力不足等原因，矿产资源开发利用中的资本驱动和劳动驱动的特征显著，技术驱动效应表现不足，进而引致了资源开发利用过程中的效率低下、资源浪费、环境退化等问题。特别是矿业权重叠区不同矿业权人之间的采掘竞争，以及不合理的开采方式、时序和空间安排，增加了矿业权重叠区生产低效、资源浪费、环境退化等风险，成为矿业权重叠风险生成及演化的关键原因。矿业权重叠对于重叠区不同矿体开采的巷道布置、开拓部署、安全支护、通风与排水等均产生实质性影响。尤其是当矿体的埋深情况、矿体厚度、围岩稳固性等存在较大差异的矿业权重叠地区，不同的储量规模、品位和矿物伴生互生环境，无疑增加了不同矿体的巷道设计、采区布置、工作面推进、采空区处理、矿物运输等工作的难度，影响了正常合理的开采时序。重叠区有的矿体可能含水，而有的矿体可能含有毒性气体，这就给不同矿业权难的矿山开采活动带来了极大的安全隐患。同时，重叠区中一个矿块开采完后，不同采掘企业的人员、设备发生移转，而另一矿业权人又要重新设计采区的井巷、采区作业面、运输系统、安全支护等工序，这也增加了重叠区块生产系统布置的重复投入。通常，在资源富集区受矿业权重叠因素的影响，不同矿体的埋藏深度、矿体大小、储量规模、分布性状、赋存条件等都存在着较大差异，使得不同采掘企业开展矿山开采的进度、地点、规模等施工方案均受到影响，同时各生产系统的通讯、监测、供电、通风、排水等安全保障工作也会受到影响。因此，矿业权规制主管部门应着重于通过政策引导、政策扶持以及政策促进，以使资源采掘企业积极寻求由资本驱动、劳动驱动向技术创新驱动的转变，并在矿业权重叠区时，通过资源综采技术、安全技术、环境防控与恢复技术等的革新，以消解矿业权重叠对资源利用效率、环境效率损失所可能带来的影响。

7.3　经济规制：怎样促进矿业权重叠区可持续发展

经济规制，是政府为了防止资源配置低效、确保资源配置公平、促进社会福利帕累托改进，对微观经济活动进行某些限制而形成的产业政策的总和。这些产业政策特别适用于具有部分非竞争性和非排他性的行业，如煤气供应、资源采掘、电力、交通等行业。对于政府规制经济活动的理由，学者们大多从公共福利促进、市场失灵矫正等角度提出了各种理论的解释。如，在资源采掘领域，由于产权残缺导致的“X”低效率、信息不对称、次优决策等，资源采掘市场往往存在着普遍的资源配置效率损失和外部性损害等问题。如果不对这些问题进行政府规制，资源采掘企业就会通过次优决策、寻租等来获取短期利润、超额利润或者垄断利用，从而扭曲矿产资源开发利用的生产效率、生态效率，以及资源性收益分配的社会效益。因此，为了矫正市场失灵可能引致的风险传导，比较合理的做法是，政府规制部门对资源采掘市场不同采掘企业的生产决策、生产过程以及收益分配进行限制，使价格信号在资源配置过程中充分发挥作用，以促进资源采掘利用的效率、公平和福利改进。通常，经济规制可采取的手段有价格规制、质量规制、投资规制、外部性矫正及权益损害补偿规制等，规制的目标在于实现资源的有效配置、提升资源采掘效率、避免收益分配失衡等方面。因此，本节将着重从外部性、价格信号、收益分配三个层面，来探讨矿业权重叠风险消解的经济规制政策的创新问题，以为促进矿业权重叠区可持续发展提出一些可供借鉴的对策建议。

7.3.1　外部性的矫正

我国矿业权市场的经济规制是在缺少资源产权制度和自由市场机制的初始条件下进行的，矿业权市场的外部性显著，资源利用的效率较低。中国改革开放40年来，矿业权规制与资源采掘市场的反应之间，还不时表现出一些负外部性的现象。从根源上来说，这些外部性的表现范围和表现程度反映了中国社会经济发展的阶段性和特殊性。因为，第一，中国的资源采掘业仍属于一种劳动密集度较高的产业，不同于美、英等发达国家，它们的劳动力相对缺乏而资本资源相对丰富，所以它们的采掘业主要依赖资本推动，其技术水平较高，产生了大量的资本对劳动力的技术替代。因而，基于矿业权重叠、技术能力不足、不完全竞争或环境约束不够等，而引致的外部性损害的广度和深度并不十分显著。第二，中国矿业权规制政策的调整相对于经济社会的需求变动存在时滞，政府分权及地方保护主义的存在，使得资源利用风险和效率低下的问题时有发生，各级地方政府通过"逆向选择"来保护负外部性行为的现象较为普遍，进而产生"道德风险"问题。同时，由于经济性规制政策的安排存在效率偏差，使得矿业权重叠引致的外部性问题并未得到有效的调节，资源采掘市场价格信号的功能发挥受到阻碍，矿业权市场通过产权自由交换来实现外部性内化的政策效应也有待提升。第三，资源品价格波动与资源品生产的税费调节之间存在非对称性特性，社会贴现率的波动往往加剧了矿业权重叠区地下矿藏的快速耗竭、利用低效和资源性收益分配的失衡等问题。如果按照资源最佳耗竭的霍特林法则，重叠区地下矿藏资源的最佳利用应遵循的原则是：资源采掘的边际收益应等于社会贴现率，只有这样，不同矿业权人才会对是加强对资源的快速耗竭还是注重对不同品位、不同伴生性共生性资源的集约节约利用这两种选择上没有显著性的偏好，进而对减少矿业权重叠引致的外部性起到了有效的激励作用。

矿业权重叠引致的外部性大致可表现为三个方面：一是矿业权重叠带来的产权残缺，使得重叠矿区部分矿业权的产权边界、产权客体界定不明确或界定不恰当，而引致矿业权人容易发生对其他矿业权人的权利侵害，或对其他矿业权人的权利行使带来障碍，进而造成外部性问题。二是矿业权重叠引致的不完全竞争，使得重叠区地下矿藏资源开发利用总体效率水平较低，采掘技术落后、恶意开采现象普遍，造成资源利用低效、资源浪费、矿产资源国家所有者权益损失、水土流失、储层破坏、环境退化等现象。三是地下矿藏分布的伴生性、共生性或致密性特性，增加了资源有效开采的难度和边际成本，并引致不同矿业权人的越界开采、偷采、抢采等行为，造成对其他产权人财产权的损害而又未得到合理补偿，最终引致资源开发利用福利分配的非帕累托效率改进。基于外部性理论，矿业权重叠区资源采掘活动可能产生正的外部经济和负的外部经济两种情况，前者即指由于某一矿业权人对重叠矿区井巷开拓、矿井布设、生产时序、空间避让等给其他矿业权人或相关权益人所带来的经济性收益，而受益者无须花费代价或付出较少代价。后者即指因矿业权重叠区某些矿业权人的恶意竞争、掠夺性开采、破坏性开采、越界开采或偷采、漏采等给其他矿业权人或相关利益主体所造成的财产性损失，造成外部不经济的单位或矿业权人却没有为此承担成本，出现边际成本与边际收益的失衡，进而导致一系列社会问题的现象，如储层破坏、采空区塌陷、水土流失、生态破坏、矿区群众权益受损等。因此，对于矿业权重叠引致的外部性的矫正而言，既涉及对正外部性的矫正，以对提供正的外部经济的矿业权人进行补贴、补偿或奖励，以利于矿业权重叠区地下矿藏的集约节约利用；同时，也涉及对负外部性的矫正，以对造成其他矿业权人或其他权益主体权益损害的行为进行处罚，以减少矿业权人负外部性行为决策和行为过程所带来的负面影响。

我们知道，最佳外部性水平是矿业权规制的一个重要目标。在经济规制理论上，外部性的矫正是可以通过“内化”或“交易”机制来实现的。内化即将外部性水平不同的两个或两个以上产权人合并为一个，以解决产权的避让、侵害以及风险消解等问题，“重叠矿权”的整合即是典型代表，而且新古典经济理论和产权制度理论都倾向于建立类似可内化外在性损失的产权交易机制，这种机制的建立有利于具有不同技术水平的矿业权人之间实现权利的兼并、联营或整合，有利于提高资源回采率水平。交易，即是通过市场化机制，对因产权人行为所造成的外在性损失进行经济性弥补（如环境污染），矿业权的“权益损害补偿”即是其形式之一。以使用矿产资源而支付一部分经济性补偿为目的的价值补偿机制，其主要目的是，作为一个整体来考虑的话，应该是防止资源利用降低了整个经济社会中的资源配置效益。如果可能的话，可以采取产权市场的内化机制来提高其资源配置的效益。大量有关矿产资源价值补偿的文献都指出，如果价值补偿只反映矿产资源的绝对地租关系，那么价值补偿就不会对资源利用总体福利改进起到推动作用，也就是说，价值补偿达不到激活矿业权市场中产权交易效率以实现资源利用福利增长的目的。价值补偿需通过有效的价格机制才能得以实现，它体现矿产资源所有者与使用者之间的经济关系和经济学中的“使用者付费”理念，以避免外部性损害对资源采掘利用相关权益主体所造成的财产性损失。为此，我们须完善对矿业权的产权交易机制、外部性损害补贴机制和矿产资源的有偿使用制度，以使矿产资源所有者的权益和矿业权人的权利能得到充分体现和补偿，这是维持矿业权重叠区资源采掘市场完全充分竞争的前提条件。从相关性上看，引致我国矿业权重叠区资源采掘市场外部性的主要原因在于矿业权集中度较低、产业集聚水平不足、资源初始价格较低、社会贴现率水平较高，而对矿业权市场的进入管制和技术壁垒较低等多方面因素共同作用的结果。因此，为矫正矿业权重叠区资源采掘市场的外部性水平，政策上应着重于从产业集聚、资本融资、内化机制、价值补偿等层面提出相应的解决之策。

对于权益损害补偿而言，矿业权重叠区的权益损害补偿包括资源采掘利用中的经济权益损害补偿和生态权益损害补偿。经济补偿目前在我国主要体现在税费制度方面。关于税费制度的不足以及造成的现象如前所述。矿产资源开发对生态环境的损害主要包括两个方面：破坏性的生态损害和污染型的环境损害。我国目前尚未对造成的生态破坏和环境污染如何补偿进行明确、详尽的规定。由于缺乏具体的量化标准、技术标准和相关细则，因此地方生态恢复也没有形成强制性和可操作性的依据。生态补偿标准的缺失使得生态补偿无法具体量化，也无法使矿产资源价格反映具体的生态补偿成本，削弱了资源品定价机制的影响力。在实践中，目前我国的矿产资源补偿相关法律制度规定的矿产资源补偿，主要是针对矿产资源开发利用对其他矿业权人所造成的外部性损害而作出的经济补偿，没有形成以“生态”为对象进行补偿的相关实施规范。现行的矿产资源税、矿产资源补偿费、探矿权使用费、采矿权使用费及探矿权价款和采矿权价款，主要是偏重于补偿资源自身的经济价值以及调节资源级差收入，或者重在解决资源耗竭性补偿问题，或者属于矿产资源勘探投资的对价，都不存在对生态的补偿问题。尤其是针对矿业权重叠而造成的环境退化、生态价值评估等也很难作出科学、客观的评价。矿产资源权益损害补偿机制的不完善，使得矿业收益不能充分反映因矿产资源耗竭而需要付出的代价，以及因矿产资源对环境、生态和社区的破坏所需支付的社会性补偿，从而使生产过程中的私人成本小于社会成本，地方政府对负外部性无力内部化，导致了环境污染严重，社区的生态恶化。同时，这也使得资源采掘企业生产成本反映不完全，抬高了矿业投资的实际收益率，进而刺激各种投资主体纷纷涌入矿业领域，加剧了矿业市场的无序竞争，导致矿业权市场“炒卖矿权”等投机行为普遍发生。因此，为矫正矿业权重叠引致的外部性问题，矿业权市场的经济性规制应着重于加强对权益损害补偿的保障机制的政策创新，如，对生态保护的税收优惠制度、开采许可证的环境评价制度、矿产资源开发的环保技术奖励措施等，以促进矿业权重叠区资源采掘市场外部性水平的优化。

在政策工具的选择上，矿业权重叠区外部性矫正的工具通常有以下几类：(1) 税收调节。税收是通过对矿业权人外部性经济行为征收相当于其外部边际成本数量的税收，以还原其边际成本，消除其外部性影响。对于矿业权重叠而言，适当的税收调节无疑有助于消解因产权冲突、非合作竞争、环境退化、资源浪费等对其他权益主体所造成的影响。(2) 发放补贴。补贴是实现正外部性内化的一种手段，旨在通过政府给予提供了外部经济的资源采掘企业相当于其外部收益供给的补贴，以使矿业权重叠区不同矿业权人的边际成本与边际收益相等，从而鼓励资源采掘企业进行协作、分工，并采取最佳采掘利用方案以促进资源利用效率和生态环境效率的改善。(3) 环境质量标准及处罚。为减少矿业权重叠对环境退化造成的影响，矿业权规制部门可以通过制定环境质量标准，规定资源采掘企业环境破坏的最大限额，以对不同矿业权人的行为进行约束。(4) 许可证制度。许可证制度是政府规制部门出于提升资源利用效率和促进区域生态保护的目的，而对资源富集区矿产资源勘查权、开采权、污染权等作出政府许可的制度安排。(5) 产业管制。产业管制强调由矿业权规制部门及产业规制部门，通过行政干预对矿业权重叠区的生产布局、生产决策、安全防护、效率监管等进行调节，以将生产能力弱小、外部性损害程度高的矿业权人排除，以建立一个信息充分、竞争完备的资源采掘市场。(6) 内部化市场。内部化市场是基于外部性内化而建立的一体化组织体系，将施加和接受外部性成本和收益的产权人进行合并，以组建一个足够大的资源采掘企业，通过企业内部的组织管理，使企业的生产决策达到边际成本与边际收益相等的效率均衡点，从而纠正不同矿业权人外部性行为带来的效率损失。(7) 外部性损害交易。外部性损害交易的思想就是建立矿业权人基于地下矿藏资源开发利用的需要，而拥有对其他权益主体进行有限侵权的权利，即合法的通行权、取水权、污染权、侵害权等，并允许这些权利像商品那样在市场上进行自由交易，以形成一个最佳的外部性水平。

7.3.2　价格信号的发挥

价格，是资源合理配置的手段，能起到调节生产和消费的功能。价格信号，则是对价格变动趋势及特征、情报、资料的一种反映。依据经济学原理，市场机制是通过价格信号发挥作用的，一方面价格驱动生产者决定生产什么、怎样生产、生产多少、在哪里生产，以及将产品销售给谁的问题；另一方面价格又引导社会对特定商品需求的变动，价格决定消费者购买什么、去哪里购买以及购买多少的问题。在市场机制中，价格实际上是市场交换的基本条件，它引导生产供给和消费需求的波动。长期以来，我国资源富集区偏重的是对资源的数量管理，而忽视质量和生态管理，不利于矿业权市场价格信号的充分发挥，也不利于资源的综合承载能力、产出优化能力和环境修复能力的提升。质量管理和生态管理，可以通过市场的价格机制、交换机制来实现创新要素的累积，并以边界清晰、权责规范的产权安排为基础，达到矫正外部性的目的。相对而言，简单的数量管理，并不能对资源采掘效率、集约节约利用水平起到有效调节作用，并引致资源性收益分配的失衡和区域“资源诅咒”效应的发生。矿业权重叠风险的消解应有效发挥价格信号的作用，以构建一个信息充分、竞争完备的资源采掘市场，并让市场机制在资源利用效率、技术革新、环境保护、劳动增收、增长多样性等方面起到有效的调节作用。一般来说，资源富集区资源的集约节约利用应实现“政府得资源、企业得效益、群众得利益”的目标，为实现这一目标，一方面，矿业权规制部门应对矿产品价格的波动进行调节，以对国家所有者权益损失、资源品溢价和资源性收益分配失衡等问题进行价格的修正。其中，较为关键的在于注重对当前矿产资源生产和销售过程中资源税征收标准进行调整，并结合产业集聚、环境约束对资源税征收水平与矿业权重叠风险传导的门槛效应的实证检验，来确立符合各不同地区禀赋特征的资源性税费征收标准（见表 6 - 3），当然这一标准应该是在全国统一的标准幅度范围之内进行的自由调节。另一方面，国家发展改革委员会、自然资源管理部门、金融机构等应通过价格机制，对矿业权重叠区矿业权人的资本融资、要素替代、生产决策、环境治理投入、创新投入等进行调节，以期形成一套有利于矿业权市场良性运转的外生性环境和内生性环境。

从矿产资源有偿使用的价格来看，我国《矿产资源法》（1996）第 5 条规定：国家实行探矿权、采矿权有偿取得制度，开采矿产资源必须按照国家有关规定缴纳资源税和资源补偿费。这里，资源税和资源补偿费实际上便具有了对矿业权人资源采掘行为进行价格调节的功能。但是，由于我国矿业权有偿使用制度的缺陷，使得一些矿产资源的地租或者某些重要的矿产资源的大多数矿藏，被不少企业几乎无偿或低价占有，资源税、矿产资源补偿费及矿业权价款的征收水平，实质上对矿产资源真实价值的反映较弱，进而成为引致资源富集区资源利用低效、快速耗竭及环境退化的重要原因。从矿业权的出让来看，我国矿业权的取得还存在着有偿与无偿的“双轨制”，并且还有相当一部分国家出资的矿业权是无偿出让的，这不仅导致了国家权益的流失，同时还造成了矿业权人对廉价资源的掠夺性开采。据不完全统计，在全国大约 15 万个矿业权中，通过市场机制有偿取得的矿业权仅有 2 万个，其余 13 万个矿业权均通过行政划拨方式无偿得到。另外，中央与地方在矿业权方面的收益主要是税收与矿产资源补偿费，据资料显示，矿产资源补偿费最早是五五分成，之后变成二八分成，但现行方式留给地方的利益却往往无法弥补开发矿产资源对当地环境的破坏和对地方经济可持续发展的影响。这种情况下，中央和地方的利益博弈就在所难免。因为资源税是地方税，所以地方出让的矿业权越多，地方的税收就越多，由此常造成地方政府审批矿业权时越权，或想办法将大矿权分解成其权限范围内的小矿权等问题。其次，在矿业权价款问题上，一些评估机构违规运作，评估结果的随意性很大，不能真实反映矿业权的价格。价格定得太高，购买者无法接受，即使购买了也无力再追回安全和生产技术方面的投入，不利于提高资源的回采率，也无法保障安全作业；价格定得太低，资源采掘企业缺乏节约资源的动力，造成资源利用的低效、浪费。另外，矿业权价款收益分配也存在待完善的地方。现行的采矿权价款收益分配基本上是根据发证权限按比例分配，省级审批项目省、市、县按 5:2:3 的比例分配，市级审批项目市、县按四六的比例分配。而按照矿产资源属地化管理的原则，县级政府从人力、财力、物力上，承担了主要的矿业监管、环境治理、工作协调等行政性成本，30% 和 60% 的分配比例缺少对县级地方政府合理化利益的考量，存在财权与事权不对等的问题，进而弱化了矿业权重叠区属地管理部门利用价格机制对矿业权人生产决策和外部性行为进行调节的动能。

从要素价格来看，由于矿业权市场具有不完全竞争性特性，并且当发生矿业权重叠时，这种不完全竞争性还会增强，所以，当生产要素（包括矿业权要素、劳动要素、资本要素和技术要素）的价格信号出现失真时，矿业权重叠区资源采掘市场的生产效率和环境效率便会受到影响，以至于引起矿业权重叠风险的生成和传导。因为，在矿业权市场，具有不同储量规模、战略价值和技术要件特性的资源采掘企业，对生产要素配置的谈判能力、议价能力和支付能力是具有显著差异的。一方面，矿业权产权的形成价格，如果受到政府审批出让中道德风险的影响，会出现低价出让、无偿划拨的现象，这会造成矿业权要素价格的失真，进而引致资源采掘企业在资源开发利用过程中集约和节约利用资源动力的下降。另一方面，在要素购买价格的支付能力、支付意愿和垄断地位等方面，国有油气矿藏开采企业相对于个体私营沙石粘土矿开采企业而言具有显著的优势地位，其可能通过购买较多的技术要素（创新投入），以替代劳动、资本等要素的产出效应，进而使得劳动、资本要素的价格弹性变得缺乏弹性；并且，具有优势地位的矿山开采企业也可能压低资本、劳动购买的价格，使得矿业权重叠区不同矿业权人对要素的优化配置形成异质性的竞争格局，并进一步增加资源采掘市场的不完全竞争性，在规制部门缺乏对该区域资源采掘业发展的调节时，最终加剧矿业权重叠风险的溢出与传导。另外，当资源富集区或其他区域的要素流入相对充足而变得廉价时（如劳动要素），部分矿业权人也可能通过压低该要素购买的价格，并增加对这些要素的投入以获得对技术要素的替代，进而引致生产能力不足、效率损失等风险，并还可能会挤出其他制造业、服务业等产业的要素流入，降低该区域经济增长的多样性，最终引致区域的贫困效应。所以，产业规制部门和矿业权规制部门，在政策制定时应统筹协调相关政策对矿业权重叠区生产要素供给的价格传导效应，避免单个要素的价格弹性变化和价格失真对矿业权重叠风险生成及其传导所形成的催化反应。

从要素价格的传递效应来看，矿业权重叠区资本、劳动与技术等要素的价格弹性和价格效应是存在偏差的，这往往会使得矿业权重叠区不同矿业权人的生产决策和要素配置出现错配效应。当矿业权重叠区不同矿业权人对生产要素的配置存在错配时，该区域资源采掘业的发展便会表现出劳动驱动、资本驱动和技术驱动的差异，进而对矿业权重叠风险的传导出现差异。因为，当劳动或资本的价格低廉、技术要素价格高昂时，矿业权人便会选择通过增加劳动或资本的投入量，以获取劳动、资本对技术要素的替代效应。由于我国矿业权重叠区的矿业权市场表现出多、小、散、重的特性，小规模矿业权人生产能力弱小，也缺乏对技术创新投入的动力，进而使得小规模矿业权人可能表现出较强的短期逐利性，在缺乏相应的价格调节措施时，要素供给的价格失真便会加剧矿业权重叠区资源采掘利用过程中的生产效率损失、环境破坏等风险。因此，为消解矿业权重叠引致的效率风险，经济规制中价格信号的发挥应着重于从两个方面来进行政策创新，一是注重对矿业权取得价格、资源税、矿产资源补偿费及矿业权价款征收水平的调节，以真实反映不同类别矿产资源的自然价值和美学价值，促进矿业权重叠区不同矿业权人对地下矿藏的集约节约利用；二是注重对劳动力价格、资本价格以及技术价格的调节，解决要素供给价格失真的问题，以促进矿业权重叠区技术对劳动、资本替代效应的出现，进而通过技术驱动来达到消解矿业权重叠风险的目的。因此，在管理实践中，矿业权规制部门和产业发展规制部门应着重于加强对矿业权要素、劳动要素、资本要素、技术要素等的价格控制或价格调节，让价格信号充分反映不同要素的供求关系，以对矿业权人的要素配置、技术能力、生产率水平、行为边界等进行调节，进而减少矿业权重叠对经济社会福利损失所造成的影响。

从其他价格来看，矿业权重叠区采掘企业的生产成本、流通成本、环境恢复治理成本等价格信息，对矿业权人的生产投入、边际收益和企业核心竞争力的提升也具有显著的调节作用。通常，国家经济主管部门（如发展改革委员会）、产业规制部门和矿业权规制部门会通过制定、调节和管理各种价格及其相互关系的运行规则，以对资源分配、产业发展、经济增长进行调节，以促进宏观经济或部门经济的可持续发展。对于资源采掘行业而言，我国价格政策的内容大概包括以下几个方面：（1）保持资源品价格的基本稳定，并对资源品供给价格进行合理地调整，以保障特定生产力阶段经济社会对矿产资源品的稳定供给。如，煤炭价格以市场定价为主、电力价格以政府定价为主、石油以市场+政府调节定价为主、天然气以政府定价为主等。当资源品供给的价格出现波动，而引致资源采掘企业盈利能力下降时，资源采掘企业便会减少对高成本性要素配置的投入，以获取相应的边际收益，进而引致矿业权重叠区采富弃贫、采主弃副、矿石回采率低等现象。另外，当资源品市场价格出现快速上涨时，又会引致矿业权重叠区部分矿业权人加大对地下矿藏的耗竭性开采，以期获得最大化的短期收益，进而引致矿业权重叠区地下矿藏的掠夺性开采、高强度耗竭、粗放利用等问题。所以，国家经济主管部门、产业规制部门和矿业权规制部门应立足于资源富集区可持续发展的促进，对资源品供给的价格进行调节，以利于矿业权重叠区形成合理有序的产业发展格局，并保持对经济社会矿产品供给的稳定。（2）坚持按质论价，促进矿业权重叠区不同采掘企业对不同品位、不同丰度的地下矿藏的综合开采利用。对不同质量的资源品实行按质分等定价，通过资源税的从价计征改革，对边际成本投入大、难采程度高、地质分布性状复杂的矿业权人实行税赋减免或财政补贴，对品位高、易采、边际成本投入小、地质分布性状简单的矿业权人实行一般化的从价计征，以鼓励矿业权人加强对重叠区地下矿藏的综合开发利用的技术投入和综合开采。

7.3.3　分配失衡的收敛

资源性收益分配的失衡，是对资源集区资源采掘利用所形成的收益分配差距的一种反映，既包括资源采掘业不同所有制企业之间的收益分配差距，也包括不同地区资源性收入分配及社会福利分配的差距。在中国特色社会主义市场经济制度和矿产资源有偿使用制度不断完善的背景下，资源性收益分配的失衡，其主要原因可能表现在两个方面：一是矿产资源有偿使用制度的因素，主要是由于资源采掘市场不完全竞争、税收政策分配效应的弱化和矿业权市场不完善造成的市场失灵；二是政府规制在资源富集区资源采掘利用过程中，因“道德风险”“逆向选择”“缺位”等原因造成的政府失灵。对于市场失灵而言，由于矿业权市场价格信号的功能发挥并不完善，资源品供给的价值规律，无法实现资源性收益分配的最佳配置，使得资源富集区资源性收益分配出现非效率的一种状况，造成了资源性收益分配出现结构性失衡，进而影响到区域经济社会的可持续发展。对于政府失灵来说，由于矿业权市场从建立到完善的阶段性特征，矿业权市场产权结构出现结构性失衡，部分战略价值大、规模储量大的矿业权配置到具有优势地位或垄断地位的资源采掘企业之中，造成矿业权市场不完全竞争性的上升，进而诱发资源采掘企业从资源采掘利用中获得收益的能力出现差异，企业盈利能力的异质性最终影响到企业增收、劳动增收和区域社会福利分配的效率改进。在理想状态下，自由竞争的采掘市场和矿业权市场，可使资源开发利用的收益分配达到帕累托效率的最优状态，但理想化的假定条件并不符合现实的情况，况且资源富集区各地区之间的资源禀赋、产业结构、矿业权异质性等都存在较大差异，资源采掘市场的信息充分性、竞争完备性、外部性和政府规制水平等均呈现出偏差，进而使得各区域间收益分配失衡具有了现实的市场环境和制度环境。

所以，为了消解矿业权重叠区资源性收益分配失衡带来的社会效益风险，政府规制部门应着力于从市场失灵矫正、政府规制创新的角度来提出相应的应对之策，以形成一个竞争完备、信息充分、市场均质的市场环境和制度环境。

20世纪80年代以后，随着一些发展中国家工业化进程的加快，矿产资源开采利用管理出现了一些显著变化：一是由于矿产资源高强度耗竭和生产率水平低下，引致的生态环境破坏，加剧了一些资源富集地区发展的不平衡性，一些国家开始资源利用与环境保护问题，以促进矿产资源的可持续利用；二是一些矿产资源相对丰裕的国家，出现结构单一、经济失衡、收入差距拉大等“资源诅咒”效应，为了促进经济社会可持续发展，许多国家把促进资源利用和经济社会协调发展作为资源管理的重要内容。从资源性收益的社会分配来看，资源富集区资源采掘利用收益在国家、矿业权人、矿区群众及社会公众之间进行分配。当资源性收益分配出现失衡时，将不利于整体社会福利的改进，并会对区域经济社会的可持续发展形成阻碍，进而引致“资源诅咒”效应的发生。在矿业权重叠区，如果对不同种属或不同权属矿业权的初始分配，出现矿业权市场产权结构和产权集中度的效率损失，这种损失将会逐渐将影响效应传导到资源采掘企业的盈利增长、劳动增收和资源富集区其他经济部门的劳动增长及福利分配。当矿业权重叠区出现产业结构单一、资源采掘企业所有制结构单一等现象时，资源性收益将逐渐集中到少数的资源采掘企业或矿业权人手中，如石油、煤炭等国有矿山企业，或集体、私营煤炭企业，进而引致资源性收益分配或资源采掘业与其他产业间收入分配的失衡。除此之外，如果资源性税收政策和财税分配政策出现失衡，将降低地方政府运用社会转移分配，实行收入再分配和贫困减缓措施的能力，不利于资源富集区社会福利的帕累托效率改进。另外，当矿业权重叠区的地方财政严重依赖于资源性税收收入的获取时，地方政府间便可能引发针对资源性税源的争夺，进而使资源地的税收发生转移，当税源出现偏离时，无疑将进一步减少资源所在地的财政收入，并影响到资源所在地的社会保障支出和民生改善，进一步引致区域竞争的失衡。因此，为促进资源富集区资源性收益分配失衡的收敛，矿业权规制部门或产业规制部门应着重于通过产权结构调节、资源性税收调整、产业结构调整等来实现对资源采掘业行业间收入差距和资源富集区城乡收入差距的调节。

通过表6-9、表6-10、表6-11和表6-12所展示的研究，可以得出以下结论：一是矿业权重叠对资源富集区城乡收入差距之间存在负相关关系，但对资源采掘业行业间收入差距的影响并不显著，且当加入空间权重时，资源采掘业行业间的收入差距和资源富集区城乡收入差距都表现出显著的空间异质性特征。说明资源富集区资源采掘利用形成的分配失衡现象存在着空间关联性，这可能与区域间的发展竞争有关。二是资源富集区投资区位熵、第二产业比重和资源税征收水平，对资源富集区城乡收入差距与资源采掘业行业间收入差距的影响存在显著的相关关系，但第二产业比重对两者影响系数的符号相反，说明资源富集区资源采掘利用过程中的收入分配差距主要受到了产权因素、要素配置、价格因素（税收调节）等因素的影响，这进一步印证了前文论证的正确性。三是资源富集区不同所有制结构的资源采掘企业间的收入差距存在异质性，调整矿业权重叠区不同所有制性质的矿业权集中度水平，有利于资源采掘业行业间收入差距的缩小。这些结论对于促进我国资源富集区经济社会可持续发展和矿业权重叠风险的消解具有一定的理论启示和政策含义。首先，矿业权规制主管部门在制定矿业权重叠风险规制的政策安排时，应考虑相关政策供给对资源采掘业企业增收、劳动增收和地方财政增长的传导效应，以形成一个有利于收入分配差距缩小的内生性环境和外生性环境。对于资源富集区的收入分配收敛而言，政府规制机构除调节资源采掘企业间的收入分配之外，还应注重加强对区域资源性收益分配机制作出调整，以保障资源所在地的合理利益，赋予资源所有地更多的资源性税收收入，以避免地方政府之间表现出“逐底竞争”的行为。其次，资源富集区不同区域之间的资源禀赋、企业规模、所有制结构、盈利水平等都不尽相同，矿业权规制部门在制定矿业权重叠风险应对策略时，应综合考虑资源采掘利用的产出效应、收入效应、分配效应以及生态效应，在制定相应对策前，应根据不同区域的特点区域对待，制定兼具统一性和差异性的规制政策，以体现政策的适应性。

依据新古典经济增长理论的观点，收入分配差距（或称分配失衡）的收敛依赖于技术进步率、要素贡献率、分配制度以及腐败治理水平等方面因素的影响，当不同地区或不同经济体各方面因素的指标存在差异时，不同地区或不同经济体将会达到不同的稳定状态，进而表现出分配差距的扩大或缩小，当出现差距逐渐缩小时，我们即认为收入分配差距表现出了收敛性特征。从内生性因素来看，资源富集区的经济增长是影响区域内或行业内收入差距收敛的关键因素，它决定着矿业权、资本、劳动（技术工人）、技术等要素的流动与集聚，进而影响到不同采掘企业和不同地区收入增长的边际改善程度。

一方面，矿业权重叠，作为一种资源富集区资源产权的配置形态，在一定程度上增加了资源采掘企业的生产成本和资源采掘难度，对不同矿业权人的生产决策、要素配置水平、生产效率产生影响，进而对资源采掘企业的边际收益能力和收入增长水平产生差异化影响。另一方面，矿业权重叠引致的产权残缺成为不同矿业权人和不同层级地方政府争夺的“公共租金地带”，在缺乏合理的资源性收益分配机制和有效的腐败治理时，矿业权重叠区资源采掘产生的资源性收益分配就会出现向少数矿业权人或资源采掘企业集中，使得资源性收益分配的差距扩大，不利于矿业权重叠区福利的改进。从外生性因素来看，权力寻租、制度腐败和规制弱化也会对收益分配失衡起到传导作用。由于矿业权规制制度、收益分配制度的不合理，资源性收益更易于被少数人所获取，并通过贿赂资源管理者以获取对矿业权重叠区地下矿藏的排他性占有，进而进一步加剧收益分配的失衡。

因此，从分配失衡收敛的保障机制来看，政府规制可着重于从产业结构调整、产业技术升级、经济增长多样性、要素价格调节、资源性财税分配调整和资源富集区贫困减缓等层面来制定相应的政策安排及政策运行的保障措施。首先，对于产业结构而言，矿业权规制部门在出让矿业权产权的过程中，应注重对矿业权重叠区资源采掘业的产业规模、产业集聚水平和产业竞争力进行调节，通过技术壁垒、效率监管、环境标准、创新驱动，以改善矿业权重叠区资源采掘企业的异质性水平，减少非均质化竞争对资源利用效率、边际收益能力及资源性收益分配的消极影响，以形成一个竞争相对完备、信息相对充分的市场环境。其次，从产业技术升级的层面来看，矿业权规制部门应着重于通过技术驱动、政府补贴、税收优惠、技术政策支持等来促进矿业权重叠区不同采掘企业淘汰落后产能，采用智能化、数字化、机械化综采技术，提升重叠矿区共生性、伴生性矿藏的综合利用率水平，并提升矿业权重叠区资源采掘业整体产业竞争力的提升，以获得相对较优的边际收益率水平。再次，从经济增长多样性角度来看，资源富集区应着力于发展包括资源采掘在内的资源产业、制造业、服务业等产业的发展，促进多种经济部门的协调发展，避免资源富集区过于依赖资源产业、资源性税收，而对其他产业部门形成“挤出效应”，以多种产业协同发展促进地区就业、劳动增收和区域收入差距的收敛。除此之外，国家产业规制部门和矿业规制部门宜注重对资源富集区要素供需价格进行调节，如，营造松紧适度的矿业信贷融资环境，避免地方借贷、民间融资可能对资源采掘企业资本融资、投资决策形成的“短视效应”影响；结合资本市场的融资、期货等资本化操作，利用资本市场对资源净价格、贴现率及生产性成本等进行价格修正，以形成合理的成本收益关系，对资源耗竭风险进行消解，促进资本与技术的有效替换。最后，规制部门还应结合资源性税费制度改革、环境恢复治理、资源富集区产业扶贫等目标，合理调整矿业权重叠区资源性收益分配机制，通过资源性收益向资源所在地、矿区群众的合理分配，使资源所在地资源采掘企业、地方政府、地方居民分享资源性收益，以促进资源富集区经济社会的可持续发展与生态保护、资源性收益社会化分配的均衡。

参考文献

[1] Dunham K. Handbook of strata-bound and stratiform ore deposits [J]. Earth-Science Reviews, 1983, 19 (4): 340-341.

[2] Bliss, J. D. Developments in mineral deposit modeling [Z]. U. S. Geological Survey Bulletin, 1992.

[3] Watson, J. V. & M. J. O' Hara. Metallogenesis in relation to mantle heterogeneity [J]. Philosophical Transactions of the Royal Society of London. Series A, Mathematical and Physical Sciences, 1980 (297): 347-352.

[4] Groves, D. I. & N. M. Vielreicher. The phalabowra (palabora) carbonatite-hosted magnetite-copper sulfide deposit, south africa: an end-member of the iron-oxide copper-gold-rare earth element deposit group? [J]. Mineralium Deposita. 2001, 36: 189-194.

[5] Wakita, H. A. & Y. Salo. 3He/4He ratios in CH4-rich natural gases suggest magmatic origin [J]. Nature, 1983 (305): 792-785.

[6] Bodinner, J. L. & G. Vaseur & Vemieres J. Mechanism of mantle metasomatism: geochemical evidence from the Lherz orogenic perodotite [J]. Journal of Petrology, 1990 (31): 597-628.

[7] Herfindahl, O. C. Depletion and Economic Theory [A]. Mason, G. O. Extractive Resources and Taxation [M]. Madison: University of Wisconsin Press, 1967: 63-90.

[8] Kemp, M. C. & N. V. Long. On two folk theorems concerning the extraction of exhaustible resources [J]. Econometrica, 1980 (48): 663-673.

[9] Stiglitz, J. E. Monopoly and the rate of extraction of exhaustible resources [J]. American Economic Review, 1976, 66 (4): 655-661.

[10] Conrad, R. F. & Hool R. B. Intertemporal extraction of mineral resources under variable rate taxes [J]. Land Economics, 1984, 60 (4): 319-327.

[11] Gary, D. L. State Regulation of Open-Access, Common-Pool Resources [A]. Claude M. & M. M. Shirley. Handbook of New Institutional Economics [M]. Springer, 2005: 545 –572.

[12] Jan, S. & H. William. Optimization of mining by application of the equality principle [J]. Resources Policy, 2011 (36): 285 –292.

[13] Habakkuk, H. J. American and British technology in the nineteenth century [M]. Cambridge University Press, 1962: 192 –212.

[14] Michael, P. D., L. Ben & R. Michela. Horizontal and vertical indirect tax competition: theory and some evidence from the USA [J]. Journal of Public Economics, 2007 (9): 451 –479.

[15] Edella, S. & O. Elinor. Property-Rights Regimes and Coastal Fisheries: An Empirical Analysis [J]. Colby, B. G. The political economy of customs and culture: informal solutions to the commons problem [J]. American Journal of Agricultural Economics, 1993: 13 –42.

[16] Arrow, K. J. The organization of economic activity issues pertinent to the choice of market versus Non-market allocation [A]. The Analysis and Evaluation of Public Expenditures: The PPB System [M]. Joint Economic Committee of Congress, Washington, D. C., 1969 (1): 59 –73.

[17] Anthony, C. F. Resource and Environmental Economics (Cambridge Surveys of Economic Literature) [M]. Cambridge University Press, 1981: 78 – 85.

[18] Nicholas, C., B. Anthony & R. John et al. Extractive industries livelihoods and natural resource competition: mapping overlapping claims in Peru and Ghana [J]. Applied Geography, 2014 (54): 250 –261.

[19] Elisa, J. A. V., A. C. Maria & T. D. Enrique et al. Metal mining and natural protected areas in Mexico: geographic overlaps and environmental implications [J]. Environmental Science Policy, 2015 (48): 9 –19.

[20] Wu, L. C., Y. S. Zhu & Y. X. Liu et al. Development techniques of multilayer tight gas reservoirs in mining rights overlapping blocks: a case study of the Shenmu Gas Field, Ordos Basin, NW China [J]. Petroleum Exploration and Development, 2015, 42 (6): 904 –912.

[21] Calabresi, G. & A. D. Melamed. Property rules, liability rules, and in-

alienability: one view of the cathedral [J]. Harvard Law Review, 1972: 1089 - 1128.

[22] Ostrom, E., R. Gardner & J. M. Walker. Rules, games, and common pool resources [M]. Ann Arbor, MI: University of Michigan Press, 1994: 57.

[23] Auty, R. M. Resource-based industrialization: sowing the oil in eight developing countries [J]. Transactions of the Institute of British Geographers. 1992, 17 (3).

[24] Barzel, Y. Economic Analysis of Property Rights [M]. Cambridge University Press, 1989: 136 - 138.

[25] Samuelson, P. A. The pure theory of public expenditure [J]. Review of Economics and Statistics, 1954 (36): 386 - 389.

[26] Hardin, G. The tragedy of the commons [J]. Science, 1968 (162): 1255.

[27] Hardin, G. The tragedy of the commons [J]. Science, 1968 (162): 1243 - 1248.

[28] Stenis, J. & W. Hogland. Optimization of mining by application of the equality principle [J]. Resources Policy, 2011 (36): 285 - 292.

[29] Calabresi, G. & A. D. Melamed. Property rules, liability rules, and inalienability: one view of the cathedral [J]. Harvard Law Review, 1972: 1089 - 1128.

[30] Ronald, H. C. The problem of social cost [J]. Journal of Law and Economics, 1960, 3 (10): 1 - 44.

[31] Kulshreshtha, M. & K. P. Jyoti. Study of efficiency and productivity growth in opencast and underground coal mining in India: a DEA analysis [J]. Energy Economics, 2002, 24 (5): 439 - 453.

[32] Stoker, T. M., E. R. Berndt, A. D. Ellerman & S. M. Schennach. Panel data analysis of U. S. coal productivity [J]. Journal of Econometrics, 2005, 127 (2): 131 - 164.

[33] Rodriguez, X. A. & C. Arias. The effects of resource depletion on Coal mining productivity [J]. Energy Economics, 2008, 30 (2): 397 - 408.

[34] Devi, P. M., S. Mamtesh & S. Prasun. Productivity improvement in underground coal mines-A case study [J]. Journal of Sustainable Mining, 2013, 12

(3): 48 - 53.

[35] Hotelling, H. The economics of exhaustible resources [J]. Bulletin of Mathematical Biology, 1991, 53 (1 - 2): 281 - 312.

[36] Harris, D. P. Mineral Resource Stocks and Information [A]. Allen, V. K. &J. L. Sweeney. Handbook of Natural Resource and Energy Economics [M]. Elsevier Science & Technology, 1993: 1011 - 1076.

[37] Dalton, T. R. & R. M. Coats & B. R. Asrabadi. Renewable resources property-rights regimes and endogenous growth [J]. Ecological Economics, 2005, 52 (1): 31 - 41.

[38] Stoker, T. M., E. R. Berndt & A. D. Ellerman et al. Panel data analysis of U. S. coal productivity [J]. Journal of Econometrics, 2005, 127 (2): 131 - 164.

[39] Geldrop, J. V., S. Jilin & C. Withagen. Existence of general equilibria in economies with natural exhaustible resources and an infinite horizon [J]. Industrial of Mathematical Economics, 1991, 20 (2): 225 - 248.

[40] Spiegel, J. S. Govemance institutions, resource rights regimes, and the informal mining sector: regulatory complexities in indonesia [J]. World Development, 2012, 40 (1): 189 - 205.

[41] Battese, G. E. & T. J. Coelli. A model of technical inefficiency effects in stochastic frontier production for panel data [J]. Empirical Economics, 1995, 20 (1): 325 - 332.

[42] Xu, H. T. & K. Nakajima. Did China's coal mine regulation positively affect economic growth? [J]. Resources Policy, 2016 (50): 160 - 168.

[43] Cuvelier, J., K. Vlassenroot & N. Olin. Resources, conflict and governance: a critical review [J]. The Extractive Industries and Society, 2014, 1 (2): 340 - 350.

[44] Meeusen, W. & J. V. D. Broeck. Efficiency estimation from Cobb-Douglas production functions with composed error [J]. International Economic Review 1977, 18 (2): 435 - 44.

[45] Libecap, G. D. Economic variables and the development of the law: The case of western mineral rights [J]. The Journal of Economic History, 1978, 38 (2): 338 - 362.

[46] Schmid, A. A. Property, power and public choice [M]. Shang Ha: SanLian Press, 2007 (4): 128 - 132, 179, 358.

[47] John, D. & D. Matt. State mineral production taxes and mining law reform [J]. Resources Policy, 2013 (6): 162 - 168.

[48] Gillian, D. & L. Anthony. Perspectives on mineral policy in Ireland [J]. Resources Policy, 2005 (9): 194 - 202.

[49] Yalin, L. I. , C. Na & P. Dongyang Economic and social effects analysis of mineral development in China and policy implications [J]. Resources Policy 2013, (38): 448 - 457.

[50] 周明宝. 矿床学 [M]. 北京: 冶金工业出版社, 1991: 11.

[51] 地质矿产部《地质辞典》办公室编辑. 地质辞典 (四) 矿床地质应用地质分册 [M]. 北京: 地质出版社, 1986: 6.

[52] 徐九华, 谢玉玲, 李克庆, 李媛. 地质学 (第5版) [M]. 北京: 冶金工业出版社, 2015: 152.

[53] 邢立亭, 徐征和, 王青. 矿产资源开发利用与规划 [M]. 北京: 冶金工业出版社, 2008: 1.

[54] 李红阳, 杨秋荣, 李英杰. 现代成矿理论 [M]. 北京: 地震出版社, 2006: 5 - 7.

[55] 郝太平. 固体矿产探采选概论 [M]. 北京: 中国大地出版社, 2008: 45 - 55.

[56] 张钦礼. 矿产资源评估学 [M]. 长沙: 中南大学出版社, 2007: 85.

[57] 张帆, 李东. 环境与自然资源经济学 (第2版) [M]. 上海: 上海人民出版社, 2007: 128.

[58] 席群. 资源富集区开发理论与实践研究 [M]. 南京: 东南大学出版社, 2009: 11.

[59] 赵庆波, 李贵中, 孙粉锦, 李五忠. 煤层气地质选区评价理论与勘探技术 [M]. 北京: 石油工业出版社, 2009: 94.

[60] 范永香, 阳正熙. 成矿规律与成矿预测 [M]. 北京: 中国矿业大学出版社, 2003: 10.

[61] 陈尚迪. 岩矿地质基础 [M]. 北京: 地质出版社, 1985: 179.

[62] 陈国达. 成矿构造研究法 [M]. 地质出版社出版, 1978: 5.

[63] 秦德先，张学书，念红等．金平—黑水河裂谷演化及基性岩浆成矿作用 [M]．北京：地质出版社，2008：13.

[64] 翟裕生，彭润民，向运川等．区域成矿研究方法 [M]．北京：中国大地出版社，2004：12.

[65] 曹荣龙，朱寿华．地幔流体与成矿作用 [J]．地球科学进展，1995，10 (4)：324 – 329.

[66] 毛景文，李晓峰等．深部流体成矿系统 [M]．北京：中国大地出版社，2005：2.

[67] 张本仁，吴承烈．不同缓次地质对象元素丰度的理论、方法及其应用的研究 [J]．地质科技通报，1998 (7)：18 – 19.

[68] 于崇文．成矿作用动力学——理论体系和方法论 [J]．地学前缘，1994 (3)：54 – 82.

[69] 孙启祯．边缘成矿概论 [M]．北京：地质出版社，2001：17.

[70] 卢双舫，付广，王朋岩等．天然气富集主控因素的定量研究 [J]．北京：石油工业出版社，2001：1 – 5.

[71] 关德师．控制生物气富集成藏的基本地质因素 [J]．天然气工业，1997 (9)：8 – 12.

[72] 张金亮，张金功．深盆气藏的主要特征及形成机制 [J]．西安石油学院学报 (自然科学版)，2001，16 (1)：1 – 8.

[73] 赵庆波，李贵中，孙粉锦，李五忠．煤层气地质选区评价理论与勘探技术控制生物气富集成藏的基本地质因素 [M]．北京：石油工业出版社，2009：5.

[74] 桑树勋，范炳恒，秦勇．煤层气的封存与富集条件 [J]．石油与天然气地质，1999，20 (2)：104 – 107.

[75] 金之均，王志欣．西西伯利亚盆地油气地质特征 [M]．武汉：武汉音像出版社，2007：172.

[76] 赵旭东．油气聚集带形成地质条件与分布 [M]．北京：地质出版社，1988：152.

[77] 李家彪．海区域地质 [M]．北京：海洋出版社，2008：485.

[78] 赵鹏大，陈建平，陈建国．成矿多样性与矿文艺演出谱系 [J]．地球科学，2001，26 (2)：111 – 117.

[79] 赵鹏大．非传统矿产资源概论 [M]．北京：地质出版社，

2003：41.

[80] 孟宪刚，朱大岗．雪峰山中段金锑矿构造控矿分析与资源评价[M]．北京：地质出版社，1999：55.

[81] 蒋志．在地球和原子之间 [M]．北京：冶金工业出版社，1996：267.

[82] 魏一鸣．矿产资源开发决策智能化集成方法 [M]．北京：中国科学技术出版社，2001：7.

[83] 黎彤，倪守斌．地球和地壳的化学元素丰度 [M]．北京：地质出版社，1990：2.

[84] 陈道公，支霞臣，杨海涛．地球化学（第2版）[M]．北京：中国科学技术大学出版社，2009：22.

[85] 地质部情报研究所编．区域矿产定量评价方法 [M]．地质部情报研究所，1978：58.

[86] 郑得文．煤层气资源储量评估方法与理论研究 [D] 浙江大学博士论文，2007.

[87] 王青，史维祥．采矿学 [M]．北京：冶金工业出版社，2001：3.

[88] 陈尚文．矿床开采中矿石的损失与贫化 [M]．北京：冶金工业出版社，1988：19.

[89]《选矿手册》编辑委员会编．选矿手册（第1卷）[M]．北京：冶金工业出版社，1991：93.

[90] 长春地质学院矿床勘探教研室编．矿床勘探 [M]．北京：地质出版社，1979：128.

[91] 林伯强，何晓萍．初级能源经济学 [M]．北京：清华大学出版社，2004：124.

[92] 张帆，夏凡．环境与自然资源经济学（第3版）[M]．上海：格致出版社，2016：123.

[93] 科斯等．财产权利与制度变迁 [M]．上海：上海三联书店，1991：66.

[94] 黄贤金．资源经济学（第2版）[M]．南京：南京大学出版社，2010：47.

[95] 李万亨．矿业权评估概论 [M]．北京：地质出版社，2000：2.

[96] 李显冬．中国矿业立法研究 [M]．北京：中国人民公安大学出版

社，2006：49.

[97] 房绍坤．矿业权法律制度研究［M］．北京：中国法制出版社，2013：6.

[98] 李显冬，刘志强．论矿业权的法律属性［J］．当代法学，2009（2）.

[99] 康纪田．矿业法论［M］．北京：中国法制出版社，2011：5.

[100] 田峰．论矿业权的主体［J］．中国国土资源经济，2010（2）：10－13.

[101] 马伟．矿产资源税收问题研究［M］．北京：中国税务出版社，2008：29.

[102]［美］阿兰·兰德尔著，施以正译．资源经济学［M］．北京：商务印书馆，1989：219.

[103]［英］朱迪·丽丝．自然资源：分配、经济学与政策［M］．北京：商务印书馆，2002：110.

[104] 车卉淳．可持续发展理论与中国经济发展对策研究［M］．北京：中国商业出版社，2006：117.

[105] 李胜兰，曹志兴．构建有中国特色的自然资源产权制度［J］．资源科学，2000（5）：9－12.

[106] 罗能生，王仲博．基于委托代理模型的我国矿产资源优化配置研究［J］．中国人口·资源与环境，2012（8）：153－159.

[107] 纪向岚．能源开发对陕西经济发展的促进效应分析［J］．西安石油大学学报（社会科学版），2010（2）：5－10.

[108] 王亚华．水权解释［M］．上海：上海人民出版社，2005：109.

[109]［冰］思拉恩·埃格特森．新制度经济学［M］．北京：商务印书馆，1996：226－227.

[110] 刘灿．我国自然资源产权制度构建研究［M］．成都：西南财经大学出版社，2009：49.

[111] 张文驹．让资源经济研究与应用融入社会［M］．北京：中国大地出版社，2003：133.

[112] 忻梅．矿产资源法律制度［M］．北京：地质出版社，1999：30.

[113] 钱玉好．从知识产权属性出发保护探矿者权益［N］．中国：国土资源报，2006－03－02.

[114] 崔建远，晓坤．论矿业权的客体 [J]．法学，1998 (2)：40-41.

[115] 李显冬．矿业权法律实务问题及应对策略 [M]．北京：中国法制出版社，2012：23.

[116] 刘超．矿业权行使中的权利冲突与应对——以页岩气探矿权实现为中心 [J]．中国地质大学学报（社会科学版），2015，15 (2)：23-35.

[117] 于川，潘振锋．风险经济学导论 [M]．北京：中国铁道出版社，1994：4.

[118] [美] 弗兰克·H. 奈特．风险、不确定性与利润 [M]．北京：商务印书馆，2006：179.

[119] 黄国石．预期与不确定性 [M]．厦门：厦门大学出版社，2004：77.

[120] 李怀珠．转型的探索：榆林市发展研究中心调研报告选编（2008-2013）[M]．北京：经济管理出版社，2013：54.

[121] 全国政协提案委员会编．把握人民的意愿：政协第十一届全国委员会提案及办理复文选 [M]．北京：新世界出版社，2012：48-52.

[122] 江平．中国矿业权法律制度研究 [M]．北京：中国政法大学出版社，1991：27.

[123] 朱裕生．矿产预测的基本理论——区域成矿学向矿产勘查延伸的理论体系 [J]．矿床地质，2006 (25)：59-62.

[124] 刘欣．物权法背景下的矿业权法律制度探析 [D]．中国人民大学博士论文，2008.

[125] 郗伟明．我国矿业权规制的路径选择 [J]．中国矿业报，2012-11-01.

[126] 晏波．政府规制矿业权交易对矿业权市场的影响 [J]．中国矿业，2010，19 (11)：30-34.

[127] 余振国．论矿业权的物权属性及其法律完善 [J]．中国矿业大学学报（社会科学版），2004 (1)：77-80.

[128] 崔建远，晓坤．矿业权基本问题探讨 [J]．法学研究，1998 (4)：82-91.

[129] 李雄，潘婉清．试论矿业权排他的绝对性与相对性 [J]．中国地质矿产经济，1999 (11)：33-36.

[130] 牛仁亮．山西省煤炭开采对水资源的破坏影响及评价 [M]．北

京：中国科学技术出版社，2003：17.

[131] 康纪田．立体性矿业相邻关系初探 [J]．中国地质大学学报（社会科学版），2011，11（2）：50－56.

[132] 魏建，宋微．财产规则与责任规则的选择——产权保护理论的法经济学进展 [J]．中国政法大学学报，2008（5）：133－139.

[133] 苏继成．《矿产资源法》修改应规制矿业权重叠 [J]．中国国土资源经济，2014（7）：11－16.

[134] 何建坤．自然资源可持续利用战略与机制 [M]．北京：中国环境科学出版社，2006：9.

[135] 邵帅，杨莉莉．自然资源丰裕、资源产业依赖与中国区域经济增长 [J]．管理世界，2010（9）：26－43.

[136] 徐康宁，王剑．自然资源丰裕程度与经济发展水平关系的研究 [J]．经济研究，2006（1）：78－89.

[137] 李天籽．自然资源丰裕度对中国地区经济增长的影响及其传导机制研究 [J]．经济科学，2007（6）：66－76.

[138] 过建春．自然资源与环境经济学 [M]．北京：中国林业出版社，2007：51.

[139] 黄诗笺．现代生命科学概论 [M]．北京：高等教育出版社，2004：227.

[140] 劳承玉．自然资源开发与区域经济发展 [M]．北京：中国经济出版社，2010：26.

[141] 贾华强．可持续发展经济学导论 [M]．北京：知识出版社，1996：136.

[142] 席群．资源富集区的资源开发战略转变 [J]．生产力研究，2009（6）：92－94.

[143] 鲁金萍，董德坤，谷树忠，常近时．基于“荷兰病”效应的欠发达资源富集区“资源诅咒”现象识别——以贵州省毕节地区为例 [J]．资源科学，2009，31（2）：243－249.

[144] 梁琦，詹亦军．产业集聚、技术进步和产业升级：来自长三角的证据 [J]．产业经济评论，2005（2）：50－69.

[145] 薛继亮．资源型产业集聚、技术溢出与资源富集地区经济增长 [J]．工业技术经济，2015（5）：49－55.

[146] 李国平，宋文飞．区域矿产资源开发模式、生态足迹效率及其驱动因素——对“资源诅咒”学说的另一种解读［J］．财经科学，2011（6）：101－109.

[147] 俞可平，李慎明，王伟光．马克思主义研究论丛（第4辑）［M］．北京：中央编译出版社，2006：7.

[148] 中共中央马克思著作编译局编．资本论（第2卷）［M］．人民出版社，1975：202.

[149] 周其仁．公有制企业的性质［J］．经济研究，2000（11）.

[150] 曹海霞．矿产资源的产权残缺与租值耗散问题研究［M］．北京：经济科学出版社，2014：30.

[151] 王忠，田家华，揭俐．矿业权重叠引致了煤炭产业技术效率损失吗？［J］．中国人口·资源与环境，2018，28（3）：147－156.

[152] 王忠，揭俐，曾伟．矿业权重叠对我国煤炭产业全要素生产率的非线性影响［J］．中南财经政法大学学报，2017，224（5）：59－68.

[153] 王健，修长柏．西方经济学［M］．北京：中国农业大学出版社，2004：229.

[154] 萨缪尔森．经济学上册［M］．商务印书馆，1979：62.

[155] 巨荣良，王丙毅．现代产业经济学［M］．济南：山东人民出版社，2009：21.

[156] 加里·贝格尔，乔治·斯蒂格勒．执法、渎职和执法补偿［J］．经济译文，1993（2）.

[157] 张维迎，吴有昌，马捷．公有制经济中的委托人——代理人关系：理论分析与政策含义［J］．经济研究，1995（4）：10－20.

[158] 保罗·A. 萨缪尔森，威廉·D. 诺德豪斯．经济学（第16版）［M］．北京：华夏出版社，1998：268.

[159] 鲍德威，威迪逊．公共部门经济学（第二版）［M］．北京：中国人民大学出版社，2000：44.

[160] 曼瑟尔·奥尔森著，陈郁等译．集体行动的逻辑［M］．上海：上海人民出版社，1995：47.

[161] 爱伦·斯密德，黄祖辉．财产、权力和公共选择——对法和经济学的进一步思考［M］．上海：上海三联书店，2007：128－132.

[162] 窦林名，赵从国，杨思光，吴兴荣．煤矿开采冲击矿压灾害防治

[M]. 北京：中国矿业大学出版社，2006：2，41，113.

[163] 李树志，周锦华，张怀新. 矿区生态破坏防治技术 [M]. 北京：煤炭工业出版社，1997：67.

[164] 王忠，周昱岑. 资源产权、政府竞争与矿业权规制策略 [J]. 中国行政管理，2015，364 (10)：129-134.

[165] 阿兰·V. 尼斯，詹姆斯·L. 斯威尼. 自然资源与能源经济学手册（第一卷）[M]. 北京：经济科学出版社，2007：392，407.

[166] 马云译. 规制经济学 [M]. 北京：经济管理出版社，2008：156.

[167] 胡健，吴文洁. 油气资源矿权与土地产权的冲突——以陕北油气资源开发为例的分析 [J]. 资源科学，2007，29 (3)：8-16.

[168] 林来梵，张卓明. 论权利冲突中的权利位阶 [J]. 浙江大学学报（人文社会科学版），2003，33 (6)：5-13.

[169] 中共中央马克思恩格斯列宁斯大林著作编译局. 马克思恩格斯全集（第一卷）[M]. 北京：人民出版社，2006：144.

[170] 戚道孟. 自然资源法 [M]. 北京：中国方正出版社，2005：41.

[171] 赵红梅. 私法与社会法：第三法域之社会法基本理论范式 [M]. 北京：中国政法大学出版社，2009：220，259.

[172] 张恒山. 义务先定论 [M]. 济南：山东人民出版社，1999：48.

[173] 史玉成. 环境法学核心范畴之重构：环境法的法权结构论 [J]. 中国法学，2016 (5)：281-302.

[174] 张璐. 论自然资源财产权利侵害的侵权责任和起诉顺位——兼谈自然资源物权和环境权的理论要点 [J]. 中国地质大学学报（社会科学版），2015 (1)：1-10.

[175] 杨朝霞. 论环境公益诉讼的权利基础和起诉顺序——兼谈自然资源物权和环境权的理论要点 [J]. 法学论坛，2013 (3)：102-112.

[176] 董保华. 社会法原理 [M]. 北京：中国政法大学出版社，2001：42.

[177] 吕忠梅. 论环境物权 [J]. 人大法律评论，2001 (1)：287-288.

[178] 余敬. 重要矿产资源可持续供给评价与战略研究 [M]. 北京：经济日报出版社，2015：62-64.

[179] 张进德，张作辰，刘建伟等. 我国矿山地质环境调查研究 [M]. 北京：地质出版社，2009：27.

[180] 罗世兴，沙景华，吕古贤．鄂尔多斯盆地矿区重叠问题探析 [J]．中国矿业，2012 (8)：201－204.

[181] 王克强，武英涛，刘红梅．中国能源开采业全要素生产率的测度框架与实证研究 [J]．经济研究，2013 (6).

[182] [澳] 蒂莫西·J. 科埃利等著，王忠玉译．效率与生产率分析引论（第二版）[M]．北京：中国人民大学出版社，2008.

[183] 柯善咨．1996－2009 年中国城市固定资本存量估算 [J]．统计研究，2012 (7).

[184] 陈国山．采矿概论 [M]．北京：冶金工业出版社，2008：6.

[185] 关凤峻，杨福田．矿产资源综合开发利用评价理论与方法 [M]．北京：地震出版社，1992：265.